U0941029

2017

中国保税区出口加工区年鉴

CHINA FREE TRADE ZONE AND EXPORT PROCESSING ZONE YEARBOOK

中国保税区出口加工区协会◎编

中国海关出版社

图书在版编目（CIP）数据

中国保税区出口加工区年鉴．2017/中国保税区出口加工区协会编．—北京：中国海关出版社，2017.12
ISBN 978-7-5175-0243-2

Ⅰ.①中… Ⅱ.①中… Ⅲ.①保税区—中国—2017—年鉴②出口加工区—中国—2017—年鉴 Ⅳ.①F752-54

中国版本图书馆 CIP 数据核字（2017）第 293595 号

中国保税区出口加工区年鉴（2017）

ZHONGGUO BAOSHUIQU CHUKOU JIAGONGQU NIANJIAN（2017）

作　　者：中国保税区出口加工区协会
责任编辑：左桂月
出版发行：中国海关出版社
社　　址：北京市朝阳区东四环南路甲 1 号　　邮政编码：100023
网　　址：www. hgcbs. com. cn
编 辑 部：01065194242-7527（电话）　　01065194231（传真）
发 行 部：01065194221/4238/4246（电话）　　01065194233（传真）
社办书店：01065195616（电话）　　01065195127（传真）
　　　　　www. customskb. com/book（网址）
印　　刷：北京工商事务印刷有限公司　　经　　销：新华书店
开　　本：787mm×1092mm　1/16
印　　张：34. 5　　字　　数：930 千字
版　　次：2017 年 12 月第 1 版
印　　次：2017 年 12 月第 1 次印刷
书　　号：ISBN　978-7-5175-0243-2
定　　价：280. 00 元

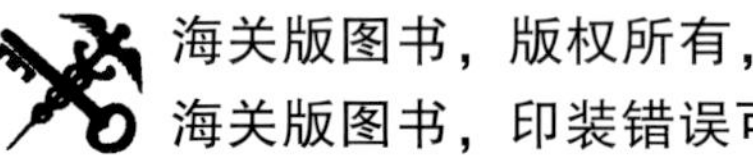

《中国保税区出口加工区年鉴（2017）》编委会

编写人员名单

（以姓氏笔画为序）

于华文　马京河　王宇海　王振涛　毛丽洁　邓晓丽　石冬梅
田雪颖　申　艳　曲直园　任晓锋　刘　雄　江繁平　许　涛
许建民　孙　林　杨　颖　李广能　沈　霓　张玉肖　陆凯凤
陈　坚　陈　岩　苗建琳　周　宪　胡孟影　施一玉　耿　军
倪嘉苓　唐顺德　黄玉宾　盛　瑞　崔莉娟　韩　兵　程　烨
谢　炜　潘　英　衡　波　戴增涛　等

编辑部成员

主　任：普　娜

副主任：李春生

成　员：左桂月　张玉肖　刘　继　王金刚　朱月青　苗维翠　王　新

CFEA

BEIJINGTIANZHUZONGBAOSHUIQU

北京天竺

BEIJINGTIANZHUZONGBAOSHUIQU

北京天竺综合保税区于2008年7月经批复设立，2009年7月通过联合验收，正式封关运营，规划面积5.944平方公里，一期封关面积3.177平方公里。园区自运营以来，依托区位优势，不断创新监管模式，优化功能布局，强化政策配套集成，促进产业集聚，形成综合保税区产业发展的政策体系。

● 区位优势明显。综合保税区背靠国门，与首都国际机场“无缝对接”，实现了真正意义上的“区港一体”，通关高效便捷；通达全球65个国家和地区，通航132个国际及地区航点和147个国内航点，可广泛拓展国际市场，无缝覆盖国内市场。周边交通路网发达，距离北京市中心35公里，距天津港160公里，往来北京城区、天津港口、环渤海地区顺畅便捷。

● 监管模式先进。创新推行“先入区后报关”“分送集报”“集中报检、集中查验、分批核销、后续监管”等监管模式；保证企业7×24小时通关和报检需求，将货物通关时间缩短至2～6小时，最快只需30分钟。

BEIJINGTIANZHUZONGBAOSHUIQU

上海松江出口加工区

Shanghai Songjiang Export Processing Zone

上海松江出口加工区由A区和B区组成。A区于2000年4月27日经批准设立，规划面积2.98平方公里，已封关验收面积2.88平方公里，以电子信息产业为主，为全国首批出口加工区之一。B区于2003年3月14日经批准设立，规划面积2.98平方公里，已封关验收面积1.3平方公里，以IC配套产业和现代保税物流业为主。

松江出口加工区成立之初，抓住我国承接全球产业链的时机，获得了高速发展，全年进出口额最高达500亿美元，真实地体现了“上海精神、松江速度”。目前加工区内共计落户企业135家，其中外资企业85家，吸引外商总投资24.5亿美元。 2016年园区进出口总额达289.4亿美元，在全国出口加工区中名列前茅。园区拥有广大集团、国基电子、豪威半导体等一批优质骨干企业。

2007年，上海松江出口加工区被批准为全国7个试点出口加工区之一，在原先的保税加工功能基础上，拓展了保税物流功能，开展了研发、测试和维修等新业务。2014年，松江出口加工区作为首批复制上海自贸区政策的区域之一，不断创新监管服务模式，又陆续引进跨境电商、保税展示两项新业务，结合运作多年的保税物流功能，取得了显著成果。2015年6月18日，上海市跨境电子商务示范园区揭牌暨天猫国际走货运行仪式在松江出口加工区顺利举行。2016年园区跨境电商业务累计放行订单1 022万单，出货金额达4.7亿元人民币，实现跨境电商综合税收7 028万元。2016年“双十一”期间，园区跨境电商单量达到了168万单，货值近2亿元人民币，实现跨境电商综合税收3 400万元。

2017年，松江出口加工区计划整合升级为综合保税区，集保税区、出口加工区、保税物流园区、港口的功能于一区。园区的升级对区内的企业同样是一次转型升级的机遇，加工型企业可以充分利用国内外两种资源，产品面向国际、国内两个市场；商贸型企业获得了进出口贸易经营权，园区将大力引进优质的外贸企业入驻，从事地区性乃至全球采购、分销、配送业务；综合保税区的口岸功能，可以率先为区内企业办理申报、查验、放行等手续，无须再到港口或机场办理。“海关特殊监管区域增值税一般纳税人资格试点”和“仓储货物按状态分类监管”两项政策，使区内企业不需再通过区外企业代理便可与在国内市场开展业务，拓展了经营范围，增强了业务的灵活性，最终降低了经营成本。同时，为不断提升园区软实力，打造更加完善的区域贸易便利化环境，松江综合保税区也将对一些已有条件实施的自贸区政策加大复制力度。松江综合保税区的发展目标就是打造先进制造业集聚区、配套服务业集聚区和跨境电子商务示范区。

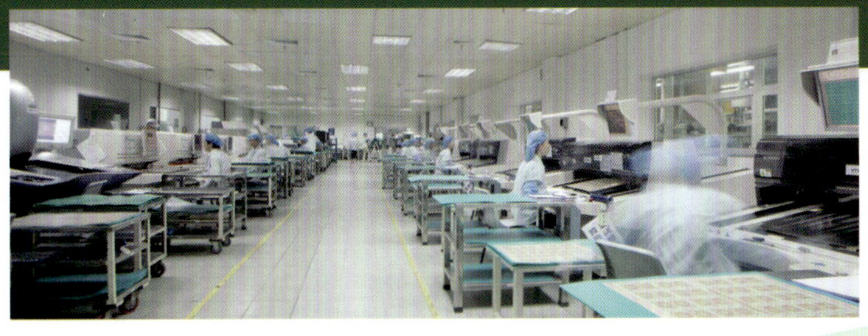

按照“建设G60上海松江科创走廊”的要求，松江综合保税区将大力支持电子信息代工企业转型升级，积极引进出口型先进制造业企业总部和贸易型企业总部，拓展国内国外两个市场的发展空间，努力成为拉动区域经济发展的强劲引擎。

报检大厅工作场景

松江出口加工区A区达丰生活区

报关大厅工作场景

报关大厅

烟台保税港区

2009年9月7日，烟台保税港区经批复设立，是全国第13家、山东省第2家保税港区，也是按照“功能整合、政策叠加”要求，全国第一家以出口加工区和临近港口整合转型升级形成的保税港区。

烟台保税港区总面积7.26平方公里，分为两个区块：区块一（东区）面积为5平方公里，包括原出口加工区A区0.7平方公里和烟台港4.3平方公里；区块二（西区）面积2.26平方公里，即位于烟台经济技术开发区内的原出口加工区B区。区内可开展保税存储，国际转口贸易，国际采购、分销和配送，国际中转，检测和售后服务维修，商品展示，研发、加工、制造，港口作业等业务。

自2011年1月12日正式开关运作以来，烟台保税港区依托特殊政策功能，大力发展保税加工、保税物流和保税服务，初步形成东区以港口作业和保税物流为主、西区以保税加工制造为主的产业发展格局。2016年，全区实现外贸进出口745亿元，同上海、天津、重庆3个直辖市同类园区并列进出口百亿美元方阵，已成为烟台乃至山东对外开放的重要窗口。

一、主导产业。园区形成以手机、游戏机、笔记本电脑等为代表的电子产品制造，以金属配件、仪表、内饰为代表的汽车零部件加工，以商品贸易、仓储物流为代表的保税服务三大主导产业，已吸引韩国、日本、美国等10多个国家和地区的企业来区投资。区内出口货物种类从金属制品、木材加工、机器设备及零部件等领域，扩展提升到集成电路系统、液晶显示部件和海洋工程设备等高技术含量和高附加值产品。

二、特色平台。目前，园区重点打造并已形成三大特色产业功能平台：进口商品展示交易平台，已建成国际葡萄酒及食品、国际奶类、美国CNE等五大实体市场，在区外布设体验中心、直营店等40多家，成为省内有一定规模和影响力的进口商品实体市场之一；跨境电子商务交易服务平台，2013年10月创立跨境电子商务产业园，拥有海光灿烂、品牌万家、塔菲克母婴网、全球购网上商城、爱活有机超市等一批电商平台，并与阿里巴巴“聚划算”网、台湾跨境电子商务产业发展协会签订了战略合作协议，2016年被批准为“省级跨境电子商务产业聚集区”；外贸综合服务平台“森泽外贸综合服务平台”集物流、通关、结汇、退税、融资、信用保险等一站式服务功能于一体，2015年获“省级外贸综合服务平台”称号。2016年，平台服务中小企业30多家，实现进出口额近6 000万美元，呈现出良好的发展前景。

三、港口建设。保税港区开关运作后，港口配套设施建设不断加强，港口集装箱年吞吐能力由150万扩大到500万标箱以上。2016年，烟台港完成货物吞吐量3.54亿吨，集装箱吞吐量260万标箱；进口铝矾土、出口化肥、中非杂货班轮等业务保持全国领先地位。

广州开发区

GUANGZHOUKAIFAQU

广州开发区西区产业园规划面积9.6平方公里，其中工业用地6平方公里，是华南重要的制造业聚集区，现有企业约2900多家，其中宝洁、安利等世界500强企业27家。2016年，园区实现产值954.7亿元、销售额745.4亿元、企业税收149亿元，占开发区近三分之一的比重，尤其是西区单位面积的工业利润相对较高。西区产业园交通便利，距离新白云国际机场仅40分钟车程；港口码头吞吐能力强，共有泊位81个，万吨以上泊位17个（其中新港码头年吞吐能力超过2100万吨），大量驳船往来内地主要口岸和香港，可与新沙港、南沙港、深圳盐田港及香港进行陆路和水路的快速接驳；毗邻铁路枢纽，可通过专线与广深铁路干线相连，也可快速接驳高速路网。

西区产业园范围内有3个海关特殊监管区域，即广州保税区、广州保税物流园区、广州出口加工区，近年不断突出保税特色，经济规模和效益稳步增长，产业功能不断强化，服务功能不断提升，发展态势良好。区内已形成国际贸易、保税物流、展示销售三大传统优势特色产业，以及有色金属、塑胶原料、电子零配件及产品、食用油、化工原料、进口葡萄酒六大进口贸易平台，年实现26.19亿美元进口额，其中进口葡萄酒交易平台已成为华南最大的进口葡萄酒集散地。跨境电子商务、检测维修再制造业务、保税质押、金融担保等创新业务功能均取得突破。

广州经济技术开发区、广州高新技术产业开发区、广州保税区、广州出口加工区实行合署办公，形成“四区合一”新型管理模式，设立集信息公开、业务咨询、行政审批、管理协调、综合服务、投诉处理、效能监察为一体“一站式投资服务中心”，实现了“一门受理、统筹协调、规范审批、限时办结”运作模式，方便企业办事。开辟了诚信企业进口绿色通道，优化内销监管模式，通关效率和进口货物流转速度大幅提升。同时，驻区检验检疫部门积极推广进口商品“集中报检、分批核销”模式，实施进境商品预检验，检验周期成倍缩短。基础设施方面，区内建有报关大楼、专用码头、保税仓库、通用厂房、露天堆场、展示厅、海关货检场等设施和监管场所，封关运作面积共2.3平方公里。依托优势资源，配套四个“黄金十条”（先进制造、现代服务、总部经济、高新技术）、两个“美玉十条”（人才、知识产权）产业政策，西区产业园积极发展精细化工、食品饮料、电子信息、生物医药、跨境电子商务、商贸服务（汽车进口、国内业务及其配套产业）、（冷链）物流等主导产业，逐步建设“一带一路”创新经济载体。

河南郑州出口加工区于2002年6月21日经批准设立，总规划面积2.7平方公里，位于郑州经济技术开发区内。其中，A区0.893平方公里，于2004年6月通过联合验收封关运行；B区1.769平方公里，于2016年9月通过联合验收封关运行。2016年8月31日，中国（河南）自由贸易试验区设立，河南郑州出口加工区成为河南自贸区内的重要区域。2016年12月，河南郑州出口加工区和河南物流保税中心（B型）经批复整合为郑州经开综合保税区。

河南郑州出口加工区

截至2016年年底，河南郑州出口加工区A区已累计完成固定资产投资170亿元，1 008平方米海关监管仓库，9.7万平方米保税物流仓库、验货场地、检验消杀场等配套监管设施，以及50万平方米标准厂房；B区已确定多个项目入驻，富士康科技集团、唯品会等国内外知名企业相继入区。全区初步形成电子信息、超硬材料精细加工、仓储物流、保税展示交易、跨境贸易电子商务等多元化的产业格局。

河南郑州出口加工区将积极推进园区整合升级，立足中国（河南）自由贸易试验区和中国（郑州）跨境电子商务综合试验区的战略定位，努力打造“一带一路”沿线重要的跨境电子商务与多元化贸易中心、外向型高端制造与生产性服务集聚中心、进出口商品集散分拨与物流配送中心。

广州南沙保税港区加工区

广州南沙保税港区加工区原名为“广东南沙出口加工区”，于2005年6月3日经批准设立，地处广州南沙经济技术开发区万顷沙镇10涌与11涌之间，凤凰大道以东，蕉门水道以西。加工区分一、二期建设，用地面积约1.36平方公里，已于2008年7月9日通过联合验收。2009年7月通过保税港区联合验收后，加工区一期更名为“广州南沙保税港区加工区”，成为南沙保税港区的分区之一（另外两个为港口区、物流区）。

加工区一期工程用地面积为0.83平方公里，二期工程用地面积为0.53平方公里，工程总投资约3.5亿元人民币。一期园区围网长4 007米，道路长9 545米。

广州南沙保税港区加工区项目地块规划平面图

☆优惠政策：

进口免税：进口生产所需的机器、设备、模具、维修用零配件及进口基础设施建设所需的机器、设备、建设用基础物资均免征海关关税和进口环节税。

出口免税：区内企业加工后出口的产品免征增值税、消费税。

进料保税：区内企业加工出口产品所需进境的原材料、零部件、元器件、包装物料及消耗材料全额保税。

入区退税：在中国境内由区外进入加工区的国产机器、设备、原材料、零部件及国产合理数量的建筑材料可享受增值税出口退税。

水电气退税：区内企业生产出口货物耗用的水、电、气等可按规定退还所含的增值税。

外资企业享受经济技术开发区的各项税收优惠政策。

目前，已有15家企业进驻加工区，其中有美国AA公司冷链物流（美国AA公司冷链物流总部基地项目）、广州保利电商港有限公司、唯品会（中国）有限公司、广州日立工机有限公司、广州卓威脚轮有限公司、出光复合工程塑料（广州）有限公司等。

出光复合工程塑料（广州）有限公司

广州日立工机有限公司

广州保利电商港有限公司

广州卓威脚轮有限公司

澳门——中国与葡语国家商贸合作服务平台

澳门特别行政区基于历史渊源，长期以来与葡语国家有着紧密的联系，并凭着开放自由的经济体制、中西文化交融等优势，充分发挥中国与葡语国家商贸合作服务平台的作用。自2003年起，“中国一葡语国家经贸合作论坛”落户澳门举行，澳门的平台地位逐渐获得国际认同，推动着中国与葡语国家的人文交流、贸易投资、产业合作等，为中国实践“走出去、引进来”提供服务。而澳门在担当中葡交流平台的角色上具有多方面的优势。

优越的地理位置和交通网络

澳门位于中国东南部沿海，地处珠江三角洲，与香港、广州相邻，拥有较完善的海、陆、空交通网络，包括国际机场，以及多个客运和货运码头，交通便捷。随着港珠澳大桥落成，可于30分钟内往来香港国际机场，穿梭各国及地区畅通无阻。

资金进出自由及低税制

澳门被世界贸易组织（WTO）评为全球开放的贸易和投资体系之一。澳门是自由港及单独关税区，没有外汇管制，资金进出自由，税制简单且税率低，企业所得补充税税率最高仅为12%。此外，澳门不征收关税，进口货物（如原材料、机器设备）无须缴付税款，有助于企业节省成本，提高营运效益。

税收协定

澳门先后与中国内地和4个国家即葡萄牙、莫桑比克、佛得角和比利时签署《所得避免双重征税和防止偷漏税协议》。澳门的公共行政架构和法律体系源自葡萄牙，与其他葡语国家的公共行政和法律制度相近，有助于中国与葡语国家了解对方的相关制度。

营商行政手续简便

在澳门，营商行政手续简便，更有政府部门提供协助及支持。例如澳门贸易投资促进局提供专人跟进的投资者“一站式”服务，服务范围覆盖咨询、评估项目、专责公证员办理成立公司手续、指引投资程序及所需牌照／准照申请、寻找合作伙伴等，全程协助企业落实投资项目。

中葡合作发展基金总部落户澳门

随着中葡合作发展基金正式落户澳门，为企业在澳门提供咨询及争取项目融资等服务，助力中国内地与葡语国家和企业联手参与“一带一路”建设。此外，贸促局驻内地的6个联络处/代表处，亦继续提供中葡合作发展基金申请文件代收服务及简单的咨询服务。

三个中心

在推动建设中葡平台上，中国政府在2013年“中葡论坛（澳门）第四届部长级会议”期间提出支持澳门打造“三个中心”，即“葡语国家食品集散中心”“中葡经贸合作会展中心”和“中葡中小企业商贸服务中心”。澳门特别行政区政府正通过在线、线下一系列服务有序落实建设“三个中心”，向中国与葡语国家企业和投资者在开拓业务合作上提供支持。

葡语国家食品集散中心

为促进中国与葡语国家的食品业务合作，葡语国家食品供货商或代理商可通过澳门的葡语国家食品展示中心或设于中国内地及澳门的其他葡语国家食品展示点，向客商展示旗下产品，并与潜在采购商接洽。位于澳门市中心附近的葡语国家食品展示中心，为葡语国家食品和饮品的实体展示点，展出过千件葡语国家食品和饮品。供货商或代理商可通过中心展出旗下的葡语国家食品和饮品；客商可通过手机或平板计算机扫描每件产品上的专属二维码（QR Code），浏览产品和供货商或代理商的数据，部分产品更支持在线B2C交易。

中葡经贸合作会展中心

会展是各行各业交流合作的重要平台，澳门每年均有逾千项会议展览举行。中国与葡语国家的企业和投资者可通过参与各项会展活动，加强交流合作。澳门多项大型会展活动正不断加入丰富的葡语国家元素，如澳门国际贸易投资展览会（MIF）、葡语国家产品及服务展(PLPEX)、澳门国际环保合作发展论坛及展览（MIECF）等。

中葡中小企业商贸服务中心

中国内地和澳门与葡语国家中小企业可通过参与各类商贸活动，开拓市场和业务，包括中国与葡语国家企业经贸合作洽谈会、葡语国家系列宣传推介活动及葡语国家交流考察。

澳門貿易投資促進局
Instituto de Promoção do Comércio e do Investimento de Macau
Macao Trade and Investment Promotion Institute
澳門友誼大馬路918號世界貿易中心一至四樓
Av. Amizade No. 918, World Trade Centre, 1st to 4th Floors, Macao
Tel: (853)28710300 Fax: (853)28590309 Email: ipim@ipim.gov.mo

2016年3月7日，哈尔滨综合保税区经批复设立，为哈尔滨打造对俄合作中心城市增添了新的动力，全力助推哈尔滨真正成为服务全省、辐射全国的对俄罗斯开放“桥头堡”和“枢纽站”

哈尔滨综合保税区位于哈尔滨市东部、哈东现代物流产业带内，毗邻哈尔滨国际铁路集装箱中心站，总规划面积3.29平方公里，一期规划面积1.38平方公里。园区具备保税加工、保税物流和保税服务、口岸通关4个核心功能，实行“境内关外”运作模式，区内企业可以享受保税、退税、免税、免证等一系列海关、检验检疫、贸易、外汇优惠政策，是黑龙江省开放层次高、优惠政策多、功能齐全、通关便利的特殊监管区域。

围绕“建设大枢纽、畅通大通道、打造大平台、培育大产业”的发展主线，哈尔滨综合保税区现已形成“一个载体、四个中心”的总体定位，即为黑龙江省内陆开放提供功能齐全的新载体，着力打造东北地区独具特色的国际商品展示贸易中心、现代化国际物流中心、高端进出口制造加工中心和新型现代服务贸易及研发中心。

为充分发挥综合保税区的政策和功能优势，哈尔滨综合保税区规划有以综合业务区、口岸作业区、保税加工区、保税物流区、商务配套区构成的“五大功能区”的空间结构，整体搭建起哈尔滨综合保税区的核心框架，并将通过与哈尔滨国际铁路集装箱中心站内的“哈尔滨内陆港”实行“区港一体化”，确保口岸通关和国际物流的便捷与顺畅。

哈尔滨综合保税区紧扣国内外最新产业发展趋势，将以国际贸易为主导、保税物流为基础、加工贸易为支撑、新型服务为拉动，实现贸易、物流、制造的协调互促发展。现已初步形成以对俄贸易合作为主线，以项目驱动产业集聚，着力构建“4+12”的主导产业体系。

哈尔滨综合保税区

HAERBINZONGHEBAOSHUIQU

哈尔滨综合保税区内建有进出口保税加工中心、国际贸易展示交易中心、跨境电子商务保税物流中心等平台型项目，可为入区企业落地提供一站式服务。俄罗斯、韩国、日本及欧洲等国家和地区的外资企业可以以哈尔滨综合保税区为海外仓和海外生产基地，通过入驻综合保税区现已搭建的公共平台，可以有效降低海外投资风险，并充分享受到外汇交易和结算的各项政策优势。以改革创新为抓手，哈尔滨综合保税区将积极探索复制国内自由贸易试验区的先进经验，全力实现“贸易、物流、通关”便利化的目标。

4个产业领域	12个引进产业项目的重点方向
国际贸易及展示	国际商品贸易展示、跨境电子商务、艺术品贸易展示、平行进口汽车贸易展示
现代仓储物流	综合物流、冷链物流
高端进出口加工制造	对俄产品精深加工、高端装备制造、电子信息制造
新型服务贸易及研发	研发检测及数据中心、融资租赁、服务外包

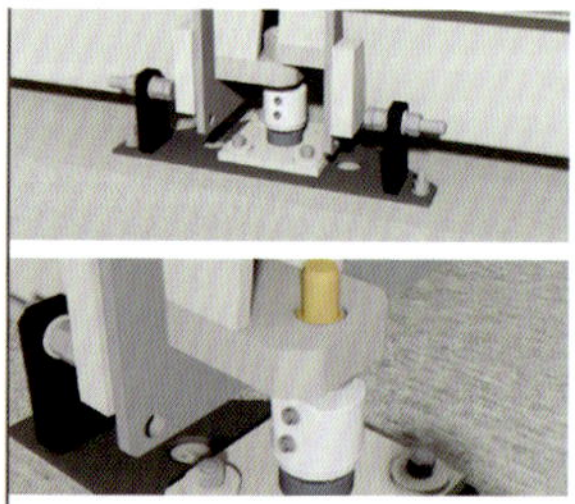

货物及车辆成像检查

车载移动式集装箱 / 车辆检查系统

集装箱 / 车辆快速检查系统

行李及包裹成像检查

CT 型行李物品检查系统

高速 CT 型行李物品检查系统

行李及货物 X 射线检查系统

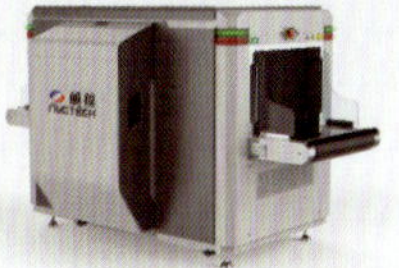
手提行李 X 射线检查系统

核生化爆检查（CBRNe）

①

②

③

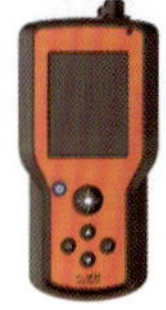
④

① 便携式爆炸物违禁品探测仪
② 台式爆炸物违禁品探测仪
③ 便携式核素识别仪
④ 手持式化学物质识别仪

⑤

⑥

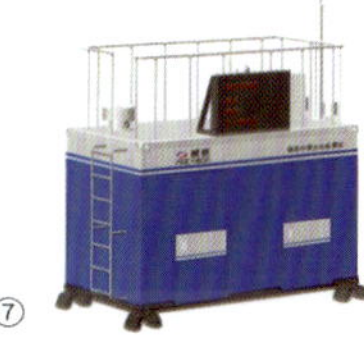
⑦

⑤ 通道式放射性物质监测系统
⑥ 拉曼检查仪
⑦ 辐射环境自动监测系统

系统解决方案

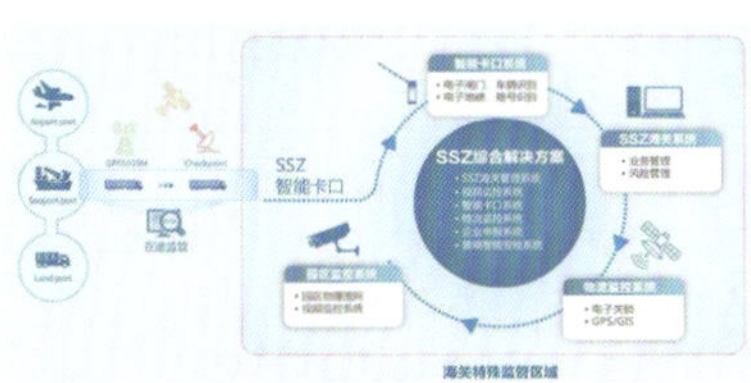

海关特殊监管区域
综合解决方案

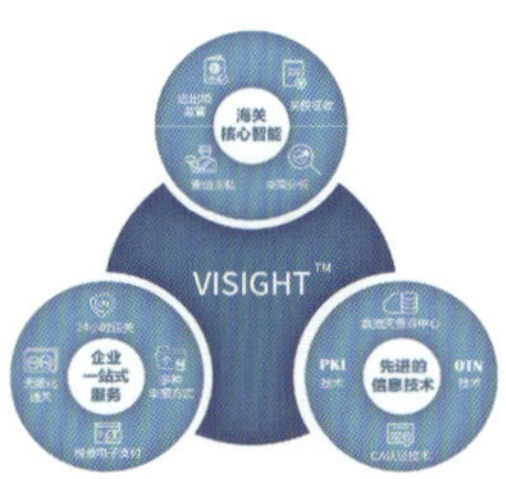

VISIGHT™ 现代化通关解决方案

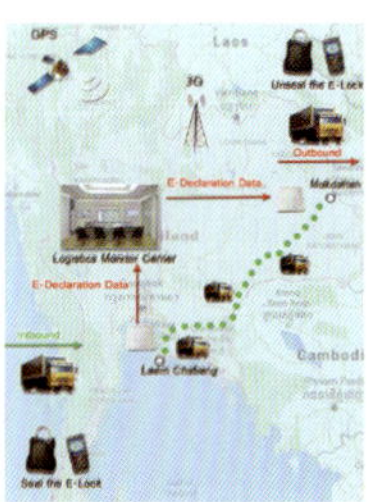
物流监管解决方案

口岸现代化解决方案

同方威视技术股份有限公司是全球领先的安检产品和安全检查解决方案供应商。公司成立于1997年，源于清华大学。同方威视立足于自主创新，紧贴客户需求，为全球150多个国家和地区的客户提供安检领域最先进的创新技术、品质卓越的产品及综合的安检解决方案和服务。

同方威视系列安检产品及服务已进入民航、铁路、公路、城市轨道交通、邮政物流、大型活动赛事等众多领域，助力客户保护国境安全和人民生命财产安全，得到世界各国用户的广泛认可。“同方威视”已成为国际业界的知名品牌。

作为一家负责任的中国高科技企业，同方威视立足安全领域，以持续的创新科技提升客户价值，努力创造出更多先进的安检产品、解决方案和服务回馈社会。

南光物流有限公司

南光物流有限公司是南光（集团）有限公司下属二级公司，早在1949年开始从事仓储运输业务。新中国成立后，配合和推动了澳门经济的发展，见证了澳门回归祖国。

公司注册资金澳门币2 000万元，境内外下属10家全资公司、多家合资参股企业。历经半个多世纪的发展，公司涉足贸易、批发零售、运输、仓库、码头和文化创意等产业，可提供仓码配送、保税仓储、陆路跨境运输、船舶代理、海陆空联运货代、危险品运输、会展物流、保险代理等服务，也是澳门进口农副产品的主要供应商。

南光物流有限公司现已成为集商贸与物流于一体的供应链服务商，诚邀国内外合作伙伴洽谈来访。

联系电话：(853) 62122063/(86) 15344822063

电子邮箱：zhangzhongkuan@namkwong.com.mo

公司地址：澳门罗理基博士大马路南光大厦14字楼/广东省珠海市珠澳跨境工业园区南光物流通宇配送中心

公司网址：www.namkwonglog.com

可信赖的安全专家

WE ANSWER FOR YOUR SECURITY

WWW.POWERSCAN.COM.CN

北京君和信达科技有限公司（以下简称“君和信达”）成立于2011年，以研发、设计、集成、销售大型安检系统为主营业务。公司产品主要以安检成像技术为核心，涉及物理、辐射防护、电子电路、计算机和软件、图像处理、网络、机械、自动化控制、建筑等多个交叉学科领域，成功推出全球首创的低剂量、高能量、绿色环保型3D速通式X射线货物/车辆安检产品——DVP速通式货物/车辆检查系统。公司核心管理团队和研发团队均为硕士以上学历，具有相关领域10年以上从业经验，为公司在企业管理、技术研发、市场开发、项目执行、售后服务等领域的全方面发展奠定了雄厚基础。此外，公司还拥有本行业技术领域权威专家、国家级科研机构、国际市场销售商、产品各主要部件知名制造商等涵盖业务各环节的优质资源。公司在相关技术领域拥有自主知识产权，依托世界领先的产品和技术优势，凭借强大的产品研发能力、整体解决方案和系统设计集成能力、市场开发能力、技术支持和服务能力，联合俄罗斯托木斯克理工大学、中国航天科工集团等有雄厚实力并有志于在安检领域共同发展的科研机构、销售商及零部件制造商，建立一个集产品研发、系统设计集成、市场销售、优质服务于一身的快速响应的行业平台，不断推出新的产品及方案组合，满足不同客户的特定需求，并引领安检市场的发展方向。

DVP 速通式货物车辆检查系统

BMS反恐防爆车

SVP-T 小型乘用车辆安全检查系统

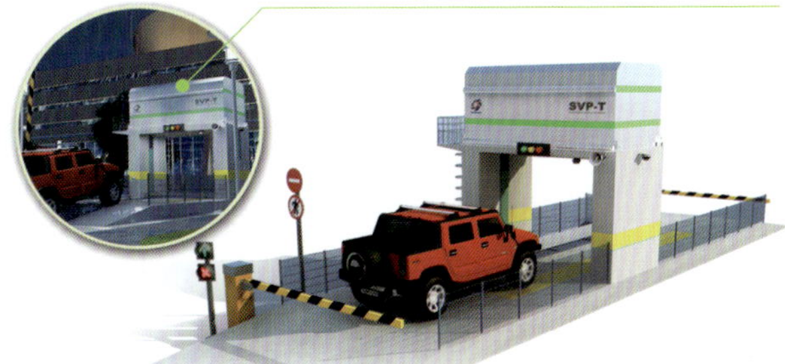

东莞清溪保税物流中心（B型）

东莞清溪保税物流中心（B型）于2016年11月3日顺利通过正式验收，并于2017年5月17日正式封关运行。中心一期用地面积123 895平方米，除具备满足保税物流中心运作的设施外，还是使用云卡口系统的保税监管场所，报关车辆通过中心“云卡口+智能化验放”系统从进区到出区最短仅需6分钟便可完成一次即进即出业务。

东莞清溪保税物流中心（B型）拟以东莞市庞大的加工贸易市场为依托，利用清溪镇地处东莞、深圳、惠州三市几何地理中心的区位优势及便利交通，以保税物流为特色，引入第三方物流企业。中心业务范围将涵盖保税仓储、流通性简单加工和增值服务、全球采购、国际分拨和配送、转口贸易、保税展示、跨境电子商务等国际物流服务，为推动东莞在更高起点上实现更高水平的发展作出贡献。

地址：东莞市清溪镇北环路198号　　联系人：黄先生　　联系电话：0769-82892982

LONGCHI

漳州市龙池港务发展有限公司

B型保税物流中心具有以下功能及对应而不限于的服务对象：

1. 国际物流保税仓储，进出口生产制造企业
2. 流通性简单加工和增值服务，贸易加工生产企业
3. 国际采购、分拨和配送，国际性第三方物流
4. 国际中转，国际货运承运人、第三方物流
5. 转口贸易，国际贸易企业
6. 退税功能，出口型生产制造企业

以下进口货物进入物流中心可以获得保税：

1. 国内出口货物
2. 转口货物和国际中转货物
3. 外商暂存货物
4. 加工贸易进出口货物
5. 供应国际航行船舶和航空器的物料、维修用零件
6. 维修外国产品所进口寄售的零配件
7. 未办理海关手续的一般贸易进出口货物
8. 经海关批准的企业未办结海关手续的货物

漳州市龙池港务发展有限公司是由厦门港务发展股份有限公司和漳州市经济发展有限公司两家国有、上市企业共同成立的有限责任公司，注册资本金1亿元整，主要在漳州台商投资区从事港口及相关产业的投资建设经营。公司经营范围包括：码头和港口配套设施的投资、开发建设，产业园区项目的投资与管理，房地产开发，企业管理咨询服务，物业服务，货物装卸、仓储服务（危险化学品除外）。依托厦门港务控股集团、厦门港务发展股份有限公司在港口、港口配套产业、保税物流、仓储物流等方面的专业优势，以及漳州市经济发展有限公司作为漳州台商投资区政府平台企业的地缘优势，公司充分利用当地政府所给予的政策和扶持，更好地做好保税物流、仓储物流等公司主营业务的开发建设和经营管理，竭诚为广大客户提供优质、高效、专业的服务。

“漳州台商投资区保税物流中心（B型）”是福建省重点项目、漳州市2016年工作重点之一，地处闽南地区厦漳泉城市中心节点，位于漳州台商投资区核心区域，紧邻厦门港，距离厦门空港20公里、海沧港区5公里，周边道路、铁路管网发达，辐射漳州地区及粤东、赣南地区，周边道路通畅，当地市政设施齐全，区内企业尤其是台资企业和外向型企业众多，市场业务支撑情况良好，人力资源和消费市场丰富成熟。项目总用地约9.67万平方米，规划建设约12万平方米的综合性保税仓储及配套，项目建成后将成为漳州台商投资区重要的保税物流、仓储物流和城市城际物流平台，项目总投资约4.2亿。保税物流中心于2017年7月10日获得批复，目前正处于紧张的项目建设和筹备经营阶段，预计2018年7月通过验收后开张运营。

建设一流仓储物流平台，建立专业运营团队

为客户提供安全高效的保税、仓储、物流服务

招商局保税物流有限公司

http://www.szcmml.com

招商局集团旗下招商局保税物流有限公司以招商局深圳西部港区为主要基地，全面负责深圳前海湾保税港区的规划、建设和运营，为港口综合生态圈建设提供有力支持。

公司依托前海自贸区、深港现代服务业合作区、保税港区三区政策叠加优势，在大力推动政府及口岸单位加快通关模式创新的同时，推动商业模式不断创新，开展平行进口汽车、管理咨询服务、跨境电子商务、展示展销、中港配送、进口VMI及深港陆空联运等业务。未来，进一步搭建进口汽车、电子产品、高端消费品及艺术品等展览交易平台。

前海湾保税港区已成为国内单位面积产值大、物流运作模式完整、业务量增长稳定的保税港区，逐步形成前海湾保税港区模式，复制国内及“一带一路”沿线国家特殊监管区。

跨境电子商务仓贸（南沙）保税中心

清远市
从化
花都
白云机场
增城
三水市
肇庆市
广州市
博罗
佛山市
东莞市
番禺
顺德
鹤山
宝安机场
南沙保税港区物流园区
深圳市
江门市
中山市
珠海机场
开平
珠海市
香港
香港国际机场
台山
澳门机场
澳门

4号仓

陕西西咸保税物流中心
SHAANXI XIXIAN BONDED LOGISTICS CENTER
陕西西咸保税物流中心
陕西西咸保税物流中心位于陕西省西咸新区空港新城中部，紧邻西安咸阳国际机场西北侧，于2014年10月获批设立，规划面积0.36平方公里。2015年12月18日通过联合验收，一期围网范围0.23平方公里。中心建设有卡口、查验仓库、1栋多层立体仓库及2栋单层仓库等仓储监管设施用房，紧邻西安咸阳国际机场规划中的专用货运跑道，是陕西省内临空型保税物流中心。作为陕西自由贸易试验区西咸新区功能区的特殊组成部分，中心以“境内关外”的运作模式，可实现保税物流仓储，全球采购，国际分拨、配送，进出口贸易和转口贸易，商品保税展览展示，简单加工和增值服务6项功能。中心周边建有通关服务中心办公楼、空港国际快件监管中心、西咸空港国际冷链物流仓储转运中心、自贸大都汇等项目，可为跨境电子商务、航空物流冷链仓储产业等提供配套服务。
单位名称：陕西省西咸新区空港新城管理委员会
地　　址：陕西省西咸新区空港新城迎宾大道1号空港商务中心
联系电话：029-33636033　029-33636895
中国（陕西）自由贸易试验区

火凤凰

EXERTION

火凤凰国际艺术品物流有限公司

火凤凰（北京）国际艺术品物流有限公司是一家为艺术品与珍品提供运输及配套服务的专业化公司，成立于2014年5月，是在国家“推进文化创意设计服务与相关产业融合发展”的大时代背景下建立的文化创新型企业。公司总部位于北京天竺综合保税区内，是国内一家依托空港口岸运营国际艺术品的多功能产业链服务企业。保税区内设有专业珍品仓库与艺术品展厅，主营业务涉及艺术品物流、文化艺术品保税展拍、文化艺术品科研开发与应用、文化产业推广与投资等。公司具备海空运输一级代理、海关代理报关、商检代理报检、国内陆路运输代理等资质，并拥有运输文物级别的进口气垫车为各类运输物品保驾护航。

火凤凰在全国范围内拥有成熟且发达的运输网络体系，并在上海、深圳、成都、香港等艺术品交易重要城市保税区内设立分支机构，为境内外各类博物馆、美术馆、拍卖公司、画廊、艺术品机构、艺术家、个人收藏家等提供艺术品运输包装、展览布陈、进出口报关、艺术品保险、仓储托管等全球门到门服务。

综合信兴物流（ISH Logistics）成立于1995年，经过20多年的稳健发展，已成为领先的供应链一站式服务专家，业务涵盖第三方物流、仓储、运输、配送、定制化物流服务等，并逐步形成了VMI、电商仓储物流、供应链金融三大核心业务。综合信兴物流在深圳、东莞、佛山、厦门、上海、北京、大连、北海、宜昌等地投资逾15亿兴建超过20万平方米的多个大型现代化物流基地，运营仓库总面积达30多万平方米，配送中心及保税物流平台遍布中国的主要城市，形成覆盖全国、辐射全球的供应链服务网络。

深圳综合信兴物流有限公司

SHENZHENZONGHEXINXINGWULIUYOUXIANGONGSI

- 专注物流供应链一站式服务；
- 世界500强企业的专业物流服务提供商；
- TAPA科技资产保护协会A级认证企业，国家AAA级物流企业；
- VMI、电商仓储物流、供应链金融三大核心业务；
- 涵盖仓储、运输、报关报检、增值服务等全方位的第三方物流业务。

各区域联系方式：

深圳(总部)：陈先生，0755-83485868

香港：陆先生，00852-2369 8399

佛山：陈先生，189 4874 7017

厦门：曹先生，189 4874 7013

上海：李小姐，021-5868 2773

北京：林先生，185 1099 7160

大连：曹先生，189 4874 7013

联系邮箱：marketing@ish.com.cn

绿地 铂选供应链

随着经济全球化，跨境电商日渐风靡。绿地顺应市场的需求和行业发展形势，在青浦出口加工区投资建设绿地青浦跨境贸易基地，并成功与上海跨境电商公共服务平台等相关单位系统对接，与数十家品牌跨境电商企业建立了合作关系。绿地电商背靠阳光海淘的政府政策，实现爆发式增长。其中，B2C发展迅猛，通过业界创新和多渠道合作，销售额呈现几何式增长；B2B板块积极落实“互联网+”的相关政策，致力于培养自己的生态圈，着力在跨境B2B板块的技术增强、业务流程梳理和信息化建设等方面先行先试，积极开拓上下游资源，加速品类开发，实现从无到有的爆发式增长。

专业仓储运营团队：

- 引入国内著名跨境仓储运营团队，曾服务网易考拉等较大电商企业，仓储运营专业高效，确保企业商品按时、按量、按质发货。
- WMS系统成熟稳定，拣选、放行高效快速。
- 仓库分区管理，设有监管部门查验场所与设施。
- 12000平方米跨境保税仓，可满足3万单日单量。
- 仓库集一般贸易和跨境贸易功能与一体，满足企业开展不同进口业务的需求。

全方位配套服务：

- 专业企业客服团队，提供企业注册、备案、通关服务，用心服务每个企业，解决企业注册备案等难题，让企业专心开展业务。
- 多种包装耗材可选，可定制物流包裹外观，可贴商户独自设计的Logo和宣传材料，在保证原装体验的同时，宣传商户的品牌，提升商户知名度。

中联富维国际物流（深圳）有限公司

中联富维国际物流（深圳）有限公司是由香港中联（亚洲）有限公司全资拥有的物流仓储企业，位于深圳市盐田港保税区物流园区内，毗邻的优势港区盐田港，属于海关特殊监管区域。与公司配套运营的还有深圳市富维报关有限公司。深圳市富维报关公司是深圳市民营报关企业，并且从2009年～2015年连续三届被评为的全国百优报关企业（三年一届），以其成熟的进出口报关运作体系和辐射深圳一、二线口岸的众多服务网点，为客户提供一站式、多渠道的通关服务。

中联富维国际物流（深圳）有限公司自2003年运营以来，伴随着物流行业的建设而不断发展壮大，现已拥有一支经验丰富、高素质的服务团队，并取得了ISO质量管理体系、ICTI国际玩具工业理事会、GSV全球安全认证反恐及沃尔玛FCCA等一系列国际权威认证。目前，公司仓库操作面积共9万多平方米，员工人数合计500多人，在国内深圳、上海、香港，以及美国、加拿大和西班牙均有可操作仓库。公司以完善的设施设备、高效的仓储管理、专业的报关报检、多元化的物流方案设计赢得广大客户的信赖。

未来，中联富维公司将通过对WMS系统升级、联合国内外优质电子商务销售平台等一系列措施，秉着“诚信、专业、创新”的服务理念，发展为一家集国际贸易、保税展示、跨境电子商务等供应链物流服务、报关报检、仓储及运输为一体，提供个性化物流方案设计等“一条龙”服务的综合性国际物流公司。

成都铁路保税物流中心（B型）

成都铁路保税物流中心（B型）位于四川省成都市青白江区成都国际铁路港内，所在位置交通非常便利。通过成南和成绵高速公路、成青快速通道、货运—北新干线等多条入城通道，20分钟可直达中心城区；成绵乐城际铁路客运专线在境内设青白江东站，贯通青白江；连接中心城区的地铁11号线将于2020年建成。

成都铁路保税物流中心（B型）占地面积约0.18平方公里，利用其便利的区位优势重点发展国际中转、国际配送、国际采购、国际转口贸易等高端服务业，主要以跨境电子商务、保税展示作为业务方向，围绕集装箱中心站、铁路口岸、蓉欧快铁等资源，重点做好机电产品、汽车零部件、重大装备、进口快速消费品的保税仓储和保税展示等业务。

成都铁路保税物流中心（B型）共设有保税仓库3座，总建筑面积约6.5万平方米，建筑高度为11.4米，净高9米。仓库结构为钢结构，建筑性质为物流建筑，建筑设计使用年限为50年。保税仓库内设有消防、照明、升降平台、叉车坡道等设施设备。

在保税物流中心旁设有办公区域；中心外设员工餐厅、小型超市、咖啡屋、电子阅览室等一系列生活、娱乐设施配套服务；设有停车区域10 000平方米，地上室外停车位共55个；为入驻企业提供“管家式”贴心物业服务，7X24小时保安巡逻，专业的保洁、绿化队伍及工程维修人员；由专人为意向企业和入驻企业提供工商、税务、报关、报检等一系列手续；引进多家银行为入驻企业提供存储、查询、转账等服务。

保税物流中心所在的青白江区政务中心汇聚区内所有事业单位服务窗口，为入驻企业提供及时、快捷的政务服务。青白江区内有工行、中行、建行等银行机构、证券、融资性担保、小额贷款及保险机构十余家，设立了5亿元促进产业发展的专项资金，能为赴区投资企业提供有效、方便、及时的金融支持。

武威保税物流中心

丝路开放黄金枢纽

GILI 互联网+4E综合外贸服务平台 www.e-maotong.com

政府招商的好帮手，质量中国建设的好工具，进出口企业的好管家。

通过与电商平台和监管部门的联网对接，帮助电商企业、产品便捷备案，最终形成一个企业共享，海关、国检、外管、税务等共管的产品库，实现信息统一管理，跨境电子商务产品“源头可溯、去向可查”。

革新了中欧班列的历史，首创中欧班列网上订舱、查询、支付系统，借此信息化网络，“天马号”中欧班列将实现与各地中欧班列“代码共享”，集约化运营，减少境外无序竞争。节约运力，提高物流实效，切实发挥丝绸之路经济带物流大通道的作用。

平台采用“清单核放、汇总集报”方式进行监管。E关通与E+人通过云端后台比对，提高通关效率，减少企业运营成本。

将通过实体贸易的方式，发挥市场之手的影响力，加速落实人民币跨境结算的国家战略；利用互联网金融，解决对外贸易中，中小企业贷款难的问题。

武威古时即是“通一线于广漠，控五郡之咽喉”之重地，武威保税物流中心作为武威创新的旗帜，再现丝绸之路开放黄金枢纽新风采。武威保税物流中心作为甘肃省批准设立的海关特殊监管区，以保税服务功能为基础，以发展国际物流枢纽为定位，以现代物流业和现代服务业为动力，建设国际物流产业平台、国际贸易产业平台、金融与实业融合平台、出口加工基地四大产业平台，并将围绕“一港两中心七口岸”的整体部署，依托中欧班列“天马号”打造新丝绸之路外向型经济开放的前沿，成为甘肃省外向型经济的代表，为“走出去”战略的实施夯实基础。

赤峰保税物流中心于2013年8月8日经批准设立，2015年1月1日正式封关运营，是内蒙古自治区和中国铁路总公司系统内B型保税物流中心。中心位于内蒙古红山物流园区内，规划面积1.43平方公里，总投资7.2亿元。一期围网内面积18.41万平方米，仓储面积5.2万平方米，围网外配套建设铁路到发线3条、站台加长仓库4万平方米、国际集装箱堆场3万平方米和肉类及其制品检测重点实验室。依托保税物流中心的进口货物保税仓储、出口货物入区退税、国际物流分拨配送、转口贸易、简单加工和增值服务等政策功能，近年来不断推动中欧（赤满欧）班列、保税商品展示交易中心、跨境电商监管中心和国际快件监管中心等重点项目运营，已逐步发展成为蒙东、冀北、辽西国际物流运作基地以及融入国家“一带一路”建设、中蒙俄经济走廊建设的蒙东地区对外开放的重要平台。

赤峰保税物流中心

地址：赤峰市红山区桥北街道

金都街铁路运输基地院内

业务咨询：0476-8876551

邮箱：cfbswlzx@163.com

连云港保税物流中心

连云港保税物流中心是经批准设立的江苏北部首个B型保税物流中心。公司主要业务范畴为保税仓储、出口退税、简单加工、转口贸易、保税商品展示与交易、协助客户完成全程物流服务。

中心规划面积1.39平方公里，一期封关运作51万平方米，包括24万平方米的散货堆场；3万平方米的集装箱堆场；7座仓库，包含海运快件监管仓库、进口食品国检监管仓库，并设有综合管理办公楼与配套的海关报关大厅等设施。二期建有22万平方米的散杂货堆场和9万平方米的集装箱堆场。

嘉兴综合保税区B区

嘉兴综合保税区B区位于嘉善县西塘镇，地理位置优越，依托沪杭甬高速、申嘉湖高速、苏通高速、沪杭高铁等实现与上海、宁波、杭州、苏州1小时经济圈，具备接轨上海、辐射长三角的优越区位和交通条件。

2016年9月，嘉兴综合保税区B区首期围网0.6634平方公里通过验收，封关运作。2016年，全区实现产值47.9亿元，实现利税4.02亿元，实现税收1.2亿元，合同利用外资1.28亿美元，实际到位外资1.28亿美元，工业性投入11.85亿元；审核进出口报关单14 823票，办理保税物流6 881票，监管货值1.27亿美元，监管货运量37 470吨，实现一线进出口总额4 700万美元，实现进出区货物总值16.68亿美元。2016年12月，引进嘉兴富通国际科技有限公司，注册资金3.5亿元，总投资10.5亿元，占地面积约36.27平方米，由富通集团投资。

区内有嘉兴海关、嘉兴出入境检验检疫局、中国人民银行嘉善支行外汇管理局等相关部门设立专门机构现场办公，实行24小时、7天制通关运作。围绕“简政集约、通关便利、安全高效”的要求，园区内全面实行“先进区、后报关制度”“境内外维修制度”“批次进出、集中申报”“简化通关作业随附单证”“统一备案清单”5项创新服务制度。

吴中综合保税区

跨境电商综合服务平台

吴中综合保税区建于吴中经济技术开发区内，经济和物流发达，交通运输便利。区内建有40万平方米高质量标准厂房、保税仓库，区外建有31万平方米商务配套区、生活服务区和行政办公区。

2016年，吴中综合保税区以苏州获批跨境电商综合试验区为契机，准确、迅速地抓住跨境电子商务行业发展动向，重点发展跨境电商产业。目前，高规格、标准化的跨境电商监管中心、进口食品（化妆品）指定监管场所、冷库等配套设施一应俱全，集“导购、溯源、备案、制单、退税”等功能于一体的综合服务平台“境贸通”成功上线。吴中综合保税区跨境电商产业园一期规划占地200亩，建筑面积20万平方米，已入驻电商企业20余家，2016年9月获批江苏省跨境电子商务产业园试点。

浙江慈溪出口加工区

慈溪出口加工区于2005年6月经批准设立，按国际自由贸易区惯例运作，具有“免税、保税、免证”的特殊政策。区域开发面积0.7平方公里，配套设施完善，地理位置优越。加工区位于上海、杭州、宁波三大都市的“金三角”腹地，一个半小时的交通圈中，同时拥有上海浦东、上海虹桥、杭州萧山和宁波栎社四大空港，宁波、上海两大东方大港口，开展商务活动交通非常便捷。

区内基础设施完善，按照“七通一平”标准配套建设道路、电力、供水、供热、供气、通信、绿化等设施，园区累计完成固定资产投资12.5亿元。截至2017年6月底，区内厂房和仓库总面积达到了125 000平方米。同时，出台了优厚的房租减免和其他政策帮助企业发展。

截止2017年6月，加工区内共有企业29家，其中2家为生产型企业，23家为物流企业，4家为跨境电子商务企业，形成以电解铜、黄铜带、集成电路及化纤原料等国外工业原料为主的保税仓储进口分拨和以永宏户外休闲用品、节能灯具、饮料设备及光伏接线盒等国产成品为主的出口集拼业务构架。跨境电子商务进口业务也发展迅猛，天猫直营大仓已在加工区开展业务，跨境电子商务将是加工区未来发展的重要推动力。

天津东疆保税港区

东疆保税港区是天津自贸试验区的重要组成部分，重点发展融资租赁、国际贸易、航运物流等现代服务业。2015年4月21日，中国（天津）自由贸易试验区在东疆保税港区挂牌。

东疆保税港区在租赁业领域的发展领跑全国，是国内飞机、船舶、海工设备等租赁业务的聚集地。截至2017年6月，东疆已完成923架飞机、110艘国际船舶、12座海洋工程平台的租赁业务。天津东疆也是国家进口贸易促进创新示范区，平行进口车试点业务、跨境电子商务、文化保税贸易等新型贸易业态都取得突破性进展。平行进口车从2016年5月试点启动到2017年5月实现保税仓储汽车4万辆，货值22亿美元，在全国口岸保持领先。此外，中铁装备进境保税维修项目启动建设，跨境电商龙头网易考拉华北分拨中心落户，海外工程出口基地加快建设。东疆进口商品直营中心已发展成为市民认可的品牌，已在全国授权设立30家中心，覆盖我国华北、西北、华东、西南等地区。同时，东疆正积极打造航运全产业链基地，推动产业要素向中高端聚集。截至2017年6月底，东疆保税港区注册各类企业总数达到9 790家。

沈阳综合保税区（A区）

SHENYANGZONGHEBAOSHUIQU

沈阳综合保税区是在原辽宁沈阳出口加工区、辽宁沈阳（张士）出口加工区、沈阳保税物流中心基础上整合组建的，于2011年9月7日获得批准。沈阳综合保税区规划面积7.198平方公里，分为两个区块，其中区块A位于沈阳近海经济区，规划面积4.198平方公里，一期围网封关面积1.168平方公里，重点承担通关作业、保税物流、保税加工三大功能，可进行仓储物流，转口贸易，国际采购、分销和配送，国际中转，检测和售后服务维修，商品展示，研发、加工、制造和海关允许的其他业务。园区先后复制推广了“先入区、后报关”“批次进出、集中申报”“仓储货物按状态分类监管”等自贸区经验和做法，区内现有注册企业50家，2016年进出口货值为2亿美元。

SUZHOUGONGYEYUANQUHANGGANGWULIUYOUXIANGONGSI

苏州工业园区航港物流有限公司

苏州工业园综合保税区规划总面积为5.28平方公里，分为东、西两个围网区，其中东区面积3.88平方公里，西区面积1.4平方公里。综合保税区内可以从事的业务包括：存储进出口货物和其他未办结海关手续的货物，国际转口贸易，国际采购、分销和配送，国际中转，检测和售后维修服务，商品展示，研发、加工、制造，港口作业，经海关批准的其他业务。

苏州工业园区航港物流有限公司成立于2009年11月，是苏州得尔达国际物流有限公司全资子公司，是苏州工业园综合保税区场站经营人，以搭建虚拟海陆空港一体化、载体功能完善、运作规范高效的物流平台为目的，通过对综合保税区场站的精心管理运作，加强和苏州周边港口、机场的业务合作，已成为长三角货物进口的“绿色通道”，第三方物流企业开展VMI和DC等现代物流业务的重要基地，并为在园区投资的外企和周边地区的企业提供高效、快捷的“一站式”通关和物流服务。

苏州工业园区航港物流有限公司除做好传统场站业务以外，正积极探索新型业务模式，大力发展特色口岸（进境水果、食品、药品指定口岸）与管理输出业务，力争在不断变化的市场竞争中占得先机。

电话：0512-62878301 地址：苏州工业园区现代大道66号 邮编：215121

苏州工业园区航港物流有限公司
半年度会议

场站平面图

苏州工业园区进境水果口岸全程可视化演示

苏州工业园区进境水果指定口岸会议

苏州工业园区航港物流叉车技能大赛

南通综合保税区是在原南通出口加工区基础上的转型升级，于2013年1月3日经批准设立，规划面积5.29平方公里，实行“一区两片”的发展格局，其中A区规划面积1.5平方公里，B区规划面积3.79平方公里。目前，已封关区域2.15平方公里，其中A区1平方公里，B区1.15平方公里。

南通综合保税区着力打造国际数据中心产业园平台、进口商品展示直销平台、跨境电子商务服务平台、石化交易平台、食用油交易平台等特色产业平台。目前，区内聚集了联亚药业、延锋江森汽车座椅面套、吉凯光电、欧美加系统集成等一批科技含量高、产业特色明显的保税加工企业，江苏恒廷怡、江苏思皓等国际贸易企业，麦贺达等日化品分拨企业，中兴网信、软秦数据、进口商品直营中心等平台企业。

南通综合保税区A区地处南通经济技术开发区中心区域，周边商业和产业环境已经成熟，着重发展研发、展览展示、检测维修等保税服务业，适当增加环境友好型保税加工业。位于A区的国际数据中心产业园规划面积约86.67万平方米，将形成通信运营商、设备供应商、软件开发商、数据中心管理运营商、数据应用服务商相互关联的产业链，构筑具有综合保税区特色的国际数据产业发展平台。

南通综合保税区B区距苏通长江大桥2公里，紧邻建设中的通海港区集装箱码头，着力发展保税加工、保税物流业和口岸作业。位于B区的南通综合保税区中仓物流园项目一期总投资10.5亿元，规划建设30万平方米的保税仓库和交易中心等设施。通海港区集装箱作业区占用长江深水岸线2 487米，共规划建设8个7万吨级以上连片顺岸集装箱码头泊位；一期3个7万吨级集装箱泊位已于2016年上半年开工建设，预计2018年上半年建成运营。

南通综合保税区

镇江综合保税区

镇江综合保税区于2015年1月31日经批准，由镇江出口加工区整合优化而设立，2015年12月2日通过联合验收，规划面积为2.53平方公里，首期0.91平方公里已开关运作。

镇江综合保税区位于江苏省镇江市的东侧，坐落在镇江经济技术开发区（镇江新区）内，地处中国经济发展具有相当活力的“长三角”地区，位于长江和京杭大运河“黄金水道”的十字交汇处、上海经济圈和南京都市圈的交汇处，是长江经济带建设的重要节点城市，区域位置得天独厚，具有“铁、公、水、空”立体大交通的独特优势。

镇江综合保税区实行“境内关外”的管理模式，实行全封闭的海关监管管理，区内企业不仅享有简单、快捷的通关便利，还享有经济技术开发区和综合保税区的各项优惠政策，享有专职部门为落户企业提供的一切便捷的配套服务。区内建有一流的基础设施和配套设施，区外建有各种生活商务配套，可以满足企业的生产生活需求。

“十三五“期间，镇江综合保税区将全面贯彻落实“四个全面”战略布局，践行“五大发展理念”，深入落实供给侧结构性改革工作部署，全面开启二次创业新征程，构建长三角有重要影响力的冷链物流中心、保税商品仓储分拨区域中心、多门类电子商务中心，打造现代产业的集聚区、物流贸易的特色区、港产城融合发展的示范区。园区重点发展新型能源、新型材料、电子信息、精密机械、冷链物流等产业，加快复制自贸区创新制度，提升园区保税加工、保税物流、展示交易、研发检测和综合服务等功能。园区已有台湾先进光电光学镜头、江苏汇鸿冷链物流基地、美国汉克集团高级灭火新材料、瑞典山特维克特种合金材料等项目入驻，拥有独特的比较优势，潜力巨大，前景广阔。

热诚欢迎中外投资者前来考察洽谈投资兴业！

广西钦州保税港区

钦州保税港区于2008年5月经批准设立，规划面积10平方公里，2011年2月正式开港运营，2014年8月实现整体封关运营。

经过9年多的建设，园区累计投入190亿元，填海造地9.51平方公里，建成11个码头泊位，其中10万吨级集装箱泊位8个，7万吨级滚装泊位1个，5万吨级泊位2个；获批并建成整车进口口岸、粮食进口口岸、肉类进口口岸、进境水果口岸和全国进口酒类综合服务产业知名品牌示范区；建成跨境电子商务平台、国际商品直销中心、国际汽车城、奇智纺织及10多万平方米的标准厂房和30多万平方米的保税物流仓；吸引了新加坡国际港务集团、太平船务、中海运和香港新恒基等300多家中外企业落户。园区形成航运物流、大宗商品贸易、整车进口、酒类进口、国际商品直销、冷链物流、加工贸易等特色产业，初步建成广西面向东盟、面向国际的重要窗口和平台。2016年，园区完成港口货物吞吐量3 403万吨、集装箱吞吐量137万标箱、外贸进出口总额25.56亿美元。

钦州保税港区正加快打造面向东盟国际大通道的关键通道，面向西南中南地区开放发展新战略支点的核心支点，“一带一路”有机衔接重要门户的一线门户。

浙江杭州出口加工区

HANGZHOUCHUKOUJIAGONGQU

2016年，浙江杭州出口加工区以“服务保障G20峰会”为圆心，以“两学一做”为载体，坚持“一手抓稳定，一手抓经济”，整合区内优势资源，推动园区转型发展，努力做到“长效管理、深挖潜力、创新活力”，提升出口加工区全国影响力。全年出口加工区实际利用外资1 078万美元，引进内资1.2亿元，完成浙商回归资金1.8亿元；实现固定资产投资0.9亿元，完成工业销售产值93.5亿元；完成进出口总值21.7亿美元，其中进口8.7亿美元，出口13亿美元；完成海关税收及代征税5.5亿元。跨境电子商务业务发展迅速，全年园区招引天猫国际、苏宁易购等68个电子商务平台，网易考拉、银泰网等111个垂直电电子商务企业，以及中外运、海仓科技等72个电子商务服务企业入驻园区，备案海外商家超过5 000个，实现交易额48亿元。

HANGZHOUCHUKOUJIAGONGQU

2016年4月12日，澳大利亚贸易委员会携澳大利亚代表团来到杭州跨境电子商务产业园(下沙园区)参观交流。澳大利亚贸易委员会主席高思博表示澳洲方面不仅会把中国电商市场的信息告诉澳洲公司，也将让澳洲更多的中小企业了解到中国电商市场的发展。澳洲企业对中国的跨境电商将会有更多的了解，也希望在未来的发展中能够有更多的合作。

国际合作　仓储智能

HANGZHOUCHUKOUJIAGONGQU

2016年7月，下沙园区重点仓储智能化一站式解决方案企业——海仓科技，与全球较大的综合安防解决方案供应商——海康威视合作，引进了海康威视的“橙色”机器人，可以实现在货架之间灵活地移动，解决“货到人”的智能仓储作业模式，进而将每小时处理的订单量提升到人工方式的3倍以上。

武进综合保税区

Wujin Free Trade Zone

武进综合保税区的建设以武进国家高新区为依托，坚持以“高起点规划、高标准管理、高水平服务”为建设目的，并引进先进的开发和管理模式，争取迈入全国一流综合保税区行列。武进综合保税区按照“一体两翼”总体规划，区内总体规划1.15平方公里，西侧国际商贸区总体规划 3.2平方公里，东侧青洋路物流园总体规划 1.1 平方公里。

2016年，园区完成工业总产值135.2亿元，同比增长16.5%；实现工业产品销售额108.1亿元，同比增长24.1%；实现工业增加值27.6亿人民币，同比增长66.6%；完成实际进出口额10.8亿美元，同比增长17.5%；完成进出区57.3亿美元，同比增长25.6%。保税物流实际进出口额为4亿美元，同比增长17%，进出区为32.8亿美元，同比增长40.2%。

武进综合保税区位于武进国家高新技术产业开发区，东至凤林路，南至武进大道，西至淹城路，北至阳湖路，紧邻沿江高速和常泰高速，距上海虹桥、浦东机场及上海港口、南京禄口机场均在1～2小时车程范围内。

联系人：干泽幸　　联系电话：0519-86221203　　传真：0519-86221200

珠海保税区

珠海保税区于1999年10月封关运作，面积3平方公里，预留发展用地2.89平方公里，与澳门隔水相望、陆路连通，在保税加工、仓储物流、国际贸易等主要功能方面享有优惠政策。珠澳跨境工业区总占地面积0.4平方公里，其中珠海园区0.29平方公里，是全国首个跨境工业区，实行“保税区＋出口加工区出口退税政策＋24小时通关专用口岸”优惠政策。

珠海保税区、珠澳跨境工业区发挥得天独厚的区位优势、政策优势，大力实施创新驱动和开放引领发展战略，科学推动产业结构调整、转型升级，已初步形成信息技术、航空配套、生物医药、商贸服务四大产业体系。如今再叠加港珠澳大桥通车及横琴、保税区、洪湾片区一体化发展等机遇，具备大有可为的发展空间。热忱欢迎社会各界人士与珠海保税区共谋发展、共创未来。

电话：0756-8686266 8687373

网址：http://www.zhftz.gov.cn/

NINGBOBAOSHUIQU

宁 波 保 税 区

宁波保税区（含出口加工区）规划面积5.3平方公里，具有国际贸易、进出口加工、保税仓储、保税展示交易、国际采购配送等功能，实行“免证、免税、保税”等特殊政策，毗邻宁波舟山港。全区集聚有来自全球60多个国家和地区的5 200多家企业，2016年实现生产总值157.5亿元、财政收入39.9亿元、工业总产值294亿元、外贸进出口89.6亿美元。区内集聚了国家留学人员创业园、国际软件园、国家集成电路（宁波）产业园、高新技术创业服务中心等一批创新载体，获批成为进口贸易促进创新示范区、跨境电子商务首批试点园区。下一步，宁波保税区将着力建设参与“一带一路”和“义甬舟”开放大通道建设的桥头堡、宁波国际贸易中心建设的主平台、助推宁波新一轮开放创新发展的航天智慧科技城。

海南洋浦保税港区

海南洋浦保税港区位于海南西北部的洋浦半岛，2007年9月经批准在洋浦经济开发区内设立，一期2.3平方公里于2008年10月验收通过，正式开关运作。

洋浦保税港区是我国最南端的保税港区，也是我国距东南亚和澳大利亚最近的保税港区，拥有国家一类对外开放口岸和对越边贸口岸，拥有进境粮食指定口岸和进口肉类指定口岸，拥有处于东亚和东南亚国际海运主航线中心的深水良港；定位成为国家“21世纪海上丝绸之路”建设的先行者，面向中澳自贸区的大宗商品分拨基地，面向东南亚的保税物流中心和出口加工基地；建成洋浦保税港区“国际粮油加工物流产业园”和“中国—东盟椰子产业园”，正打造“中国（海南）—东盟优势产业合作示范区”。

洋浦保税港区现有主导产业为粮食加工、椰子加工、冷链物流、大宗物资集散等。从开关运作至2016年年底，洋浦保税港区累计实现地区生产总值140亿元，实现全口径税收31.76亿元，实现进出口货值10.62亿美元，完成集装箱吞吐量206.09万标箱，完成固定资产投资10.38亿元。

地址：海南省洋浦经济开发区盐田路8号保税港区综合楼2楼
电话：0898-28810976、28810969
传真：0898-28810969

椰子加工

冷链物流

黄骅港综合保税区

HUANGHUAGANG ZONGHEBAOSHUIQU

黄骅港综合保税区地处环京津、环渤海中心地带，是京津冀协同发展和环渤海经济圈重要节点。其规划面积为3.63平方公里，首期封关面积1.57平方公里，二期2.06平方公里。黄骅港综合保税区紧紧围绕“打造服务临港产业，拉动冀中南及亚欧大陆桥新通道沿线外向型经济发展的平台”的战略目标，确定了保税物流、保税加工、保税服务三大功能；依托六大优势——区位、腹地、港口、战略、交通、产业优势，吸引了大量中外优秀企业的加盟。

创融京津冀，享占港产城，黄骅港综合保税区欢迎您。

黄骅港综合保税区第一批入区项目分布图

HUANGHUAGANGZONGHEBAOSHUIQUDIYIPIRUQUXIANGMUFENBUTU

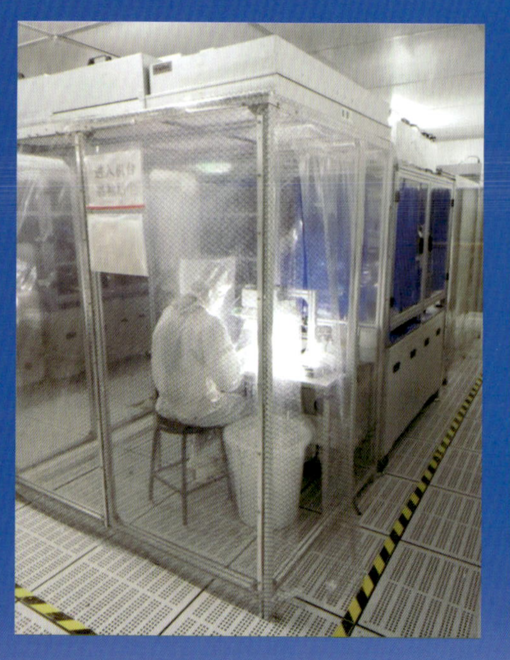

江西南昌出口加工区

南昌出口加工区于2006年5月经批准设立，规划总面积1平方公里，其中一期（A区）0.31平方公里于2007年9月通过验收正式封关运行。2016年2月9日，南昌综合保税区经批准正式设立；2017年2月28日，南昌综合保税区顺利通过省级预验收；2017年5月11日，南昌综合保税区顺利通过联合验收组封关验收。

经过10多年的发展，园区基础设施完善，建设投资近10亿元人民币，建有标准厂房及仓库45余万平方米，员工配套区近5万平方米，区内从业人员高峰期超过5 000人。依托南昌高新区的区位优势及产业优势，园区累计引进鑫陇科技、合顺光电、富港电子、欧菲多媒体、友联达等30余家企业。

南昌综合保税区规划面积2平方公里，由两个片区组成。一片区位于南昌国家高新技术产业开发区内，规划面积0.31平方公里，是已封关运行的原南昌出口加工区A区；二片区规划面积1.69平方公里，位于南昌市北部，地处赣江新区腹地，区位优势和交通优势明显。南昌综合保税区是南昌市举全市之力高起点规划、高标准建设的一个对外开放关键平台，也是南昌市打造未来江西版自贸区的重要基础。

广西凭祥综合保税区主卡口

满载货物的汽车从友谊关口岸出境前往东盟国家

广西凭祥综合保税区一角

广西凭祥综合保税区车辆有序通过的主卡口

广西凭祥综合保税区

GUANGXI PINGXIANG ZONGHE BAOSHUIQU

广西凭祥综合保税区入区企业生产车间

广西凭祥综合保税区作为在陆路边境线上的综合保税区，依托“面向东盟、贴边发展”的区位优势，重点发展国际贸易、保税物流、加工贸易等口岸经济业务，形成独具特色的产业发展格局。同时，凭祥综合保税区围绕广西的“三大定位”，积极打造综合保税区—越南海防港、综合保税区—越南河内—胡志明、综合保税区—越南谅山—老挝沙湾拿吉—泰国穆达汉-马来西亚黑木山3条黄金物流线路和“渝桂新（重庆—广西—新加坡）”南向陆路大通道，拓展连接苏满欧、渝新欧、郑新欧到达欧洲的保税物流线路，实现了中南半岛经济走廊与丝绸之路经济带无缝对接。2016年，园区完成外贸进出口总额1 233.76亿元，同比增长19.3%，是广西对外贸易额超过千亿元的产业园区。

广西凭祥综合保税区等待出口的汽车

凭祥综合保税区大胆创新、先行先试，全力抓好“保畅通、强物流、抓二期、降成本、招人才”五大工作，稳步推进包括轻工产业园、机电加工产业园、东盟特色资源加工产业园、农副产品加工物流园4个产业园区的二期（筹）建设，正迈上沿边开放发展的新台阶，园区先后荣获“广西开放型园区创新进步奖”“广西加工贸易产业发展重点园区”“广西现代服务业聚集区自治区示范物流园区”等。

青岛前湾保税港区

青岛前湾保税港区于2008年9月7日经批复设立，由保税区、保税物流园区整合临近港口转型升级而成，规划面积9.72平方公里，建设码头泊位21个，享有“保税、免税、免证”和“境内关外”等特殊政策，统筹管理青岛出口加工区和西海岸出口加工区，实现了海关特殊监管区的融合发展，为全国海关特殊监管区域整合优化作出示范。2016年，全区实现各项收入41.48亿元，实现外贸进出口总值79.02亿美元。

近年来，青岛前湾保税港区加快实施区域转型升级。园区已建成全球最大的尿素交易平台，天然胶交易量位居全球第二，发布山东省首支大宗进口商品价格指数和生产资料价格指数——“中国·青岛橡胶价格指数”；2012年恢复青岛汽车整车进口口岸，目前已发展成为全国第五大汽车进口口岸，平行进口车数量位居全国第二；建成进口商品总部基地，率先在山东省开通保税备货业务，被评为全国电子商务示范基地；加快新旧动能转换，倾力打造国际冷链中心、国际自贸中心、国际物流中心和国际商品市场交易中心，推动区域创新发展、持续发展；优化空间布局，将当前全球自动化程度高、装卸效率快的集装箱自动化码头纳入围网范围，实现优势政策拓展延伸；积极融入“一带一路”建设，探索出“省内功能区＋省外经济合作区＋‘一带一路’自贸驿站”的发展模式，通过“飞地经济”，打造共享平台，加强地区合作，促进区域协同发展。

山东青岛西海岸出口加工区

青岛西海岸出口加工区于2006年5月经批准成立，规划面积2平方公里。园区实行“境内关外、进口免税、进料保税、入区退税”的优惠政策，可开展保税加工、保税仓储、物流、配送、研发、检测、维修等业务。园区海、陆、空三位一体，北临青岛胶东国际机场，南靠前湾港，西接胶州多式联运——中铁联集青岛中心站，东连胶州湾跨海大桥；周边汇聚海洋工程、港口、家电、石化、汽车、机械制造等产业资源，具有得天独厚的区位优势。截至2016年年底，累计入区项目73个，总投资额约9.89亿美元，其中外商投资企业共18个。

目前，青岛西海岸出口加工区正在向综合保税区实施整合优化，园区将积极调整产业结构，重点发展先进制造、高端物流、现代服务、通用航空，以及跨境电子商务、进口商品分销、融资租赁等新兴产业，努力打造高端入区、配套完备、辐射带动、集聚发展的现代化示范型园区。

联系人：叶亚萍

电话：0532-83157006

邮箱：xihaian2006@163.com

网址：www.qwepz.gov.cn

地址：青岛市经济技术开发区龙门山路136号

邮编：266426

山东青岛出口加工区

Shandong Qingdao Export Processing Zone

青岛出口加工区于2003年12月8日通过验收，2004年8月3日正式封关运作。

近年来，青岛出口加工区紧紧围绕青岛市打造宜居幸福现代化国际城市、国家沿海重要中心城市、国家“一带一路”战略节点支点城市发展定位，充分依托青岛新机场、青岛港码头和前湾港码头、济青高铁、青连铁路及地铁M8号线等交通优势在周边的规划布局，突破原有政策壁垒，以转型升级为综合保税区为发展定位，积极培育拓展临空经济、新型业态经济，全力服务、扶持园区企业发展，重点引进新型材料、环保与高端装备、健康食品、保税物流、跨境电子商务、金融租赁等科技含量高、税收潜力大的高端项目，成功开通跨境电子商务综合实验园并顺利完成省内首单通关业务。

2016年12月，园区整建制划归青岛前湾保税港区管理，顺利完成青岛市海关特殊监管区整合。加工区将适时调整发展定位，充分发挥北岸新城保税功能区的政策优势和区位优势，努力打造创业创新先行区，展现出更加强劲的发展活力。截至2016年年底，园区累计引进项目91个。其中，外资项目76个，投资总额17.7亿美元；内资项目15个，总投资34亿元人民币。现园区有投产企业70家，2016年工业总产值实现49亿元；完成进出口额7.2亿美元，其中出口额4.6亿美元。

嘉兴综合保税区

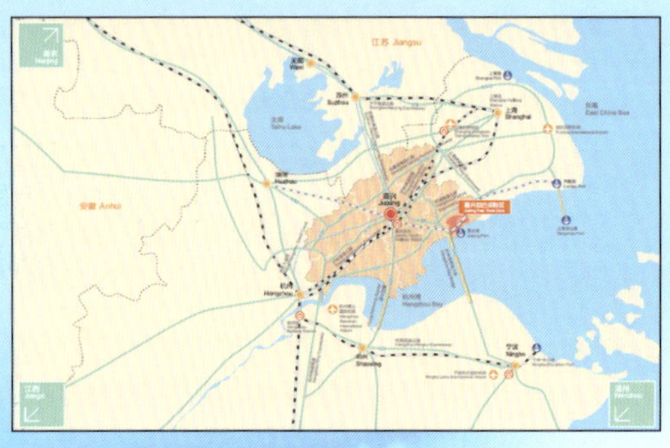

嘉兴综合保税区的前身为嘉兴出口加工区，面积1.33平方公里，位于浙江嘉兴港区（浙江乍浦经济开发区）内，2003年3月10日经批准设立，2005年4月26日通过联合验收，2006年2月28日正式封关运作，2015年1月31日经批准整合优化为嘉兴综合保税区，2016年9月顺利通过联合验收组的验收，并于12月正式开关运作。嘉兴综合保税区是浙江省首个由出口加工区整合优化而设立的综合保税区，是嘉兴市对接上海自贸区建设、提升对内对外开放合作水平、带动区域经济发展的载体平台和战略支点。

泰州综合保税区

2015年5月，原泰州出口加工区获批准整合优化为综合保税区，2016年4月11日封关运作，总规划面积1.76平方公里，目前已封关验收面积1.08平方公里。2016年全年，综合保税区实现工业总产值104.8亿，实现进出区货值17亿美元，物流企业实现主营业务收入4 819万元。

园区持续强化基础设施建设，区内污水管网、水、电、气等设施进一步完善，配套水平不断提升。2016年，园区保税仓库二期1.5万平方米和标准厂房二期7万平方米顺利完工并投入使用，保税展示交易中心按照序时进度完成封顶，充分保障区内企业发展需要及招商引资需求；标准厂房三期13万平方米、保税仓库三期11万平方米开工建设，二期围网工程基本完成，巡逻通道、监控等相关配套设施具备建设条件。

园区积极发展跨境电商这一新型业务，拓展发展空间。2016年，综合保税区先后建成2 700平方米区外跨境电商监管中心和6 500平方米区内跨境电商监管中心；搭建了跨境电商公共服务平台，配备了光检机及同屏比对系统、视频监控系统。跨境电商零售出口和直购进口业务正常开展，成功实现零售出口退税。在此基础上，泰州综合保税区向江苏省商务厅申请跨境电商产业园试点，并于2016年9月14日获批。

济南综合保税区

JINANZONGHEBAOSHUIQU

济南综合保税区于2012年5月15日经批准设立，2013年12月25日，通过联合验收正式封关运营，规划面积5.22平方公里，具有“保税加工、保税物流、国际贸易、口岸通关”四大功能，是目前国内仅次于自贸区的对外开放层次高、政策优惠、功能齐全、运作灵活、通关便捷的海关特殊监管区域。

济南综合保税区地处济南市区东部，距青岛港320公里，距济南国际机场18公里，距济南火车站20公里，在东南、东北、西北设有3个高速路口，与济青、济莱、京沪3条高速公路贯穿一体，具有“接纳东西南北、交流左右纵横”的独特区位优势。

依托政策功能优势，济南综合保税区重点发展保税加工、保税物流、国际贸易，大力实施产业链招商，引进核心竞争力强、带动能力明显、辐射范围广的项目，先后引进了齐鲁制药、华芯富创、浪潮云计算、晶正电子、新加坡泺亨物流等一批投资规模大、技术含量高、经济效益好的项目入驻园区，主要涉及生物医药、电子信息、新材料、仓储物流、总部经济等产业。园区着力发展保税仓储、保税展示交易和跨境贸易，打造了跨境电子商务、国际商品展示交易、进口商品保税展示交易三大平台。

秦皇岛是一座历史文化底蕴丰厚，又富有现代活力和气息的美丽海滨城市。秦皇岛出口加工区坐落在秦皇岛市的东部沿海，于2003年9月通过验收，正式封关运行。

秦皇岛出口加工区立体交通优势明显，有高速公路出口连接加工区，距首都北京280公里，距天津220公里，距沈阳350公里，毗邻京津，连接华北和东北两天经济区。

秦皇岛出口加工区地质条件优越，建设高层、大型建筑物不需打桩，可以极大地节约建设成本，而且已建成多种类型的标准厂房和保税仓库，具备良好的招商条件。

经过10多年的开发建设，秦皇岛出口加工区已逐渐形成高新科技生物技术基地和冷链物流产业基地。秦皇岛出口加工区将为投资者提供全面、优质、高效的服务，建成与国际市场接轨、按国际惯例运作的对外开放新区。目前，秦皇岛出口加工区正在积极组织二期封关建设，届时将整合优化为综合保税区。

河北秦皇岛出口加工区

江西九江出口加工区

九江出口加工区位于风景秀丽的庐山西麓、八里湖畔，生态优良，空气宜人，距离市中心区9公里，距离九江城西港码头15公里，距离昌北国际机场90公里，距离庐山机场20公里，是江西省首家出口加工区和绿色生态工业示范园区。自2006年封关运行以来，园区始终坚持以项目建设为中心，以优化服务为抓手，不断帮扶企业做大做强。十多年来园区重点发展新材料新能源、高端装备制造、电子信息通信、智能家电、环保节能与新能源汽车、快速消费品、新兴服务等主导产业。截至目前，区内注册企业20余家，企业用工人数达到数千人。

近年来，九江出口加工区共投入17亿元完善基础设施建设，建成生活配套设施16.21万平方米，建成标准厂房25万平方米；12万平方米公租房已经开始入住；通讯邮政、银行超市、医疗教育、餐饮物业、进口商品展示、公交物流等生产生活配套服务机构纷纷入驻；园区日污水处理能力达到2.3万吨；占地约10.53平方米，总建筑面积83 339平方米的电镀集控区已投入运营。2013年8月投资4 500万元的出口加工区九年一贯制学校建成并顺利开学，一个宜业宜居、功能配套齐全、蓄势待发的绿色生态工业城镇正在悄然崛起。

九江出口加工区热情欢迎海内外客商垂询，共谋发展。

联系地址：江西省九江市出口加工区管理局

联系人：邹莹　联系电话：13879257845　办公电话：0792-8799085

1991年5月28日，福田保税区经批准设立。园区位于深圳河入海口，围网内面积1.35平方公里，有专用通道经落马洲大桥与香港直接连通。目前，园区产业以先进制造、现代物流和国际商贸产业为主，注册企业1 800余家。其中，世界500强在区内设立了17家企业，已上市或拟上市的企业27家。2016年，福田保税区实现进出口货物总值3 670亿元，同比增长13.3%；工业增加值102.44亿元，同比增长1.86%；规模以上工业总产值606.14亿元，同比增长1.86%。2015年12月2日，福田保税区设立“国家高新技术产品入境检测维修示范区”并被授牌。2016年3月23日，福田保税区开通全国首条备案车辆24小时自助通关行政通道。

福田保税区

FUTIANBAOSHUIQU

泉州综合保税区

泉州综合保税区于2016年1月经批准，由原泉州出口加工区升格设立，验收面积2.0472平方公里，是目前国内开发层次高、政策优惠、功能齐全、通关便捷的海关特殊监管区域，享有保税加工，国际转口贸易，国际采购、国际分销和配送，国际中转，保税商品展示、进口商品直销，保税研发、检测、维修，保税仓储等业务功能，享受进出境双向免税、入区保税及退税、区内交易免税及免受进口配额许可限制等政策优惠，同时享受各级政府配套优惠扶持政策。

泉州综合保税区区域优势明显，海陆空交通网络发达，基础设施完善，可满足入区企业生产经营、仓储物流需要及员工日常生活需求。

泉州综合保税区正在主动融入国家“一带一路”建设，积极推动福建省21世纪海上丝绸之路核心区及泉州先行区建设，致力于打造“三个基地”（加工贸易生产基地、航空配件维修制造基地、大宗进口商品集散基地）、建设“四个中心”（保税研发中心、跨境电子商务中心、进口商品展示直销中心、“海丝”国际物流中心），打造地方开放型综合保税服务平台。

泉州综合保税区诚挚欢迎海内外客商共谋发展！

招商热线：0595-85931031

广东深圳出口加工区

广东深圳出口加工区是2000年4月27日经批准成立的15家出口加工区之一，规划面积3平方公里，位于深圳市坪山区内。

加工区区内企业全部实行EDI联网管理，不实行银行保证金台账制度；免征企业流转环节的增值税和消费税，不实行增值税“免、抵、退”税政策；外汇管理宽松，不实行结售汇制度；进口设备全额保税，不实行免税额度控制；国内采购的货物视同出口，实行入区退税政策。

加工区拥有进出境陆运、海运和空运优势，距深圳宝安国际机场仅60公里，距盐田国际集装箱码头仅25公里，距文锦渡、罗湖、皇岗、深圳湾等陆路口岸仅40公里。从加工区出发，车行100分钟内可抵达香港国际机场。

加工区政策优势明显。为促进加工区加工贸易和保税物流业务的开展，自2010年1月起，园区同有关部门先后出台了一系列加工区通关便利措施，包括一般贸易分送集报、保税货物跨关区直转、延长通关时间、降低查验频率、法检货物集中报检、境内入区货物不实施检验检疫、点对点监管的保税货物多次陆空联运模式等，加工区已成为深圳市目前关税优惠、通关快捷，管理简便、经济开放的海关特殊监管区域。

目前，加工区工业主要以高新技术和先进制造业为支柱，重点发展新能源、新材料、先进装备制造和保税物流服务等产业，主要招商目标为世界500强企业、大型跨国集团公司和国内外知名保税物流企业等。

深圳市坪山区投资推广中心

地址：广东省深圳市坪山区深汕路坪山段333号

电话：0755-84622116　84622220

传真：0755-84622226

http://www.psxq.gov.cn

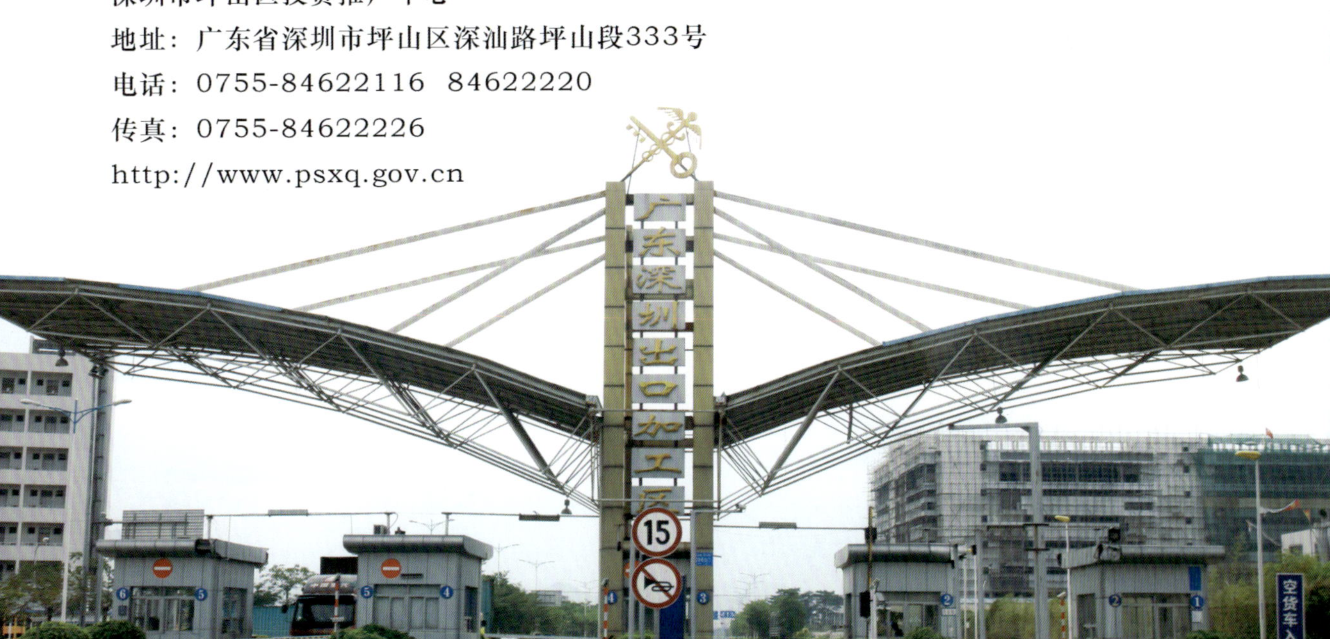

改革开放排头兵，创新发展先行者。

中国（上海）自由贸易试验区

中国（上海）自由贸易试验区保税区域的范围涵盖上海外高桥保税区、上海外高桥保税物流园区、洋山保税港区和上海浦东机场综合保税区4个海关特殊监管区域，规划面积28.78平方公里。

自2013年9月29日上海自贸试验区挂牌运作以来，保税区域按照部署要求，以建设开放度较高的自由贸易园区为目标，把制度创新作为核心任务，把防范风险作为重要底线，在建立与国际通行规则相衔接的投资贸易制度体系、深化金融开放创新、加快政府职能转变和构建开放型经济新体制方面进行积极探索，率先确立以负面清单管理为核心的投资管理制度，符合高标准贸易便利化规则的贸易监管制度，适应更加开放的环境和有效防范风险的金融创新制度，以及以规范市场主体行为为重点的事中事后监管制度，总体上实现了初衷。

同时，保税区域努力将制度创新转化为推动区域经济发展、功能提升的强大动力，将功能优势转化为项目、规模、产业优势，进一步增强服务上海4个中心和科创中心建设的能力。目前，总部经济能级进一步提升，在区域经济总量中的比重超过40%；平台经济功能进一步拓展，专业贸易平台继续发挥重要作用，大宗商品现货交易稳步发展，跨境电子商务产业初步形成，平行进口汽车试点取得关键突破，对外文化贸易加快发展；新兴经济加快培育，融资租赁业快速发展，实施海运国际中转集拼多模式，以科技研发、维修检测、技术培训等为主的技术服务贸易迅速发展。2016年保税区域商品销售额、工商税收、进出口额占全国海关特殊监管区域的比重分别达60%、55%和20%。伦敦《金融时报》旗下FDI杂志对全球1 200多个自由贸易园区进行指标测评，外高桥保税区仅次于迪拜多种商品交易中心（DMCC）荣获2016年度全球自由贸易园区综合类亚军（Highly Commended），并获评全球较受大客户推荐的自由贸易园区冠军及亚洲与东亚较优秀的自由贸易园区。

2017年，上海自贸试验区保税区域将按照有关要求，对照最高标准、查找短板弱项，立足海关特殊监管区域的政策特点和功能特色，主动发挥先导作用，聚焦制度创新和功能拓展，切实推进改革创新的系统集成，全力营造法治化、国际化、便利化的营商环境，努力在建设投资贸易自由、规则开放透明、监管公平高效、营商环境便利的国际高标准自由贸易园区方面继续走在前列，为构建开放型经济新体制作出新贡献。

中国（陕西）自由贸易试验区
CHINA(SHAANXI)PILOT FREE TRADE ZONE

西安高新综合保税区　陕西西安出口加工区B区

打造“一带一路”内陆型改革开放新园区

西安高新综合保税区和陕西西安出口加工区B区位于西安高新区新扩展区内。目前已有三星电子、美光半导体、应用材料、空气化工等三十余家入区企业，形成以三星电子12英寸高端闪存芯片为龙头的电子信息加工贸易产业链。西安高新综合保税区和陕西西安出口加工B区两区截止2017年9月共实现进出口总值1354亿元人民币，占西安市进出口总值的74%、陕西省进出口总值的69%，对陕西省经济外向度的提高作出了较大贡献，对区域经济发展的促进作用日益明显。

根据《关于促进海关特殊监管区域科学发展的指导意见》等文件精神，陕西省在2016年提出对本省特殊监管区域进行整合优化，将西安出口加工区B区整体并入西安高新综合保税区，整合后的规划面积4.43平方公里。合并后的西安高新综合保税区将以半导体芯片制造、智能制造等硬科技为主导，突出研发特色，着力打造六个中心（制造中心、物流中心、研发中心、维修中心、展示中心、结算中心），建设中国内陆最高水平综合保税区。

西安高新综合保税区积极配合相关部门在区内开展自贸区贸易便利化制度创新。西安海关第一票“无纸化”、“通关一体化”、“区港联动”、“区区联动”、“跨关区流转”均在高新综保区试点。区内企业365*24小时通关，上海自贸区“23+8”项创新制度中的25项已在区内实施。2017年9月21日，“2017丝绸之路国际创新设计周-瑞士设计作品展”在西安市举行，本次作品展由西安高新综保区成功运作，是陕西自贸区挂牌以来首次以保税展示方式开展的进境展览作品展，标志着文化艺术品保税展示交易等新型业态在西安高新综合保税区内创新发展。

继2015年8月，西安高新区获批建设国家自主创新示范区后，2017年4月1日，中国（陕西）自由贸易试验区在西安高新区进行揭牌仪式，作为第三批自由贸易试验区中处于西北地区的省份，中国（陕西）自由贸易试验区被赋予了重要和特殊的战略定位。西安高新区作为中国（陕西）自由贸易试验区各功能区中产业基础雄厚的区域，以其国家自主创新示范区、国家自由贸易试验区“双自联动”的叠加优势，当之无愧地成为陕西自贸区的核心板块，发挥着创新引领的重大作用。高新综保区积极探索“双自联动”，今年8月高新区在全国范围内率先实施海关特殊监管区域外集成电路检测保税研发试点，有力的支持了区外科技创新企业开展全球协同开发，显著提升了企业国际竞争力。未来，西安高新区将全面深化改革，强化创新驱动，争做扩大对外开放的排头兵和实现追赶超越的引领者，建设世界一流的科技园区。

郑州新郑综合保税区于2010年10月24日获批准设立，规划面积5.073平方公里，已全部实现封关运行。郑州新郑综合保税区运行以来，呈现出强劲的发展势头。2016年累计完成进出口总值约3 161.1亿元，同比增长1.9%，占河南省进出口总额的67%，在全国海关特殊监管区排名第三，全国综合保税区排名第一。

2016年，郑州新郑综合保税区围绕“一门户”，全力推进口岸功能建设，口岸体系不断完善，通关便利化水平不断提高，对区域经济的服务和带动作用显著增强。一是综合保税区三期验收及封关运行工作顺利完成。随着综合保税区三期的顺利封关运行，菜鸟骨干网二期、唯品会中部地区区域物流枢纽、领业电子材料生产等9个重点项目已入驻并开工建设。二是口岸综合优势不断放大。围绕郑州新郑综合保税区口岸功能，园区现已拥有水果、冰鲜水产品、食用水生动物、肉类、活牛、国际邮件经转6种功能性口岸。三是河南电子口岸“单一窗口”2016版上线运行，通关时间缩短1/3以上。四是政策叠加优势更加明显。继郑州新郑综合保税区已复制推广上海自贸区先进监管制度的基础上，又获批企业增值税一般纳税人资格两项试点政策。五是跨境电子商务出口业务实现突破。2016年8月5日，出口业务实现首单顺利通关，实现郑州新郑综合保税区跨境电子商务差异化发展模式。

2017年，郑州新郑综合保税区以增强园区核心竞争力为目标，紧紧依托全国区域通关一体化，结合“一带一路”国家建设、自贸区、跨境电子商务综合试验区，进一步扩大口岸开放、提高通关效率、优化企业服务，助推郑州航空港经济综合实验区经济腾飞。

一带一路

自贸区

跨境电子商务

口岸开放
提高通关

东营综合保税区

东营综合保税区于2015年5月6日获国务院批复设立，规划面积3.1平方公里，是全省第4家、全国第54家综合保税区。东营综合保税区建设分两期实施，一期规划面积1.56平方公里，二期规划面积1.54平方公里。一期基础设施建设任务已完成，达到“七通一平”，并于2016年9月26日顺利通过正式验收，实现了封关运营。

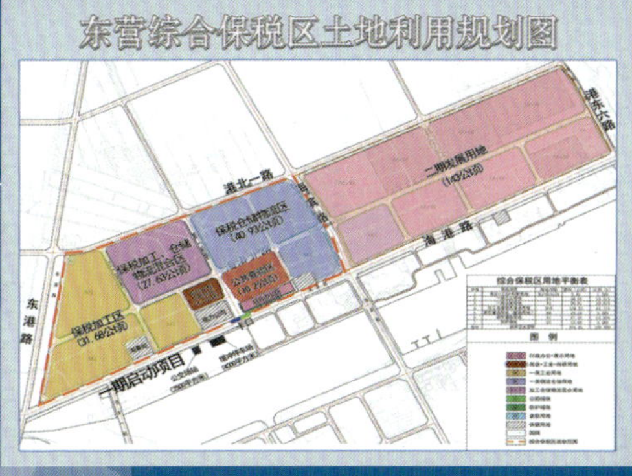

东营综合保税区规划图

东营综合保税区一期项目平面图

东营综合保税区在执行综合保税区政策的同时，还配套出台了《企业发展扶持政策》和《支持国际商品展示交易中心发展的政策》，促进入区企业发展。

东营综合保税区整体效果图

东营综合保税区将依托港口优势，充分发挥区位优势、产业优势，以建设区域性保税物流基地、保税加工制造基地、国际商品展示基地为目标，把东营综合保税区打造成为东营市对外开放的桥头堡、经济发展的新引擎、改革创新的试验田、转型升级的示范区。

宁波梅山保税港区

宁波梅山保税港区于2008年2月24日经批准设立，规划面积7.7平方公里。2010年，浙江省为加快推进产业转型升级，以梅山保税港区为核心，设立梅山国际物流产业集聚区，总规划面积约240平方公里。2015年，为在新经济、新常态下加快优化开发和利用海洋资源优势，推进宁波港口经济圈建设，提高浙江参与“一带一路”和长江经济带建设的能力和水平，挂牌成立宁波国际海洋生态科技城。区域未来重点发展国际贸易物流、海洋金融创新、海洋科教文化、海洋智能装备、滨海生态旅游等六大主导产业群。区域发展目标是建成“千亿级国际贸易岛、千亿级财富管理岛、千亿级科技创智岛、千万级休闲旅游岛”，成为国际知名的海洋科技创新示范区、浙江海洋经济发展先行区、宁波港口经济圈核心承载区、宁波国际化滨海生态新城区。

2016年，园区完成固定资产投资235亿元，同比增长16.4%；实现财政收入67.8亿元，同比增长30.3%；实现外贸进出口总额19.1亿美元，同比增长44.5%；完成集装箱吞吐量240.6万标箱，同比增长14.5%。国家科技兴海产业示范基地、汽车平行进口试点相继获批，进口肉类查验平台通过验收。全年完成进口整车4 590台，货值超19.22亿元，同比实现翻番；完成跨境电子商务业务73.4万单，货值1.4亿元；建成投用集中查验区1 200平方米；实现冷链食品贸易额4 820万美元；波兰PAGO等冷链项目洽谈深入推进；汽车电商、进口木材、进口植物等市场交易平台培育工作全面深化，各类平台的市场交易额突破1 000亿元。

井冈山出口加工区位于井冈山经济技术开发区内，于2011年3月经批准设立，总体规划面积2.25平方公里，一期开发0.63平方公里。出口加工区一期工程于2011年11月动工建设，主要建设内容包括卡口、信息化系统、监管大楼、监管仓库、保税仓库、标准厂房、企业厂房及其他相关办公配套服务设施。2013年4月19日，顺利通过正式验收并封关运行。井冈山出口加工区现有14家企业，其中生产型企业5家，商贸物流企业9家。2016年，井冈山出口加工区累计完成进出区贸易额8 278万美元，其中出区3 473万美元。

2016年，井冈山出口加工区结合工作实际，探索研究符合自身发展的相关政策和工作方法，开拓招商思路，与微网公司达成投资协议，利用出口加工区平台功能，搭建“吉安跨境电商集聚贸易区”；与广州威时沛运公司达成投资意向，在区内成立商贸公司，从事跨境电子商贸业务；积极对接福建自贸区延伸区，已引进进口商品直销中心入驻吉安陆地港，该项目由厦门港务集团投资，并于2016年1月正式营业，现运营情况良好，2016年全年累计实现营业额近350多万元。

上海漕河泾出口加工区

上海漕河泾出口加工区于2003年3月获批设立，2004年3月正式封关运作。漕河泾出口加工区经历了十多年的发展，已经成为基础设施完善、监管技术先进、服务保障功能齐全的海关特殊监管区域。目前，区内产业分布主要为电子信息及其配套业、医疗器械业和保税仓储业，其中产值超亿元企业有6家，已经形成电子信息制造和医疗器械制造两大产业集聚基地。

近年来，漕河泾出口加工区利用上海优越的区位优势，积极融入国家“一带一路”建设，推动自贸区可复制可推广优惠政策在区内先行先试，一批有代表性的、新兴的医疗和电子产业企业异军突起，为加工区的可持续发展提供了强大的动力和支撑。随着跨境电子商务业务在区内的开展，漕河泾出口加工区正逐步实现从加工贸易单一模式向集加工贸易、货物贸易、服务贸易为一体的综合模式转型升级，不断探索海关特殊监管区域实现新发展的途径和思路。

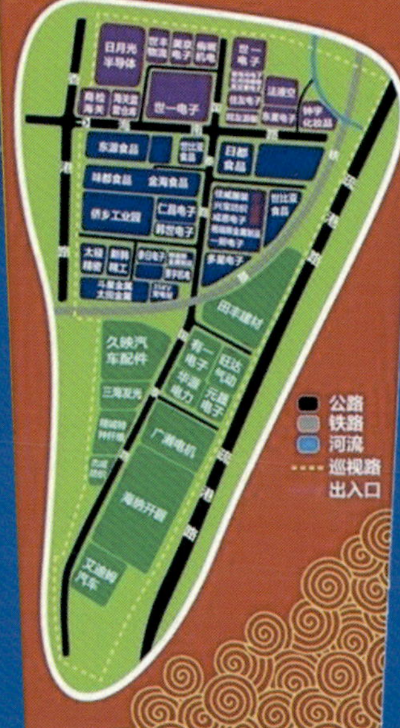

山东威海出口加工区

2000年4月27日，威海出口加工区经批准设立，2001年1月8日通过联合验收。2016年5月31日，批准整合优化为威海综合保税区。

威海出口加工区地理优越，距离威海火车站、汽车站4公里，距离威海港7公里，距离威海机场26公里，所处区域已成为威海市先进制造业基地和现代服务业聚集区，成为带动威海城市发展的新引擎。

2016年以来，威海出口加工区积极推动园区转型升级，规划建设两个基地。高端信息产业基地：重点是引导占园区总产值70%的电子信息企业加大研发、技术改造投入，建成以高端软线路板为主的信息产业基地。仓储物流中转基地：推动园区“腾笼换鸟”，鼓励和扶持各项保税业务的开展，突出抓好国际物流中转服务。

快速崛起的大数据高端生态保税区

贵安综合保税区

贵安综合保税区于2015年1月批复设立，坐落于贵安新区内，规划面积2.2平方公里，围网面积1.86平方公里，2016年6月又将管理区和功能配套区扩大为43平方公里。

贵安综合保税区成立后，从制度创新、业态新型、领域开放、贸易便利、带动力强入手，创造了“当年获批、当年建成、当年验收”的贵安速度，于2016年3月正式封关运行。目前，园区已有高通、华为、苹果、腾讯、富士康、清华启迪、浪潮、华芯通等一大批知名企业相继落户入驻。先后获得了“国家级大数据产业聚集区”“内陆开放型经济先行示范区”“产城融合示范区”“国家服务外包试点”等试点和荣誉，已初步成为集国际贸易、高新技术研发、人工智能智造、大数据云计算技术、生物医药、高端装备制造、节能环保、现代服务业等保税业态丰富、产业高度集聚、投资形式多元、区域联动发展最具活力的现代园区。贵安综合保税区拥有良好的区位和交通优势，周边汇集13所高等院校，高素质人才资源储备充足。

成都高新综合保税区

2016年，成都高新综合保税区实现进出口总额1573亿元，同比增长27%，占四川省外贸进出口总额的48%。成都高新综合保税区先后引进英特尔、德州仪器等行业龙头企业，拥有1条8英寸晶圆生产线、6座封装测试厂；吸引微软、华为等产业巨头和100余家IC设计及配套的上下游中小企业，形成IC设计、晶圆制造、封装测试及配套较为完整的集成电路产业链。英特尔上海工厂、莫仕欧洲及上海工厂、索尔思沿海工厂等整合转移至园区；普惠艾特、高龙机械、西格玛等航空精密机械企业在园区得到较快发展；制药企业赛进公司取得美国FDA双认证，产品顺利打入美国市场。成都高新综合保税区研发设计、检测维修、保税物流等新业务发展迅猛，成功推动富士康集团将设在香港的维修中心理货仓库移至高新综保区，实现富士康集团在西部的首例“港仓内移”。

联检办公大楼和展销中心鸟瞰

重庆江津综合保税区

“一带一路”与长江经济带交汇

CHONGQINGJIANGJINZONGHEBAOSHUIQU

重庆
江津综合保税区

2017年1月17日，重庆江津综合保税区经批复设立，这是重庆继两路寸滩保税港区、西永综合保税区之后的第三个海关特殊监管区域。

重庆江津综合保税位于丝绸之路经济带、长江经济带、中国-中南半岛经济走廊Y字型大通道的联结点上，具有承东启西、接南转北、通江达海的独特区位优势，紧邻川南黔北和年吞吐量2 000万吨的珞璜长江枢纽港，以及重庆最大的特大件及散货货场、年货运量1 500万吨的珞璜铁路综合物流枢纽。重庆江津综合保税区规划面积2. 21平方公里，重点发展保税加工、保税物流、保税服务，将充分发挥“水公铁”多式联运优势，成为重庆市深度参与“一带一路”发展的又一重要开放平台。

江津综合保税区作为重庆特殊监管区单一窗口的试点，着力构建便捷、便利、宽松的通关环境。入驻江津综合保税区既可享受西部大开发、三峡库区产业发展等相关政策，也可享受国家赋予综合保税区的关、检、汇、税等开放优惠政策及项目一企一策。

赣州综合保税区

赣州综合保税区于2014年1月22日经批准设立，于2016年10月19日正式通关运行。园区处于赣州综合交通枢纽的龙头地段，紧临赣州黄金机场、赣州高速西出口和规划建设中的高铁站，航空口岸、公路口岸、铁路口岸就在园区周边，交通物流条件非常优越。赣州综合保税区重点发展四大业务：一是保税加工，形成进出口型高附加值产品和其他消费品的深加工区域；二是保税物流，包括钨和稀土深加工、铜铝精深加工、新能源汽车与先进机械、轻纺工业、进口酒类、食品等商品的仓储、配送、展示、交易，打造高端进口商品交易及展示平台；三是跨境电子商务，开展跨境贸易电子商务通关服务，为企业提供产品直销平台；四是跨境金融等跨境服务，开展融资租赁、国际结算等服务业务。

赣州综合保税区执行全国综合保税区优惠政策：一是保税，境外货物入区保税；二是免税，区内货物运往境外免征关税，区内货物流转免增值税和消费税，境外进入区内的生产性设备、基建物资不征关税和进口环节代征税；三是退税，国内货物入区视同出口，实行退税，水、电、气实行退税政策；四是免证，区内与境外之间进出货物，除特殊规定外，不实行配额、许可证管理。此外，还具备物流仓储、海关监管、出入境检验检疫、外汇管理等方面无可比拟的优惠政策。

作为江西省开放升级、创新试点的重要阵地，园区也是承载赣州临空、临港、高铁经济的重要载体，服务并带动赣南乃至周边四省开放型经济的重要核心，着力打造承接全市进出口加工、保税物流和跨境电商企业的优先承载、集散、仓储、交易、结算、配送基地，努力朔造成赣粤闽湘四省交界区的重要陆路口岸。

吴江综合保税区

吴江综合保税区位于苏州市吴江经济技术开发区，规划面积1平方公里，于2015年1月31日经批复同意在原吴江出口加工区的四至范围基础上设立，于2015年12月31日通过验收。

2016年，吴江综合保税区管理局不断加大招商引资力度，努力完善服务体系，积极挖掘外贸进出口潜力，各项工作稳步推进，并取得明显成效。

2016年，吴江综合保税区实现进出口监管货值166.24亿美元，同比增长64.88%，其中一线进出口33.7亿美元，同比增长341.48%，二线进出口132.5亿美元，同比增长42.22%；实现工业销售63.16亿人民币，同比增长43.48%。

招商电话：0512-66086608、66086610 网址：www.wjftz.gov.cn

西安综合保税区

XI' AN COMPREHENSIVE BONDED ZONE

西安综合保税区是西安国际港务区三大平台之一，规划面积4.67平方公里，2013年9月一期1.36平方公里通过联合验收，2017年5月二期3.31平方公里通过验收，是西北地区第一个获批的综合保税区，也是中国（陕西）自由贸易试验区国际港务区片区的核心区域。园区拥有加工制造、贸易销售、交易结算、物流配送、维修服务、研发设计六大功能中心。截至2017年7月，园区实现总投资92亿元，入区企业220家，业务范围基本涵盖保税加工、研发设计、保税仓储及物流、国际中转分拨、融资租赁、进出口商品展示交易、跨境电商等。

石家庄综合保税区

2016年，石家庄综合保税区紧紧围绕“一年打基础、三年三大步”工作目标，强化使命担当，乘势而为、扎实苦干，各项工作取得较好成绩。

石家庄综合保税区2.49平方公里区域内基础设施全部建设完成，2016年4月28日顺利通过验收，8月31日实现开关运作。区内完成工商注册企业9家，注册资本7.7亿元；纺纱及棉花国际贸易、跨境电子商务清关综合服务平台、口岸医药物流等项目开工建设，圆通速递、保税物流仓库等项目积极推进。

石家庄综合保税区重点向产业依托型综合保税区发展，以保税加工功能为主业，以保税物流功能为支撑，以保税服务功能为配套，拓展跨境电子商务等创新服务功能，着力建设京津冀国际商贸物流基地、京津冀产业协作先行区、石家庄产业升级新引擎、京津科技成果转化平台。保税加工类产业优先发展高端装备、半导体和集成电路、生物医药和高端纺织服装，保税物流类产业瞄准国际商贸物流、制造业物流、口岸物流和第四方物流招商引资，保税服务类产业加快引入和发展跨境电子商务、服务外包、融资租赁、航空维修、金融创新、展示交易等业态。

昆明综合保税区

KUNMINGZONGHEBAOSHUIQU

昆明综合保税区由昆明出口加工区整合优化而成。昆明出口加工区于2005年6月经批准设立，2008年2月封关运行。加工区批准面积为2平方公里，首期围网面积0.58平方公里。累计投资超过100亿元，完成建筑面积250万平方米。

园区主要引进发展玉石珠宝加工销售，电子产品、汽车配件的生产及销售，奢侈品销售，以及保税物流、服务贸易、跨境电商、总部经济产业。目前共有入区项目24个，其中加工型项目10个，保税物流及进出口项目12个，服务类项目2个，主要涉及珠宝玉石、电子信息、太阳能光伏、生物食品产业。另有多个拟入区项目在洽谈中。

2016年2月3日，昆明出口加工区经批准整合优化为昆明综合保税区。一是保留出口加工区已围网的0.58平方公里区域，作为昆明综合保税区区块一（经开片区）；二是将出口加工区未围网的1.42平方公里用地进行空间置换，调整至昆明长水国际机场所在地昆明空港经济区块，作为昆明保税区区块二。2017年5月12日，昆明综合保税区通过验收。

昆明综合保税区的正式获批是昆明在加速发展道路上的又一利好消息，也是昆明市积极融入国家“一带一路”建设，主动适应新常态，着力谋求新发展的“新引擎”。

转型升级后，加工贸易由加工制造为主逐步向采购、加工制造、分销服务、售后服务及研发、信息资讯等方向转型升级，沿着价值链逐步由低向高、由简单向复杂、由生产向全球运营方向转型升级。

为尽快改变园区发展水平滞后的局面，园区管委会正积极采取措施，加大招商引资和开发建设力度：一是出台优惠政策，如进出口奖励、地价优惠、房租减免等；二是下大力气培育特色产业，如珠宝玉石加工贸易示范基地、咖啡交易平台、东方航空维修培训中心等；三是按照综合保税区的要求，进一步完善政策平台功能；四是深度融合国家南向开放和云南“一带一路”建设，增强园区辐射带动功能。

上海嘉定出口加工区处于江浙沪交通枢纽、长三角经济圈的中心地带。园区北邻江苏太仓，西接江苏昆山，东临长江口，离石洞口码头、张华浜、宝钢码头及铁路华东最大枢纽南翔站都在30分钟车程以内，距虹桥国际机场25公里。投资嘉定商务成本较低，与园区比邻而居的"嘉定电子商务产业园"是"国家级电子商务产业示范基地"，电商的云集已经成为嘉定的独特亮点，为拓展跨境电子商务业务奠定了坚实基础。

2016年9月，嘉定出口加工区发展有限公司调整为区管企业，企业分类为功能类企业。上海嘉定出口加工区将在主动对接自贸区建设的同时推动出口加工区的转型升级，结合嘉定产业发展的结构性优势，打造四大功能性平台：一是推进跨境电子商务平台建设；二是推进汽车及零部件进出口交易平台建设；三是推进食品、化妆品交易平台建设；四是推进离岸金融平台建设。

2016年全年，上海嘉定出口加工区累计进出区总货值为19.03亿美元。入驻嘉定出口加工区的十多家保税物流企业，积极为周边企业提供便捷的保税物流业务，全年保税物流业务进出区货值总额达到15.45亿美元。

常州综合保税区

常州综合保税区由原常州出口加工区于2015年1月整合优化而来。园区规划面积1.66平方公里，首期围网面积1.329平方公里，已建成标准厂房16.3万平方米，区内外仓储2.1万平方米，货物堆场2.1万平方米，综合服务大楼1万平方米。

园区共累计引进万向美国公司（A123）、捷迈巴奥米特医疗器械、英国庄信万丰电池材料、香港瑞声科技、加拿大福地亚、巴西马可波罗等14家先进制造企业，28家贸易物流企业。同时，带动了雅柯斯动力、泰国三友等一批外资企业在高新区投资。园区累计吸引外商总投资4.58亿美元，注册外资2.43亿美元，已形成新能源材料、动力装备、精密医疗器械、通信器材四大主导产业。

- 常州跨境电商产业园。于2015年9月开始规划，2016年5月正式揭牌，同年9月获批成为省级跨境电商试点园区，同年直邮出口业务量占全省的三分之一。现正全力搭建常州跨境电商公共服务平台。
- 跨境商品保税展示交易中心。于2016年9月正式对外亮相。一期面积700余平方米，目前已成为常州市跨境商品保税展示、静态陈列、O2O企业线下大宗洽谈等多种模式相结合的商贸集聚地。
- 进口食品（化妆品）指定监管库。总面积13 000平方米，设有恒温库区、感观观察室、无菌取样室等功能区域，配置了风险预警、分批核销、溯源管理等信息化系统，产品涉及葡萄酒、婴儿配方奶粉、橄榄油、啤酒、巧克力、饼干、海苔、葡萄汁等共18个大类、近百个品种。

常州综保区总体规划图

平面图

食品库

产业园

盐城综合保税区

盐城综合保税区于2012年6月16日经批准设立，2013年9月正式封关运转。园区规划面积36.6平方公里，封关区2.28平方公里，首期封关区面积1.21平方公里。现已投产工业企业30家，物流仓储企业15家，服务贸易企业70多家，初步形成以电子信息、新材料、食品加工等先进制造业为主导，棉花加工贸易等传统制造业并举，国际贸易、仓储物流、跨境电子商务等现代服务业竞相发展的新态势。2017年上半年，园区新开工工业项目3个、服务业项目6个，协议利用外资约1.41亿美元，实际外资到账2 360万美元，一般公共预算收入3 500万元，实现一线进出口额8.16亿美元、海关关税6 648万美元，各类主要指标增幅位居全省同类园区前列。

舟山港综合保税区

ZHOUSHANGANGZONGHEBAOSHUIQU

舟山港综合保税区于2012年9月29日获批复设立，规划面积5.85平方公里，按照“一区两片”模式，设置本岛分区（2.83平方公里）和衢山分区（3.02平方公里），着力打造“一个中心、两个基地”，即大宗商品国际物流配送中心、富有特色的现代海洋产业基地、重要的进口商品基地。舟山港综合保税区本岛分区于2014年1月8日正式封关运作，随着招商引资及业务的拓展，公共物流仓储进入实质运营，保税加工制造稳步发展，对外开放水平不断提高，辐射能力实现明显提升。衢山分区一期于2016年12月29日正式封关运行，重点发展油品、煤炭、矿石等大宗商品的仓储、配送业务，着力建成我国重要的大宗商品仓储、中转基地。

2017年1～7月，园区注册引进企业950家，总注册资金为216亿元。1～7月份实现财政总收入4.18亿元，同比增长99.86%；实现贸易额581亿元，同比增长196.4%。一线进出口额4.55亿美元，同比增长316.4%。上半年新引进了杰隆饲料、海盐产业园等多个实体项目，加快推进黎明发动机零部件等项目。

根据新的形势任务，综合保税区开展以保税燃料油供应中心为突破口的国际海事服务基地建设，通过多项政策创新突破，2017年1～7月供油量达91.73万吨，同比增加59.25%，外轮服务、海员俱乐部、海事仲裁等各类海事配套服务不断完善。推进以船配交易市场为重点的十大交易市场，各大交易市场运营良好。口岸服务功能日渐完善，公共冷链库项目竣工建成，进口肉类指定口岸经批复同意，进境粮食指定口岸正在积极申报，配套码头太仓、宁波内支线及对日直航航线运营良好。

2017年4月1日，中国（浙江）自由贸易试验区正式挂牌，规划战略定位以制度创新为核心，以可复制可推广为基本要求，将自贸试验区建设成为东部地区重要的海上开放门户示范区、国际大宗商品贸易自由化先导区和具有国际影响力的资源配置基地。舟山港综合保税区作为自由贸易试验区建设的主阵地、主平台，今后，将承担更加丰富的政策内涵，释放更具特色的功能优势。

红河综合保税区

红河综合保税区于2013年12月16日经批准设立，是云南省首个获批的综合保税区。红河综合保税区规划面积3.29平方公里，一期1.97平方公里于2015年1月29日通过验收，2015年5月8日正式封关运行。二期1.32平方公里计划2018年建成。

红河综合保税区地处滇南中心城市群核心区——蒙自市，距越南首都河内436公里，距越南北方最大港口——海防港532公里，是云南辐射南亚和东南亚的前沿。红河综合保税区向东融入北部湾，延伸至珠三角；向西与孟中印缅沿边经济开发带互动，延伸至昆（昆明）皎（缅甸皎漂）经济走廊；向南贯通昆（昆明）河（越南河内）海（越南海防）经济走廊，延伸至东盟；向北对接滇中经济圈，延伸成渝经济区。园区交通网络完善，公路、铁路骨干运输网络已形成，面向南亚和东南亚辐射中心的作用日益凸显。在“一带一路”、中国—东盟自由贸易区、中越“两廊一圈”建设中，发挥重要作用。

截止2017年8月底，已有69户企业正式入驻红河综合保税区。园区累计完成工业产值171.24亿元；完成固定资产投资30.28亿元，已建成仓库厂房、配套服务设施70余万平方米；完成招商引资省外到位资金66.20亿元；实现外贸进出口总值39.99亿美元。

按照确定的“融入滇中、联动南北、开放发展”的战略定位，红河综合保税区与蒙自经济技术开发区、中国河口—越南老街跨境经济合作区形成“三区”联动，围绕“改革的试验田，开放的示范区，辐射南亚东南亚的重要支撑”这一目标，以涉外加工贸易为核心，以保税物流、跨境电子商务、保税商品展示交易为重点，大力发展电子信息产业、大宗商品交易、物流配送、金融结算，建设成为辐射云南、面向东盟的现代物流和加工贸易运营示范区，使红河成为云南乃至整个西南地区对外经济活动的重要平台。

陕西西安出口加工区
SHANXI XI 'AN EXPORT PROCESSING ZONE

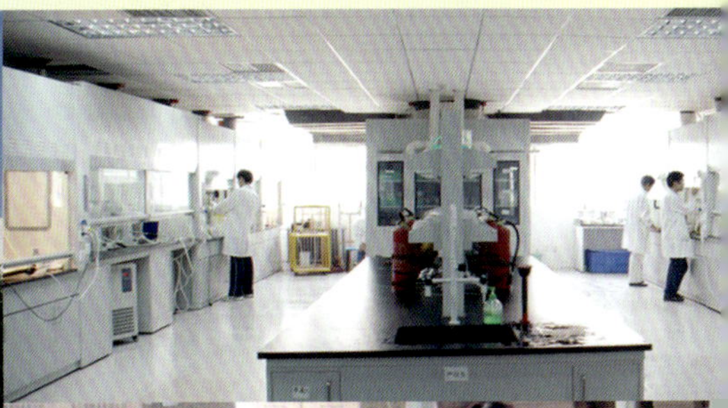

陕西西安出口加工区A区于2002年6月21日经批准设立，2004年4月5日封关运行，2006年12月，被批准为全国7个拓展保税物流等功能试点的出口加工区之一，加工区A区的规划面积为0.75平方公里。

西安出口加工区A区引进了英国罗尔斯罗易斯、法国赛峰、德国蒂森克虏伯及美国联合技术、GE等8家世界500强企业，世界知名企业英国AMS航材、日本大河、美国雅奇等，以及国内行业龙头企业中航工业西飞集团、西航集团、庆安集团，世纪互联，康龙化成等72个项目入区，初步形成以高端航空制造为主，新能源、珠宝加工、服务贸易为辅的产业格局。

西安出口加工区A区各类项目总投资超过65亿元人民币，历年累计实现进出口总额107.8亿美元，各项主要经济指标连续多年保持高速增长，保税物流业务量位居西安关区前列。

园区将依托陕西及西安地区的产业优势，着力发展以航空产业为代表的拥有高附加值与自有知识产权的高端装备制造业，形成航空产业链完善、具有航空特色的出口加工区，形成上下游配套完善的新能源产业链，形成投入产出比高的珠宝加工产业集群，不断提升极具内陆特色和规模的服务贸易产业水平。与此同时，积极进行产业结构调整升级、转型，提高加工贸易整体水平，提高附加值，延长产业链，实现加工制造与服务贸易并重发展，加工贸易由规模速度型向质量效益型转变。

临沂综合保税区

LINYIZONGHEBAOSHUIQU

临沂综合保税区于2015年12月开关运行，批复围网面积3.7平方公里，设立网外产业配套区6.9平方公里，实行网内网外一体化发展；享受与设在上海、浙江的洋山保税港区同等的免税、保税、入区退税、集中报关等税收外汇特殊政策。同时，围绕招引外贸、进出口、总部经济、投资类项目制定出台了24条具有较强吸引力的配套优惠政策，扎实改善软硬环境，设立了“一站式”政务服务中心，复制推广了11项海关监管创新制度和7项检验检疫创新制度，无纸化通关率达到99%，出入境货物检验检疫流程平均时长缩短50%以上，大大提高了通关效率，降低了企业成本，能够为企业提供优质高效的服务。

CHANGCHUN XINGLONG FREE TRADE ZONE

长春兴隆综合保税区

CHANGCHUN XINGLONG FREE TRADE ZONE

长春兴隆综合保税区位于长春经济技术开发区，于2011年12月获批设立。2014年3月封关运营，5月获批跨境电子商务出口业务。2015年7月开通至莫斯科跨境电子商务货运包机航线，8月开通长春至德国中欧班列（长满欧）。2016年5月开通至大连的海铁联运班列，12月获批一类铁路口岸、进口肉类指定查验场并实现运营。2017年6月完成东北首批跨境电子商务保税进口业务测试，获批“清单申报、汇总统计”政策。

园区规划面积4.89平方公里，配套区55.11平方公里，距离长春市区和长春龙嘉国际机场10分钟车程，与一类铁路口岸仅一网之隔，周边有京哈高速公路、102国道、101省道、长吉城际高铁、长图铁路经过，与大连、营口、鲅鱼圈、天津实现了通关通检无缝对接。开通了对俄罗斯电子商务包机、海铁联运、至俄罗斯海参崴陆路运输及亚欧铁路4条对外通道，建成了跨境电子商务进出口、冷链物流、国际快件、进口商品展示交易、多式联运5个功能平台。产业上重点发展以服务贸易和加工贸易为主的“2+2”产业体系，包括现代物流、保税展示和国际贸易、高端制造、特色产品加工。

综合保税区内已建成大型停车场、露天堆场、标准厂房、保税仓库、关检联合查验中心、吉林省跨境电子商务运营中心、兴隆国际陆港、吉林省进出口商品展示交易中心、多式联运中心、国际快件中心等设施，形成标准厂房13.6万平方米、公共保税仓库6.2万平方米、集装箱堆场14万平方米的建设规模。围网内实现了“九通一平”，配套区实现了“七通一平”。

园区实行24小时“通关全服务”。截至2016年年末共签约项目116个，计划总投资103亿元人民币，预计年进出口额为22亿美元。2016年，实现保税业务进出口货值44亿元人民币，跨境电子商务出口货值1亿美元，中欧班列（长满欧）报关货值5400万欧元。2017年上半年，实现保税业务进出口货值4亿美元，跨境电子商务出口货值4100万美元，中欧班列（长满欧）报关货值4.1亿欧元，运量占经满洲里口岸进出境28条中欧班列总运量的1/5。

CHANGCHUN XINGLONG FREE TRADE ZONE

长春兴隆综合保税区管理委员会
地址：中国吉林省长春市机场大路7299号
邮编：130102
网址：http://www.ccftz.gov.cn
微信公众平台：CCXLFTZ
联系电话：0431-81880011、81880021

重庆两路寸滩保税港区

重庆两路寸滩保税港区于2008年11月12日经批准设立，规划面积为8.37平方公里，是全国首个“水港+空港”一区双核的保税港区，也是重庆自贸区的核心区域。截至2016年年底，保税港区累计引进企业1 529家，实现工业产值2 890亿元，实现外贸进出口额4 250亿元。

两路寸滩保税港区重点发展保税加工、保税贸易、现代物流三大产业。截至2016年年底，已建成年产能达4 000万台（件）的智能终端产品加工基地，累计生产智能终端产品超过1亿台。已形成聚集展示交易、跨境电商、整车进口、总部贸易、融资租赁等产业和专业市场，以及进口水果指定口岸、进口肉类指定口岸、金伯利进程国际证书制度实施指定口岸等载体资源的服务贸易聚集地。

广西北海出口加工区

北海出口加工区由A区和B区组成。A区于2003年3月经批准设立，位于北海市西侧，面积1.135平方公里；B区于2012年3月经批准设立，位于北海市铁山港区，面积1.1405平方公里。自投入运营以来，园区累计引进企业（项目）95个，以电子信息产业为主，涵盖计算机外部设备制造、光电子器件制造、微电机制造、打印耗材及复印设备再制造等。2017年6月3日，北海出口加工区通过验收成为继上海、深圳之后第三个高新技术产品入境再制造/全球维修示范区。

上海闵行出口加工区

上海闵行出口加工区坐落于上海市工业综合开发区境内，于2003年3月经批准设立，规划面积3平方公里，一期封关面积1.9平方公里。园区北临黄浦江，南倚杭州湾，距上海浦东国际机场46公里，距上海虹桥国际机场29公里，距S4和G1501高速公路仅有短短几公里，交通运输十分便利。截至2016年12月，园区共有落户企业24家，投资总额5.22亿美元，注册资本2.81亿美元。2016年，园区实现总产值61.1亿元，进出口总额61.5亿元（出口额42.8亿元，进口额18.7亿元），关税6.31亿元。近年来，园区以打造成为推进奉贤区域经济发展的引领区和配套“东方美谷”产业发展的服务区为目标，加快转型升级。

上海青浦出口加工区

上海青浦出口加工区是于2003年3月经批准设立的海关特殊监管区域，封关面积1.6平方公里。园区实行全封闭管理，区内海关、商检、税务、工商、银行、外贸、运输、报关一应俱全，主要为出口型加工制造及以保税物流、跨境电子商务、保税展示、检测、维修、航空产业等为主的高科技含量、高附加值的企业提供投资服务，落户企业在区内可办理完一切进出口手续。园区内货物通关一次申报、一次查验、一次放行，采用企业联网的EDI无纸报关系统，可以实现提前报关、实货放行的直通式，空运货物通关时间为4小时。

上海青浦出口加工区地处上海、江苏、浙江的交汇点，是上海通往华东的必由之路。园区位于虹桥商务中心虹桥交通枢纽正西8公里，周边6条高速公路直达长三角各地市，轨道交通17号线直通市中心，“九通一平”的完善基础设施及园区优质高效的服务、充足的人才资源、合理的规划、优美的自然环境和人文环境是落户企业在这里成功发展的保证。

CHEN ZHOU ZONG HE BAO SHUI QU

郴州综合保税区

CHEN ZHOU ZONG HE BAO SHUI QU

2016年12月6日，郴州出口加工区整合优化为郴州综合保税区。郴州综合保税区位于郴州市东城区，属于郴州高新技术产业园区的一部分，规划面积1.06平方公里，规划范围东至东河路，西至林邑路，南至郴州大道，北至围网。规划用地距离郴州中心城区约12公里，距京港澳高速公路约8公里，距湘南国际铁海联运物流园、铁路口岸、公路口岸约12公里，距武广郴州高铁站和厦蓉高速公路互通口约20公里，均在半小时车程内，与中心城区可无缝对接。郴州综合保税区立足郴州，辐射周边，充分发挥连接国际国内两个市场的功能作用，成为促进中部地区对外开放和区域协调发展的新引擎，发展成为郴州整合发展资源、拓展招商引资、承接特色产业转移的示范区，促进郴州经济跨越式发展的重要抓手，湖南对外开放的新平台、新高地和中部地区快速发展的重要增长极。

郴州综合保税区充分利用区位交通优势、矿产资源优势、生态资源优势，成为湖南“一带一部”战略的重要节点和中西部地区承接沿海产业转移的“桥头堡”，湖南省申报中国（湖南）自由贸易区郴州片区的主体区域，依托郴州高新区，重点发展以有色金属、装备制造和电子信息产业为主的保税加工业务，发展保税仓储、国际采购、国际配送等保税物流业务，以及结合跨境电商等商业新模式和新业态，加快发展离岸贸易、服务贸易、跨国公司总部等保税服务业务，进一步提升综合保税区的综合竞争力。

张家港保税区

ZHANGJIAGANGBAOSHUIQU

张家港保税区于1992年经批准设立，2008年保税区和保税物流园区合并升级为保税港区，同年与金港镇实行区镇一体化管理，管辖范围从4.1平方公里拓展到152平方公里。经过20多年的发展积累，园区逐步形成保税港区、整车进口口岸、扬子江化工园、扬子江装备产业园、环保新材料产业园等多元载体发展格局，重点打造了康得新光学膜、页岩气新材料、霍尼韦尔一体化等一批新兴产业基地，培育形成了化工、纺织、粮油、木材四大大宗市场和进口汽车、消费品两大新兴市场，成功引进世界500强企业30余家，本土上市企业达18家（含12家新三板），成为长三角重要的国际资本承载区、现代产业集聚地和大宗商品集散中心。2016年，园区完成地区生产总值628.72亿元、公共财政收入41.58亿元、进出口总额116.82亿美元，获评国家长江经济带转型升级示范区。

汕头保税区

SHANTOUBAOSHUIQU

SHANTOUBAOSHUIQU

汕头保税区发挥上海自贸区、广东自贸区、华侨试验区和保税区政策叠加功能优势，主动融入临港经济区发展规划，突出保税功能，全力推进招商引资，引进一批契合保税区功能定位的优质项目，推动区域经济健康平稳发展。2016年园区实现外贸进出口12亿元，同比增长10.4%，其中进口7.1亿元，同比增长18.6%，出口4.9亿元，同比增长2.9%；实现合同外资2071万美元，同比增长34.3%；实际使用外资1690万美元，同比增长41.5%。

汕头保税物流中心（B型）建设工作正式启动，项目总投资3.06亿元，正全速推进中。汕头保税区“一带一路”“互联网+”创业孵化基地被确定为省市共建区域性（特色性）创业孵化基地，并获批基地建设补助资金。

汕头保税区分别与美国BASE娱乐体育集团、中联通、中电建路桥集团有限公司、领域跨境电商、北京碧水源等大型企业签订合作战略协议，与以色列IAI集团、上海荷福控股（集团）有限公司、上海临港经济发展（集团）有限公司、中交天航南方公司洽谈对接项目，在互联网、娱乐体育、石墨烯新材料、人工智能等产业广泛开展合作。

园区实施“一门式一网式”改革，整合优化现有审批事项和工作流程，减少办事环节，共精简办理事项24项，减少办事环节27项，办理时间在原有基础上压缩56%，工作流程在现有基础上精简70%。

湖北武汉出口加工区

2000年4月，湖北武汉出口加工区经批准设立，成为全国首批15家试点出口加工区之一。2001年6月，加工区正式封关运行，已经建成约7.6万平方米的标准厂房和保税仓库。湖北武汉出口加工区管委会与武汉经济技术开发区管委会合署办公，下设湖北武汉出口加工区管理办公室。

武汉出口加工区管委会围绕招商引资和环境建设两大主题，制定了“长、短目标结合”的工作计划，搭建以加工贸易、一般贸易、保税物流和跨境电子商务为主体的四大平台，引进东风公司整车及零部件保税物流平台、武汉经发保税商品交易中心等关键项目。同时完善环境建设，加大基础设施建设力度，积极转型升级为综合保税区。

园区力争在未来3年内，依托“四大平台”的建设，进出口值突破40亿美元，转型升级为综合保税区，成为武汉市外向型经济的亮点。

HUAIAN 淮安综合保税区

ZONGHEBAOSHUIQU

淮安综合保税区于2012年7月19日经批准设立，是江苏省长江以北第一家在出口加工区基础上转型升级的综合保税区，由2008年3月批准的出口加工区1.36平方公里单块园区发展成包括2个片区共4.92平方公里的“一区两片”格局，即出口加工区周边的南片区(3.35平方公里)和空港北片区(1.57平方公里)。

淮安综合保税区坚持高端制造业和现代服务业同步发展网内保税区和网外产业配套区联动建设，重点发展以IT产业为基础的高端先进制造业、以口岸作业区为基础的国际物流业、以保税专业市场为依托的国际贸易业，打造高端制造、保税物流、专业市场、商务配套四大特色板块，加快物流、资金流、信息流集聚，建成国内一流的外向型信息产业和装备制造业基地、长三角北翼重要的国际保税商品流通基地、江苏领先的跨境电子商务示范基地和率先对接自由贸易区的实验基地。

福建福州出口加工区

FUJIANFUZHOUCHUKOUJIAGONGQU

福建福州出口加工区是中国（福建）自由贸易试验区福州片区内的海关特殊监管区，以改革创新为核心，着力推动口岸通关便利化和贸易发展方式创新，充分发挥保税物流、保税加工、保税服务三大功能，重点发展跨境电子商务、保税物流、冷链物流、保税加工贸易等产业，致力于打造成集跨境电商、保税加工贸易、保税仓储、冷链物流于一体的外向型产业集聚区。

目前，福州出口加工区内监管设施齐备，实现了“七通一平”基础设施配套，建立了跨境电子商务配套的监管中心。2016年全年完成进出口总额6.95亿元；完成保税物流进出区货值23.9亿美元，实现税收收入5.26亿元；完成跨境电子商务保税进口商品总额1.81亿元，商品销售额1.26亿元。

兰州新区综合保税区

兰州新区综合保税区于2014年7月15日经批准设立，2015年8月18日通过联合验收，2015年12月24日正式封关运营，批复面积2.86平方公里，配套区域面积约0.53平方公里。

兰州新区综合保税区地处“丝绸之路经济带”上的重要节点，区位优势明显，是我国进入中亚、西亚、欧洲的必经之路和重要驿站，是国家“一带一路”建设中丝绸之路经济带的黄金通道，也是欧亚大陆桥的重要连接点。园区交通便利，多条交通干线交汇并环绕综合保税区，距兰州中川铁路北站仅12公里，距中川国际机场仅2公里；政策优势突出，是我国目前开放层次高、优惠政策多、功能齐全、手续简化的特殊开放区域之一。

兰州新区综合保税区立足于“甘肃省外向型经济建设主抓手”和“甘肃省向西开放战略平台的突破口”，主要引进高技术含量、高附加值、高效益的项目入驻。已累计完成投资35亿元，综合服务区、保税加工区、保税仓储物流区、口岸作业区、海关国检联合查验区和配套服务区六大功能区均已建设完成，为各类企业提供了相当完备的入驻运营条件。

兰州新区综合保税区将顺应经济全球化、贸易自由化发展的大趋势，努力发展成为西北内陆开放经济的前沿基地和战略平台、加工贸易承东启西的桥头堡、国际物流连通亚欧的新枢纽和国际贸易面向全球的新引擎。

D A L I A N B A O S H U I Q

D A L I A N B A O S H U I Q U

大连保税区

大连保税区行政管辖面积251.3平方公里，由保税区、大窑湾保税港区、出口加工区A区、大连汽车物流城和专业化港区五部分组成，是目前国内管辖面积较大的保税区，也是集保税区、保税港区、出口加工区管理于一身的特殊经济区域。

2016年，大连保税区内有企业7 413家，其中外资企业776家，内资企业6 637家；注册资本713.75亿元。当年新注册企业1 318家，其中外资企业11家，内资企业1 307家；注册资本67.23亿元。园区坚持“汽车、物流、城市”三位一体协调发展，“三城联创”战略取得阶段性成果；统筹推进以汽车产业为核心的先进制造业、以国际物流为代表的现代服务业和以设施农业为主的都市型现代农业，加速产业结构优化升级；东风日产、奇瑞、黄海等重点企业稳产达产，大连汽车广场、世合国际车城开业运营，汽车产业向千亿级产业目标稳步迈进；远东工具产能不断扩大，迪日坤船舶、幸照机械、中源汽车零部件等一批高端制造类项目相继投产，19家企业跻身全市出口百强；基础设施建设年成果突出，“三横一纵”交通网络基本形成；保税生态城带动区域城市化水平进一步提高，就业、教育、医疗、社会保障等民生问题得到较好解决；能源港区管控一体化扎实推进，成为国内首个24小时电子化封闭管理化工区域，安全管控水平进一步提升；特殊监管区联动运作水平得到提高，通过推行双无纸放行、关检联合查验等模式，开展电子支付、直通报检等业务，创新服务手段，强化口岸监管，通关效率显著提升。

扬州综合保税区

Yangzhou Free Trade Zone

扬州综合保税区截至2016年年底，累计完成注册项目63个，累计外资到账12.9亿美元；累计完成进出口总额102.5亿美元，完成实际进出境44.65亿美元。主要企业有峻茂光电、荣德新能源、逸洁科技、川岳科技、日新意旺、耀锋科技、顺风光电等，初步形成电子信息、太阳能光伏、装备制造和LED芯片封装检测等特色产业。2016年，扬州综合保税区完成外资到账3.85亿美元；完成进出口总额19.4亿美元，同比增长26%，其中一线进出境额10.8亿美元，同比增长46%。

扬州地处“长江三角洲”经济圈内，是上海经济圈和南京都市圈的节点城市，与南京、镇江构成“宁镇扬都市圈”。扬州经济技术开发区综合实力在江苏省全部130多家开发区中位居前列。区内拥有国家一类开放口岸——扬州港，京沪高速、沪宁高速、宁通高速、沿江高速纵横交错，距扬州泰州国际机场30分钟，宁启铁路与在建的淮扬镇铁路承南启北、横贯东西，构成了水陆空铁“四位一体”的立体交通网络，实现了多种运输方式“联程联运”的无缝衔接。

扬州综合保税区将紧扣“十三五”发展规划，科学合理布局，通过保税加工、保税物流、保税服务“三轮驱动”，加快引进制造业重点项目，以产业集聚带动保税物流和保税服务业的发展；充分挖掘综合保税区政策，立足现有制造企业，做优保税加工；加强与港口、机场的联动，做强保税物流；充分运用上海自贸区可复制、可推广政策，积极主动与有关部门对接，做新保税服务。

电话：0514－82982696　传真：0514－87529080　邮箱：yzckjgq@126.com

阿拉山口综合保税区

阿拉山口综合保税区2011年5月30日经批准设立，2014年6月正式封关运营，是全国第16个、新疆第1个综合保税区，园区规划面积10.9平方公里。现已建成20条铁路宽准轨专用线，17万平方米的标准化厂房和仓储设施，25万平方米的露天堆场，60万立方米的油气储罐，可满足原油、重油、液化气、固体危化品、普货等货物的换装、仓储、加工需求。

园区发展现状：作为开放型经济的重要载体，园区封关运营以来，在推进产城融合、产业集聚方面取得明显成效，已吸引入驻各类企业377家。2017年全年有望实现工业增加值2.3亿元，完成过货量突破100万吨以上，实现贸易额2.3亿美元以上。阿拉山口综合保税区掀开了口岸对外开放、互联互通发展的新篇章，为国家进行“一带一路”建设、实施新疆“丝绸之路经济带”核心区和博州“口岸强州”战略贡献了力量。

园区发展思路：依托区位优势发展进出口贸易和物流服务业，依托综合保税区特殊政策壮大实体产业，依托金融、税收政策优势推进总部型经济和股权投资；坚持“贸易经济、实体经济、总部经济”并重，统筹利用国际国内“两个市场、两种资源”，按照“宜内则内，宜外则外”的原则合理布局产业，重点围绕综合保税区“1个中心、6大仓储展示交易平台和8大核心产业”，打造“1+2+3”6个百亿级产业板块，争取到“十三五”末实现600亿产值规模，构建向西开放发展的新高地，全面迈向发展新征程。

阿拉山口综合保税区充满了无限商机，已经具备承接大投资、促进大开发、实现大发展的基础和条件。开放的阿拉山口将以敞开的胸襟、优越的环境、优惠的政策、优质的服务迎接您的到来！

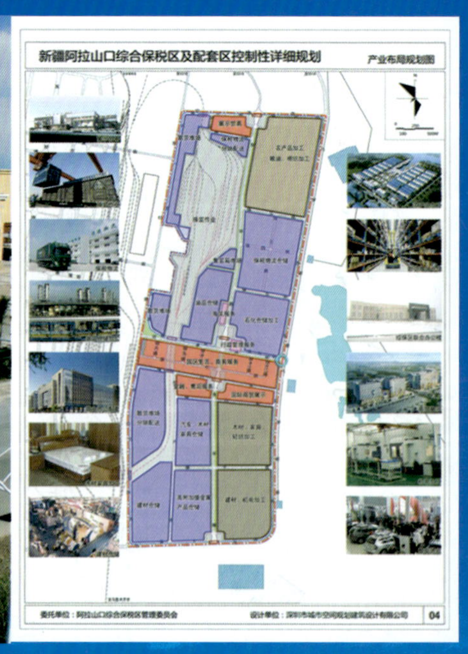

中国（福建）自由贸易试验区福州片区

改革创新试验田　对外开放新标杆

福州片区是中国（福建）自由贸易试验区3个片区之一，实施范围31.26平方公里，涵盖两个区域——福州经济技术开发区和福州保税港区，具体细分为马尾、仓山、福清3个区块。

投资接轨国际

外资企业注册实行“负面清单+准入前国民待遇”管理，注册企业实行“一口受理、一表申报、一照一码”，并创新实施“就近登记，全城通办”模式。

通关高效便捷

推出66项贸易监管创新举措，区内通关效率显著提升，24小时进出口通关率分别高出全国平均水平3.81个和1.55个百分点。

金融优势突出

推出55项金融创新案例，集聚金融和类金融企业1997家，引进30余支产业基金，规模达1 000多亿元。

行政服务高效

集中实施省、市、区三级400多项行政许可和公共服务事项，取消和暂停行政审批事项60项，推进“证照分离”试点改革，实行行政审批全流程应用电子证照，建设网上办事大厅，打造“线上+线下”一站式服务平台。

新型业态丰富

福州片区整车、金融、跨境电子商务、海产品贸易、物联网、融资租赁、进口商品直销等新型业态蓬勃发展。

产业政策优惠

出台总部经济、金融、跨境电子商务、整车进口、融资租赁、文化创意、对台等40多项产业扶持政策

重点建设先进制造业基地

21世纪海上丝绸之路沿线国家和地区交流合作的重要平台

两岸服务贸易与金融创新合作示范区

三大功能定位

潍坊综合保税区

潍坊综合保税区于2011年1月获批准设立，是全国第14个综合保税区，总规划面积30平方公里，其中网内保税区5.17平方公里，网外配套区24.83平方公里，分为南区、北区“一区两片”运营。

近年来，潍坊综合保税区以自贸区的大开放思想指导工作，坚持网内网外、网上网下、国际国内和产业发展“四个一体化”，呈现迅猛发展态势。目前，全区注册企业1 000多家，服务社会企业1 500多家。2012～2016年，全区进出口额年均增长61.5%，公共财政预算收入年均增长34.9%，主要指标增幅连续多年在全国保税区中名列前茅。

下一步，潍坊综合保税区按照“全国争一流、行业树标杆”的要求，把项目和服务摆在首要位置，着力打造“电子信息、冷链物流、跨境电商、棉花物流加工、新能源、新材料”6个百亿级产业链，搭建“虚拟口岸、检验检疫、国际采购、仓储物流、外贸服务”5个国际服务平台，力争通过5年发展，实现年产值800亿～1 000亿元、进出口额100亿美元以上，建成潍坊乃至山东省开放发展的重要引擎和增长极。

乌鲁木齐综合保税区

2015年7月20日，乌鲁木齐综合保税区经批复设立。2017年1月25日，乌鲁木齐综合保税区经批复增设关区代码。经过高水平、高质量、高速度地规划建设，乌鲁木齐综合保税区已具备封关运营条件。

乌鲁木齐综合保税区园区建设情况：乌鲁木齐综合保税区围网内预计总投资27.9亿元。截至2017年9月，已规划建设标准厂房12.12万平方米，保税仓库2.53万平方米，用于发展保税加工、保税物流等产业。

国际贸易服务区建设情况：乌鲁木齐综合保税区围网外规划建设国际贸易服务区，占地面积14.6万平方米，总建筑面积68.4万平方米，地上部分由7栋多层裙房及其上部的13栋高层塔楼组成。国际贸易服务区一期于2016年9月开工奠基，总建筑面积25.28万平方米，功能包括国际装备制造展销中心、会展中心、中外优势产能易货贸易平台、公共配套服务中心、酒店、商务办公等。

招商引资工作情况：乌鲁木齐综合保税区搭建“管委会+企业”的招商体系，推进以市场化手段引进符合综合保税区产业定位的优质企业。目前，已有23家企业工商注册在综合保税区。重点加工贸易项目国内农产品加工企业正在施工建设，跨境电子商务重点项目国内龙头物流企业正在建设边境仓和监管仓。乌鲁木齐综合保税区将重点围绕保税加工、保税物流、展示交易、保税服务等产业积极开拓，进一步吸引企业聚集，同时加强对跨境电子商务、保税展示、融资租赁等创新产业的拓展。

福州保税港区

福州保税港区于2010年5月18日经批准设立，是自贸试验区、“21世纪海上丝绸之路”核心区、两岸经济合作示范区、海关特殊监管区等“五区”叠加之地，是诸多优惠政策、便利化措施汇集之地，具有得天独厚的优势，是企业创业的热土。港区规划面积9.26平方公里，分为A、B两个区块。A区块面积2.95平方公里，为加工贸易区，产业定位为先进制造业（侧重发展汽车保税改装及维修，飞机研发、制造、运营及维修等）、保税仓储、融资租赁；B区块面积6.31平方公里，分为国际物流园区、铁路物流园区、港口集散区，产业定位为国际航运物流、整车及零配件进出口贸易、保税仓储及保税展示交易。福州保税港区集疏运条件优越，是全国少有的能实施海、铁、公联运的港区之一。

河北廊坊出口加工区

2016年，河北廊坊出口加工区通过提高服务水平、扩大服务范围，服务重点企业等手段，实现进出区货值指标大幅提升。全年完成进出口区货值16.8亿美元，是2015年同期的1.1倍；完成税收6664.9万元，同比增长54.8%。

2016年，京东集团跨境电子商务项目入区落地，与廊坊出口加工区携手打造跨境电子商务新模式。项目占地面积约16.73万平方米，建筑面积18.8万平方米，为外商独资企业，投资总额7.8亿元（折合1.2亿美元），将发展成为京东全球进口商品北方贸易基地，为京东自营和平台用户提供一站式电子商务解决方案，投产后跨境贸易额将突破100亿元。

廊坊出口加工区已申请原址原地原面积整合优化为综合保税区。批准后的廊坊综合保税区，将着力打造成京津冀协同发展的先行区和精准承接北京非首都功能疏解的试验区。

中国（天津）自由贸易试验区机场片区

天津港保税区 | 天津空港经济区

天津港保税区于1991年5月经批准设立，面积87.4平方公里，包括天津港保税区、天津空港经济区两个区域。

建区26年来，天津港保税区紧紧抓住滨海新区开发开放、京津冀协同发展等历史性机遇，着力引进高水平重大项目、龙头项目和高端产业链配套项目，积极培育高端化、高质化、高新化的产业体系，成为具有海港、空港双重优势，具备自贸区、保税区、开发区、科技园区多重政策功能，综合优势明显、具有活力的经济区域之一。如今，天津港保税区已从先前的国际贸易、国际物流、临港加工为主的项目聚集，发展成为“3+2+1”的产业格局，即民用航空、装备制造、快速消费品三大支柱产业，电子信息、生物医药两大主导产业，以及快速发展的高端服务业，六大产业全部实现集群发展。

2016年，天津港保税区全年实现GDP1 704.5亿元，同比增长11%；工业产值1 755亿元，同比增长14%，其中区属工业1 390.4亿元，同比增长20.6%。完成一般公共预算收入108.6亿元，固投335.7亿元。完成限上商品销售额5 725.5亿元，同比增长22%；限上社零额338.8亿元，同比增长16.3%。内联引资到位222亿元，实际利用外资20.1亿美元；进出口总额157亿美元，其中出口32亿美元；新增市场主体6 146个，同比增长29%。截至目前2016年，天津港保税区全区注册企业2.2万余家，世界500强企业投资项目160余个，主要经济指标多年保持两位数增长。

满洲里综合保税区

满洲里综合保税区是内蒙古自治区首家综合保税区，地处满洲里市公路、铁路、航空三大口岸中心交汇处，东西连接301国道及对俄口岸，南北连通滨州及西伯利亚铁路，规划面积1.44平方公里，2015年3月经批复设立，2016年12月20日实现封关运营。目前，园区已引进总投资4.1亿美元的17个协议入驻项目，引进67家外贸公司注册入驻。2017年，临沂商城边境仓（满洲里）展厅成功挂牌，芯片加工项目已投产运营。

满洲里综合保税区的设立，是内蒙古自治区主动服务和融入国家“一带一路”建设，全方位扩大对外开放的重要举措，是依托口岸优势建立的中俄蒙欧经贸合作向高层次过渡的战略平台。它的建设运营，有力推动了满洲里航空、铁路、公路三大口岸的融合，促进了开放型经济发展水平的提升，特别是深化了同中俄互市贸易区、边境经济合作区等各类开发区的联动发展，推动实现了口岸基础设施互联互通、产业发展协调互补、公共服务共建共享。

满洲里综合保税区将以“服务全国、面向俄蒙、辐射欧亚”为立足点，充分利用口岸、边贸、区位“三大优势”，积极发展保税服务业、国际商贸业、高端制造业、特色金融服务业“四大产业”；着力打造以口岸经济为依托的商品展示交易中心，以公路、铁路和航空口岸为优势的国际分拨配送中心，以冷链物流为特色的现代物流中心，以特色金融为依托的国际贸易结算中心，以保税功能为基础的高端产业发展中心“五大中心”。

满洲里综合保税区必将推动内蒙古自治区开放型经济发展，助力内蒙古自治区经济腾飞。

中国（湖北）自由贸易试验区武汉片区

武汉东湖综合保税区

武汉东湖综合保税区位于东湖国家自主创新示范区腹地，规划面积5.41平方公里。2011年8月29日获批复成立，是湖北省首家综合保税区，于2013年6月正式封关运行。2016年8月，国务院决定在湖北等7省建设自由贸易试验区，东湖综合保税区成为国家自主创新示范区和自由贸易试验区“双自联动”核心区。

武汉东湖综合保税区依托区域交通便利、人才聚集、政策叠加优势，围绕光电子信息、生物医药、高端装备制造、能源环保、高技术服务业等产业集群，重点打造“先进制造”“创新服务”两大中心，搭建国际生物医药、跨境电子商务、大宗商品交易、保税展示交易、外贸综合服务、国际检测维修、跨境金融七大子平台，模块化、专业化对接服务企业。

截至2016年底，园区聚集各类市场主体500余家，累计完成进出口总货值255亿美元，正日益成为湖北省外贸发展的新引擎。

成都双流自贸试验区

【双流综合保税区】

成都双流自贸试验区拥有双流国际机场、综合保税区、空港保税物流中心（B型）、国际快件中心，以及药品、冰鲜水产品、水果等6大空港指定口岸。

双流综合保税区是四川自贸试验区内的海关特殊监管区域，占地4平方公里，重点发展保税制造、保税维修、保税文化、融资租赁等产业，2016年实现产值441亿元、进出口总额25.5亿美元。

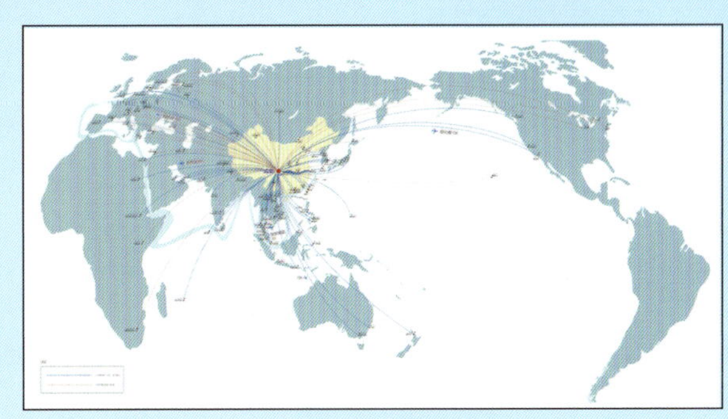

成都空港保税物流中心（B型）、国际快件中心紧邻机场空港货站，占地约9万平方米，重点发展保税仓储、跨境电商、国际中转、国际贸易、航空物流等产业，是成都跨境电商综合试验区的重要承载地。2016年，双流空港口岸进出口监管货值为1931.1亿元，占成都市进出口总额的71.2%。

中国（四川）自由贸易试验区

CHINA (SICHUAN) PILOT FREE TRADE ZONE

成都高新综合保税区双流园区

贵阳综合保税区

贵阳综合保税区于2013年9月获批复设立，规划面积10.83平方公里，已建成的一期围网区面积1.02平方公里。园区于2014年9月12日顺利通过联合验收，当年底封关运行，实现了贵州综合保税区零的突破。

封关运行以来两年多的时间里，全区上下始终按照“建设全省对外开放的‘桥头堡’和加速发展的‘新引擎’”的要求，一心一意谋发展，聚精会神搞建设，高效、有序地推进开放型经济发展。

衡阳综合保税区

HENGYANGZONGHEBAOSHUIQU

衡阳综合保税区于2012年10月25日经批复同意设立，2013年12月13日通过相关部委联合验收，2014年9月9日正式封关运行，是全国第30家、中部第3家、湖南省首家综合保税区。

衡阳综合保税区位于衡阳市城区南部、白沙洲工业园区范围内，以“粤桂咽喉”为依托，借助机场、高速公路、铁路、湘江构成的综合性交通经济运输走廊，打造“西、南、云、贵”大经济圈。在已有的“1189”发达的立体网络基础建设上，同时打造衡阳运输门户枢纽：距衡枣高速5分钟、丁家桥千吨级码头10分钟、南岳机场15分钟、衡阳高铁东站15分钟，实现水、陆、空全方位交通运输。

衡阳综合保税区总体规划面积2.57平方公里，功能定位为承担进出口加工、国际贸易、保税仓储、商品展示等，按生产区、办公区、物流配送区、仓储区等功能区布局。首期规划0.845平方公里，总建筑面积88.77万平方米，完成投资13亿元；已建成保税仓库2栋，建筑面积约2.1万平方米；建成标准厂房19栋，总建筑面积约为43万平方米。

衡阳综合保税区是开放层次高、政策优惠的海关特殊监管区之一，集保税区、出口加工区、保税物流区、港口功能于一身，实行“一线放开、二线管住、区内自由”管理模式，目前除享有保税、免税、退税等优惠政策外，还享有湖南省关于湘南大开发的25条、支持湘南三市“先行先试”的34条优惠政策，以及衡阳市“7+2”等相关优惠政策，以最有利的政策促进企业发展。

衡阳综合保税区正全力打造湖南乃至中西部地区内陆开放型经济发展的前沿区、加工贸易的集聚区、跨区域经济合作的引领区、新产品新技术的研发区、转型发展的试验区，形成湖南乃至中西部地区的“五中心一平台”，即电子信息和现代制造业加工中心、国际货物集散中心、进口商品展示交易中心、高端电子产品检测维修中心、总部经济研发和创新中心、跨境电子商务平台。园区现已形成电子书、平板电脑、手机背光板、半导体激光器、主控芯片等电子产业门类，并构筑起四通八达的物流网络，成为集IT产业和现代制造业研发、加工、贸易、检测维修为一体，上、中、下三条产业链齐发展的产业集聚洼地。

安徽合肥出口加工区

合肥出口加工区于2010年7月5日经批准正式设立，规划面积1.42平方公里。2012年6月20日，通过联合验收，同年8月正式封关运行。

自封关运行以来，合肥出口加工区紧紧围绕电子信息产业，坚持聚焦行业龙头企业，积极承接产业转移。区内龙头企业——联宝电子于2012年12月正式投产，是联想集团全球最大PC机研发生产基地，年产能高达3 000万台，有效推动了加工区电子信息产业的集聚发展。2016年，合肥出口加工区率先启动安徽省内首个自营进口商品直销中心项目建设，建成并运营“百大易购”和“海狗爸爸”两大线上线下直销平台。

2016年，合肥出口加工区完成规模以上工业产值430.4亿元，完成进出口总额39.2亿美元，缴纳各类税收约17亿元，位列全国出口加工区第6位、中西部第2位。

合肥空港保税物流中心（B型）

合肥空港保税物流中心（B型）项目于2016年6月获批准设立，2017年10月封关运行。中心位于合肥空港经济示范区内（合肥经济技术开发区北区），紧邻新桥国际机场货运区和空港进境指定口岸，占地面积约11.67万平方米，总建筑面积约8.6万平方米，主要建设通关服务中心、展示中心、监管仓库、保税仓库和配套设施，可开展保税物流、保税仓储、转口贸易、商品展示等业务。

合肥空港保税物流中心（B型）将与合肥新桥机场航空港、空港进境指定口岸、合肥跨境电子商务综试区、空港快件监管中心、航空物流园等开放平台协同发展，建设全国一流的航空保税物流中心。

广州白云机场综合保税区于2010年7月3日获批准设立，分为中区、北区和南区3个片区，总规划面积7.385平方公里，其中一期1.645平方公里已完成围网建设，于2014年4月17日通过联合验收，并于同年7月29日封关运作。

广州白云机场综合保税区是全国规划面较大的空港型综合保税区，是全国少有的包含机场口岸操作区，并实现“区港一体化”运作的综合保税区之一，是广州跨境电商综合试验区的核心功能区，区内已全面复制推广广东自贸试验区的相关先行先试监管政策，并已实现“南沙海港与空港”的一体化监管，具有保税加工、保税物流、保税服务等核心功能，重点打造“三中心”：全球保税物流中心、全球保税维修中心、亚太贸易展览销售中心。

广州白云机场综合保税区

广州空港物流产业园位于广州新白云国际机场北出口，广州白云机场综合保税区内。园区作为广州市重点建设项目及广州市空港经济区起步区内的综合性园区，整体占地面积为206亩，总建筑面积约20万平方米，总投资15亿元人民币，是空港经济区以“园区+平台”为发展模式的综合体项目。园区采用智能化管理，营商环境优雅，工作、生活配套完善，以推动空港物流产业发展为驱动，构建现代化空港物流及商业配套产业集群，打造新型的空港产业经济标杆。

广州空港物流产业园

芜湖综合保税区

WUHUZONGHEBAOSHUIQU

芜湖综合保税区于2015年9月1日经国务院批准设立，2015年12月18日通过正式验收。其前身是2003年封关运行的芜湖出口加工区，封关面积2.17平方公里。

芜湖综合保税区通关便捷，水、电、气等生产要素供应充裕，道路、绿化及物业环境良好，人力资源丰富，周边300米范围内有66万平方米的生活、商务配套区。区内外已经形成电子电器、汽车零部件、光电新材料等产业集群，是投资者兴业的福地。同时，芜湖综合保税区具有港口优势，芜湖港是长江溯江而上最后一个深水良港，为园区实施区港一体化，发展国际加工、保税物流业务提供可靠的保障。芜湖综合保税区更是皖江地区复制、推广上海自贸区先行经验及发展跨境电子商务等新型业态的重要平台。

电话：0553-5772018

重庆南彭公路保税物流中心（B型）于2017年4月26日经审核认定，正式封关运行。中心位于重庆巴南区公路物流基地东盟国际物流园内，交通区位优势明显，能与重庆内环、绕城、包茂（G65）、兰海（G75）高速"无缝"衔接，高速直达重庆水运、航空、铁路枢纽。

中心占地约13.67万平方米，建筑面积约10.5万平方米，主要建设有保税仓库、海关联检综合办公楼及罚没库、监管库、查验区、公共分拣区等设施，功能完善，除为区域内企业提供出口退税、进口保税、转口贸易、区内流转等传统服务，还具有保税商品展示交易、跨境电子商务、跨境甩挂运输、保税研发、国际物流金融服务等特色扩展功能。

入驻企业除可享受国家赋予保税区的共有政策外，还可享受其他优惠奖补政策。

重庆南彭公路保税物流中心（B型）

中山保税物流中心有限公司

中山保税物流中心有限公司是中山市重点打造的进出口贸易公共服务平台，为“广东省十大重点培育进口商品交易中心”“广东省生产性服务业功能区示范单位”。公司占地面积约53.4万平方米，建有16万平方米保税仓库、2万平方米集装箱堆场、7.5万平方米进出境货运车检场、4万平方米综合办公区和展示厅，设计吞吐能力为1500车次/日。中心已有注册的国际物流企业7家，报关报检、运输配送企业50多家，提供完善的一站式进出口通关通检服务、保税仓储服务、国内外物流配送服务等。加强对接自贸区政策，成功复制“先进区后报关”“保税展示展销”“区港联动”等“10+1”项功能制度。同时，大力发展外贸新业态业务，开展跨境电子商务、市场采购（旅游购物）、保税展示展销等业务。

珠海市广丰物流有限公司年进口额超过120亿，是全国进口百强企业，海关AEO高级认证企业。公司地处珠江西岸1小时物流经济圈的中心点，拥有两个共14万平方米的专业和现代化的综合物流园区，为多家世界500强客户提供专业化保税仓储物流、跨境电商、国际快件、代理通关、商贸、供应链金融等现代化第三方、第四方的供应链管理服务。公司所投资建设的广丰跨境电商产业园占地85 000平方米，于2017年4月底正式运作，是珠江西岸条件较成熟的跨境电商BC直购专业通关监管场所。

珠海市广丰物流有限公司

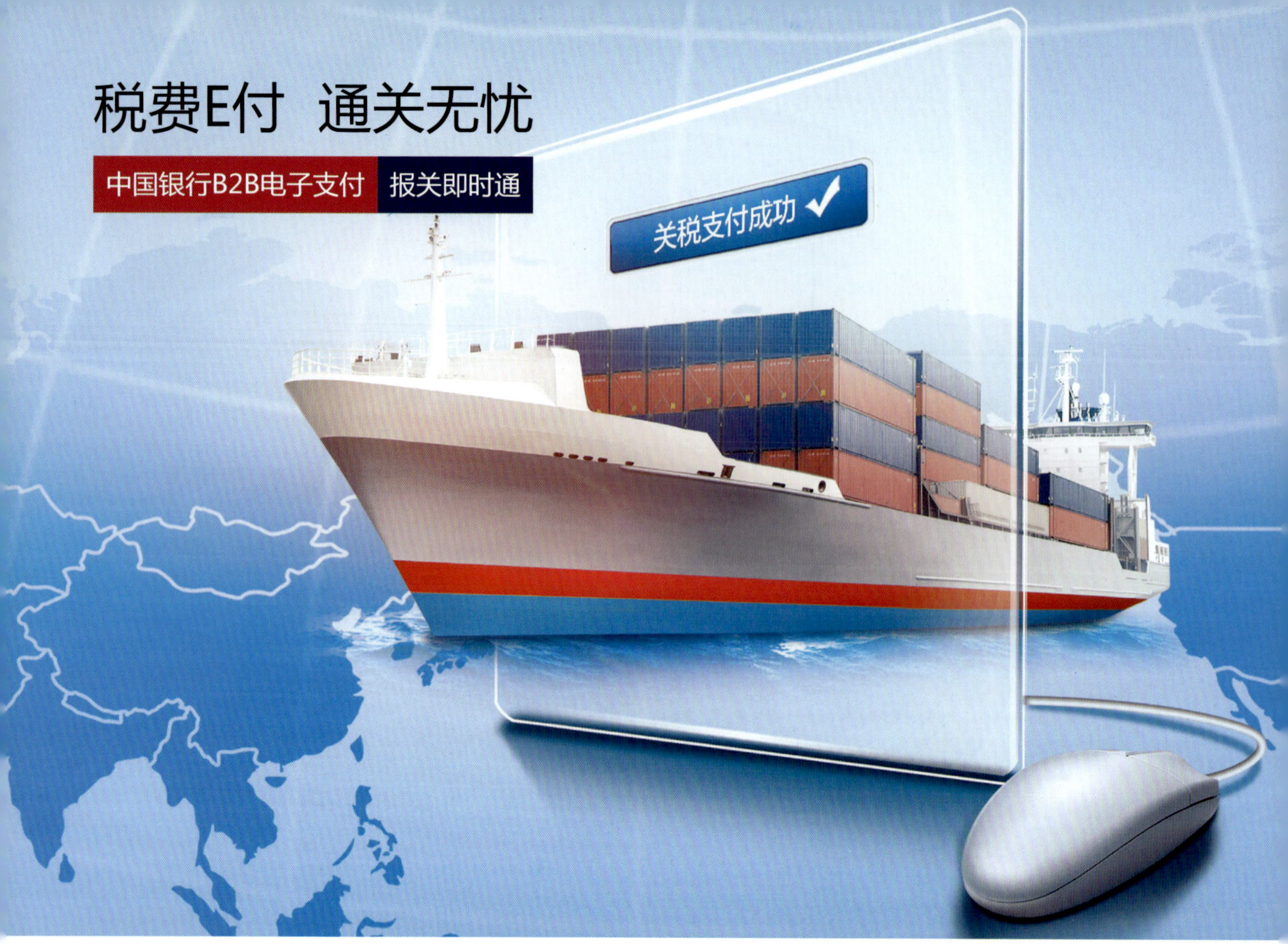

产品简介

报关即时通为进出口企业及代理报关企业提供7×24小时海关税费支付服务，可通过海关指定平台、网上银行等多种在线方式支付，轻松快捷，更可支持银行保函、保险等多种担保方式，享受“先通关、后缴税”的即时通关便利。

产品特色

简化支付手续，提高通关效率

在“中国国际贸易单一窗口”等平台完成报关申报后，可直接在线缴税，或者通过中国银行网上银行进行在线缴税，随时随地进行通关支付，免除奔波海关和银行的烦恼。

业务覆盖范围广，产品持续创新

中国银行报关服务覆盖全国42个关区，可缴纳进出口通关环节的各种税费；中国银行是进行报关电子化业务时间悠久、服务范围广泛的银行，通过与相关单位长期紧密合作，持续为企业提供模式新颖的通关解决方案。

支持异地报关，实现一体化通关

实现一地办理税费支付等通关手续，全国多地报关，简化通关手续，提高通关效率。

担保额度循环，提供缓税便利

可申请银行保函、保险等多种税费担保，享受汇总征税和“先通关、后缴税”的便利；通过对担保额度的智能化控制，在企业申报时自动扣减额度，缴税后额度自动恢复，实现额度的循环使用，减少企业在途资金占用。

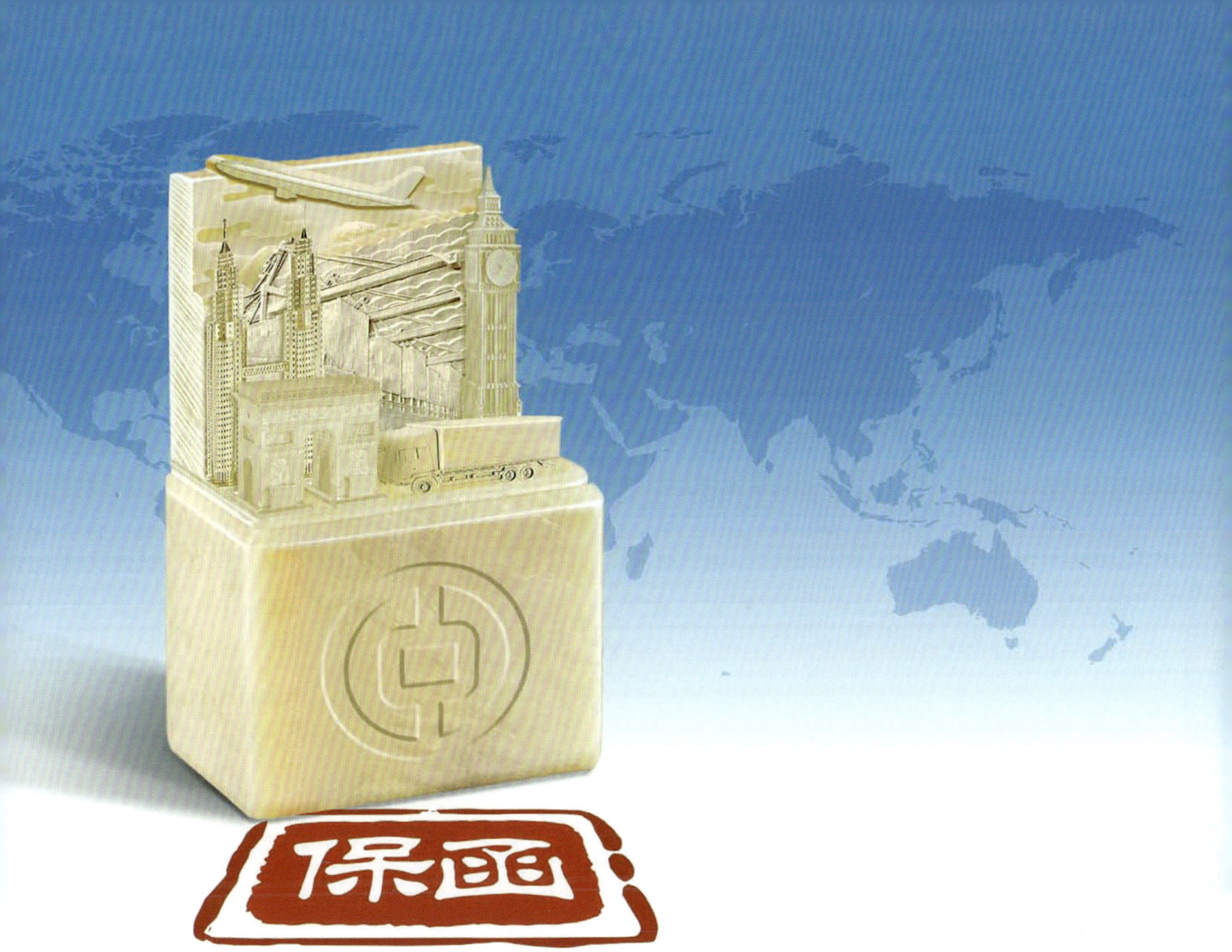

产品简介

银行应进出口企业要求，向海关出具的保证企业履行纳税义务的书面文件，主要包括汇总征税保函、一般关税保函、跨境电商综合税保函、加工贸易税款保付保函、ATA单证册保函、知识产权担保、船舶吨税保函、电子支付税费担保等三十余种细项关税保函产品。

产品特色

- 高度适配海关汇总征税、自贸区政策，提供缓税便利、简化通关手续
- 避免因缴纳关税保证金引起的资金占压，提高资金周转率
- 可为货物暂准或临时进口提供担保，为货物通关提供便利
- 加快货物通关速度，避免货物滞留港口加大成本

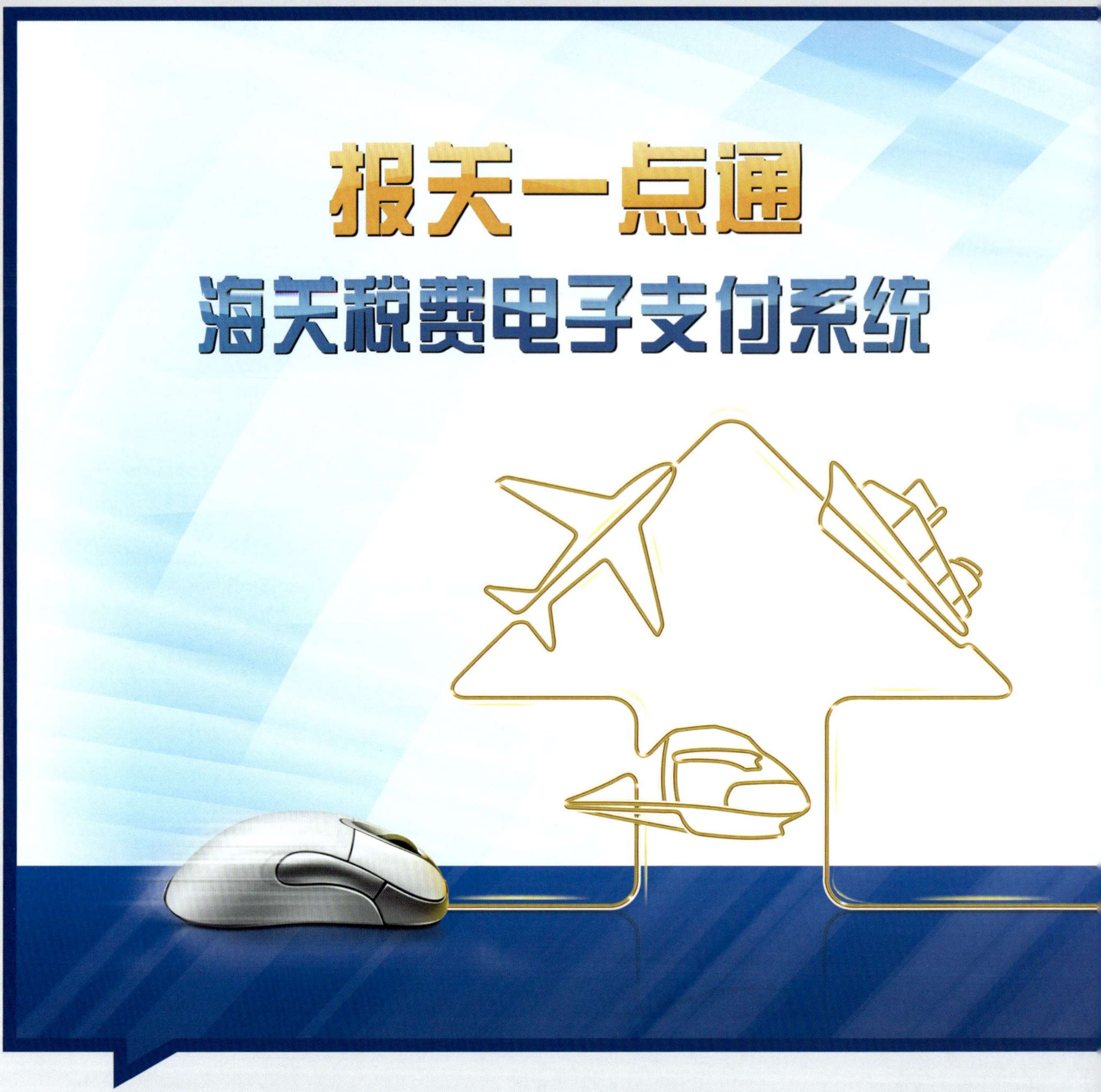

编辑说明

一、《中国保税区出口加工区年鉴》（以下简称《年鉴》）是由中国保税区出口加工区协会主编，中国海关出版社编辑出版的大型资料性实用工具书，公开向国内外发行。

二、《年鉴》的宗旨是面向海内外政府官员、投资商、研究机构、科技界及其他各界人士，用翔实的统计数据和文字全面、系统、准确地介绍中国保税区、出口加工区、保税港区（综合保税区）的开发建设历程和成就，介绍其基础条件、投资环境及有关法规和优惠政策等，为各有关机构与单位提供媒介服务，以推动中国保税区、出口加工区、保税港区（综合保税区）经济的协调发展。

三、《年鉴》中的数据已经上海市外高桥保税区统计调查所审核，《年鉴》部分区域经济发展分析中的数据，由于统计口径不同，方法不一，可能出现不一致，应以统计资料篇中的数据为准。此外，2017年版“统计资料篇”中，全国综合保税区进出口贸易额统计表仅统计各区进出口贸易额，不再细分贸易方式。

四、《年鉴》中的数据表格“比上年增长（%）”显示为“—”或“-100”的，表示上年同期数据没有或不可比。

五、《年鉴》中的数据表格如“历年招商引资情况表”“历年外商投资情况表”中的“历年”数据截至2016年年底。

六、《年鉴》中深圳保税区包括福田、盐田港和沙头角3家保税区。

七、《年鉴》在编撰过程中，得到了海关总署领导及各保税区、出口加工区、保税港区（综合保税区）领导和有关人员的关心和支持，在此深表谢意。

八、由于我们水平有限，经验不足，请社会各界对《年鉴》提出宝贵意见。今后我们将充分汇集保税区、出口加工区、保税港区（综合保税区）的信息资料，逐步充实《年鉴》内容，使其发挥更大的作用。

《中国保税区出口加工区年鉴》编辑部

2017年8月

目　录

文献法规篇

国务院关于促进外资增长若干措施的通知 …… 3
（国发〔2017〕39 号）
中华人民共和国海关总署公告　2016 年第 57 号 …… 6
（关于跨境电子商务进口统一版信息化系统企业接入事宜的公告）
中华人民共和国海关总署公告　2016 年第 63 号 …… 27
（关于市场采购贸易方式扩大试点的公告）
中华人民共和国海关总署公告　2016 年第 67 号 …… 28
（关于规范加工贸易项下进口消耗性物料管理的公告）
中华人民共和国海关总署公告　2016 年第 68 号 …… 30
（关于海关特殊监管区域内开展委内加工业务的公告）
中华人民共和国海关总署公告　2016 年第 69 号 …… 32
（关于出境加工业务有关问题的公告）
中华人民共和国海关总署公告　2016 年第 70 号 …… 36
（关于实施海关特殊监管区域账册“一次备案、多次使用”有关问题的公告）
中华人民共和国海关总署公告　2016 年第 71 号 …… 37
（关于海关特殊监管区域“大宗商品现货保税交易”有关监管问题的公告）
中华人民共和国海关总署公告　2016 年第 72 号 …… 38
（关于海关特殊监管区域“仓储货物按状态分类监管”有关问题的公告）
中华人民共和国海关总署公告　2016 年第 81 号 …… 39
（关于增加黑龙江省内贸货物跨境运输港口的公告）
中华人民共和国海关总署公告　2016 年第 86 号 …… 40
（关于海关特殊监管区域和保税监管场所保税货物流转管理的公告）
中华人民共和国海关总署公告　2017 年第 11 号 …… 43
（关于适用《中华人民共和国海关关于最不发达国家特别优惠关税待遇进口
货物原产地管理办法》区域性集团名单的公告）

中华人民共和国海关总署公告 2017 年第 13 号 …… 44
（关于修订《中华人民共和国海关进出口货物报关单填制规范》的公告）
中华人民共和国海关总署公告 2017 年第 19 号 …… 45
（关于在通关环节免予提交纸质“中华人民共和国海关进出口货物征免税证明”的公告）
中华人民共和国海关总署公告 2017 年第 29 号 …… 46
（关于以企业为单元加工贸易监管模式改革试点的公告）
中华人民共和国商务部 中华人民共和国海关总署公告 2016 年第 45 号 …… 48
（关于取消加工贸易业务审批的公告）
国家税务总局 财政部 海关总署公告 2016 年第 65 号 …… 52
（关于开展赋予海关特殊监管区域企业增值税一般纳税人资格试点的公告）
中华人民共和国商务部 中华人民共和国海关总署公告 2016 年第 86 号 …… 54
（公布 2017 年出口许可证管理货物目录）
中华人民共和国商务部办公厅 中华人民共和国海关总署办公厅关于取消加工贸易业务审批有关问题的补充通知 …… 57
商办贸函〔2017〕186 号

文字资料篇

保税区（保税物流园区）

上海外高桥保税区
SHANGHAI WAIGAOQIAO FREE TRADE ZONE …… 62
深圳保税区
SHENZHEN FREE TRADE ZONE …… 66
广州保税区
GUANGZHOU FREE TRADE ZONE …… 70
汕头保税区
SHANTOU FREE TRADE ZONE …… 75
张家港保税区
ZHANGJIAGANG FREE TRADE ZONE …… 77
中国（福建）自由贸易试验区厦门片区
CHINA（FUJIAN XIAMEN）PILOT FREE TRADE ZONE …… 79
上海外高桥保税物流园区
SHANGHAI WAIGAOQIAO BONDED LOGISTICS ZONE …… 83

出口加工区

天津出口加工区
TIANJIN EXPORT PROCESSING ZONE …… 86
河北廊坊出口加工区
HEBEI LANGFANG EXPORT PROCESSING ZONE …… 88
上海漕河泾出口加工区
SHANGHAI CAOHEJING EXPORT PROCESSING ZONE …… 91
上海嘉定出口加工区
SHANGHAI JIADING EXPORT PROCESSING ZONE …… 94
江苏连云港出口加工区
JIANGSU LIANYUNGANG EXPORT PROCESSING ZONE …… 95
浙江慈溪出口加工区
ZHEJIANG CIXI EXPORT PROCESSING ZONE …… 98
江西南昌出口加工区
JIANGXI NANCHANG EXPORT PROCESSING ZONE …… 101
江西九江出口加工区
JIANGXI JIUJIANG EXPORT PROCESSING ZONE …… 103
山东青岛出口加工区
SHANDONG QINGDAO EXPORT PROCESSING ZONE …… 105
山东威海出口加工区
SHANDONG WEIHAI EXPORT PROCESSING ZONE …… 108
山东青岛西海岸出口加工区
SHANDONG QINGDAO WESTCOAST EXPORT PROCESSING ZONE …… 110
安徽合肥出口加工区
ANHUI HEFEI EXPORT PROCESSING ZONE …… 112
河南郑州出口加工区
HENAN ZHENGZHOU EXPORT PROCESSING ZONE …… 114
广东广州出口加工区
GUANGDONG GUANGZHOU EXPORT PROCESSING ZONE …… 117
广东深圳出口加工区
GUANGDONG SHENZHEN EXPORT PROCESSING ZONE …… 119
四川绵阳出口加工区
SICHUAN MIANYANG EXPORT PROCESSING ZONE …… 121
陕西西安出口加工区 A 区
SHANXI XI'AN EXPORT PROCESSING ZONE（ZONE A） …… 123

保税港区（综合保税区）

洋山保税港区
YANGSHAN FREE TRADE PORT AREA …… 126
烟台保税港区
YANTAI FREE TRADE PORT ZONE …… 129
洋浦保税港区
YANGPU FREE TRADE PORT ZONE …… 132
苏州高新技术产业开发区综合保税区
SUZHOU NATIONAL NEW & HI-TECH DISTRICT INTEGRATED FREE TRADE ZONE …… 134
上海浦东机场综合保税区
SHANGHAI PUDONG AIRPORT FREE TRADE ZONE …… 138
郑州新郑综合保税区
ZHENGZHOU XINZHENG INTEGRATED BONDED ZONE …… 141
北京天竺综合保税区
BEIJING TIANZHU FREE TRADE ZONE …… 144
淮安综合保税区
HUAIAN INTEGRATED FREE TRADE ZONE …… 146
海口综合保税区
HAIKOU INTEGRATED FREE TRADE ZONE …… 148
南京综合保税区（江宁）
NANJING INTEGRATED FREE TRADE ZONE（JIANGNING） …… 152
南京综合保税区（龙潭）
NANJING INTEGRATED FREE TRADE ZONE（LONGTAN） …… 155
武汉东湖综合保税区
WUHAN EASTLAKE FREE TRADE ZONE …… 158
常州综合保税区
CHANGZHOU INTEGRATED FREE TRADE ZONE …… 160
芜湖综合保税区
WUHU INTEGRATED FREE TRADE ZONE …… 163
武进综合保税区
WUJIN FREE TRADE ZONE …… 166
镇江综合保税区
ZHENJIANG COMPREHENSIVE BONDED ZONE …… 168
嘉兴综合保税区
JIAXING FREE TRADE ZONE …… 171
吴江综合保税区
WUJIANG FREE TRADE ZONE …… 173

常熟综合保税区
CHANGSHU FREE TRADE ZONE …… 175
扬州综合保税区
YANGZHOU FREE TRADE ZONE …… 177
贵阳综合保税区
GUIYANG FREE TRADE ZONE …… 179

统计资料篇

保税区（保税物流园区）

2016 年全国保税区下分贸易方式进出口贸易额统计表 …… 184
2016 年全国保税区经济指标统计情况表 …… 189
2016 年全国保税区进口额前 30 位国家和地区排名表 …… 202
2016 年全国保税区出口额前 30 位国家和地区排名表 …… 203
2016 年全国保税区主要进口商品分类统计表（22 大类） …… 204
2016 年全国保税区主要出口商品分类统计表（22 大类） …… 205
上海外高桥保税区统计数据表 …… 206
深圳保税区统计数据表 …… 209
广州保税区统计数据表 …… 212
张家港保税区统计数据表 …… 215
厦门象屿保税区统计数据表 …… 219
2016 年全国保税物流园区下分贸易方式进出口贸易额统计表 …… 222
2016 年全国保税物流园区经济指标统计情况表 …… 224
2016 年全国保税物流园区进口额前 30 位国家和地区排名表 …… 229
2016 年全国保税物流园区出口额前 30 位国家和地区排名表 …… 230
2016 年全国保税物流园区主要进口商品分类统计表（22 大类） …… 231
2016 年全国保税物流园区主要出口商品分类统计表（22 大类） …… 232
上海外高桥保税物流园区统计数据表 …… 233

出口加工区

2016 年全国出口加工区下分贸易方式进出口贸易额统计表 …… 236
2016 年全国出口加工区经济指标统计情况表 …… 249
2016 年全国出口加工区进口额前 30 位国家和地区排名表 …… 301
2016 年全国出口加工区出口额前 30 位国家和地区排名表 …… 302
2016 年全国出口加工区主要进口商品分类统计表（22 大类） …… 303
2016 年全国出口加工区主要出口商品分类统计表（22 大类） …… 304

天津出口加工区统计数据表 …… 305
河北廊坊出口加工区统计数据表 …… 307
上海漕河泾出口加工区统计数据表 …… 309
江苏连云港出口加工区统计数据表 …… 311
江苏常熟出口加工区统计数据表 …… 313
浙江慈溪出口加工区统计数据表 …… 315
江西九江出口加工区统计数据表 …… 317
山东青岛出口加工区统计数据表 …… 319
山东威海出口加工区统计数据表 …… 321
山东青岛西海岸出口加工区统计数据表 …… 323
河南郑州出口加工区统计数据表 …… 325
广东广州出口加工区统计数据表 …… 327
四川绵阳出口加工区统计数据表 …… 329
陕西西安出口加工区 A 区统计数据表 …… 331

保税港区（综合保税区）

2016 年全国保税港区下分贸易方式进出口贸易额统计表 …… 334
2016 年全国保税港区经济指标统计情况表 …… 338
2016 年全国保税港区进口额前 30 位国家和地区排名表 …… 350
2016 年全国保税港区出口额前 30 位国家和地区排名表 …… 351
2016 年全国保税港区主要进口商品分类统计表（22 大类） …… 352
2016 年全国保税港区主要出口商品分类统计表（22 大类） …… 353
洋山保税港区统计数据表 …… 354
2016 年全国综合保税区各区进出口贸易额统计表 …… 355
2016 年全国综合保税区经济指标统计情况表 …… 357
2016 年全国综合保税区进口额前 30 位国家和地区排名表 …… 374
2016 年全国综合保税区出口额前 30 位国家和地区排名表 …… 375
2016 年全国综合保税区主要进口商品分类统计表（22 大类） …… 376
2016 年全国综合保税区主要出口商品分类统计表（22 大类） …… 377
苏州高新技术产业开发区综合保税区统计数据表 …… 378
上海浦东机场综合保税区统计数据表 …… 380
郑州新郑综合保税区统计数据表 …… 381
淮安综合保税区统计数据表 …… 383
海口综合保税区统计数据表 …… 385
常州综合保税区统计数据表 …… 388
芜湖综合保税区统计数据表 …… 390
武进综合保税区统计数据表 …… 392
镇江综合保税区统计数据表 …… 394

工作与研究篇

中国保税区出口加工区协会 2016 年度工作总结暨 2017 年度工作计划 …………………… 399
深入交流助推创新示范　座谈对话倾听改革诉求
——财政部、国家税务总局主管部门的同志出席会议释疑解惑 …………………………… 403
关于自由贸易试验区与自由贸易区的区别 ……………………………………………………… 407

文献法规篇

国务院关于促进外资增长若干措施的通知

国发〔2017〕39号

各省、自治区、直辖市人民政府，国务院各部委、各直属机构：

积极利用外资是我国对外开放战略的重要内容。当前经济全球化呈现新特点，我国利用外资面临新形势、新任务。为深化供给侧结构性改革，推进简政放权、放管结合、优化服务改革，进一步提升我国外商投资环境法治化、国际化、便利化水平，促进外资增长，提高利用外资质量，现将有关事宜通知如下：

一、进一步减少外资准入限制

（一）全面实施准入前国民待遇加负面清单管理制度。尽快在全国推行自由贸易试验区试行过的外商投资负面清单，进一步增强投资环境的开放度、透明度、规范性。（国家发展改革委、商务部负责）

（二）进一步扩大市场准入对外开放范围。持续推进专用车和新能源汽车制造、船舶设计、支线和通用飞机维修、国际海上运输、铁路旅客运输、加油站、互联网上网服务营业场所、呼叫中心、演出经纪、银行业、证券业、保险业对外开放，明确对外开放时间表、路线图。（中央宣传部、中央网信办、国家发展改革委、工业和信息化部、交通运输部、商务部、文化部、人民银行、银监会、证监会、保监会、国家铁路局、中国民航局、中国铁路总公司按职责分工负责）

二、制定财税支持政策

（三）鼓励境外投资者持续扩大在华投资。对境外投资者从中国境内居民企业分配的利润直接投资于鼓励类投资项目，凡符合规定条件的，实行递延纳税政策，暂不征收预提所得税。（财政部、税务总局按职责分工负责）

（四）发挥外资对优化服务贸易结构的积极作用。将服务外包示范城市符合条件的技术先进型服务企业所得税优惠政策推广到全国，引导外资更多投向高技术、高附加值服务业。（财政部、商务部、税务总局等按职责分工负责）

（五）促进利用外资与对外投资相结合。对我国居民企业（包括跨国公司地区总部）分回国内符合条件的境外所得，研究出台相关税收支持政策。（财政部、税务总局按职责分工负责）

（六）鼓励跨国公司在华投资设立地区总部。支持各地依法依规出台包括资金支持在内的吸引跨国公司地区总部的政策措施，积极参与全球产业格局调整。（各省级人民政府负责）

（七）促进外资向西部地区和东北老工业基地转移。充分发挥现有财政资金作用，积极支持西部地区及东北老工业基地的国家级开发区（含经济技术开发区、高新技术产业开发区、海关特殊监管区域等，下同）科技创新、生态环保、公共服务等领域建设，

改善招商环境，提升引资质量，承接高水平制造业转移。（科技部、财政部、商务部、海关总署按职责分工负责）

（八）支持重点引资平台基础设施和重大项目建设。鼓励省级人民政府发行地方政府债券支持国家级开发区、边境经济合作区、跨境经济合作区基础设施建设。加快试点发展项目收益与融资自求平衡的地方政府专项债券品种，优先保障上述区域符合条件的重大项目融资需求。（科技部、财政部、商务部、海关总署、各省级人民政府按职责分工负责）

三、完善国家级开发区综合投资环境

（九）充分赋予国家级开发区投资管理权限。支持国家级开发区开展相对集中行政许可权改革试点。指导国家级开发区进一步推进简政放权、放管结合、优化服务改革，在营造外商投资优良环境等方面发挥示范引领作用。（中央编办、科技部、商务部、海关总署、国务院法制办按职责分工负责）

（十）支持国家级开发区项目落地。允许各地在符合经济社会发展规划、土地利用总体规划、城市总体规划的前提下，对国家级开发区利用外资项目所需建设用地指标予以优先保障，做到应保尽保。（科技部、国土资源部、住房城乡建设部、商务部、海关总署、各省级人民政府按职责分工负责）

（十一）支持国家级开发区拓展引资空间。对符合条件的国家级开发区，经国务院批准后允许调区、扩区，整合区位相邻、相近的开发区，建立飞地园区，对收储的低效用地，相应提供规划调整、简化审批等便利。（科技部、国土资源部、住房城乡建设部、商务部、海关总署、各地方人民政府按职责分工负责）

（十二）支持国家级开发区提升产业配套服务能力。在条件成熟的地区，引进生产服务型外资企业，试点开展高技术、高附加值项目境内外维修业务，促进加工贸易向全球产业链、价值链中高端延伸。（商务部、海关总署负责）

四、便利人才出入境

（十三）完善外国人才引进制度。在全国实施外国人来华工作许可制度，采用“告知+承诺”“容缺受理”等方式，为外国人才办理工作许可提供便利。2018 年，制定出台外国人在中国工作管理条例，建立标准统一、程序规范的外国人才来华工作许可制度。（外交部、公安部、国务院法制办、国家外专局等按职责分工负责）

（十四）积极引进国际高端人才。2017 年下半年，制定出台外国人才签证实施细则，完善外国人才评价标准，扩大发放范围；放宽外国人才签证有效期限，对符合条件的外国人，签发长期（5 年至 10 年）多次往返签证，并可凭该签证办理工作许可、申请工作类居留证件。制定出台外国人永久居留管理条例，明确外国人申请和取得永久居留资格的条件和程序。（外交部、公安部、国务院法制办、国家外专局等按职责分工负责）

五、优化营商环境

（十五）抓紧完善外资法律体系。加快统一内外资法律法规，制定新的外资基础性法律。清理涉及外资的法律、法规、规章和政策性文件，推动限期废止或修订与国家对外开放大方向和大原则不符的法律法规或条款。（有关部门和各省级人民政府按职责分工负责）

（十六）提升外商投资服务水平。完善中央及地方外商投资企业投诉机制，协调解决境外投资者反映的突出问题，加大对外商投资企业享有准入后国民待遇的保障力度，努力营造统一开放、竞争有序的市场环境。建立行政事业性收费和政府性基金、政府定价的涉企经营服务性收费等涉企收费目录清单制度。(国家发展改革委、财政部、商务部等有关部门、各省级人民政府按职责分工负责)

(十七)保障境外投资者利润自由汇出。对于境外投资者在境内依法取得的利润、股息等投资收益，可依法以人民币或外汇自由汇出。(人民银行、国家外汇局按职责分工负责)

(十八)深化外商投资企业管理信息共享和业务协同。积极推进“互联网+政务服务”，进一步完善“双随机、一公开”监管机制，构建高效便捷的外商投资事中事后监管与服务体系。加大商务部门与工商、海关、质检、外汇等部门之间信息管理系统的互联互通力度，实现外商投资企业从设立到运营的有关信息跨层级、跨部门共享。试点外商投资企业商务备案与工商登记“单一窗口、单一表格”受理新模式。(商务部、海关总署、工商总局、质检总局、国家外汇局等有关部门负责，各地方人民政府按职责分工负责)

(十九)鼓励外资参与国内企业优化重组。简化程序，放宽限制，支持境外投资者以并购方式设立外商投资企业。支持国内企业多渠道引进国际先进技术、管理经验和营销渠道。鼓励外资参与国有企业混合所有制改革。(国家发展改革委、商务部、国务院国资委按职责分工负责)

(二十)完善外商投资企业知识产权保护。针对网络侵权盗版、侵犯专利权、侵犯商标专用权等知识产权问题开展集中整治，强化司法保护和行政执法，加大对侵权违法行为的惩治力度。(全国打击侵权假冒工作领导小组办公室、工商总局、新闻出版广电总局、国家知识产权局等按职责分工负责)

(二十一)提升研发环境国际竞争力。为研发中心运营创造便利条件，依法简化具备条件的研发中心研发用样本样品、试剂等进口手续，促进外资研发投入。(海关总署、质检总局等按职责分工负责)

(二十二)保持外资政策稳定性连续性。地方各级人民政府要严格兑现向投资者及外商投资企业依法作出的政策承诺，认真履行在招商引资等活动中依法签订的各类合同。(各省级人民政府负责)

各地区、各部门要高度重视新形势下利用外资工作，按照职责分工，主动作为，密切配合。商务部要会同有关部门加强督促检查，确保各项措施落到实处，不断提升我国引资新优势，促进利用外资实现稳定增长。

国务院

2017年8月8日

中华人民共和国海关总署公告

2016 年第 57 号

（关于跨境电子商务进口统一版信息化系统企业接入事宜的公告）

为促进跨境电子商务发展，提供便利通关服务，现将跨境电子商务进口统一版信息化系统（以下简称“进口统一版系统”）企业接入相关事宜公告如下：

一、免费提供进口统一版系统清单录入功能。电子商务企业或其代理人可登录进口统一版系统通关服务子系统（http://ceb2.chinaport.gov.cn）进行清单的手工录入、修改、申报、查询等操作。具体操作参见《跨境电子商务进口统一版信息化系统企业用户操作手册》（详见附件 1）。

二、免费提供进口统一版系统客户端软件。参与跨境电子商务业务的企业可在中国电子口岸门户（www.chinaport.gov.cn）公告栏中自行下载安装。进口统一版系统客户端软件支持清单、订单、运单、支付单等单证通过 EXCEL 格式文件转换成规范报文后自动添加数字签名，也支持 XML 格式文件自动添加数字签名，同时提供数据发送和回执查询功能。客户端软件使用参见《跨境电子商务进口统一版信息化系统客户端软件使用手册》（详见附件 2）。

三、公开进口统一版系统企业对接报文标准。参与跨境电子商务业务的企业、第三方平台按照标准自行开发或市场化采购接入服务，相关授权开通等事宜请联系当地海关数据分中心办理。有关报文规范和经过海关验证的传输协议及接入服务产品参见《跨境电子商务进口统一版信息化系统企业对接报文规范（试行）》（详见附件 3）。

四、企业对于其向海关所申报及传输的电子数据承担法律责任。暂时仅对清单、修改或撤销申请单、退货申请单、入库明细单数据使用数字签名技术，今后逐步扩大数字签名使用范围，具体如表 1 所示。

表 1　业务单证责任主体

序号	业务单证	责任主体	数字签名
1	清单	电商企业或其代理人	是
2	订单	电商企业或电商平台或受委托的快件运营人、邮政企业	暂缓
3	支付单	支付企业或受委托的快件运营人、邮政企业	暂缓
4	运单	物流企业	暂缓

续表

序号	业务单证	责任主体	数字签名
5	运单状态	物流企业	暂缓
6	修改或撤销申请单	电商企业或其代理人	是
7	退货申请单	电商企业或其代理人	是
8	入库明细单	监管场所经营人	是

企业数字签名的技术要求及密码产品选型参见《跨境电子商务进口统一版信息化系统密码产品选型和使用指南》（详见附件4），请企业根据实际业务配置。

五、有关进口统一版系统的企业用户操作手册、客户端软件使用手册、企业对接报文标准等附件文档，如有变更将通过中国电子口岸门户公告栏及时发布。

以上事宜可咨询海关服务热线：12360。

本公告内容自公布之日起执行。

特此公告。

附件1　跨境电子商务进口统一版信息化系统企业用户操作手册

附件2　跨境电子商务进口统一版信息化系统客户端软件使用手册（略）

附件3　跨境电子商务进口统一版信息化系统企业对接报文规范（试行）（略）

附件4　跨境电子商务进口统一版信息化系统密码产品选型和使用指南（略）

海关总署

2016年10月12日

附件1

跨境电子商务进口统一版信息化系统企业用户操作手册

第1章　系统登录

1.1　功能介绍

用户在使用系统功能之前需要先登录系统。

1.2　操作流程

1. 在IE浏览器中输入系统地址http://ceb2.chinaport.gov.cn。（推荐使用IE8以上浏览器）

2. 将IC卡/USBKey插入读卡器，输入卡密码，点击确定按钮。

欢迎您访问 www.chinaport.gov.cn 中国电子口岸。

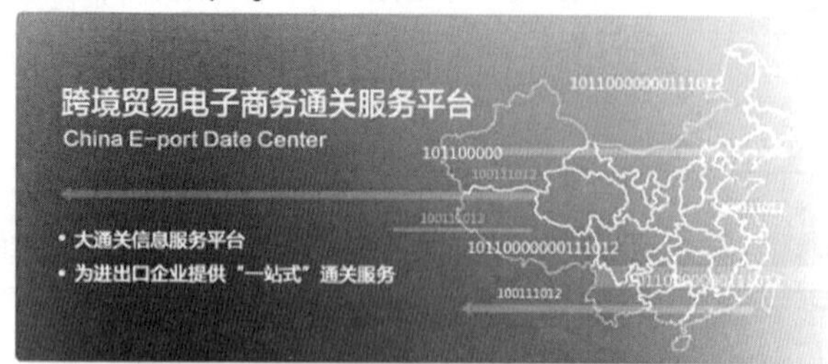

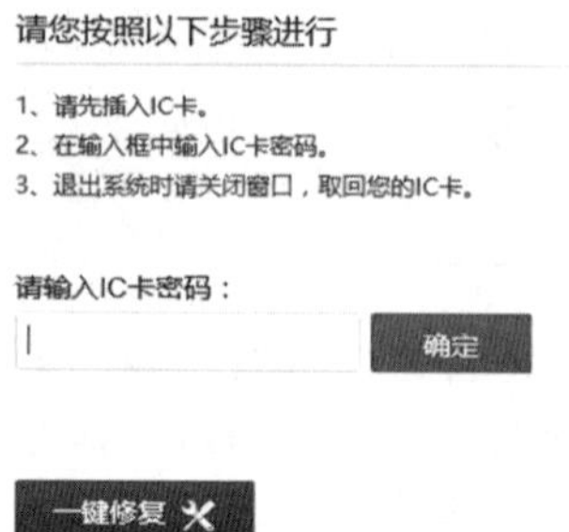

中国电子口岸是国务院有关部委将分别掌管的进出口业务信息流、资金流、货物流等电子底帐数据集中存放到口岸公共数据中心，为各行政管理部门提供跨部门、跨行业的行政执法数据联网核查，并为企业及中介服务机构提供网上办理进出口业务服务的数据交换平台。

一键修复工具介绍 | 进入中国电子口岸综合服务网

3. 系统对 IC 卡/USBKey 和登录密码进行验证，如通过验证，即进入系统界面；否则，提示错误信息。

4. 用户根据所属企业类型选择进入的端口，如下图：

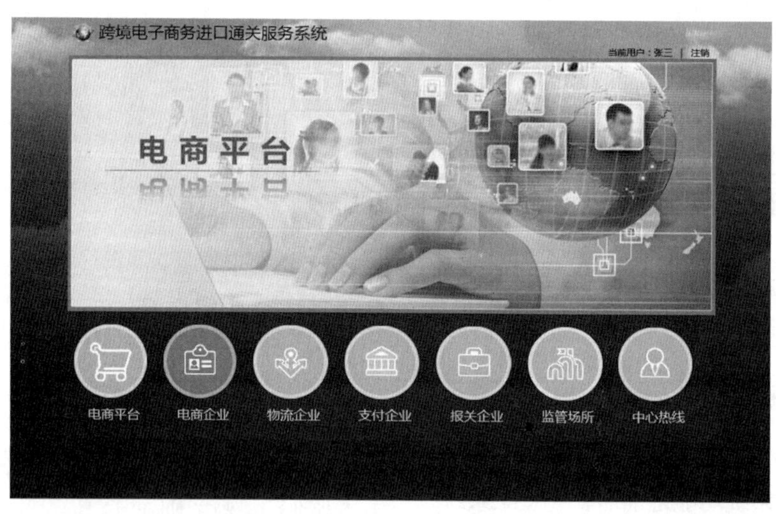

注意：

用户登录时会进行合法性验证，包括：

1）IC 卡/USBKey 有效。

2）IC 卡/USBKey 密码正确。

第 2 章　业务操作指南

2.1　清单管理

2.1.1　清单录入与申报

2.1.1-1　功能介绍

用户可在系统的界面手工录入清单数据，并向海关申报。

2.1.1-2　操作流程

1. 用户在主菜单栏中选择清单管理下的清单申报，即可进入清单申报界面，如下图：

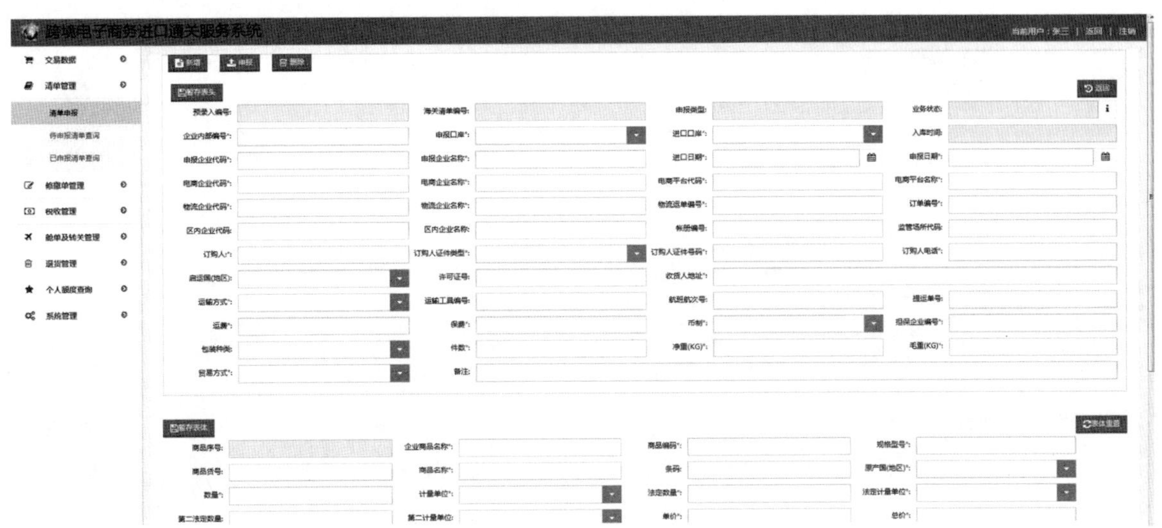

2. 用户填写清单信息，点击暂存，系统暂存清单信息。带“＊”的为必填项。

3. 用户点击申报，提示“申报成功”，并将清单数据向海关发送。

4. 用户点击新增按钮，界面更新，可直接录入新的清单数据。

2.1.2 待申报清单查询

2.1.2-1 功能介绍

用户可查询企业发送的，或在界面录入的“暂存”状态的清单数据。

2.1.2-2 操作流程

1. 用户在主菜单栏中选择清单下的待申报清单查询，即可进入待申报清单查询界面，如下图：

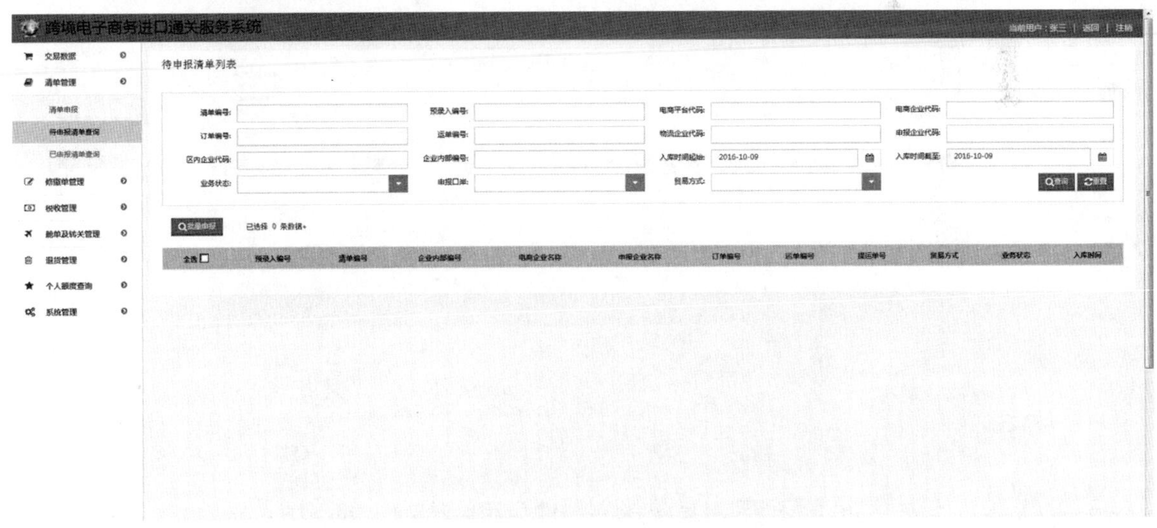

2. 输入查询条件，点击查询，系统将符合查询条件的数据显示在列表中。点击列表中“预录入编号”一栏下的某一条清单数据，系统转入该清单明细界面，如下图：

3. 用户可对该清单做修改、清单删除、清单申报操作。

4. 用户在待申报清单查询界面，可选中多票清单，执行批量申报操作。

2.1.3 已申报清单查询

2.1.3-1 功能介绍

用户可查询已申报的清单数据。

2.1.3-2 操作流程

1. 用户在主菜单栏中选择清单下的已申报清单查询，即可进入已申报清单查询界面，如下图：

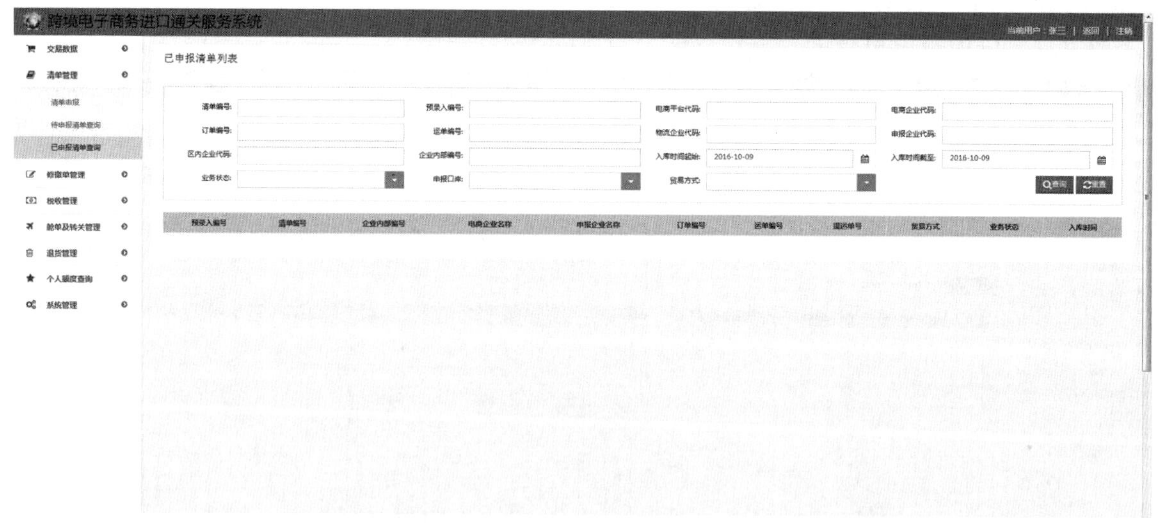

2. 输入查询条件，点击查询，系统将符合查询条件的数据显示在列表中。查询条件为组合查询，如下图：

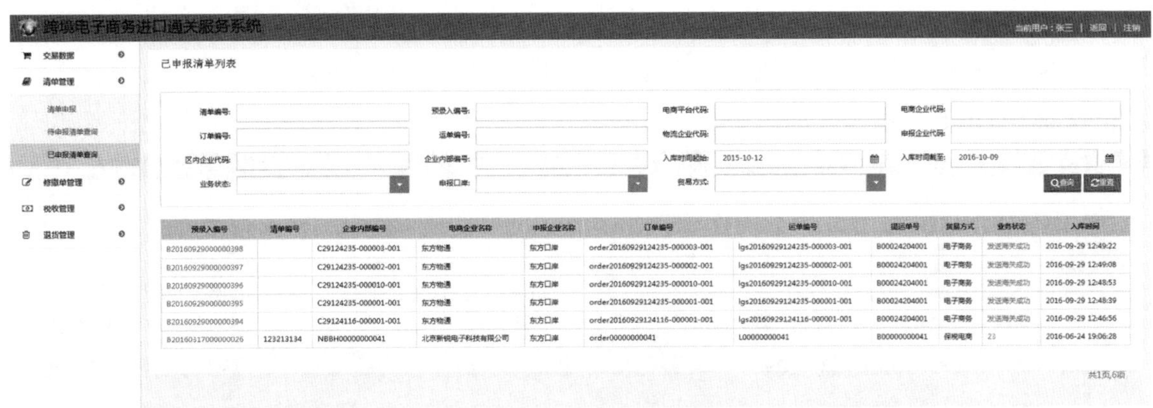

3. 用户可选中查询列表中一条数据，查看详情。

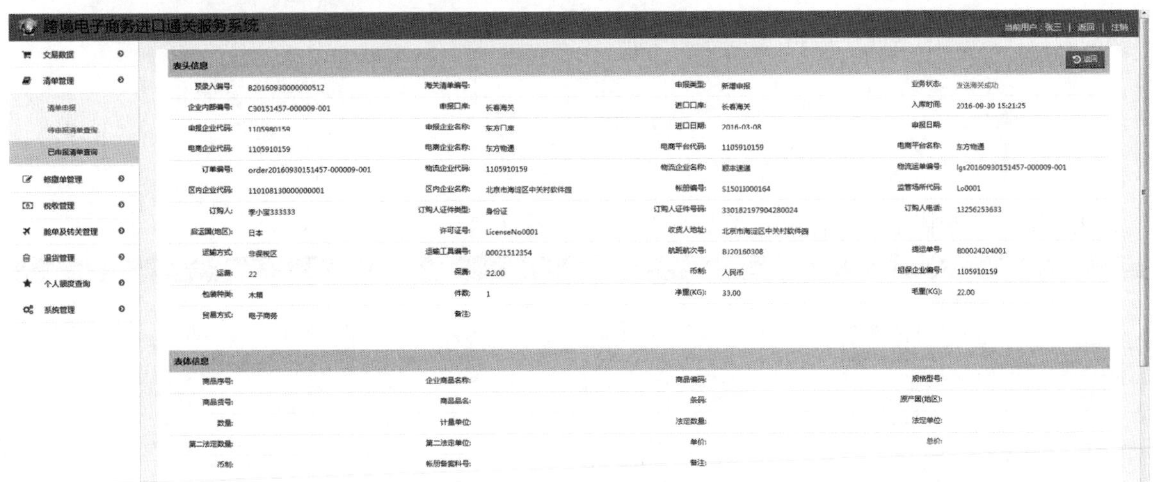

2.2 修撤单管理

2.2.1 可修改清单查询

2.2.1-1 功能介绍

用户可查询可撤单的清单数据。

2.2.1-2 操作流程

1. 用户在主菜单栏中选择修撤单管理下的可改单清单查询，即可进入可改单清单查询界面，如下图：

2. 输入查询条件，点击查询，系统将符合查询条件的数据显示在列表中。查询条件为组合查询，如下图：

3. 用户可选中查询列表中一条数据，查看详情。

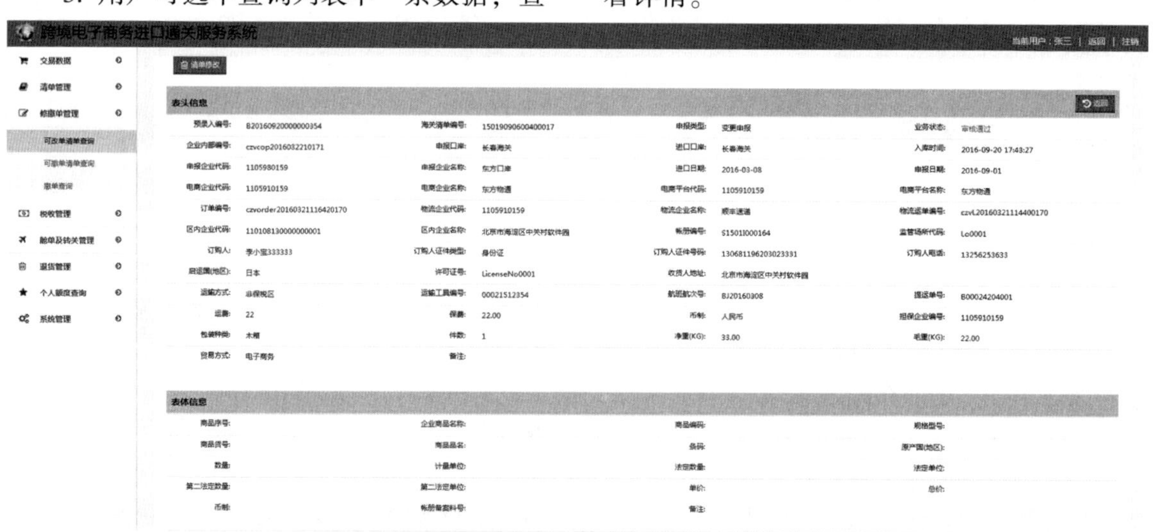

4. 用户可对该清单做改单操作，用户点击清单改单按钮，系统进入改单页面。

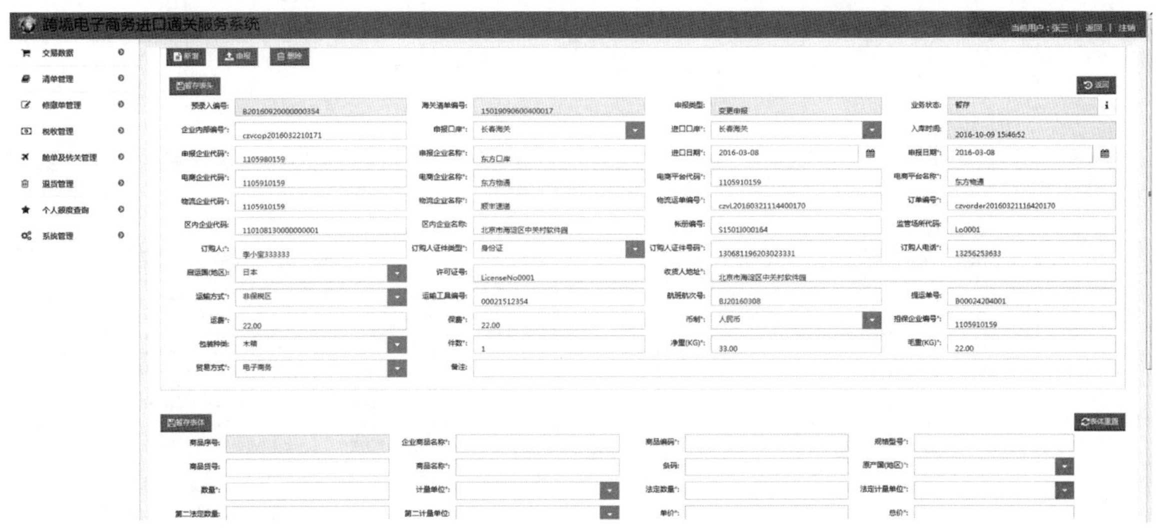

5. 用户修改完清单后，可向海关进行申报操作。

2.2.2 可撤清单查询

2.2.2-1 功能介绍

用户可查询可以申请撤销申请单的清单数据。

2.2.2-2 操作流程

1. 用户在主菜单栏中选择修撤单管理下的可撤清单查询，即可进入可撤清单查询界面，如下图：

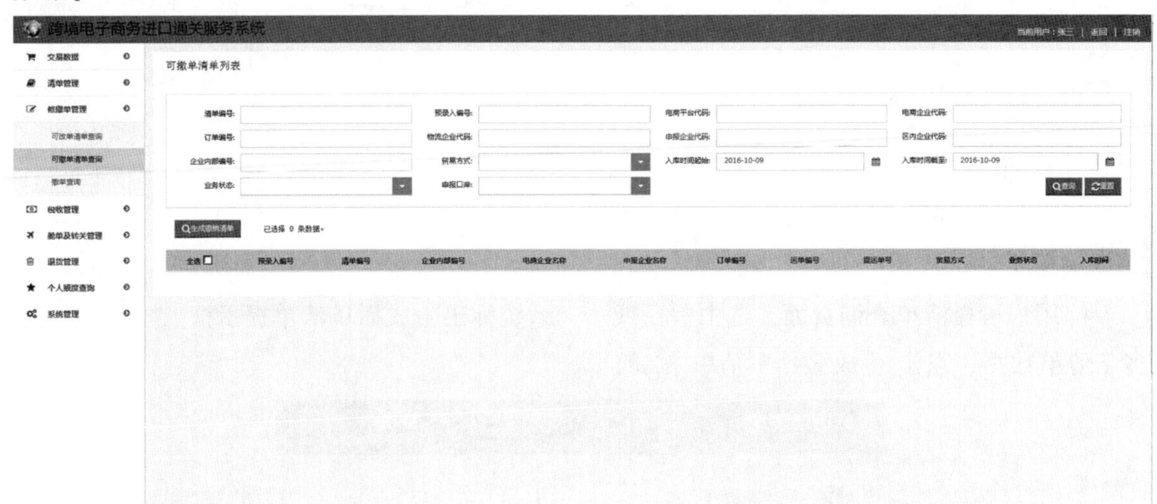

2. 输入查询条件，点击查询，系统将可以申请撤销申请单的清单数据显示在列表中。查询条件为组合查询，如下图：

跨境电子商务进口通关服务系统　　当前用户：张三 ｜ 返回 ｜ 注销

可撤单清单列表

清单编号：　预录入编号：　电商平台代码：　电商企业代码：
订单编号：　物流企业代码：　申报企业代码：　区内企业代码：
企业内部编号：　贸易方式：　入库时间起始：2015-10-11　入库时间截至：2016-10-09
业务状态：　申报口岸：　查询　重置

生成撤销清单　已选择 0 条数据。

全选	预录入编号	清单编号	企业内部编号	电商企业名称	申报企业名称	订单编号	运单编号	提运单号	贸易方式	业务状态	入库时间
□	B20160929000000396		C29124235-000010-001	东方物通	东方口岸	order20160929124235-000010-001	lgs20160929124235-000010-001	B00024204001	电子商务	海关退单	2016-09-29 12:48:53
□	B20160929000000395		C29124235-000001-001	东方物通	东方口岸	order20160929124235-000001-001	lgs20160929124235-000001-001	B00024204001	电子商务	海关退单	2016-09-29 12:48:39
□	B20160929000000394		C29124116-000001-001	东方物通	东方口岸	order20160929124116-000001-001	lgs20160929124116-000001-001	B00024204001	电子商务	海关退单	2016-09-29 12:46:56
□	B20160920000000354	15019090600400017	czvcop2016032210171	东方物通	东方口岸	czvorder20160321116420170	czvL20160321114400170	B00024204001	电子商务	审核通过	2016-09-20 17:43:27
□	B20160920000000353	15019090600400016	czvcop2016032210170	东方物通	东方口岸	czvorder20160321116420170	czvL20160321114400170	B00024204001	电子商务	审核通过	2016-09-20 17:28:57
□	B20160920000000350	15019090600400016	czxcop2016032210170	东方物通	东方口岸	czxorder20160321116420170	czxL20160321114400170	B00024204001	电子商务	审核通过	2016-09-20 16:56:17
□	B20160920000000349	15019090600400015	czwcop2016032210170	东方物通	东方口岸	czworder20160321116420170	czwL20160321114400170	B00024204001	电子商务	审核通过	2016-09-20 16:28:50
□	B20160920000000346	15019090600400016	czucop2016032210170	东方物通	东方口岸	czuorder20160321116420170	czuL20160321114400170	B00024204001	电子商务	审核通过	2016-09-20 15:47:17
□	B20160920000000345	15019090600400016	cztcop2016032210170	东方物通	东方口岸	cztorder20160321116420170	cztL20160321114400170	B00024204001	电子商务	审核通过	2016-09-20 11:26:24
□	B20160317000000026	123213134	NBBH0000000041	北京新锐电子科技有限公司	东方口岸	order00000000041	L00000000041	B00000000041	保税电商	海关退单	2016-06-24 19:06:28

共1页,10项

3. 用户可选中查询列表中一条数据，查看详情。

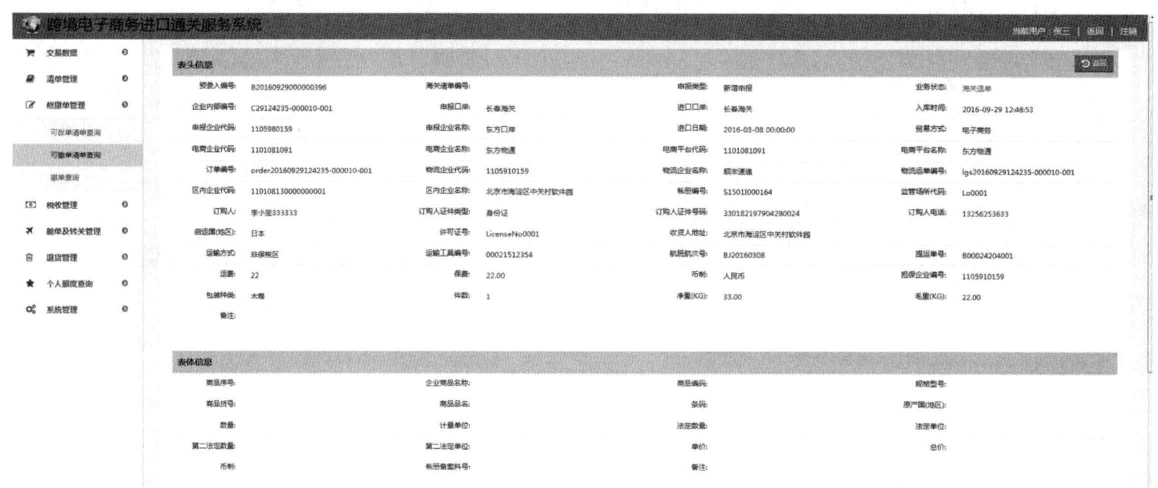

4. 用户可撤清单查询页面，选中一条或多条清单数据，点击 生成撤销申请单 按钮，系统弹出生成撤单清单提示框。

生成撤单清单

请输入撤单原因*：

确定　取消

5. 用户录入撤单原因后，点击申报按钮，向海关申报。

2.2.3 撤单查询

2.2.3-1 功能介绍

用户可查询已经申报的撤销申请单数据。

2.2.3-2 操作流程

1. 用户在主菜单栏中选择修撤单管理下的撤单查询，即可进入撤单查询界面，如下图：

2. 输入查询条件，点击查询，系统将已生成或已申报的撤销申请单的清单数据显示在列表中。查询条件为组合查询，如下图：

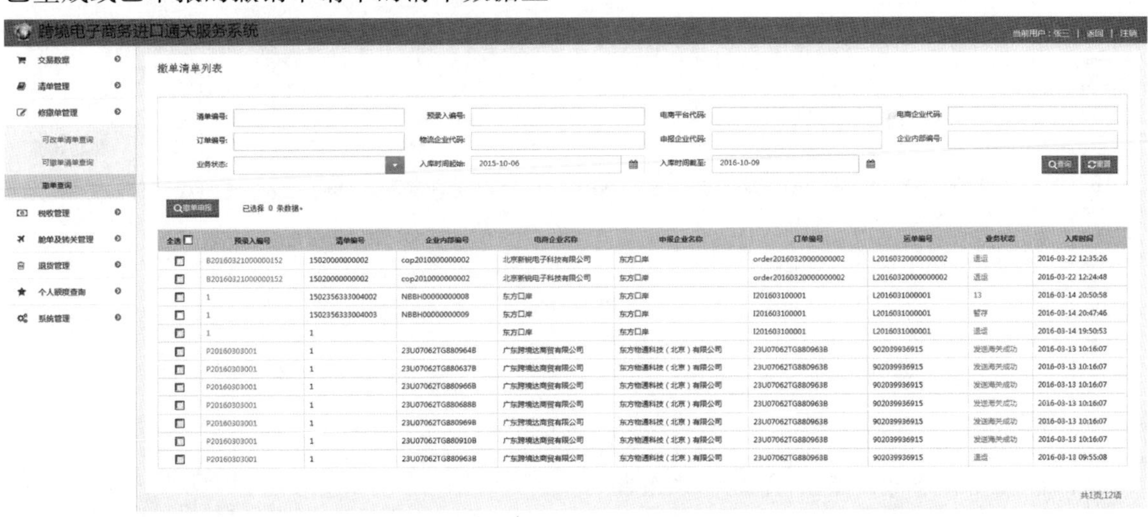

3. 用户可选中查询列表中一条数据，查看详情。

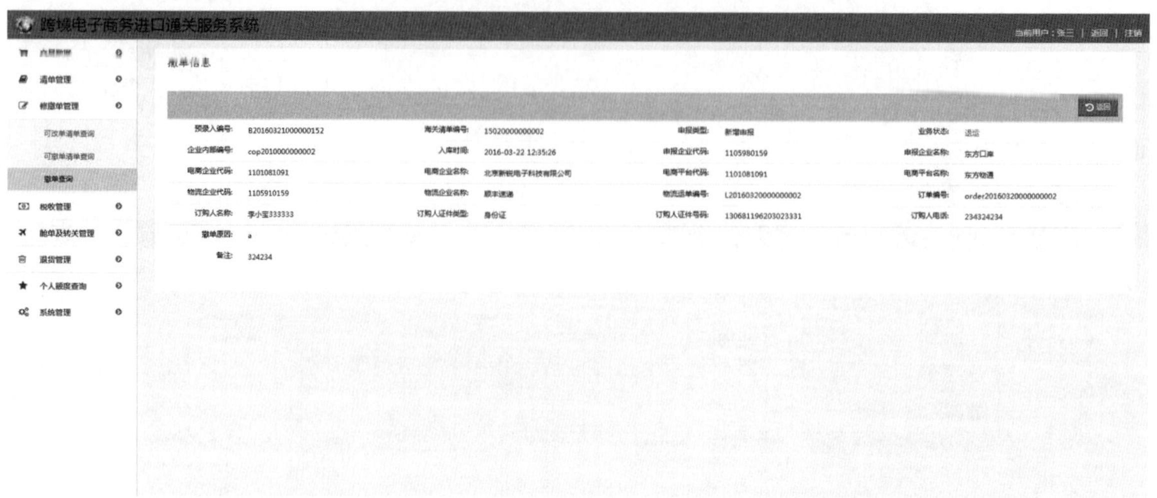

4. 用户可选择“暂存”或者“退单”撤销申请单，点击撤单申报按钮，向海关申报。

2.3 交易数据查询

2.3.1 电子订单查询

2.3.1-1 功能介绍

用户查询电子订单信息。

2.3.1-2 操作流程

1. 用户在主菜单栏中选择交易数据下的电子订单查询，即可进入电子订单查询界面，如下图：

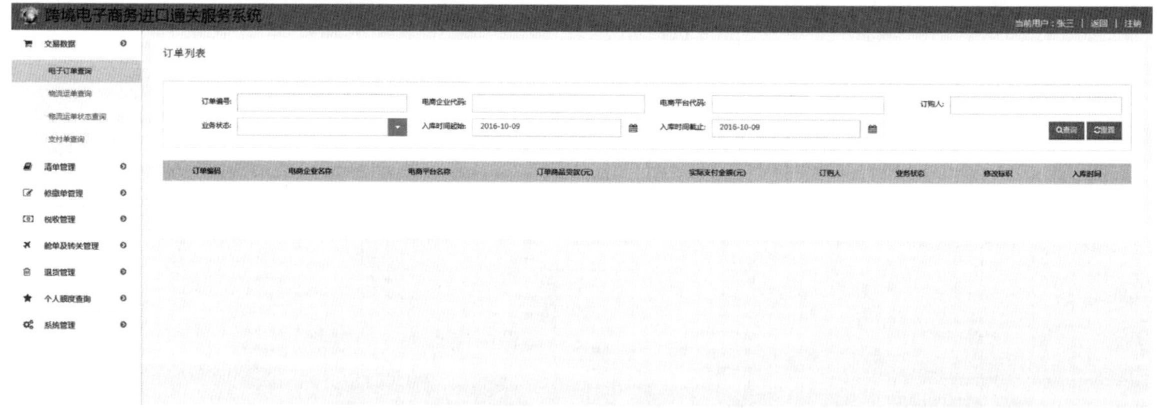

2. 输入查询条件，点击查询，系统将符合查询条件的数据显示在列表中。点击列表中“订单编号”一栏下的某一条订单信息，系统转入该订单明细界面，如下图：

跨境贸易电子商务通关服务平台　　当前用户：张三　|　返回　|　注销

交易数据
电子订单查询
物流运单查询
物流运单状态查询
支付单查询
清单管理
修撤单管理
税收管理
舱单及转关管理
退货管理
系统管理

订单列表

订单编号：　电商企业代码：　电商平台代码：　订购人：
业务状态：　入库时间起始：2016-03-01　入库时间截止：2016-03-31　查询　重置

订单编码	电商企业名称	电商平台名称	订单商品贷款(元)	实际支付金额(元)	订购人	业务状态	修改标识	入库时间
320160331012396950001	上海棄趣网络科技有限公司	上海棄趣网络科技有限公司	635.20	635.20	于立刚	申报中	新增申报	2016-03-31 19:02:37
ord2016033000001	唯品会（中国）有限公司	唯品会（中国）有限公司	100.00	100.00	武磊	申报中	新增申报	2016-03-31 18:18:19
227072604325	海关总署测试	纽海电子商务（上海）有限公司	800.00	810.00	葛永洪	申报中	新增申报	2016-03-31 18:06:14
227072606325	海关总署测试	纽海电子商务（上海）有限公司	300.00	305.00	葛永洪	申报中	新增申报	2016-03-31 17:52:37
227072607325	海关总署测试	纽海电子商务（上海）有限公司	800.00	810.00	葛永洪	申报中	新增申报	2016-03-31 17:52:37
227072605325	海关总署测试	纽海电子商务（上海）有限公司	400.00	410.00	葛永洪	申报中	新增申报	2016-03-31 17:52:36
227072603325	海关总署测试	纽海电子商务（上海）有限公司	800.00	800.00	葛永洪	海关入库	新增申报	2016-03-31 17:52:36
227072602325	海关总署测试	纽海电子商务（上海）有限公司	800.00	800.00	葛永洪	海关入库	新增申报	2016-03-31 17:52:36
3201603310123717S0001	上海棄趣网络科技有限公司	上海棄趣网络科技有限公司	77.60	77.60	于立刚	申报中	新增申报	2016-03-31 15:35:36
3201603310123908S0001	上海棄趣网络科技有限公司	上海棄趣网络科技有限公司	70.40	70.40	于立刚	申报中	新增申报	2016-03-31 15:35:36
3201603310123942S0001	上海棄趣网络科技有限公司	上海棄趣网络科技有限公司	156.80	156.80	于立刚	申报中	新增申报	[illegible]

跨境贸易电子商务通关服务平台　　当前用户：张三　|　返回　|　注销

交易数据
电子订单查询
物流运单查询
物流运单状态查询
支付单查询
清单管理
修撤单管理
税收管理
舱单及转关管理
退货管理
系统管理

电子订单信息　›　订单商品信息

电子订单信息　　返回

订单编号	3201603310123804S0001	修改标识	新增申报
业务状态	申报中	入库时间	2016-03-31 15:35:36
电商平台代码	1101110325	电商平台名称	上海棄趣网络科技有限公司
电商企业代码	1101110325	电商企业名称	上海棄趣网络科技有限公司
支付企业代码	--	支付企业名称	--
交易号	--	订购人姓名	于立刚
订购人证件类型	身份证	订购人证件号码	310102199107311223
收货人姓名	于立刚	收货人电话	13510393599
收货人地址	中国浙江省杭州市西湖区沙井万安路与工人路交汇处上城名邸B座2104	收货人行政区域代码	--
商品批次号	--	贷款金额	171.20
运杂费	--	优惠减免金额	--
订单商品税款	--	实际支付金额	--

3. 用户点击订单商品信息 tab 页，可查　　询订单商品信息，如下图：

跨境贸易电子商务通关服务平台　　当前用户：张三　|　返回　|　注销

交易数据
电子订单查询
物流运单查询
物流运单状态查询
支付单查询
清单管理
修撤单管理
税收管理
舱单及转关管理
退货管理
系统管理

电子订单信息　›　**订单商品信息**

商品序号	1	企业商品货号	
企业商品名称	美国Bliss by Mom, Mommy's Bliss宝宝水/驱风剂	条码	
单位	提	数量	4
单价	21.40	总价	85.60
币制	人民币	原产国	美国
商品描述		备注	

商品序号	企业商品货号	企业商品名称	条形码	单位	数量	单价	总价	币制	原产国
1		美国Bliss by Mom, Mommy's Bliss宝宝水/驱风剂		提	4	21.40	85.60	人民币	美国
2		美国Bliss by Mom, Mommy's Bliss宝宝水/驱风剂		提	4	21.40	85.60	人民币	美国

共1页,2项

2.3.2 物流运单查询

2.3.2-1 功能介绍

用户查询物流运单信息。

2.3.2-2 操作流程

1. 用户在主菜单栏中选择 交易数据 下的 物流运单查询，即可进入 物流运单查询 界面，如下图：

跨境贸易电子商务通关服务平台 当前用户：张三 | 返回 | 注销

交易数据 电子订单查询 物流运单查询 物流运单状态查询 支付单查询 清单管理 修撤单管理 税收管理 舱单及转关管理 退货管理 系统管理

运单列表

物流运单编号： 提运单号： 物流企业代码： 收货人： 业务状态： 入库时间起始：2016-03-31 入库时间截止：2016-03-31 查询 重置

物流运单编号	物流企业名称	提运单号	收货人	业务状态	修改标识	入库时间

2. 输入查询条件，点击 查询，系统将符合查询条件的数据显示在列表中。点击列表中“物流运单号”一栏下的某一条运单信息，系统转入该运单明细界面，如下图：

2.3.3 支付单查询

2.3.3-1 功能介绍

用户查询支付凭证信息。

2.3.3-2 操作流程

1. 用户在主菜单栏中选择 交易数据 下的 支付单查询，即可进入 支付单查询 界面，如下图：

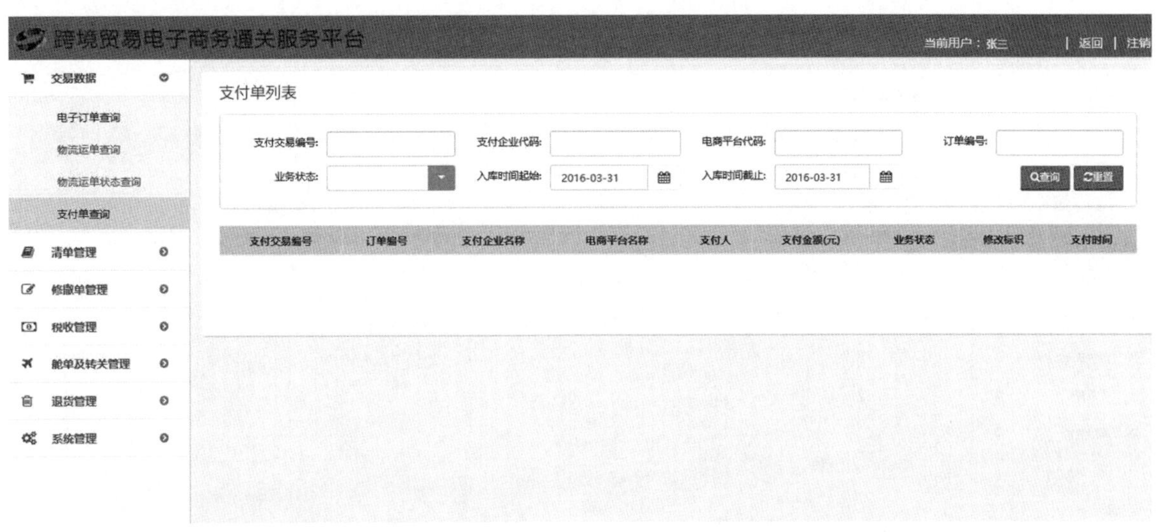

2. 输入查询条件，点击查询，系统将符合查询条件的数据显示在列表中。点击列表中“支付交易编号”一栏下的某一条支付信息，系统转入该支付信息明细界面，如下图：

支付交易编号	订单编号	支付企业名称	电商平台名称	支付人	支付金额(元)	业务状态	修改标识	支付时间
2016033130165103001	3201603310123969S0001	支付宝（中国）网络技术有限公司	上海奎趣网络科技有限公司	于立刚	635.20	申报中	新增申报	2016-03-31 17:01:01
2016033130165103002	3201603310123345S0001	支付宝（中国）网络技术有限公司	上海奎趣网络科技有限公司	于立刚	593.60	申报中	新增申报	2016-03-31 17:01:01
2016033130165103003	3201603310123341S0001	支付宝（中国）网络技术有限公司	上海奎趣网络科技有限公司	于立刚	447.20	申报中	新增申报	2016-03-31 17:01:01
2016033130165103004	3201603310123909S0001	支付宝（中国）网络技术有限公司	上海奎趣网络科技有限公司	于立刚	498.40	申报中	新增申报	2016-03-31 17:01:01
2016033130165103005	3201603310123717S0001	支付宝（中国）网络技术有限公司	上海奎趣网络科技有限公司	于立刚	77.60	申报中	新增申报	2016-03-31 17:01:01
2016033130165103006	320160331012377S0001	支付宝（中国）网络技术有限公司	上海奎趣网络科技有限公司	于立刚	535.20	申报中	新增申报	2016-03-31 17:01:01
2016033130165103007	3201603310123161S0001	支付宝（中国）网络技术有限公司	上海奎趣网络科技有限公司	于立刚	305.60	申报中	新增申报	2016-03-31 17:01:01

2.4 税收管理

2.4.1 电子税单查询

2.4.1-1 功能介绍

用户可查询系统接收到的电子税单数据。

2.4.1-2 操作流程

1. 用户在主菜单栏中选择[税收管理]下的[电子税单查询]，即可进入[电子税单查询]界面，如下图：

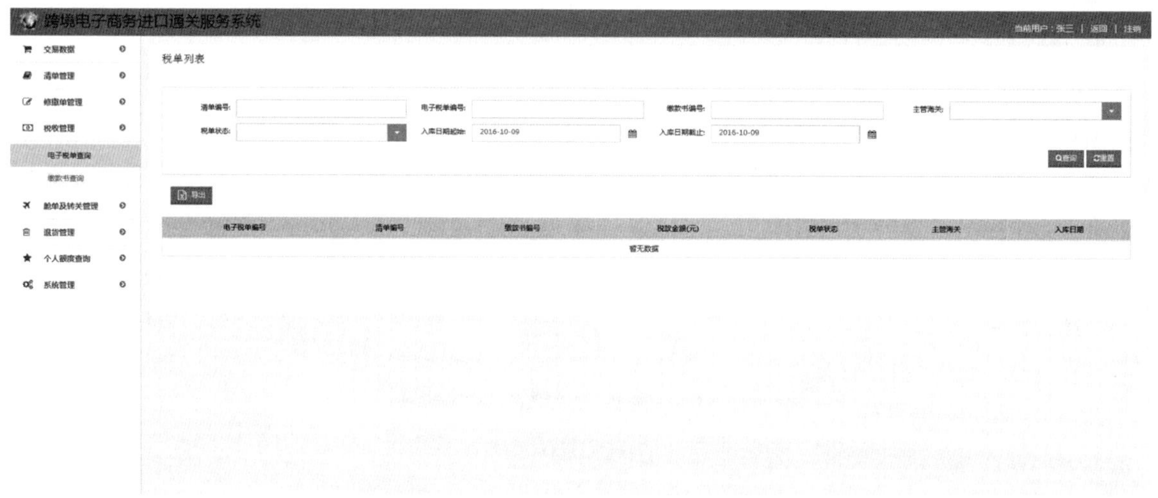

2. 输入查询条件，点击[查询]，系统将符合查询条件的数据显示在列表中。点击列表中“电子税单编号”一栏下的某一条清单数据，系统转入该电子税单明细界面，如下图：

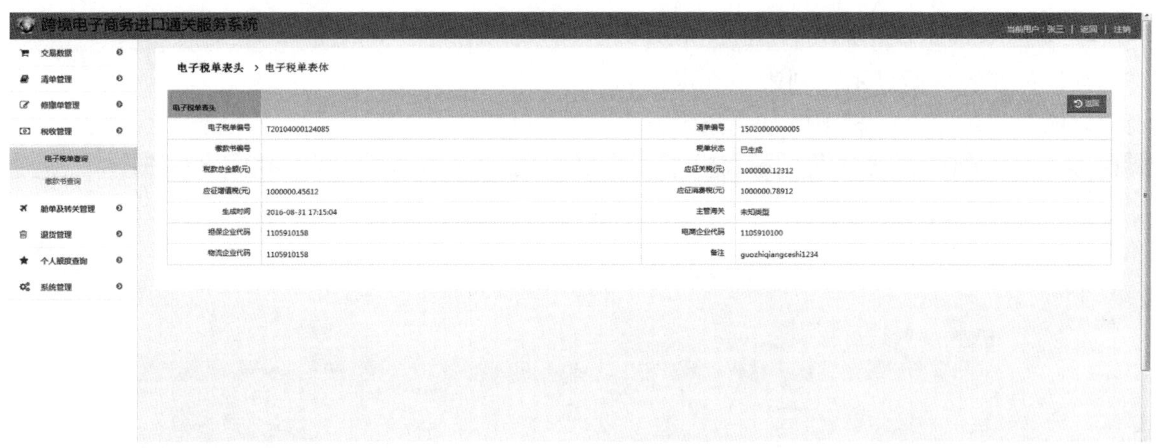

3. 用户可点击“电子税单表体”tab 页查询电子税单表体详细信息。

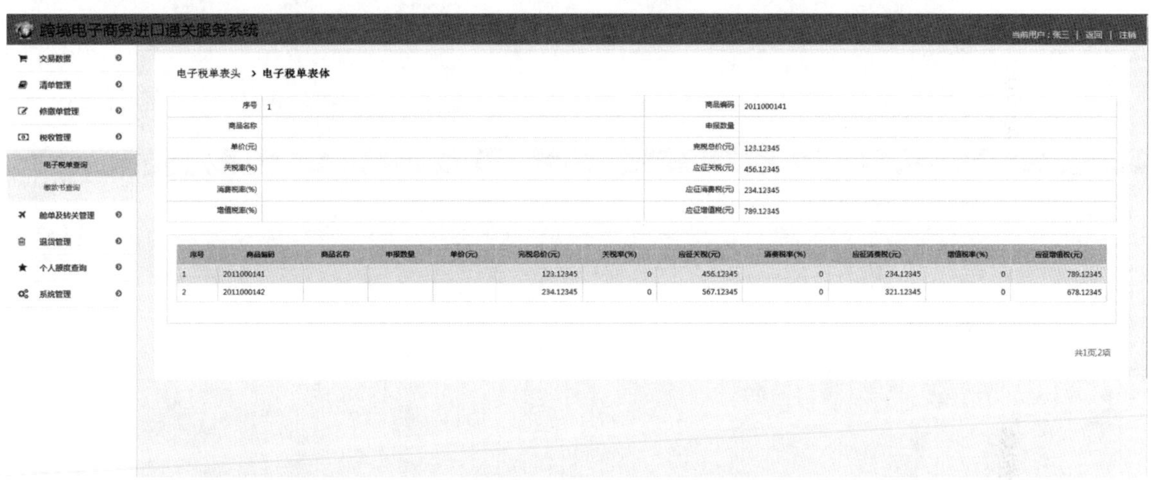

2.4.2 缴款书查询

2.4.2-1 功能介绍

用户可查询系统接收的缴款书数据。

2.4.2-2 操作流程

1. 用户在主菜单栏中选择税收管理下的缴款书查询，即可进入缴款书查询界面，如下图：

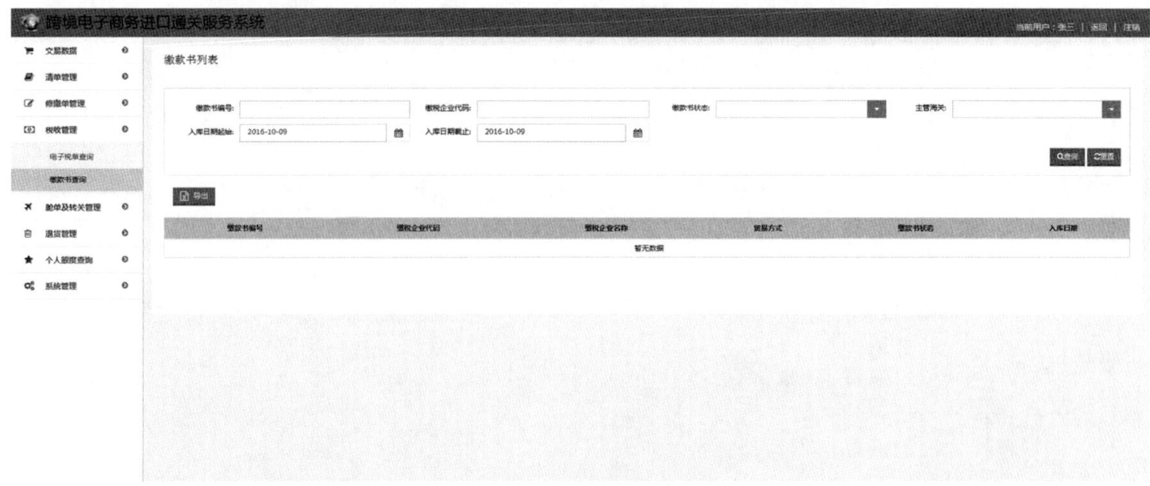

2. 输入查询条件，点击查询，系统将符合查询条件的数据显示在列表中。点击列表中“缴款书编号”一栏下的某一条缴款书数据，系统转入该缴款书明细界面，如下图：

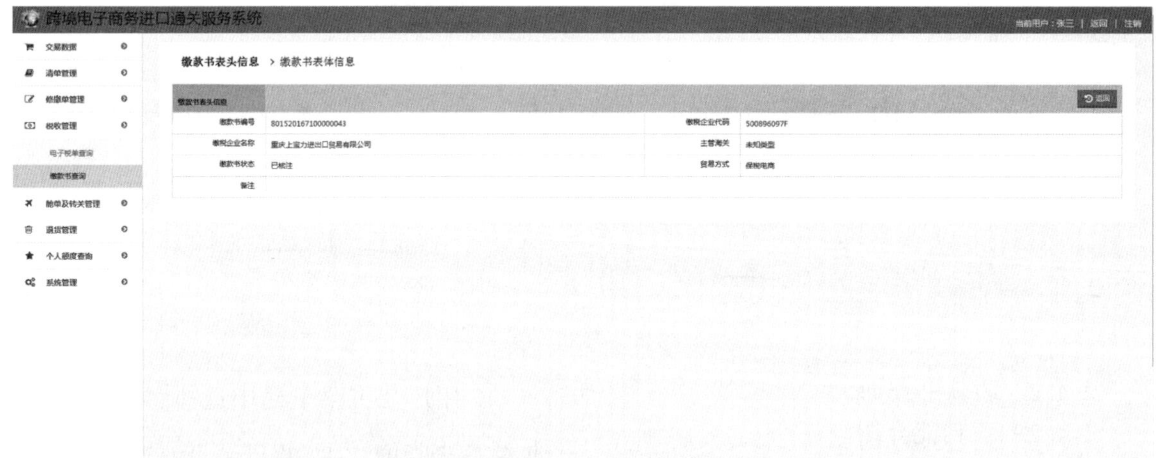

3. 用户可点击“缴款书表体信息”tab页查询缴款书表体详细信息。

跨境电子商务进口通关服务系统

当前用户：张三 | 返回 | 注销

交易数据
清单管理
修撤单管理
税收管理
电子税单查询
缴款书查询
舱单及转关管理
退货管理
个人额度查询
系统管理

缴款书表头信息 > **缴款书表体信息**

序号	3	缴款书编号	801520167100000043
税费种类	增值税	税款金额(元)	5.47
税款期限	2016-09-08 00:00:00		

序号	缴款书编号	税费种类	税款金额(元)	缴款期限
3	801520167100000043	增值税	5.47	2016-09-08 00:00:00
1	801520167100000043	增值税	6.47	2016-09-08 00:00:00
2	801520167100000043	增值税	5.47	2016-09-08 00:00:00

共1页,3项

4. 用户可在缴款书查询页面点击导出按钮，将页面的数据进行导出。

2.5 舱单及转关管理

2.5.1 入库明细单查询

2.5.1-1 功能介绍

用户可查询系统接收到监管场所经营人申报的入库明细单数据。

2.5.1-2 操作流程

1. 用户在主菜单栏中选择舱单及转关管理下的入库明细单查询，即可进入入库明细单查询界面，如下图：

跨境电子商务进口通关服务系统

入库明细单列表

入库单编号： 预录入编号： 提运单号： 航班航次号：
物流企业代码： 入库时间起始：2016-10-09 入库时间截至：2016-10-09 业务状态：
企业内部编号：

查询 重置

预录入编号	入库单编号	提运单号	航班航次号	监管场所经营人名称	物流企业名称	业务状态	企业内部编号	入库时间
暂无数据								

2. 输入查询条件，点击查询，系统将符合查询条件的数据显示在列表中。点击列表中“预录入编号”一栏下的某一条入库明细单数据，系统转入该入库明细单明细界面，如下图：

预录入编号	入库单编号	提运单号	航班航次号	监管场所经营人名称	物流企业名称	业务状态	企业内部编号	入库时间
R201609070000000041		5435345	BJ20160308	监管人	ewqeqwe	发送海关成功	cop01603080619969	2016-09-07 09:34:42
R201606030000000035	123123123123213	21706999565	TP002	广州路境通物流有限公司	广州空港国际物流有限公司	发送海关成功	123123123123123	2016-06-03 15:29:28
R201606030000000034	123123123123213	21706999565	TP002	广州路境通物流有限公司	广州空港国际物流有限公司	发送海关成功	1111	2016-06-03 11:54:28
R201606030000000033	123123123123213	21706999565	TP002	广州路境通物流有限公司	广州空港国际物流有限公司	发送海关成功	1231231231312121	2016-06-03 11:54:28
R201606030000000029	123123123123123	21706999565	TP002	广州路境通物流有限公司	广州空港国际物流有限公司	发送海关成功	2312312312312	2016-06-03 11:54:22
R201606030000000025	rukuNo0525003	21706999565	TP002	监管场所经营人名称34234	物流企业名称24523	发送海关成功	copNo0525003	2016-06-03 11:54:17
R201606030000000024	rukuNo0525003	21706999565	TP002	监管场所经营人名称34234	物流企业名称24523	发送海关成功	copNo0525003	2016-06-03 11:54:17
R201606030000000021		21706999565	TP002	广州路境通物流有限公司	广州空港国际物流有限公司	发送海关成功		2016-06-03 11:54:00
R201606030000000022		21706999565	TP002	广州路境通物流有限公司	广州空港国际物流有限公司	发送海关成功		2016-06-03 11:54:00
R201606030000000023		21706999565	TP002	广州路境通物流有限公司	广州空港国际物流有限公司	发送海关成功		2016-06-03 11:54:00
B201603080000000002	a10220160308000002	B00024204003	BJ20160308	监管人	顺丰速运有限公司	发送海关成功	dBBH20160308007	2016-03-26 17:45:17
B201603080000000001	010220160308000001	B00024204001	BJ20160308	监管人	顺丰速运有限公司	发送海关成功	aBBH20160308001	2016-03-26 17:45:17
B201603080000000002	a10220160308000002	B00024204001	BJ20160308	监管人	顺丰速运有限公司	发送海关成功	dBBH20160308002	2016-03-26 14:42:03
B201603080000000001	010220160308000001	B00024204001	BJ20160308	监管人	顺丰速运有限公司	发送海关成功	aBBH20160308001	2016-03-26 14:42:03
B201943020300З003	010224197308030003	5435345	BJ20160308	监管人	ewqeqwe	发送海关成功	NBBH21497328307	2016-03-21 13:41:46
B201943103000003	010224197308000003	5435345	BJ20160308	监管人	ewqeqwe	发送海关失败	NBBH21197328007	2016-03-21 08:40:55

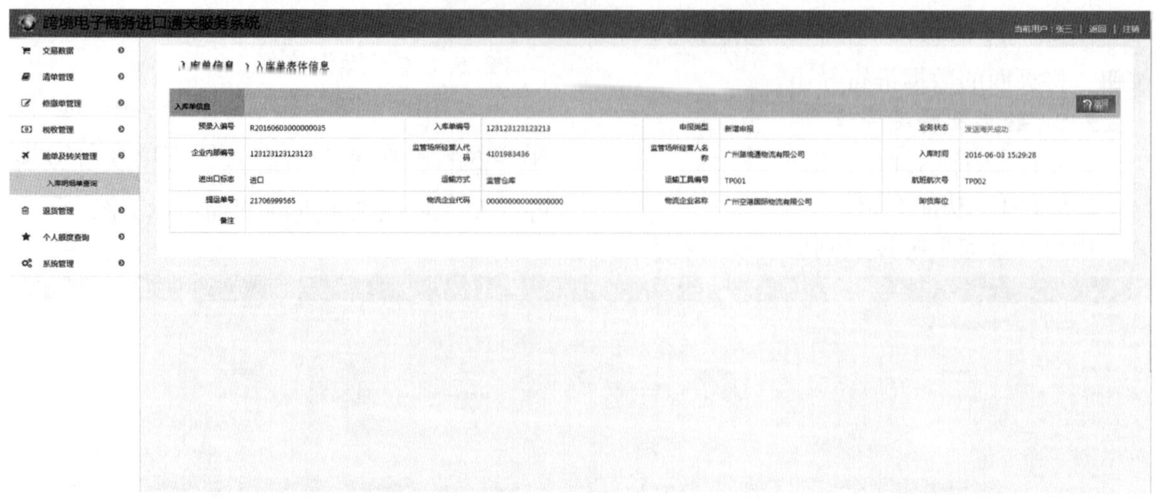

3. 用户可点击“入库明细单表体信息” tab 页查询入库明细单表体详细信息。

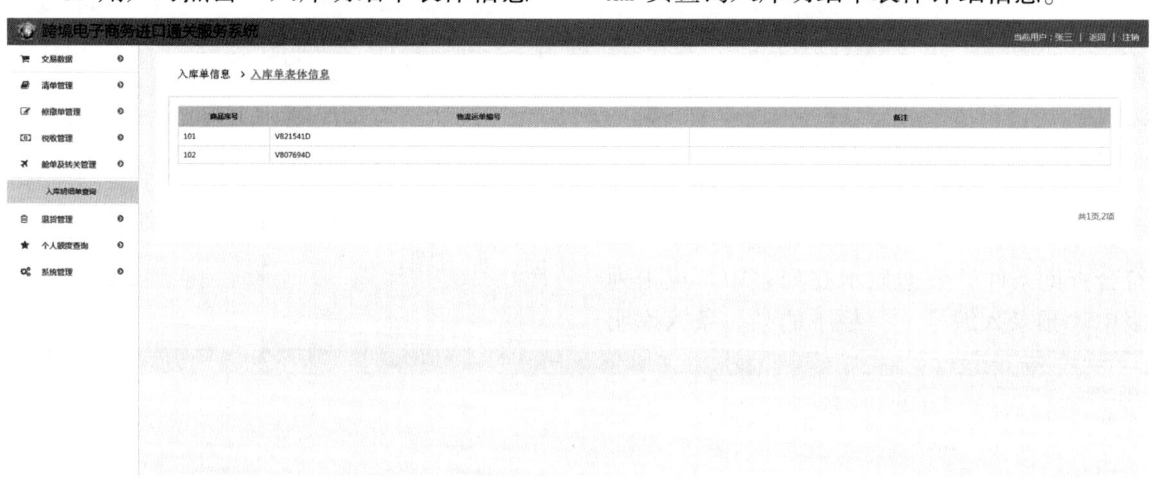

2.6 退货管理

2.6.1 退货申请单查询

2.6.1-1 功能介绍

用户查询退货申请单数据信息。

2.6.2-2 操作流程

1. 用户在主菜单栏中选择退货管理下的退货申请单查询，即可进入退货申请单查询界面，如下图：

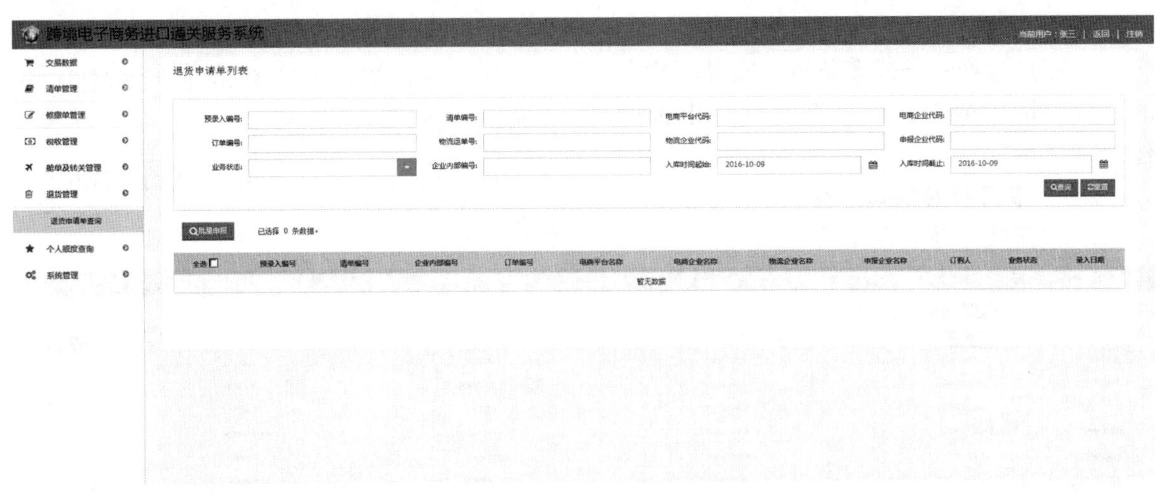

2. 输入查询条件，点击[查询]，系统将符合查询条件的数据显示在列表中。点击列表中“退货申请单编号”一栏下的某一条退货申请单数据，系统转退货申请单明细界面，如下图：

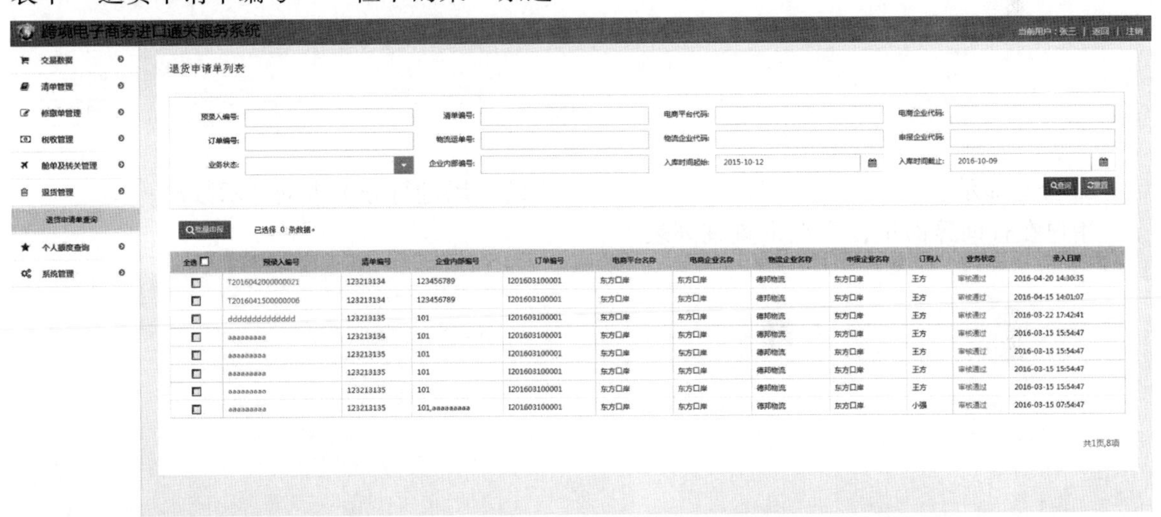

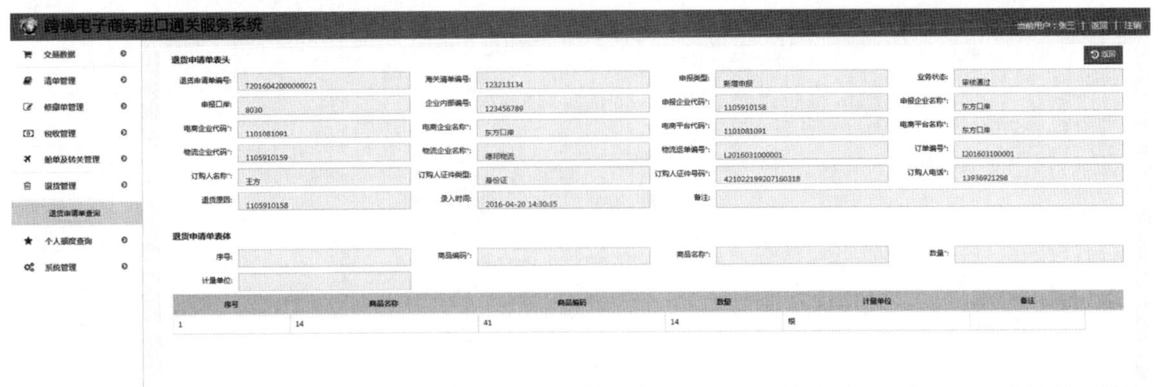

3. 用户选择一条或多条暂存或退单状态的退货申请单数据，可以进行批量申报操作。

2.7 常用功能按钮介绍

1. 重新选择登录企业类型

用户点击界面右上角的[返回]按钮，系统返回选择登录企业类型界面。

用户点击界面右上角的[注销]按钮，系统退出。

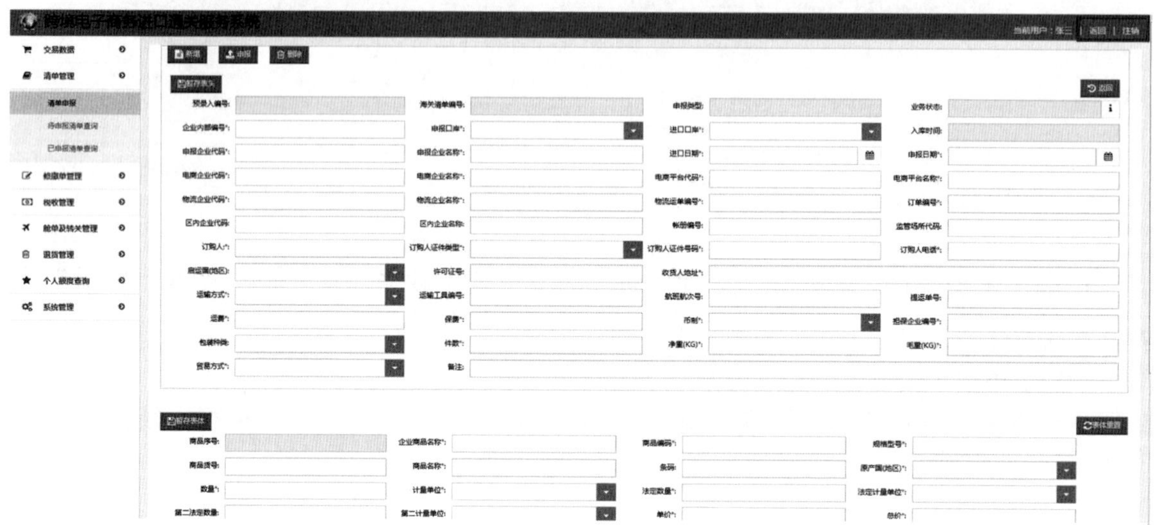

2. 分页显示

用户在查询界面里，可点击查询列表下方的页码进行分页查询显示数据。

中华人民共和国海关总署公告

2016 年第 63 号

（关于市场采购贸易方式扩大试点的公告）

根据《国务院关于促进外贸回稳向好的若干意见》（国发〔2016〕27 号），为加快推进外贸新业态试点工作，促进外贸创新发展，市场采购贸易试点范围已扩大至江苏常熟服装城、广州花都皮革皮具市场、山东临沂商城工程物资市场、武汉汉口北国际商品交易中心、河北白沟箱包市场。为促进市场采购贸易的健康稳定发展，规范对市场采购贸易的管理，根据《海关总署关于市场采购贸易监管办法及其监管方式有关事宜的公告》（海关总署公告 2014 年 54 号，以下简称“54 号公告”），现将海关监管方式“市场采购”（代码：1039）适用范围扩大到上述市场内采购的出口商品，海关监管相关事宜按照 54 号公告第一项到第十项规定办理。

上述公告内容在试点地区市场采购商品认定体系、涵盖市场采购贸易各方经营主体和贸易全流程的市场综合管理系统验收合格后正式实施，具体实施日期由南京、广州、青岛、武汉、石家庄海关另行发布。

市场采购贸易海关监管办法具体实施细则由试点地区直属海关负责制定实施。

自“市场采购”（1039）监管方式正式实施之日起 6 个月后，实施地区不再使用“旅游购物”（0139）监管方式。

特此公告。

海关总署

2016 年 11 月 16 日

中华人民共和国海关总署公告

2016 年第 67 号

（关于规范加工贸易项下进口消耗性物料管理的公告）

为规范、统一对加工贸易项下进口消耗性物料（以下简称“消耗性物料”）的管理，提高监管效能，现就有关事项公告如下：

一、本公告所称消耗性物料，是指加工贸易企业为加工出口成品而进口，且为加工出口成品所必需，直接用于生产过程，但又完全不物化于成品中的物料。物化是指料件通过物理或化学的方式存在于成品中并构成商品基本特性的转化过程。

二、海关对消耗性物料按照保税方式进行监管。加工贸易企业进口消耗性物料，不受企业性质、贸易方式（进料加工、来料加工）、是否单独申报进口的限制。

消耗性物料商品如因动态调整被增列入加工贸易禁止类商品目录的，按加工贸易禁止类商品进行管理，不实行保税监管。

消耗性物料或其制成品转为内销的，海关对消耗性物料依法征收税款并且加征缓税利息。消耗性物料属于进口许可证件管理的，企业在内销时应提交进口许可证件。

三、以下商品不按加工贸易消耗性物料以保税方式进行监管：加工贸易企业生产设备、工具的易损件，如钻头、钻嘴、砂轮、刀片、磨具等；易耗品，如机油、润滑油，印刷用的菲林、PS 版等；检测物料，如检测纸、检测带、检测光盘、检测针等；劳保防护用品，如工作衣、帽、手套等；印制电路板用的干膜、生产高尔夫球头和飞机发动机叶片用模具所需进口的软金属、蜡、耐火材料等。

四、加工贸易项下进口料件同时符合以下条件的，不纳入消耗性物料管理，企业按照保税料件的相关规定办理有关手续：

（一）料件在加工过程中通过物理变化或化学反应存在或转化到成品中；

（二）料件存在或转化到成品中的量是保持成品性能不可缺少的组成成分，而非残留物。

五、企业申报保税进口的消耗性物料，应当在“加工贸易企业经营状况和生产能力证明”进口料件中予以列明。企业在办理手（账）册设立（变更）手续时，应当向主管海关提交“加工贸易项下进口消耗性物料申报表”（详见附件），申报内容应当完整。如海关需要，企业还应当提交以下补充材料：

（一）消耗性物料的属性和用途说明；

（二）消耗性物料在加工过程中的化学反应或物理变化原理、化学反应式、耗用量以及与成品的匹配关系等书面材料；

（三）海关认为需要提交的其他证明文件和材料。

六、消耗性物料应当与相应加工生产过程的进口料件、出口成品纳入同一手（账）

册管理。企业应在手（账）册设立（变更）环节按要求向海关申报。企业在申报消耗性物料时应当进行标志，在“商品名称”栏首字节起注明“［消］”（注：中括号为半角字符），在“单耗/净耗”栏目内如实申报耗用量。

消耗性物料应当与其他保税料件分项申报，不得归并。

七、消耗性物料的管理遵循如实申报、据实核销的原则。

企业应当结合生产实际核定耗用量并按加工贸易手（账）册有关规定要求的报核时间完成向海关报核。

海关认为有必要时可通过实地核查等方式对企业所申报数据进行核对、验证，企业应当积极配合并按海关要求提供相关证明材料。

企业对消耗性物料的后续处置参照《中华人民共和国海关关于加工贸易边角料、剩余料件、残次品、副产品和受灾保税货物的管理办法》（海关总署令第111号公布，海关总署令第218号修订）有关管理规定办理。

八、海关特殊监管区域内企业进口消耗性物料，实行保税监管。上述物料或其制成品销往境内区外，企业应当按规定缴纳税款并办理进口手续，涉及进口许可证件管理的应当提交有关证件。

九、本公告自2017年1月1日起施行。海关总署公告2011年第2号自本公告施行之日起停止执行。

特此公告。

附件　加工贸易项下进口消耗性物料申报表

海关总署

2016年11月24日

附件

加工贸易项下进口消耗性物料申报表

企业名称			
企业编码		主管海关	
行业		联系人及联系电话	
企业地址			
手（账）册号		商品类别	
商品名称		商品编码	
规格型号（成分）		是否物化、生产必需、耗用是否稳定	
工序流程			
作用效果			
企业说明（盖章）			
主管海关意见			
备注			

中华人民共和国海关总署公告

2016 年第 68 号

（关于海关特殊监管区域内开展委内加工业务的公告）

为规范海关特殊监管区域（以下简称“区域”）内委内加工业务管理，现将有关事项公告如下：

一、本公告所称委内加工，是指区域内企业接受境内（区域外）企业（以下简称“区域外企业”）委托，对区域外企业提供的入区货物进行加工，加工后的产品全部运往境内（区域外），收取加工费，并向海关缴纳税款的行为。委内加工货物是指委内加工用料件（包括来自境内区域外的非保税料件和区域内企业保税料件）、成品、残次品（包括废品）、副产品和边角料。

二、出口加工区、保税港区、综合保税区、珠澳跨境工业区珠海园区以及中哈霍尔果斯边境合作中心中方配套区等海关特殊监管区域内企业符合以下条件之一开展委内加工的，适用本公告：

（一）法律、法规和规章允许的；

（二）经国务院批准的；

（三）经国家有关部门批准的。

区域内保税检测、维修业务按照《海关总署关于海关特殊监管区域内保税维修业务有关监管问题的公告》（海关总署公告 2015 年第 59 号）的有关规定办理。

三、区域内企业开展委内加工业务，应设立委内加工专用电子账册（H 账册）。委内加工货物应当与其他保税货物分开管理，分别存放。

四、委内加工用料件原则上由区域外企业提供，若需使用区域内企业保税料件，区域内企业应当事先向海关报备。

五、委内加工用料件由境内（区域外）入区时，区域外企业应当填报出口货物报关单，监管方式为“出料加工”（代码 1427），同时区域内企业应当填报进境货物备案清单，监管方式为“料件进出区”（代码 5000）。

六、由境内（区域外）入区的委内加工用料件属于征收出口关税商品的，企业应当提供担保，具体手续按照《中华人民共和国海关事务担保条例》有关规定办理。

七、委内加工成品运回境内（区域外）时，区域外企业应当填报进口货物报关单，监管方式为“出料加工”（代码 1427），委内加工成品和加工增值费用分列商品项申报。委内加工成品商品项数量为实际出区数量，征减免税方式为“全免”；加工增值费用商品项数量为 0.1，征减免税方式为“照章征税”，商品名称与商品编号栏目按委内加工成品的实际名称与编码填报。

同时，区域内企业应当填报出境货物备案清单，监管方式为“成品进出区”（代码 5100），商品名称按委内加工成品的实际名称填报。

加工增值费用完税价格应当以区域内发

生的加工费和保税料件费为基础确定。其中，保税料件费是指委内加工过程中所耗用全部保税料件的金额，包括成品、残次品（包括废品）、副产品、边角料等。

八、由境内（区域外）入区的委内加工剩余料件运回境内（区域外）时，区域外企业应当填报进口货物报关单，监管方式为“出料加工”（代码1427），同时区域内企业应当填报出境货物备案清单，监管方式为“料件进出区”（代码5000）。

九、对委内加工所需使用的区域内企业保税料件，区域内企业应当填报进境货物备案清单，监管方式为“料件进出区”（代码5000），并由主管海关核增账册；对委内加工已耗用的区域内企业保税料件，区域内企业应当填报出境货物备案清单，监管方式为“料件进出区”（代码5000），并由主管海关核减账册。

十、在自境内进出区申报时，企业应当按照《中华人民共和国海关进出口货物报关单填制规范》（海关总署2016年第20号公告）的规定填报进出口货物报关单、进（出）境货物备案清单的运输方式栏目。

十一、委内加工产生的边角料、残次品（包括废品）、副产品等应当运回境内（区域外）。保税料件产生的边角料、残次品（包括废品）、副产品属于固体废物的，应当按照《固体废物进口管理办法》（环境保护部、商务部、发展改革委、海关总署、质检总局令第12号）办理出区手续。

十二、区域内企业应当根据电子底账和申报数据定期向主管海关办理账册核销手续。

本公告自公布之日起施行。

特此公告。

海关总署

2016年11月25日

中华人民共和国海关总署公告

2016年第69号

（关于出境加工业务有关问题的公告）

为规范海关对出境加工货物监管，现就有关事项公告如下：

一、本公告所称“出境加工”是指我国境内符合条件的企业将自有的原辅料、零部件、元器件或半成品等货物委托境外企业制造或加工后，在规定的期限内复运进境并支付加工费和境外料件费等相关费用的经营活动。

对保税货物复出口和运往境外检测、维修货物的监管仍按现行规定办理。

二、企业开展出境加工业务，应同时符合下列要求：

（一）信用等级为一般认证及以上企业；

（二）不涉及国家禁止、限制进出境货物；

（三）不涉及国家应征出口关税货物。

三、企业有下列情形之一的，不得开展出境加工业务：

（一）涉嫌走私、违规，已被海关立案调查、侦查，且案件尚未审结的；

（二）未在规定期限内向海关核报已到期出境加工账册的。

四、出境加工货物不受加工贸易禁止类、限制类商品目录限制，不实行加工贸易银行保证金台账及单耗管理等加工贸易相关规定。

五、海关采用账册方式对出境加工货物实施监管。在信息化系统上线前，暂用纸质账册进行管理（见附件）。企业开展出境加工业务，应设置符合海关监管要求的账簿、报表以及其他有关单证，记录与本企业出境加工货物有关的情况，凭合法、有效凭证记账、核算并接受海关监管。

六、开展出境加工业务的企业，应向其所在地主管海关办理账册设立手续，并提交下列单证：

（一）出境加工合同；

（二）生产工艺说明；

（三）相关货物的图片或样品等；

（四）海关需要收取的其他证件和材料。

企业提交单证齐全有效的，主管海关应自接受企业账册设立申请之日起5个工作日内完成出境加工账册设立手续。账册核销期为1年。

七、办理出境加工账册设立手续时，企业应如实申报进出口口岸、商品名称、商品编号、数量、规格型号、价格和原产地等；使用境外料件的，还应如实申报使用境外料件的数量、金额。账册设立内容发生变更的，企业应在账册有效期内办理变更手续。

八、出境加工货物的出口和复进口应在同一口岸。企业应按下列方式进行申报：

（一）出境加工货物从国内出口，企业填报出口货物报关单，监管方式为“出料加工”（监管代码 1427），征减免税方式为“全免”，备注栏填写账册编码（待信息化系统完善后，在备案号一栏填写账册编码），其他项目据实填写。

（二）出境加工货物从国外加工完毕后复进口，企业填报进口货物报关单，监管方式为“出料加工”（监管代码 1427），商品编号栏目按实际报验状态填报，每一项复进口货物分列两个商品项填报，其中一项申报所含原出口货物价值，商品数量填写复进口货物实际数量，征减免税方式为“全免”；另一项申报境外加工费、料件费、复运进境的运输及其相关费用和保险费等，商品数量为 0.1，征减免税方式为“照章征税”。备注栏填写账册编码（待信息化系统完善后，在备案号一栏填写账册编码），其他项目据实填写。

九、出境加工货物在规定期限内复运进境的，海关根据《中华人民共和国进出口关税条例》（国务院令第 392 号）和《中华人民共和国海关审定进出口货物完税价格办法》（海关总署令第 213 号）有关规定，以境外加工费、料件费、复运进境的运输及其相关费用和保险费等为基础审查确定完税价格。

十、出境加工货物因品质或规格等原因需退运的，企业应按退运货物（监管代码 4561）有关规定，在账册核销周期内办理；出境加工货物超过退运期限或账册核销周期再复运进境的，企业应按一般贸易管理规定办理进口手续。

十一、出境加工账册按以下方式进行核销：

（一）出境加工账册采取企业自主核报、自动核销模式，企业应于出境加工账册核销期结束之日起 30 日内向主管海关核报出境加工账册。

（二）出境加工货物因故无法按期复运进境的，企业应及时向主管海关书面说明情况，海关据此核扣复运进境商品数量。

（三）对逾期不向海关核报的出境加工账册，海关可通过电子公告牌等方式联系企业进行催核。催核后仍不核报的，海关可直接对账册进行核销。

（四）对账册不平衡等异常情况，企业应作出说明并按具体情况办结相应海关手续后予以核销；需要删改报关单的，企业应按《中华人民共和国海关进出口货物报关单修改和撤销管理办法》（海关总署令第 220 号）办理。

十二、海关根据监管需要，可以对开展出境加工业务的企业开展稽核查，企业应给予配合。

十三、本公告自 2016 年 11 月 30 日起施行。此前已经开展的出境加工试点业务，按本《公告》规定执行。试点企业不符合本公告第二条要求的，可在 2018 年 12 月 1 日前继续将原出境加工合同执行完毕，过渡期内不再设立新的出境加工账册。

特此公告。

附件：出境加工账册模板

海关总署
2016 年 11 月 28 日

附件

出境加工账册

账册编号：　　　　　　　　　　　　　　　合同编号：

企业名称		企业编码	
注册地址		企业信用等级	
出口货物总值（币制）		复进口货物总值（币制）	
主要进出口口岸			
经营范围			
负责人		负责人联系方式	
经办人		经办人联系方式	
海关批注栏： 有效期至：			

备注：企业应保证填报内容真实有效，并对所填报内容的真实性承担法律责任。

出境加工货物情况表

出口货物栏								
项号	商品名称	商品编号	规格型号	申报单位	数量	单价	总价	币制
1								
2								
3								
4								
5								
复运进境货物栏								
项号	商品名称	商品编号	规格型号	申报单位	数量	单价	总价	币制
1								
2								
3								
4								
5								

出境加工货物出口报关登记表

报关日期	报关单编号	运提单号	货物名称、规格	单位	数量	价值	海关签章	备注

出境加工货物复进口报关登记表

报关日期	报关单编号	运提单号	货物名称、规格	单位	数量	价值	海关签章	备注

中华人民共和国海关总署公告

2016年第70号

（关于实施海关特殊监管区域账册“一次备案、多次使用”有关问题的公告）

现将实施海关特殊监管区域账册“一次备案、多次使用”监管制度有关事项公告如下：

一、本公告所称的账册“一次备案、多次使用”制度，是指海关特殊监管区域内企业（以下简称区内企业），在海关特殊监管区域信息化辅助管理系统（以下简称辅助系统）的账册备案环节，向海关特殊监管区域主管海关一次性备案企业、进出货物信息等内容，经海关核准后，可以在海关特殊监管区域内各项海关业务中多次、重复使用的海关监管制度。

二、本公告适用于各种类型的海关特殊监管区域。

三、区内企业经账册备案后，开展“批次进出、集中申报”“保税展示交易”“保税维修”“期货保税交割”“融资租赁”等经海关核准的业务，无须向海关再次备案。

四、适用“一次备案、多次使用”制度的区内企业，应按照海关规定的认证方式与辅助系统联网，向海关报送能够满足海关监管要求的相关数据。

本公告自公布之日起施行。

特此公告。

海关总署

2016年11月29日

中华人民共和国海关总署公告

2016 年第 71 号

（关于海关特殊监管区域“大宗商品现货保税交易”有关监管问题的公告）

为规范海关特殊监管区域“大宗商品现货保税交易”业务开展，现将有关事项公告如下：

一、本公告所称的“大宗商品现货保税交易”制度，是指海关对海关特殊监管区域内（以下简称区内）处于保税监管状态的大宗基本工业原料、农产品和能源产品（以下简称大宗商品）等，在经有关政府部门批准建立的大宗商品现货市场（以下简称现货市场）交易平台上交易的监管制度。

二、本公告适用于各种类型的海关特殊监管区域。

三、开展现货交易的货物种类应由现货市场经营人或由其委托的第三方仓单公示机构事先向海关备案。

四、从境外或者境内区外进入交收仓库的大宗商品应当按现有货物进出口规定办理海关手续；大宗商品应当堆放在交收仓库中的指定位置，并设置明显标志。

五、保税仓单持有人应当通过公示机构对所持有的仓单进行公示，并由公示机构将仓单等信息提供给海关；交易平台应向海关提供大宗商品交割结算价等相关信息。

六、适用“大宗商品现货保税交易”制度的区内企业，应按照海关规定的认证方式与海关特殊监管区域信息化辅助管理系统联网，向海关报送能够满足监管要求的相关数据。

本公告自公布之日起施行。

特此公告。

海关总署

2016 年 11 月 29 日

中华人民共和国海关总署公告

2016 年第 72 号

（关于海关特殊监管区域“仓储货物按状态分类监管”有关问题的公告）

现将实施海关特殊监管区域“仓储货物按状态分类监管”制度有关事项公告如下：

一、本公告所称“仓储货物按状态分类监管”制度，是指允许非保税货物以非报关方式进入海关特殊监管区域，与保税货物集拼、分拨后，实际离境出口或出区返回境内的海关监管制度。

二、本公告适用于各种类型的海关特殊监管区域。

三、海关特殊监管区域内企业（以下简称区内企业）经营非保税仓储货物，需经管委会审核同意后报海关核准。

海关可依据相关规定对区内企业与保税货物有关的货物流、资金流和信息流等开展稽核查。海关可以对进出区非保税货物进行抽查。

四、适用“仓储货物按状态分类监管”制度的区内企业，应使用计算机仓储管理系统（WMS）；应按照海关规定的认证方式与海关特殊监管区域信息化辅助管理系统联网，向海关报送能够满足监管要求的相关数据。

本公告自公布之日起施行。

特此公告。

海关总署

2016 年 11 月 29 日

中华人民共和国海关总署公告

2016 年第 81 号

（关于增加黑龙江省内贸货物跨境运输港口的公告）

为进一步扩大内贸货物跨境运输业务，推进东部陆海丝绸之路经济带建设，落实国家振兴东北老工业基地的战略部署，海关总署决定在现有基础上，增加南沙港、盐田港、蛇口港、福州港、湛江港、厦门港、太仓港为黑龙江省内贸货物跨境运输进境口岸，增加俄罗斯斯拉夫扬卡港为中转口岸。其余事项仍依照海关总署公告 2007 年第 5 号、2011 年第 21 号、2013 年第 61 号、2015 年第 22 号实行。

特此公告。

海关总署

2016 年 12 月 14 日

中华人民共和国海关总署公告

2016 年第 86 号

（关于海关特殊监管区域和保税监管场所保税货物流转管理的公告）

为深入推进海关特殊监管区域、保税监管场所区域通关一体化改革，全面促进保税货物流转管理手续简化、成本降低和效率提升，根据《中华人民共和国海关法》和有关法律、行政法规，现将海关特殊监管区域和保税监管场所保税货物流转管理有关事宜公告如下：

一、企业开展海关特殊监管区域间、海关特殊监管区域与保税物流中心（B 型）间，以及保税物流中心（B 型）间的保税货物流转（以下简称“区间流转”）业务按照本公告要求办理。

二、企业办理区间流转业务可以采用“分批送货、集中申报”的方式办理流转手续；区间流转货物可由企业自行运输，参照转关运输方式办理区间流转业务的按相关规定办理。

三、企业开展区间流转业务应当按照海关规定，建立保税货物电子底账，并在规定的时限内，通过海关保税货物流转管理系统，向海关如实报送流转备案、收发货、申报等信息。

四、企业开展区间流转业务，应当向主管海关提交“海关保税货物区间流转申报表”（以下简称“申报表”，见附件），并按照以下流程办理流转备案手续。

（一）转入企业填报“申报表”的转入信息并向转入地主管海关申报，转入地主管海关进行审核。

（二）转入地主管海关审核通过后，转出企业填报“申报表”相应的转出信息并向转出地主管海关申报，转出地主管海关进行审核。

（三）“申报表”从转出地主管海关审核通过之日起生效。企业应当按照经海关审核后的申报表进行实际收发货，办理申报手续。

五、区间流转备案应符合以下要求：

（一）一份“申报表”对应转出企业一本电子账册和转入企业一本电子账册。

（二）“申报表”中保税流转货物品名、商品编号和计量单位等应与企业电子账册对应内容账册一致。

（三）区间流转对应商品的申报计量单位和申报数量应当一致，申报计量单位不一致的法定数量应当一致。

（四）流转双方的商品编码（商品编号前 8 位）应当一致。流转双方商品编码不一致的，应按转入地主管海关依据商品归类的有关规定认定的商品编码办理流转手续。

（五）当“申报表”的转入方表体为空时，不进行商品项比对。

（六）“申报表”有效期一般为半年，最长不超过 1 年，逾期不能发货。

（七）“申报表”审核通过后已备案商品不能变更。

（八）海关在收到企业“申报表”后5个工作日内完成审核。

六、企业有下列情形之一的，企业提交的“申报表”海关不予受理，并应将相关理由告知企业：

（一）不符合海关监管要求，被海关责令限期整改，在整改期内的；

（二）涉嫌走私、违规已被海关立案调查，尚未结案的（经海关同意，并已收取担保金的涉案企业除外）；

（三）未按规定要求报关或者收发货的；

（四）企业电子账册被海关暂停进出口的；

（五）属于失信企业的。

转入转出企业备案后如有上述情事，海关可对“申报表”进行暂停处理，在暂停期间企业不能进行收发货，但“申报表”项下已实际收发货的，允许办理报关手续。

七、企业办理流转备案手续后，应按照“申报表”进行实际收发货。企业的每批次收发货，应向海关如实申报。

（一）转出企业按照“申报表”向转出地主管海关申报区间流转出区核放单，由转出地海关实行卡口核放确认后，转出地主管海关登记发货信息。无核放单的，由转出企业自行登记发货信息。

（二）转入企业按照“申报表”向转入地主管海关申报对应的区间流转入区核放单，由转入地海关实行卡口核放确认后，转入地主管海关登记收货信息。无核放单的，由转入企业自行登记收货信息。

八、区间流转货物参照转关运输方式实际收发货的，应按转关运输有关规定使用海关监管车辆运输，施加海关封志。

九、转出、转入企业每批实际发货、收货后，应当在每批实际发货、收货之日起30日内，按照《海关总署关于修订〈中华人民共和国海关进出口货物报关单填制规范〉的公告》（海关总署公告〔2016〕20号）、《海关总署关于公布海关特殊监管区域有关管理事宜的公告》（海关总署公告〔2010〕22号）的有关规定，在各自主管海关办结集中申报手续。集中申报手续不得跨年度办理。

转入企业应在流转进口报关之日起2个工作日内将申报情况通知转出企业。

十、企业实际收发货后，应当按照以下规定办理流转申报手续：

（一）企业按照“申报表”逐批或者多批次合并向主管海关办理申报手续。

（二）企业填制相应的进（出）境备案清单［使用保税核注清单的，企业可不填制进（出）境备案清单，以下简称备案清单］时，应当按照海关规定如实、准确地向海关申报流转保税货物的监管方式、运输方式、品名、商品编号、规格、数量、价格等项目。

一份转入备案清单对应一份转出备案清单，转入、转出备案清单之间对应的申报序号、商品编号、价格、数量（或折算后数量）应当一致。

转出备案清单中“关联清单编号”栏应填写所对应的转入备案清单号。

随附单证代码填写“K”，转入、转出备案清单随附单证的单证编号栏内填写对应申报表编号。

（三）企业逐批或者多批次合并向主管海关办理申报手续时，应根据流转双方实际收发货数量确定申报数量。

实际收货数量与实际发货数量相同的，流转双方按相同数量申报；

实际收货数量少于实际发货数量的，流转双方按实际收货数量进行申报，实际发货数量与申报数量差异部分由转出企业向转出地主管海关办理补税手续，如属许可证件管理商品，还应向海关出具有效的进口许可证件；

实际收货数量大于实际发货数量的，流转双方按实际发货数量进行申报，实际收货数量与申报数量差异部分由转入企业向转入地海关申报入区备案清单，办理货物入区申报手续。

（四）企业发生申报不实等违规行为的区间流转货物，经海关处理后可以办理申报手续。

十一、转出、转入企业每批实际发货、收货后，应当在每批实际发货、收货之日起30日内在各自主管海关按照先报进、后报出的顺序办结集中申报手续，转出与转入申报数据应对碰一致。集中申报手续不得跨年度办理。

转入企业应在流转进口报关之日起2个工作日内将申报情况通知转出企业。

十二、因质量不符等原因发生退货、退换的，转入企业、转出企业分别在其主管海关按退货、退换的有关规定办理相关手续。

本公告自公布之日起执行。

特此公告。

附件　海关保税货物区间流转申报表

海关总署

2016年12月30日

附件

海关保税货物区间流转申报表

申报表编号：　　　　　　　　　　　　申报表有效期：　年　月　日

<table>
<tr><td colspan="6">转入地海关：　　　转入账册号：</td><td colspan="5">转出地海关：　　　转出账册号：</td></tr>
<tr><td rowspan="5">转入货物情况</td><td>序号</td><td>项号</td><td>商品编号</td><td>品名</td><td>规格型号</td><td>申报数量</td><td>申报单位</td><td>法定数量</td><td>法定单位</td><td>转入备注</td></tr>
<tr><td>1</td><td></td><td></td><td></td><td></td><td></td><td></td><td></td><td></td><td rowspan="4"></td></tr>
<tr><td>2</td><td></td><td></td><td></td><td></td><td></td><td></td><td></td><td></td></tr>
<tr><td>3</td><td></td><td></td><td></td><td></td><td></td><td></td><td></td><td></td></tr>
<tr><td>4</td><td></td><td></td><td></td><td></td><td></td><td></td><td></td><td></td></tr>
<tr><td rowspan="5">出口货物情况</td><td>序号</td><td>项号</td><td>商品编号</td><td>品名</td><td>规格型号</td><td>申报数量</td><td>申报单位</td><td>法定数量</td><td>法定单位</td><td>转出备注</td></tr>
<tr><td>1</td><td></td><td></td><td></td><td></td><td></td><td></td><td></td><td></td><td rowspan="4"></td></tr>
<tr><td>2</td><td></td><td></td><td></td><td></td><td></td><td></td><td></td><td></td></tr>
<tr><td>3</td><td></td><td></td><td></td><td></td><td></td><td></td><td></td><td></td></tr>
<tr><td>4</td><td></td><td></td><td></td><td></td><td></td><td></td><td></td><td></td></tr>
<tr><td colspan="4">转入企业联系人：
电话：
（转入企业盖章）
年　月　日</td><td colspan="2">转入主管海关批注：
（转入企业盖章）
年　月　日</td><td colspan="2">转出企业联系人：
电话：
（转出企业盖章）
年　月　日</td><td colspan="3">转出地主管海关批注
（转出企业盖章）
年　月　日</td></tr>
</table>

①本表经双方海关同意后，企业方可进行实际收发货；②流转双方的商品编号前8位必须一致；③企业必须按申报表内容进行实际收发货后，方可办理流转报关手续；④流转进出报关清单对应的商品项号顺序必须一致；⑤每批收发货后应在30日内办结该批货物的报关手续。

中华人民共和国海关总署公告

2017年第11号

（关于适用《中华人民共和国海关关于最不发达国家特别优惠关税待遇进口货物原产地管理办法》区域性集团名单的公告）

根据《中华人民共和国海关关于最不发达国家特别优惠关税待遇进口货物原产地管理办法》（海关总署令第231号），现将适用该办法第七条的区域性集团名单公告如下：

一、东南亚国家联盟（ASEAN）中的柬埔寨王国和缅甸联邦共和国。

二、西非国家经济共同体（ECWAS）中的贝宁共和国、几内亚比绍共和国、多哥共和国、利比里亚共和国、塞拉利昂共和国、塞内加尔共和国和马里共和国。

特此公告。

海关总署

2017年3月6日

中华人民共和国海关总署公告

2017 年第 13 号

（关于修订《中华人民共和国海关进出口货物报关单填制规范》的公告）

为规范进出口货物收发货人的申报行为，统一进出口货物报关单填制要求，海关总署对《中华人民共和国海关进出口货物报关单填制规范》（海关总署 2016 年第 20 号公告）进行了修订。现将本次修订后的规范文本及有关内容公告如下：

一、根据现行相关规定对“消费使用单位/生产销售单位”“运输方式”“征免性质”“贸易国（地区）”“境内目的地/境内货源地”“许可证号”“随附单证”“标志唛码及备注”“特殊关系确认”“价格影响确认”“与货物有关的特许权使用费支付确认”等栏目的填制要求做了相应调整。

二、第五项“进口日期/出口日期”中将“本栏目供海关签发打印报关单证明联用，在申报时免予填报”修改为“本栏目在申报时免予填报”。

三、第三十一项“随附单证”中将“本规范第十八条”修改为“本规范第二十条”。

四、海关特殊监管区域（以下简称特殊区域）企业向海关申报货物进出境、进出区，以及在同一特殊区域内或者不同特殊区域之间流转货物的双方企业，应填制“中华人民共和国海关进（出）境货物备案清单”，特殊区域与境内（区外）之间进出的货物，区外企业应同时填制“中华人民共和国海关进（出）口货物报关单”，向特殊区域主管海关办理进出口报关手续。货物流转应按照“先报进，后报出”的原则，在同一特殊区域企业之间、不同特殊区域企业之间流转的，先办理进境备案手续，后办理出境备案手续，在特殊区域与区外之间流转的，由区内企业、区外企业分别办理备案和报关手续。“中华人民共和国海关进（出）境货物备案清单”原则上按《中华人民共和国海关进出口货物报关单填制规范》的要求填制。

修订后的《中华人民共和国海关进出口货物报关单填制规范》（见附件）自 2017 年 3 月 29 日起执行，海关总署 2016 年第 20 号公告同时废止。

特此公告。

附件　中华人民共和国海关进出口货物报关单填制规范（略）

海关总署
2017 年 3 月 16 日

中华人民共和国海关总署公告

2017 年第 19 号

（关于在通关环节免予提交纸质“中华人民共和国海关进出口货物征免税证明”的公告）

为进一步便利减免税申请和货物通关，海关总署决定，对通过中国电子口岸 QP 预录入客户端减免税申报系统申请办理减免税手续并通过了海关审核的，收发货人或受委托的报关企业在进口通关环节无须提交纸质“中华人民共和国海关进出口货物征免税证明”（以下简称“征免税证明”）第二联（即送海关凭以减免税联）。现将有关事项公告如下：

自 2017 年 4 月 26 日起，收发货人或受委托的报关企业在申报进口上述“征免税证明”所列货物时，无须提交纸质“征免税证明”或其扫描件。如果“征免税证明”电子数据与申报数据不一致，海关需要验核纸质单证的，有关企业应予以提供。

进口货物申报时，收发货人或受委托的报关企业应按规定将“征免税证明”编号填写在进口货物报关单“备案号”栏目中。“征免税证明”编号可通过中国电子口岸 QP 预录入客户端减免税申报系统查询。减免税申请人如需要纸质“征免税证明”留存的（即申请单位留存的第三联），可在该“征免税证明”有效期内向主管海关申请领取。

特此公告。

海关总署

2017 年 4 月 21 日

中华人民共和国海关总署公告

2017 年第 29 号

（关于以企业为单元加工贸易监管模式改革试点的公告）

为全面深化加工贸易及保税监管改革，提升海关加工贸易监管与服务水平，引导企业自律管理，海关总署决定选择部分电子化手册管理模式的企业，实施“以企业为单元加工贸易监管模式”（以下简称“新监管模式”）改革试点工作。现将有关事项公告如下：

一、试点海关及业务范围

（一）试点海关：天津、沈阳、南京、杭州、武汉、拱北、黄埔、重庆、成都海关。

各试点海关可结合实际情况，依托本关区辅助信息化系统，组织本关区内企业试点；全国统一版信息化系统上线后，统一适用统一版信息化系统。

（二）新监管模式是指海关实施的以企业为单元，以账册为主线，以与企业物料编码对应的海关商品编号（料号）或经企业自主归并后形成的海关商品编号（项号）为基础，周转量控制，定期核销的加工贸易监管模式。

（三）新监管模式的业务范围包括：账册设立（变更）、进出口、外发加工、深加工结转、内销、剩余料件结转、核报和核销等。

二、主要内容

（一）实施新监管模式的企业，按照以下方式开展相关业务：

1. 账册设立。企业可以根据行业特点、生产规模、管理水平等因素选择以料号或项号设立账册；账册的最大进口量为“加工贸易企业经营状况和生产能力证明”所载生产能力，即进口料件对应金额。

2. 核销周期。企业可以根据生产周期，自主选择合理核销周期，并按照现有规定确定单耗申报环节，自主选择单耗申报时间。

3. 外发加工。企业开展外发加工业务时，不再报送收发货清单，同时应保存相关资料、记录备查。

4. 集中内销。企业应于每月 15 日前对上月发生的内销保税货物集中办理纳税手续，但不得跨年。

5. 深加工结转。企业在办理深加工结转手续时，应于每月 15 日前对上月深加工结转情况进行集中申报，不再报送收发货记录，同时应保存相关资料、记录备查。

6. 剩余料件结转。企业应在核报前，将实际库存折料转入新账册。

（二）在核销周期内，企业采用自主核报方式向海关办理核销手续，其中对核销周期超过一年的，企业应进行年度申报。

1. 自主核报，指企业自主核定保税进口料件的耗用量并向海关如实申报的行为。企业可采用单耗、耗料清单和工单等保税进口料件耗用的核算方式，向海关申报当期核算结果、办理核销手续。

2. 年度申报。对核销周期超过1年的企业，每年至少向海关申报1次保税料件耗用量等账册数据。年度申报数据的累加作为本核销周期保税料件耗用总量。

（三）在账册核销周期结束前，企业对本核销周期内因突发情况和内部自查自控中发现的问题，主动向海关补充申报，并提供及时控制或整改措施的，海关对企业的申报进行集中处置。

（四）企业应根据账册设立时的料号或项号，据实以来料加工或进料加工监管方式申报进出口。

（五）企业应按照规定提交、保留、存储相应电子数据和纸质单证。

（六）实施新监管模式试点的企业，必须是以自己名义开展加工贸易业务的生产型企业，且符合以下条件之一：

1. 海关信用等级为一般认证及以上的；

2. 海关信用等级为一般信用企业，且企业内部加工贸易货物流和数据流透明清晰，逻辑链完整，耗料可追溯，满足海关监管要求的。

（七）企业出现以下情形之一的，海关不再对其实施新监管模式：

1. 信用类别降为失信企业的；

2. 内部信息化系统不完备，加工贸易货物流和数据流逻辑链条不完整，耗料管理不能满足海关监管要求的；

3. 不能规范办理海关手续，不能按要求及时提交、保留、存储相关数据、单证和资料的；

4. 主动申请不实施新监管模式的；

5. 其他需要撤销新监管模式的。

海关不再对其实施新监管模式账册管理的，自确定之日起30日内，企业应向海关办理该账册核销手续。

三、其他事项

（一）本公告正式实施后，对尚未执行完毕的加工贸易手册，企业可将尚未出口的加工贸易货物折料转入新账册。

（二）本公告未明确事项，按照加工贸易监管的一般性规定实施管理。

本公告内容自2017年8月1日起施行。

特此公告。

海关总署

2017年7月13日

中华人民共和国商务部　中华人民共和国海关总署公告

2016 年第 45 号

（关于取消加工贸易业务审批的公告）

根据《国务院关于促进加工贸易创新发展的若干意见》（国发〔2016〕4 号）、《国务院关于促进外贸回稳向好的若干意见》（国发〔2016〕27 号）要求和国务院行政审批改革总体部署，在全国范围内取消加工贸易业务审批，建立健全事中事后监管机制。现就有关事项公告如下：

一、取消商务主管部门对加工贸易合同审批和加工贸易保税进口料件或制成品转内销审批。各级商务主管部门不再签发“加工贸易业务批准证”“联网监管企业加工贸易业务批准证”“加工贸易保税进口料件内销批准证”“加工贸易不作价设备批准证”。海关特殊监管区域管委会不再签发“出口加工区加工贸易业务批准证”和“出口加工区深加工结转业务批准证”。

二、开展加工贸易业务的企业，凭商务主管部门或海关特殊监管区域管委会出具的有效期内的“加工贸易企业经营状况和生产能力证明”（打印表样式见附件）到海关办理加工贸易手（账）册设立（变更）手续，海关不再验核相关许可证件，并按“加工贸易企业经营状况和生产能力证明”中列名的税目范围（即商品编码前 4 位）进行手册设立（变更）。涉及禁止或限制开展加工贸易商品的，企业应在取得商务部批准文件后到海关办理有关业务。

三、海关特殊监管区域外加工贸易保税进口料件或者制成品如需转内销的，海关依法征收税款和缓税利息。进口料件涉及许可证件管理的，企业还应当向海关提交相关许可证件。

加工贸易项下关税配额农产品办理内销手续时，海关验核贸易方式为“一般贸易”的关税配额证原件或关税配额外优惠关税税率配额证原件（以下简称“一般贸易配额证”），按关税配额税率或关税配额外暂定优惠关税税率计征税款和缓税利息。无一般贸易配额证的，按关税配额外税率计征税款和缓税利息。

四、严格加工贸易企业经营状况和生产能力核查机制。各级商务主管部门、海关特殊监管区域管委会要严格执行加工贸易企业经营状况和生产能力核查制度，为企业出具“加工贸易企业经营状况和生产能力证明”。

五、各级商务主管部门和海关要加强衔接，密切配合，制订加工贸易管理操作流程或办事指引，规范服务，便利企业，为加工贸易发展营造良好环境。

六、本公告自 2016 年 9 月 1 日起实施。

附件 “加工贸易企业经营状况及生产能力证明”打印表

商务部
海关总署
2016年8月25日

附件

＿＿＿＿＿年度加工贸易企业经营状况及生产能力证明

企业类型：○经营企业 ○经营加工企业 ○加工企业

<table>
<tr><td colspan="3">企业基本信息</td></tr>
<tr><td colspan="3">企业名称：</td></tr>
<tr><td>进出口企业代码：</td><td>海关注册编码：</td><td>法人代表：</td></tr>
<tr><td>统一社会信用代码：</td><td>进出口企业代码：</td><td>组织机构代码：</td></tr>
<tr><td>海关注册编码：</td><td>税务登记号：</td><td>外汇登记号：</td></tr>
<tr><td colspan="2">开户银行及账号：</td><td>工商注册日期： 年 月 日</td></tr>
<tr><td>法人代表：</td><td>联系电话：</td><td>传真：</td></tr>
<tr><td>业务负责人：</td><td>职务：</td><td>手机：</td></tr>
<tr><td>业务联系人：</td><td>职务：</td><td>手机：</td></tr>
<tr><td colspan="2">企业地址：</td><td>邮政编码：</td></tr>
<tr><td colspan="3">企业性质（选中划“√”）：□1. 国有企业 □2. 外商投资企业 □3. 其他企业</td></tr>
<tr><td colspan="3">海关认定信用状况：□高级认证企业 □一般认证企业 □一般信用企业 □失信企业
（以填表时为准）</td></tr>
<tr><td colspan="3">行业分类：</td></tr>
<tr><td colspan="3">进口料件：
料件代码： 料件名称： 数量： 金额：</td></tr>
<tr><td colspan="3">出口成品：
成品代码： 成品名称： 数量： 金额：</td></tr>
<tr><td colspan="3">人员信息</td></tr>
<tr><td colspan="2">企业就业人数：</td><td>其中从事加工贸易业务的人数：</td></tr>
<tr><td colspan="3">资产情况</td></tr>
</table>

续表

<table>
<tr><td rowspan="2">外商投资企业填写（万美元）</td><td rowspan="2">注册资本：</td><td colspan="2">累计实际投资总额/资产总额：</td><td rowspan="2">外商本年度拟投资额：
外商下年度拟投资额：

直接投资主体是否世界500强企业：
□是　□否</td></tr>
<tr><td>实际投资来源地：（按投资额度或控股顺序填写前五位国别/地区及累计金额）
1.
2.
3.
4.
5.</td><td>累计实际投资额（截至填表时）：

1.
2.
3.
4.
5.</td></tr>
<tr><td>内资企业填写（万元人民币）</td><td>注册资本：</td><td>资产总额（截至填表时）：</td><td>净资产额（截至填表时）：</td><td>本年度拟投资额：

下年度拟投资额：</td></tr>
</table>

<table>
<tr><td colspan="6">企业上年度经营情况：</td></tr>
<tr><td colspan="3">总产值（万元人民币）：</td><td colspan="3">利润总额（万元人民币）：</td></tr>
<tr><td colspan="3">纳税总额（万元人民币）：</td><td colspan="3">工资总额（万元人民币）：</td></tr>
<tr><td colspan="6">本企业采购国产料件额（万元人民币）：（不含深加工结转料件和出口后复进口的国产料件，单位万元）</td></tr>
<tr><td colspan="2">加工贸易出口额占企业销售收入总额比重%：</td><td colspan="2">加工贸易转内销额（万美元）：</td><td colspan="2">内销征税额（万元人民币含利息）：</td></tr>
<tr><td colspan="2">深加工结转总额（万美元）：</td><td colspan="2">转出额（万美元）：</td><td colspan="2">转进额（万美元）：</td></tr>
<tr><td colspan="3">国内上游配套企业家数：</td><td colspan="3">国内下游用户企业家数：</td></tr>
<tr><td colspan="6">通过有关部门管理认证情况</td></tr>
<tr><td colspan="3">通过环保验收文件号：</td><td colspan="3">通过消防验收文件号：</td></tr>
<tr><td colspan="3">通过安全生产验收文件号：</td><td colspan="3">缴纳社保回执号：</td></tr>
<tr><td colspan="3">外汇管理部门分类管理评级：　□A　□B　□C　□无</td><td colspan="3">检验检疫部门分类管理评级：□AA类
□A类　□B类　□C类　□D类　□无</td></tr>
<tr><td colspan="6">企业生产能力</td></tr>
<tr><td colspan="2">厂房面积（平方米）：
□自有　□租用</td><td colspan="4">年生产能力：
产品名称：　产品代码：　单位：　数量：</td></tr>
<tr><td colspan="6">累计生产设备投资额（万美元）（截至填表时）：</td></tr>
<tr><td colspan="6">累计加工贸易进口不作价设备额（万美元）（截至填表时）：</td></tr>
<tr><td colspan="6">主要生产设备名称及数量（最多5个）：</td></tr>
</table>

续表

<table>
<tr><td>序号</td><td>设备名称</td><td>单位</td><td>数量</td><td colspan="2">是否租赁</td></tr>
<tr><td></td><td></td><td></td><td></td><td colspan="2"></td></tr>
<tr><td></td><td></td><td></td><td></td><td colspan="2"></td></tr>
<tr><td></td><td></td><td></td><td></td><td colspan="2"></td></tr>
<tr><td></td><td></td><td></td><td></td><td colspan="2"></td></tr>
<tr><td></td><td></td><td></td><td></td><td colspan="2"></td></tr>
<tr><td colspan="6">备注：</td></tr>
<tr><td colspan="3">录入人员：</td><td colspan="2">录入日期：</td><td>审核部门：</td></tr>
<tr><td colspan="3">企业承诺：
以上情况真实无讹并承担法律责任。</td><td colspan="2">法人代表签字：</td><td>企业盖章：
年 月 日</td></tr>
<tr><td colspan="3">商务主管部门意见：</td><td colspan="2">审核人：</td><td>商务主管部门签章：
年 月 日</td></tr>
</table>

说明：

1. 开展加工贸易业务的企业需登录 http：//jmsa. ec. com. cn/jmdc 填报，咨询电话：010-67870108；

2. 有关数据如无特殊说明均填写上年度数据；

3. 如无特别说明，金额最小单位为“万美元”和“万元人民币”；

4. 涉及数值、年月均填写阿拉伯数字；

5. 进口料件和出口商品指企业从事加工贸易业务所涉及的全部进口料件和出口商品，数量和金额指企业当年加工能力最大值；

6. 进出口额、深加工结转额以海关统计或实际发生额为准；

7. 此证明有效期至次年 1 月 31 日。

国家税务总局　财政部　海关总署公告

2016 年第 65 号

（关于开展赋予海关特殊监管区域企业增值税一般纳税人资格试点的公告）

根据《国务院关于促进外贸回稳向好的若干意见》（国发〔2016〕27 号），国家税务总局、财政部和海关总署选择部分海关特殊监管区域开展赋予企业增值税一般纳税人资格试点，现将有关事项公告如下：

一、在昆山综合保税区、苏州工业园综合保税区、上海松江出口加工区、河南郑州出口加工区、郑州新郑综合保税区、重庆西永综合保税区和深圳盐田综合保税区开展赋予企业增值税一般纳税人资格试点。

上述试点区域内符合增值税一般纳税人登记管理有关规定的企业，可自愿向试点区域所在地主管税务机关、海关申请成为试点企业，向主管税务机关依法办理增值税一般纳税人资格登记。

二、试点企业自增值税一般纳税人资格生效之日起，适用下列税收政策。

（一）试点企业进口自用设备（包括机器设备、基建物资和办公用品）时，暂免征收进口关税、进口环节增值税、消费税（以下简称进口税收）。上述暂免进口税收按照该进口自用设备海关监管年限平均分摊到各个年度，每年年终对本年暂免的进口税收按照当年内外销比例进行划分，对外销比例部分执行试点企业所在海关特殊监管区域的税收政策，对内销比例部分比照执行海关特殊监管区域外（以下简称区外）税收政策补征税款。

（二）除进口自用设备外，购买的下列货物适用保税政策：

1. 从境外购买并进入试点区域的货物。

2. 从海关特殊监管区域（试点区域除外）或海关保税监管场所购买并进入试点区域的保税货物。

3. 从试点区域内非试点企业购买的保税货物。

4. 从试点区域内其他试点企业购买的未经加工的保税货物。

（三）销售的下列货物，向税务机关申报缴纳增值税、消费税：

1. 向境内区外销售的货物。

2. 向保税区、不具备退税功能的保税监管场所销售的货物（未经加工的保税货物除外）。

3. 向试点区域内其他试点企业销售的货物（未经加工的保税货物除外）。

试点企业销售上述货物中含有保税货物的，按照保税货物进入海关特殊监管区域时的状态向海关申报缴纳进口税收，并按照规定补缴缓税利息。

（四）向海关特殊监管区域或者海关保税监管场所销售的未经加工的保税货物，继续适用保税政策。

（五）销售的下列货物（未经加工的保

税货物除外），适用出口退（免）税政策，税务机关凭海关提供的与之对应的出口货物报关单电子数据审核办理试点企业申报的出口退（免）税。

1. 离境出口的货物。

2. 向海关特殊监管区域（试点区域、保税区除外）或海关保税监管场所（不具备退税功能的保税监管场所除外）销售的货物。

3. 向试点区域内非试点企业销售的货物。

（六）除财政部、海关总署、国家税务总局另有规定外，试点企业适用区外关税、增值税、消费税的法律、法规。

三、区外销售给试点企业的加工贸易货物，继续按现行税收政策执行；销售给试点企业的其他货物（包括水、蒸汽、电力、燃气）不再适用出口退税政策，按照规定缴纳增值税、消费税。

四、税务、海关两部门加强税收征管和货物监管的信息交换。对适用出口返税政策的货物，海关向税务部门传输出口报关单结关信息电子数据。

五、本公告自 2016 年 11 月 1 日起施行。

特此公告。

国家税务总局
财政部
海关总署
2016 年 10 月 14 日

中华人民共和国商务部　中华人民共和国海关总署公告

2016 年第 86 号

（公布 2017 年出口许可证管理货物目录）

依据《中华人民共和国对外贸易法》《中华人民共和国货物进出口管理条例》《消耗臭氧层物质管理条例》和有关规章，现公布《2017 年出口许可证管理货物目录》（以下简称为目录），自 2017 年 1 月 1 日起执行。商务部、海关总署 2015 年 12 月 29 日发布的《2016 年出口许可证管理货物目录》同时废止。有关事项公告如下：

一、列入目录的货物有 44 种，分别属于出口配额或出口许可证管理。

（一）属于出口配额管理的货物为：活牛（对港澳出口）、活猪（对港澳出口）、活鸡（对港澳出口）、小麦、玉米、大米、小麦粉、玉米粉、大米粉、甘草及甘草制品、蔺草及蔺草制品、磷矿石、煤炭、原油、成品油（不含润滑油、润滑脂、润滑油基础油）、锯材、棉花、白银。

出口本款所列上述货物的，需按规定申请取得配额（全球配额或国别、地区配额），凭配额证明文件申领出口许可证。其中，出口甘草及甘草制品、蔺草及蔺草制品的，需凭配额招标中标证明文件申领出口许可证。

（二）属于出口许可证管理的货物为：活牛（对港澳以外市场）、活猪（对港澳以外市场）、活鸡（对港澳以外市场）、牛肉、猪肉、鸡肉、天然砂（含标准砂）、矾土、镁砂、滑石块（粉）、氟石（萤石）、稀土、锡及锡制品、钨及钨制品、钼及钼制品、锑及锑制品、焦炭、成品油（润滑油、润滑脂、润滑油基础油）、石蜡、部分金属及制品、硫酸二钠、碳化硅、消耗臭氧层物质、柠檬酸、维生素 C、青霉素工业盐、铂金（以加工贸易方式出口）、铟及铟制品、摩托车（含全地形车）及其发动机和车架、汽车（包括成套散件）及其底盘等。其中，对向港、澳、台地区出口的天然砂实行出口许可证管理，对标准砂实行全球出口许可证管理。

消耗臭氧层物质的货样广告品需凭出口许可证出口。企业以一般贸易、加工贸易、边境贸易和捐赠贸易方式出口汽车、摩托车产品，需申领出口许可证，并符合申领许可证的条件；企业以工程承包方式出口汽车、摩托车产品，需凭中标文件等相关证明材料申领出口许可证；企业以上述贸易方式出口非原产于中国的汽车、摩托车产品，需凭进口海关单据和货物出口合同申领出口许可证；其他贸易方式出口汽车、摩托车产品免予申领出口许可证。

（三）以边境小额贸易方式出口以招标方式分配出口配额的货物和属于出口许可证管理的消耗臭氧层物质、摩托车（含全地形车）及其发动机和车架、汽车（包括成套散件）及其底盘等货物的，需按规定申领出口许可证。以边境小额贸易方式出口属于出口配额管理的货物，由有关地方商务主管部门（省级）根据商务部下达的边境小额贸易配额和要求签发出口许可证。以边境小额贸易方式出口本款上述以外的列入目录的货物，免予申领出口许可证。

（四）铈及铈合金（颗粒<500μm）、钨及钨合金（颗粒<500μm）、锆、铍的出口免予申领出口许可证，但需按规定申领两用物项和技术出口许可证。

（五）我国政府对外援助项下提供的目录内货物不纳入出口配额和出口许可证管理。

二、对玉米、大米、钨及钨制品、锑及锑制品、煤炭、原油、成品油、棉花、白银等货物实行出口国营贸易管理。

继续暂停对润滑油（27101991）、润滑脂（27101992）和润滑油基础油（27101993）一般贸易出口的国营贸易管理，实行出口许可证管理。企业凭货物出口合同申领出口许可证，海关凭出口许可证验放。其他贸易方式下出口管理仍按商务部、发展改革委、海关总署2008年第30号公告执行。

三、加工贸易项下出口目录内货物的，按以下规定执行：

（一）以加工贸易方式出口属于配额管理的货物，凭配额证明文件、有效期内的“加工贸易企业经营状况及生产能力证明”和货物出口合同申领出口许可证。其中，出口以招标方式分配配额的货物，凭有效期内的“加工贸易企业经营状况及生产能力证明”、配额招标中标证明文件、海关加工贸易进口报关单和货物出口合同申领出口许可证。

（二）以加工贸易方式出口属于出口许可证管理的货物，凭有效期内的“加工贸易企业经营状况及生产能力证明”、有关批准文件、海关加工贸易进口报关单和货物出口合同申领出口许可证。其中，申领白银出口许可证需加验商务部批件，加工贸易项下出口成品油（润滑油、润滑脂和润滑油基础油）需凭有效期内的“加工贸易企业经营状况及生产能力证明”、海关加工贸易进口报关单和省级商务主管部门申请函申领出口许可证。加工贸易项下出口成品油（不含润滑油、润滑脂、润滑油基础油）免予申领出口许可证。

四、为实施出口许可证联网核销，对不属于“一批一证”制的货物，出口许可证签发时应在备注栏内填注“非一批一证”。在出口许可证有效期内，“非一批一证”制货物可以多次报关使用，但最多不超过12次。12次报关后，出口许可证即使尚存余额，海关也停止接受报关。属于“非一批一证”制的货物为：

1. 外商投资企业出口货物；

2. 加工贸易方式出口货物；

3. 补偿贸易项下出口货物；

4. 小麦、玉米、大米、小麦粉、玉米粉、大米粉、活牛、活猪、活鸡、牛肉、猪肉、鸡肉、原油、成品油、煤炭、摩托车（含全地形车）及其发动机和车架、汽车（包括成套散件）及其底盘。

消耗臭氧层物质的出口许可证管理实行“一批一证”制，出口许可证在有效期内一次报关使用。

五、为维护对外贸易秩序，对目录内部分货物实行指定口岸报关出口。

（一）甘草出口的报关口岸指定为天津海关、上海海关、大连海关；甘草制品出口的报关口岸指定为天津海关、上海海关。

（二）镁砂项下产品“按重量计含氧化镁70%以上的混合物”（海关商品编码为3824909200）的出口不再指定报关口岸，镁砂项下其他产品的出口指定大连（大窑湾、营口、鲅鱼圈、丹东、大东港、庄河）、青岛（莱州海关）、天津（东港、新港）、长春（图们）、满洲里为报关口岸。

（三）稀土出口的报关口岸指定为天津海关、上海海关、青岛海关、黄埔海关、呼和浩特海关、南昌海关、宁波海关、南京海关和厦门海关。

（四）锑及锑制品出口的报关口岸指定为黄埔海关、北海海关、天津海关。

（五）对台港澳地区出口天然砂的报关口岸限定于企业所在省的海关。

附件　2017 年出口许可证管理货物目录（略）

商务部

海关总署

2016 年 12 月 30 日

中华人民共和国商务部办公厅
中华人民共和国海关总署办公厅
关于取消加工贸易业务审批有关问题的补充通知

商办贸函〔2017〕186号

各省、自治区、直辖市、计划单列市及新疆生产建设兵团商务主管部门，海关总署广东分署，各直属海关：

根据商务部、海关总署2016年45号公告，自2016年9月1日起，在全国范围内取消加工贸易业务审批，完善加工贸易企业经营状况和生产能力核查制度。为进一步做好相关工作，现就有关事项补充通知如下：

一、各级商务主管部门、海关特殊监管区域管委会刻制启用“加工贸易业务专用章”（原“加工贸易业务审批专用章”去掉“审批”字样，规格和样式不变），原“加工贸易业务审批专用章”自2017年月1日起停用。

二、企业开展涉及地图制品、地球仪和其他附有地图的产品的加工贸易业务，以及出口产品属于音像制品、印刷品的加工贸易业务，在加工贸易手（账）册设立（变更）环节，海关不再验核相关许可证件或有关部门批准文件。

各级商务主管部门、海关特殊监管区域管委会，各主管海关要继续做好对加工贸易企业的指导和服务，有关问题和建议及时汇总上报。

商务部办公厅
海关总署办公厅
2017年5月11日

文字资料篇

保税区（保税物流园区）

上海外高桥保税区
SHANGHAI WAIGAOQIAO FREE TRADE ZONE

【区域概况】 上海外高桥保税区于 1990 年 6 月由国务院批准设立，规划面积 10 平方公里，按照“边建设边发展”的原则，目前滚动开发已基本完成，进入正常运作。

2016 年，外高桥保税区深化落实自贸试验区相关改革政策措施，深入推进产业转型升级、新旧动能转换和贸易功能创新，不断完善招商稳商和企业服务工作体系，切实推动总部经济集聚和新兴产业培育，确保区域经济保持稳步发展。据统计，2016 年外高桥保税区投资企业完成经营总收入14 504.20 亿元，比 2015 年增长 4.1%；实现利润总额 516.14 亿元，同比增长 7.6%；缴纳各类税收收入1 127.39 亿元；年末从业人员为 26.45 万人。

【开发建设】 外高桥保税区经过 20 余年的开发建设，前期的土地开发已经基本结束，区域建设较为成熟，市政配套设施建设基本完善，产业布局相对合理。2016 年，保税区为优化区域综合投资环境，促进产业功能升级，加快重点工程项目建设，固定资产投资保持一定规模，全年完成 26.29 亿元，比 2015 年增长 21.0%。截至 2016 年年底，已累计完成固定资产投资额 565.22 亿元。

【国际贸易】 进出口贸易实现稳定增长。国际贸易是保税区经济发展的核心功能，也是保税区政策优势和产业融合联动发展的突出表现。一年来，保税区积极发挥总部企业集聚和贸易制度创新的优势，加快开放型经济推进步伐，不断强化外高桥对外窗口和对内辐射的作用，促进了进出口贸易的稳定增长。据统计，2016 年保税区投资企业完成进出口总额6 654.25 亿元，比 2015 年增长 6.0%。其中，进口额4 838.04 元，同比增长 3.4%；出口额1 816.21 亿元，同比增长 13.6%。

保税区与世界各国保持紧密经贸往来，从事进出口业务的企业数量进一步增加。据统计，2016 年保税区与 191 个国家和地区有进出口业务往来，其中与亚、欧和北美等传统贸易伙伴的进出口占主体地位，与部分发展中国家经贸往来大幅增长。全年与保税区进出口业务往来超过 100 亿元的国家和地区达到 17 个，合计完成进出口额5 484.76 亿元，比 2015 年增长 5.9%，占保税区进出口总额的 82.4%。共与 7 个国家和地区的进出口额超过 300 亿元，与“一带一路”国家和地区中的土耳其、乌克兰、孟加拉国进出口额均超过两位数增长。保税区入驻企业数量的快速增加、贸易便利化的显著提升及新型贸易模式的发展，提高了国际贸易的活跃度，促使区内从事进出口贸易业务的企业数量快速增加。据统计，2016 年保税区直接开展进出口业务的投资企业达到5 416家，比 2015 年增长 19.6%，净增 886 家。

进出口贸易方式进一步优化。随着贸易便利化水平的不断提升和功能的拓展，企业业务运作模式不断创新，促进了进出口贸易方式的优化。2016 年，保税区一般贸易进出口额快速增长，完成1 666.18 亿元，比 2015 年增长 20.4%，在保税区进出口额中所占的比重从 2015 年的 22.1%提升到 25.0%；物流货物进出口额完成4 551.25 亿元，同比增长 1.5%，占比为 68.4%；加工贸易进出口额完成 396.84 亿元，同比增长 2.2%，占比为 6.0%。

进口贸易稳步增长。保税区充分发挥贸易便利的政策优势和环境优势，通过完善综合服务网络和专业化贸易服务平台等举措，促使以药品为代表的民生类产品进口额快速增长，推动进口贸易取得稳步增长。据统计，2016 年保税区完成进口额4 838.04 亿元，同比增长 3.4%，占进出口额的 72.7%。

出口贸易增长较快。随着保税区总部经济能级提升、出口分拨功能的深化拓展和面向亚太的跨国公司物流分拨基地建设的不断推进，越来越多的投资企业利用区位优势，在立足国内市场的基础上，加快对国际市场的整合和拓展，推动出口业务的发展。据统计，2016 年保税区完成出口额1 816.21 亿元，比 2015 年增长 13.6%，占进出口额的 27.3%。

【产业发展】 贸易业商品销售额稳步攀升。贸易业是保税区经济的主导产业，也是经济总量和税收贡献的主要来源。2016 年，保税区贸易企业积极运用制度创新和贸易便利化成果，依托保税区功能和综合服务优势，加强优化整合先进营销模式，充分发挥品牌效应、规模效应和集聚作用，克服了市场波动影响，促使贸易业商品销售额保持增长，完成13 246.81 亿元，比 2015 年增长 3.5%。其中，销售额超过 10 亿元的贸易企业有 187 家，合计销售额10 134.43 亿元，比 2015 年增长 6.3%，占保税区商品销售额的 76.5%。对国内、国外市场销售额双双增长。随着国内经济转型升级步伐的加快和居民消费层次的不断提升，国内市场对国外优质商品和急需资源品的需求不断增加，保税区贸易企业充分发挥连接国内外两个市场的枢纽功能，积极拓展重点商品的营销渠道，使得对国内市场的销售规模保持在较高水平。据统计，2016 年保税区贸易企业完成国内商品销售额 10 870.29 亿元，比 2015 年增长 3.8%，占保税区商品销售额的 82.1%。同时，保税区贸易企业努力提升在跨国公司集团内部的地位，进一步加快“走出去”步伐，通过国际采购功能的培育，积极开拓亚太甚至全球市场，尤其是参与到“一带一路”沿线国家的市场开发，将国内优势产品销售分拨至国际市场，促使对外商品销售规模保持稳步增长。据统计，2016 年保税区贸易企业完成对外商品销售额2 376.52 亿元，比 2015 年增长 2.0%，占保税区商品销售额的 17.9%。

航运物流服务收入保持百亿级规模。2016 年，保税区加快航运物流功能的拓展，不断创新物流业务模式，通过完善航运物流配套环境的软硬件建设，努力提升航运物流运作效率和联动发展水平，尽管受到市场波动影响，航运物流服务收入小幅回落，但仍保持百亿级规模。据统计，2016 年外高桥保税区完成航运物流服务收入 197.32 亿元，比 2015 年下降 2.2%。其中，航运服务产业完成收入 186.86 亿元，同比增长 1.0%，占保税区航运物流服务收入的 94.7%；航运基础产业完成收入 7.54 亿元，同比下降 12.6%，占保税区航运物流服务收入的 3.8%；港口内陆运输业完成收入 2.91 亿元，占保税区航运物流服务收入的 1.5%。

加工制造业实现恢复性增长。2016 年，保税区制造业继续加快转型升级，注重增强企业研发和经营融合能力，积极促进企业规模化发展，产业综合竞争力持续提高，实现规模和效益双提升。全年 128 家规模以上工业企业完成工业产值 646.43 亿元，比 2015

年增长16.7%，为近5年来首次恢复增长。2016年保税区有100家工业企业开展多元化业务，即在进行生产加工业务的同时，积极拓展贸易业务、售后服务、技术维修等业务，实现了产业链的延伸和增值。其中，82家工业企业合计完成商品销售收入341.29亿元，同比增长7.1%，占主营业务收入的35.8%；18家工业企业合计完成技术服务收入6.26亿元，同比增长52.0%。有28家加工企业积极开展科技活动；全年工业企业有科技技术人员1 838人，完成科技项目170个，申请专利数115件，同比增长64.3%；企业研发经费合计支出6.61亿元，同比增长32.7%；科技进步成果显著，实现新产品产值63.92亿元，同比增长56.9%，占保税区工业总产值的9.9%，所占比重比2015年提升1.9个百分点。

服务业发展体系不断完善。2016年，保税区积极落实制度创新和服务领域的改革措施，不断优化营商环境，加快转型升级和新旧动能转换步伐，积极推动创新要素、新兴产业的集聚，吸引了众多服务类企业、金融类机构入驻经营，促进了技术、金融、专业及其他服务业等新兴产业的健康发展。主要表现在以下3个方面：

一是技术服务产业收入持续增长。保税区各类高能级的维修检测机构、信息技术企业、数据服务外包商和生物医药研发中心等不断涌现，这些新兴业态的快速发展推动了以科技研发、维修检测、技术咨询为主的技术服务产业规模不断扩大，并成为服务业重要内容和高端环节。据统计，2016年保税区技术服务业完成收入163.09亿元，比2015年增长7.9%。其中，完成维修、检测服务收入55.34亿元，同比增长9.9%；完成研发服务收入42.95亿元，同比下降2.5%；完成技术咨询服务收入39.31亿元，同比下降2.6%；完成软件服务收入16.99亿元，同比增长72.5%。

二是贸易代理服务保持一定规模。服务业的开放进一步深化，促进了贸易代理、中介服务、社会服务等专业服务类企业的发展。保税区中介服务和社会服务等行业涉及的企业少、规模小，专业服务发展主要体现在贸易代理服务类上。随着商品销售规模的不断扩大和商品种类的不断拓展，保税区涌现出为数较多的为买卖双方提供贸易机会或被授权代理行使商品交易活动的企业，这些企业针对不同客户群体和商品种类，运用自身较高的服务水平和专业知识，能较快、较全、较好地满足客户业务需求，使得贸易代理服务保持一定规模。据统计，2016年保税区企业完成贸易代理服务收入55.74亿元，其中有13家企业贸易代理服务收入超过1亿元。

三是出租出售房屋收入保持快速增长。开展房产开发、租售及物业管理等业务活动的房产企业是保税区经济发展的重要保障。2016年，保税区房产企业共完成出租出售房屋收入48.09亿元，比2015年增长22.2%，主要是各开发公司合计完成出租出售房屋收入39.10亿元，占比为81.3%。

【功能培育】总部经济企业集聚作用突出。2016年，保税区总部经济企业依托政策和服务综合优势，进一步整合订单销售、贸易结算、供应链集成、人力资源、资金统筹等更多的经营管理职能，充分利用自贸试验区改革创新试点功能措施，拓展业务统筹范围的广度和深度，不断提升自身在跨国公司集团内部的地位和作用，逐步成为集团在中国区乃至亚太地区的区域性管理总部，为保税区经济发展带来经济贡献效应、产业聚集效应、产业关联效应等诸多外溢效应。据统计，2016年保税区总部经济企业完成经营收入8 207.33亿元，比2015年增长13.8%，占保税区经营收入的56.6%，所占比重比

2015 年提升 5.0 个百分点；完成税务部门税收 219.90 亿元，占保税区税务部门税收的 45.2%；完成进出口额4 012.77 亿元，同比增长 4.2%，占保税区进出口额的 60.3%。

平台经济服务功能深入拓展。截至 2016 年年底，成功加入外高桥保税市场会员单位的企业累计达到9 167家。据统计，2016 年外高桥保税市场合计完成各类商品交易额 12 488.43亿元，比 2015 年增长 9.0%。保税区三大综合性市场继续发挥综合服务优势，提升服务能级，拓展服务范围，优化服务模式，帮助会员单位扩大进口内销业务规模，促使交易额持续实现较快增长。据统计，2016 年三大综合性市场合计完成各类商品交易额11 721.43 亿元，比 2015 年增长 8.6%，占保税市场交易总额的 93.1%。各专业功能性市场继续发挥各自专业领域特色优势，积极提升服务水平和效能，进一步完善专业服务运作模式，提升贸易便利化水平，促使交易额呈现较快增长态势。据统计，2016 年各专业功能性市场完成各类商品交易额 767.00 亿元，比 2015 年增长 15.7%，占保税市场交易额的 6.1%。其中，危化市场、医药市场、钟表市场和文化市场交易额呈现不同程度增长，分别完成 265.12 亿元、225.12 亿元、203.00 亿元和 64.04 亿元，比 2015 年分别增长 42.2%、9.4%、4.5%和 10.5%。

【发展效益】 企业利润总额实现增长。面对全球经济缓慢复苏和国内经济调整升级，外高桥投资企业在制度创新、贸易便利化措施的持续推动下，进一步发挥规模效应和集聚作用，有效降低运作成本，充分挖掘新的业绩增长点，促使利润总额实现增长。据统计，2016 年外高桥投资企业共实现利润总额 516.14 亿元，比 2015 年增长 7.6%。

各类税收收入保持千亿规模。外高桥保税区正处于区域经济迈向多元化发展的结构调整时期，虽然由于受到龙头企业经营规模波动的影响，区域整体产出效益略有下滑，但仍然保持千亿级税收规模，为国家和地方财力作出了重要贡献。据统计，2016 年外高桥保税区共完成各类税收收入 1 127.39 亿元，其中形成的中央税收 924 亿元，占保税区各类税收收入的 82.0%。全年完成税务部门税收 487.04 亿元，完成海关部门税收 640.35 亿元。

企业从业人员基本稳定。随着外高桥产业体系的不断完善，投资企业转型升级进程加快，吸引了大量高学历、专业型人才聚集，投资企业从业人员综合素质稳步提高，为外高桥的发展奠定了良好的人力资源基础。据统计，2016 年年末外高桥投资企业从业人员为 26.45 万人，比 2015 年略微下降 0.2%。其中，中方人员 25.48 万人，占比为 96.3%；外籍人员 0.97 万人，占比为 3.7%。高学历、专业型人才持续增加，大学专科以上学历人员达到 19.95 万人，比 2015 年增长 2.0%，占比为 75.4%。

【招商部门】 上海外高桥保税区由中国（上海）自由贸易试验区管委会保税区管理局统一管理。联系电话：021-58698500。

深圳保税区
SHENZHEN FREE TRADE ZONE

【经济发展】2016年，深圳保税区域（包括福田保税区、盐田综合保税区、前海湾保税港区、坪山出口加工区和机场保税物流中心）完成工业增加值148.3亿元，同比下降2.6%；实现工业总产值934.7亿元，同比下降6.0%；进出口额为5 560.7亿元，同比下降5.2%，占全市进出口额的20.9%，其中出口3 056.1亿元，同比下降4.2%，进口2 504.6亿元，同比下降6.3%。

其中，深圳保税区（福田保税区、盐田综合保税区）完成工业增加值119.5亿元，同比下降6.4%；实现工业总产值819.5亿元，同比下降7.7%；进出口额为4 403.8亿元，占全市进出口额的16.6%，同比增长4.5%，比全市增速高8.1个百分点，其中出口2 400.7亿元，同比增长7.6%，进口2 003.1亿元，同比增长1.1%；商品销售额完成410.6亿元，同比增长13.2%。全年新批入区企业220家，同比下降19.41%；外资企业投资额为0.76亿美元，同比增长50.03%。主要特点如下：

高科技加工方面。福田保税区实现规模以上工业总产值606.1亿元，同比增长1.9%；实现规模以上工业增加值102.4亿元，同比增长1.9%。园区排名前十的工业企业中实现增长的企业有7家，科技研发投入较大的企业涨幅靠前。其中，联想信息产品（深圳）有限公司实现工业产值330.1亿元，同比增长13.7%；深圳赛意法微电子有限公司实现工业产值38.3亿元，同比增长19.9%；新美亚科技（深圳）有限公司实现工业产值11.6亿元，同比增长4.5%；戈尔科技（深圳）有限公司实现工业产值9.35亿元，同比增加12.3%。

沙头角保税区加工以黄金珠宝加工为主，实现工业增加值17.1亿元，同比下降37.1%；实现工业产值213.4亿元，同比下降27.6%，其中黄金珠宝加工业产值为122.1亿元，电子信息产业产值为81.2亿元。

保税贸易方面。深圳保税区域外贸进出口总额为4 403.8亿元，同比增长4.5%，占深圳市进出总额的16.6%。福田保税区实现进出口总额3 672.5亿元，同比增长13.3%，比全市增速高16.9个百分点，园区以占全市万分之七的面积，完成全市14.3%的进出口额。其中，出口1 906.3亿元，同比增长17.1%；进口1 766.2亿元，同比增长9.5%。盐田综合保税区全年进出口额为731.3亿元，同比下降24.8%，较上半年降幅收窄2个百分点。其中，出口494.9亿元，同比上升18.1%；进口236.9亿元，同比下降35.8%。盐田综合保税区盐田片区进出口同比大幅增长，进出口额为444.1亿元，同比增长26.0%，其中进口115.7亿元，同比增长51.3%，出口328.4亿元，同比增长19.2%；沙头角片区进出口额287.2亿元，同比下降53.8%，其中进口121.2亿元，出口 166 亿元。

转型升级方面。以新一代信息技术、新材料、光通信、医疗器械为主的先进制造业完成园区工业产值的 99%，检测维修、国际分拨、研发设计、保税展示等“保税+”新业态加速发展；传统仓储物流企业加快向平台、贸易服务和综合物流方向转型，腾邦跨境购物展示中心项目、富裕仓深港电器直销配送平台先后完成，引进了苹果零配件全球分拨中心；光汇石油、华强北商城、厦门国贸集团、飞达国际集团等总部型企业纷纷入驻，外向型总部效应逐步呈现；依托“保税+”,中芬设计园、创意保税园等各具特色的区中园不断成长，拥有全国首个由 MIT 授权的国际微观装配实验室（FABLAB）和海峡两岸青年创业基地；保税展示暨跨境电子商务交易中心已形成东部精茂进口商品展示交易中心，中部腾邦“海捣网”，西部华润 e 万家、周大福港货中心的产业布局；深圳盐田综合保税区在新西兰建立首个海外仓，溯源中心正式启动海外布局。

【投资环境】依托于发达的外向型经济和便捷的通关环境，在深圳市委市政府、海关总署等部门的大力支持下，深圳建立了功能各异、合理布局的各类海关特殊监管区域，能够满足外向型经济客户全方位的发展需求。

东部：盐田综合保税区。盐田综合保税区在沙头角保税区、盐田港保税区、盐田港保税物流园区的基础上整合而来。园区位于深圳特区东部的盐田区，毗邻我国重要的中转港——盐田港，南靠香港，周边分布着我国最密集的海关特殊监管场所，园区具备良好的海铁联运交通系统。盐田综合保税区一期于 2016 年 1 月 15 日封关验收，3 月 8 日正式开关运作。

中部：福田保税区。1991 年 5 月 28 日经国务院批准设立，总面积 1.68 平方公里，其中围网内面积 1.35 平方公里，配套生活区 0.33 平方公里。福田保税区地理位置优越，北靠福田中心区，南部与香港为界临深圳河。建有日通车能力4 000辆次的一号专用通道，经落马洲大桥与香港直接连通。

西部：深圳前海湾保税港区。2008 年 10 月 18 日经国务院批准成立，规划面积 3.71 平方公里。其一期园区于 2009 年 7 月 10 日通过国家联合验收并已封关运作，实际运作面积 1.176 平方公里。前海湾保税港区享受国内最优惠的保税政策，国内货物“入区退税”，园区交通便利，港区内有 3 个码头，通过西部通道与香港连通。前海湾保税港区已纳入广东自贸区前海蛇口片区。

北部：深圳出口加工区。2000 年 4 月 27 日经国务院批准成立，规划面积 3 平方公里，位于深圳市坪山新区。2001 年 3 月 31 日通过国家八部委联合验收并已封关运作。

【保税区环境建设】联合海关制定《深圳市保税区域行政通道管理办法》，顺利开通福田保税区第二行政通道，实现备案车辆 24 小时自助通关。

长富金茂大厦、创凌通大厦、东方嘉盛仓正式投入使用，新增 25.6 万平方米产业空间；新开工的重点建设项目 2 个，全部建成后将为园区新增产业用房面积约 39.5 万平方米，预估总投资达 99 亿元。同时，福田保税区城市视觉导向规划建设已启动，楼宇景观提升工程完成招投标，给排水改造工程和道路市政设施修复工程正在开展施工准备工作。

基础设施建设进一步完善。先后实施了福田保税区道路及环境改造、隔离围网更新等工程，全面提升园区围网监控设施和主要道路、人行道的环境。推进地铁 3 号线南延段、10 号线工程建设，协调解决福田保税区站建设期间的临时行政通道建设、围网建筑拆迁、联检场地安保及园区交通疏浚等工作方案，力争 3 号线南延段尽快建成通车。

【招商引资】 经过20余年的开发建设，深圳保税区内土地开发殆尽，目前新引进的项目多为商贸物流领域，规模较小，对区内产业的影响有限。全年批准投资额3.8亿美元，合同利用外资4 898万美元；新批企业220家，其中外资项目55个。

【对外贸易】 2016年，深圳保税区实现进出口总额4 403.8亿元，同比增长4.5%。其中，出口2 400.7亿元，同比增长7.6%；进口2 003.1亿元，同比增长1.1%。从货物种类看，集成电路、自动数据处理设备、光学设备等高价值的机电高新产品是主要贸易货物，进出口额达469.5亿美元，占园区总贸易额的八成；酒类产品增长较快，进出口额为10.6亿美元，同比增长27%。

【商贸业】 深圳保税区商贸行业主要集中在福田保税区。2016年，福田保税区限额以上商贸企业实现销售总额410.6亿元，同比增长13.2%；年销售额在10亿元以上的商贸企业有8家，其中乐金显示贸易（深圳）有限公司实现销售额108.3亿元，深圳市东方嘉盛供应链股份有限公司、深圳市博科供应链管理有限公司、恩益禧视像设备贸易（深圳）有限公司、卡西欧电子（深圳）有限公司的销售额都在20亿元以上。

【物流业】 区域内龙头物流企业加快转型升级，分拨中心功能进一步增强，苹果、康宁等国际知名企业与区内优质物流企业合作建立分拨中心，高附加值产品在区内进行国际分拨的业务量快速增长。2016年园区进出口排名前10名的企业有8家实现增长。进出口货值超过30亿美元的企业有深圳嘉泓永业物流有限公司（进出口额71.5亿美元）、飞力达物流（深圳）有限公司（进出口额44亿美元）、联想信息产品（深圳）有限公司（进出口额41.3亿美元）。同比增幅较大的企业有全球物流（深圳）有限公司（进出口额29.6亿美元，同比增长38.5%）、深圳市旗丰供应链服务有限公司（进出口额21.8亿美元，同比增长62.3%）、新兴物流（深圳）有限公司（进出口额14.2亿美元，同比增长33.6%）。

【工业】 2016年，深圳保税区实现工业增加值119.5亿元，同比下降6.4%；实现工业总产值819.5亿元，同比下降7.7%。福田保税区全年实现工业增加值102.4亿元，同比增长1.9%实现工业总产值606.1亿元，同比增长1.9%。其中，联想集团旗下2个企业实现工业总产值447.9亿元，占福田保税区工业产值的73.9%；麦迪实科技实现工业产值41.8亿元；赛意法微电子实现工业产值38.27亿元，同比增长19.94%；昱科环球实现工业产值32.28亿元，同比增长6.62%。

沙头角保税区加工以黄金珠宝加工为主，实现工业增加值17.1亿元，同比下降37.1%；实现工业总产值213.4亿元，同比下降27.6%。企业转型升级拉动园区电子信息产业实现产值81.2亿元，同比增长0.3%。传统黄金珠宝产业挤出效应明显，2016年黄金珠宝产业实现产值122.1亿元，同比下降41.3%，同时占园区工业差值份额也下降12个百分点，至57.2%。

【发展趋势】 “十三五”是深圳市保税区域转型升级的关键期，园区将以《国务院办公厅关于印发加快海关特殊监管区域整合优化方案的通知》为依据，紧紧围绕国家“一带一路”建设和粤港澳大湾区经济发展战略，创新发展思路，全力解决制约园区发展的功能拓展、监管优化、配套不足、园区改造等问题，打造安全、高效、便捷、开放的园区；基本形成东部盐田综合保税区、南部福田保税区、西部前海湾保税港区、北部坪山综合保税区的合理布局，以“保税+新业态”为突破口，推动保税研发、跨境电子商务、转口贸易、离岸结算、专业市场等新业态的发展，突出保税园区推动改革开放和服务外向型经济发展方面的作用，为粤港澳大湾区经济发展战略和“一带一路”建设目标提供支撑。

【机构设置与管委会领导】深圳市经济贸易和信息化委员会承担全市海关特殊监管区域的统筹、规划和园区申报工作；促进保税区内企业发展，推动保税经济发展；指导保税区非经营性国有资产管理工作。

管委会领导：市经济贸易和信息化委员会党组书记、主任刘胜，市经济贸易和信息化委员会副主任（分管领导）谢建民；市经济贸易和信息化委员会保税经济处负责人姚文开，副处长姚璇、曾锦辉。

【招商部门】保税经济处，联系人：田雪颖，联系电话：0755-83590737；福田保税区服务中心，联系人：邱泽华，联系电话：0755-83480558；沙头角保税区服务中心，联系人：胡正诚，联系电话：0755-25260060；盐田保税区服务中心，联系人：张桂怡，联系电话：0755-25281182。

广州保税区
GUANGZHOU FREE TRADE ZONE

【经济发展】2016年，广州保税区按照“向政策要效益，向功能要效益，向内涵要效益”的工作思路，突出保税特色，发挥政策优势，提升服务功能，不断加快园区产业结构调整步伐，从以保税加工为主导的加工制造业向以现代物流、跨境电子商务、商贸和展览展示等为主导的现代服务业转型升级，努力克服市场需求萎缩、企业经营困难等影响，主动作为、攻坚克难，推动园区产业转型升级、经济稳步增长，为实现“十三五”良好开局打下坚实基础，多项工作取得了突破性的进展。

2016年，广州保税区实现进出区货值106.65亿美元，进出口总额38.22亿美元，商品销售额335.58亿元；实现工业总产值50.16亿元，同比增长8.9%；实现税收总额9.09亿元，同比增长10.22%。

【投资环境】广州保税区基础设施完善，拥有便利的区位优势、优惠的政策优势和高效的体制优势，建立了通达世界的海、陆、空立体直转通关物流系统，覆盖面广、业务形态丰富，是优质的外向型经济基地，尤其适合发展现代物流、国际商贸、保税加工、保税展销。在巩固发展四大传统优势产业的基础上，积极拓展跨境电子商务、检测维修、汽车进口等新兴业务，并构建了全方位立体化陆海空联合的保税物流体系，已形成电脑及其零配件系统产品、重型机械设备制造、生物医药、模具钢材加工、食用油加工、酒类交易中心、有色金属交易市场、跨境电子商务为主导行业的支柱产业。

2016年，全年持续对保税区、保税物流园区的企业进行全面的摸查，全面深化服务，保障园区企业增效提质，项目稳定持续发展。针对责任清单内约130多家重点工业及商贸企业，制定稳增长专项工作方案，结合企业实际扎实稳步推进经济增长。同时，深入地对三希科技集团、海瑞克、卡尔蔡司、卓德嘉、蒂森克虏伯、费森尤斯卡比、友益电子、融达电源、鸿森材料等28家区内重点企业进行走访调研。跟进企业的生产经营情况，落实各项扶持政策和措施。召开商贸业、服务类企业宣讲政策会，联系区内大型物流企业、码头企业召开多场座谈会，宣讲进出口奖励办法。主动送政策上门，联系区发改、科信等部门，帮助区内新三板上市的高科技企业申报有关扶持补贴，帮忙企业做大做强，配合全区完成市下达的各项外贸、进出口稳增长任务。累计召开企业座谈会和业务培训会13次，走访企业90余次，接待企业来访50余次，架设好企业与通关、国检、税务和外汇管理等部门之间沟通的桥梁。对座谈和走访中企业反映的问题进行梳理分析，并将情况及时反映到相关部门，帮助企业解决各种问题，协调各种诉求。积极协调海关、商检、工商、税务、外汇、安监、外经部门，及时解决企业生产经营中遇到的各种问题。重点协调了协调解决安利公司租用港务公司铁路运营线区域租金以及在保税区开展跨境电子商务 BBC 业务问题等，及时为企业排忧解难，为企业合法合规、顺利进行经营运作提供全面服务。

做好西区产业园“十三五”发展规划。西区将立足先进制造、开放贸易、临港沿江等特色优势，以建设“创新转型先行区”为总目标，聚焦产业和城市“双升级”，着力实施创新型产业集群建设、特殊监管区转型、城市更新发展“三大任务”，充分激发和释放园区的发展活力，推动西区由传统工业区向集产业、生活、现代服务于一体的现代科技新城转变，建设成为广州市乃至广东省产业和城市“双转型”先行区域。

积极开展海关特殊监管区域发展调研，积极探索未来发展方向。坚持从广州保税区、保税物流园区和出口加工区的发展实际出发，开展“探索新路径、积累新经验、采取新举措，用创新走出新路”的思维模式，与黄埔海关共同研究，发布促进园区发展的便利化措施，在引导产业升级、优化监管模式、整合区域功能等方面，取得实实在在的成效。一是优化产业结构，打造多元化进口贸易展示平台。二是优化监管模式，切实提高通关效率。三是优化区域功能，支持海关特殊监管区域功能合理调整。

【招商引资】 截至 2016 年年底，广州保税区内现有台湾大众电脑、卡尔蔡司光学、海瑞克（广州）隧道设备等制造企业 28 家，中远航运、大田仓储、普洛斯等物流仓储企业 59 家，卡聂高酒业、骏德酒业、裕金酒业等酒类展示销售企业 69 家，国美电器、丰田通商、三菱商事等商贸企业 440 家。其中，商贸企业占区内企业数量的比重过半，税收贡献比重接近九成。目前，区内有 20 多家企业获批为广州市跨境电子商务试点企业，陆续有美悦优选、跨境通等 7 家企业投入运营。

截至 2016 年底，广州保税区累计引进企业3 516家，其中外商投资企业 783 家；累计合同利用外资 11.12 亿美元，实际利用外资 9.04 亿美元；累计实现商品销售额 2 616.76亿元，工业总产值1 125.51 亿元，工商税收收入 142.58 亿元。同时，位于广州保税区内的保税物流园区有效运作，进一步提升了区域优惠政策的丰富性和完整性。

2016 年，充分依托海关特殊监管区域功能政策，紧紧把握全区“促增长”工作主线，全面深化服务，保障园区企业增效提质，项目稳定持续发展。

通过实地考察、商会合作等方式，积极为企业搭建投资平台，努力拓宽招商渠道，举办了“CADCC 平行进口汽车发展研讨会”的全国性行业年会，搭建与全国各地汽车经销商沟通交流合作的平台。2016 年突出招商重点，紧紧围绕大、好、优项目开展招商引资工作，洽谈跟进增资扩产项目 6 个、招商项目 17 个，目前新注册项目 3 个，已达成初步投资意向和在商洽的项目 13 个。

拓展保税汽车仓储展示和小贸汽车进口业务。一是引进广州日产国际贸易有限公司，协助企业完成注册、备案等手续并通过了工商、外资审核，正式投入运营，2016 年为开发区贡献出口额逾 2.5 亿元人民币。二是引进天津广义行公司投资的广州津渝兴贸易有限公司，完成工商注册手续，项目注册资金 1 亿元人民币，计划全年销售平行进口汽车5 000辆，进口额预计为 20 亿元人民币。三是与深圳澳康达名车广场有限公司签署投资意向书，拟建设广州澳康达汽车文化综合体项目，注册资本 1 亿元人民币，投资总额 100 亿人民币，预计 2018 年营业收入 50 亿元人民币、税收 2.5 亿元，2020 年营业收入达 100 亿元、税收达 5 亿元。四是商洽引进广物控股电动车等综合性汽车项目、珠海合升汽车贸易公司、庞大集团、中高汽车及广州保税区汽车的保税区汽车城项目。

另外，有效利用园区配套资源，大力引进冷链项目，促进物流业实现高附加值。引进卓兴企业在保税区投资冷链物流项目，总规划用地 2.5 万平方米，总投资 3 亿元人民币，预计达产后可每年实现税收约2 446万元人民币。项目建成后将有力提高园区综合进口贸易总量，吸引和聚集产业链上下游企业来保税区落户和投资，大大丰富了西区物流业态。

【对外贸易】 2016 年，广州保税区实现进出区货值 106.65 亿美元，进出口总额 38.22 亿美元，商品销售额 335.58 亿元。

【物流业】 2016 年，广州保税区继续围绕“集中力量发展具有广州东部新城区特色的物流产业，增加为开发区和全市生产型企业配套服务能力”这一中心任务，通过保税物流园区的建设和运作，推动物流产业优化升级，构筑辐射珠三角乃至华南地区的物流平台。

为促进广州开发区物流行业协会的成立，参加由德国驻穗总领事馆和《物流》杂志社联合举办的德中高端物流企业论坛，并邀请《物流》杂志社、广东商品国际采购中心联盟主要负责人考察保税区，与开发区物流行业协会的会长单位开展座谈。继续强化广州保税区进口葡萄酒商会的作用，推动商会副会长单位酒饮公司建立网上商城，有效为红酒街商户拓宽销售渠道。

【工业】 电子设备制造业为保税区的支柱行业，其他生产加工门类较广，主要有食用油精炼、医用材料、钢材模具、重型机械设备制造、日用品、包装材料生产等。2016 年，完成工业总产值 50.16 亿元。

【保税物流园区】 广州保税物流园区与黄浦新港实行区港联动，规划面积 0.507 平方公里，是广州开发区第五个国家级经济功能区。保税物流园区正式运作以来，在通关手段信息化、监控立体化、货物流动便捷化的管理模式下，2016 年，保税物流园区实现进出区货值 91.27 亿美元。园区业务已辐射天津、山东、湖南、江西、福建、内蒙古等 10 多个省份，服务企业近2 000家，其中广州开发区内企业占 30%，有效地降低了企业的运输成本和仓储压力。

为打造现代物流示范区，积极推进保税物流园区与黄埔新港码头的联动建设，扩大区域辐射范围。开展区内主要物流企业码头业务量调查，并多次实地考察黄埔新港和新沙港码头，促进保税物流园区与黄埔新港联动，使其运用水上货运“巴士”快速无缝接驳南沙、深圳、香港等国际枢纽港，实现“一次报关，直通世界各大港口”，促进以国际物流配送为核心的第三方物流发展。具体操作上采用运输车辆提前备案的监管方式实行区港联动，实现“到港货物直接入园，入园货物可入仓分拣后申报，一次报关，可分批出区”。区港之间的“无缝对接”为下一步保税物流园区内企业开展国际采购、国际中转、国际贸易、国际配送等业务打下良好的基础。

按照广州市加快推进广州建设成为亚洲物流中心的总体部署，园区结合区域特征和实际工作进展，开展规划研讨和政策推介。目前，广州保税区、广州出口加工区和保税物流园区 3 个保税监管区域，已成为广州地区政策功能最齐全、运作最成熟的保税物流区域。

保税物流园区大力开展保税仓储和国际分拨配送业务，满足了加工制造企业对保税物流业务发展的需求，有效降低了企业物流成本，提高了资金、货物周转效率，企业市场竞争力明显得到提升，从而吸引了周边地区企业纷至沓来，利用园区的特殊功能和优惠政策为自身减负。园区对周边地区乃至整个珠三角地区强有力的辐射力无疑将带动与之关联的保税区和出口加工区的发展。

【酒类交易市场】 广州保税区国际酒类交易中心是广州开发区管委会、广东省酒类行业协会和澳企实业联合打造的，集进出口展示、贸易、仓储、物流、报关、报检于一体的进口酒类专业市场。目前，红酒交易中心呈现出整体发展，经营形式百花齐放、各具特色的态势，包括创建自有葡萄酒品牌，发展连锁加盟经营，成为中国地区总代理等。

为在激烈的竞争中继续保持华南地区著名进口红酒交易市场的地位，广州保税区国际酒类交易中心开展多种营销活动，打造高精端国际商品保税展示中心。一是获得“广东省重点培育进口商品交易中心”称号。广东省发展改革委、省商务厅在全省开展认定10个重点培育进口商品交易中心工作，经过多重评审，“广州保税区国际酒类交易中心”以总评分第2名的排序获得了省商务厅授牌。二是继续加大力度宣传推介。组织红酒街企业参加“2016第十七届中国（广州）国际名酒展”，参展酒商共计洽谈客户约1 600批次，达成初步合作意向的客户300批次。与公交车、地铁公司合作，在车身张贴广告，宣传交易中心运作亮点；发挥进口葡萄酒协会作用，组织红酒街道企业共同宣传推广活动。三是积极推进红酒溯源工作进展。强化保税区“原庄原瓶”进口红酒品牌影响，推进“红酒二维码溯源平台”建设，为消费者展示全方位信息，提高专业市场的信息化水平。

【进口商品基地建设】 根据广东省政府《关于促进进口的若干意见》，在稳定出口的同时，积极扩大进口规模。依托特殊监管区域等建立进口基地，鼓励企业在海关特殊监管区域、保税物流中心和保税仓库设立采购中心、分拨中心和配送中心，开展流通性简单加工和增值服务，通过保税监管场所扩大物资进口和储备，并根据市场需求，在广州、深圳等中心城市规划建设若干进口商品交易中心，打造全国有影响力的进口商品交易平台。2016年，确定打造进口商品基地的工作重心，通过多种渠道招商引进进口商品专业市场项目，努力推进广州保税区有色金属交易所、广州水产集团、进口化妆品交易市场和骏德酒业、裕金酒业等项目的招标、筹建和服务工作。联系外国和我国港澳台地区的驻穗机构，宣传保税区政策和投资环境；通过参加华南美国商会的会员活动，拜访和接待阿根廷驻穗总领事馆、香港贸促会等，向考察团介绍打造进口商品基地的规划，扩大宣传效果和品牌影响力。与行业协会、龙头企业沟通，争取进口商品项目落户保税区；走访深圳珠宝企业，引导企业建设珠宝产业城，将高档珠宝的展示销售、技能培训、鉴定认证等业务引入保税区。

【发展趋势】 广州保税区立足历史和现状，妥善进行业务梳理，进一步拓展功能，按照海关总署关于整合特殊监管区域的精神，扩展出口加工区保税物流功能，研究保税区、出口加工区和保税物流园区的整合升级，探索从以加工贸易为主的发展模式向保税商贸基地的发展模式转型。同时，以保税物流园区的运作为发展契机，整合现有资源，继续推进保税物流体系建设，大力发展现代物流。

【机构设置与管委会领导】 广州保税区的地方管理机构是广州保税区管理委员会，2002年6月广州保税区管理委员会与广州经济技术开发区、广州高新技术开发区、广州出口加工区管理委员会合署办公，构成强大的“四区合一”行政管理体系，2003年全区通过ISO 9001和ISO 14000双认证，拥有中国对外开放最完整、最系统、最丰富的优惠政策体系，可供外商选择的投资领域最宽、政策空间最大。

2005年6月，广州市委、市政府为加快

"东进"战略的实施，在原"四区合一"经济区域的基础上，成立了广州市萝岗区，面积为393.22平方公里。2015年7月，广州市萝岗区与黄埔区合并，设立广州新黄埔区。

广州保税区管委会为广州市政府的派出机构，享受市一级的审批权限，机构精简，办事高效。管委会下设办公室、发展和改革局、经济发展局、科技和信息化局、规划国土局、建设和市政园林局、环境保护和城市管理局、保税业务管理局、企业建设局（招商局）、财政局等机构。

管委会领导：广州保税区管委会主任陈志英，副主任陈小华、郑锡雄、蔡刚强、郭粤明、孙秀清。萝岗区副区长张超平同志具体分管保税区业务。

【招商部门】广州开发区西区产业园管理委员会（保税业务管理局）是广州保税区的经济业务主管部门，诚挚欢迎广大客商进行咨询、交流及前来投资和开展业务。园区必然践行"一切为了投资者，一切为了企业，用最好的服务，最佳的环境，让投资者获得最大的回报"的管理理念。

广州开发区西区产业园管委会（保税业务管理局）联系人：陈坚，联系电话：020-82112062，传真：020-82112070。

汕头保税区
SHANTOU FREE TRADE ZONE

【概况】2016 年，是“十三五”规划的开局之年。一年来，汕头保税区领导班子带领保税区全体建设者，发挥上海自贸区、广东自贸区、华侨试验区和保税区政策叠加功能优势，主动融入临港经济区发展规划，突出保税功能，全力推进招商引资，引进一批契合保税区功能定位的优质项目，推动区域经济健康平稳发展。2016 年，园区实现外贸进出口 12 亿元，同比增长 10.4%。其中，进口 7.1 亿元，同比增长 18.6%；出口 4.9 亿元，同比增长 2.9%。同期，实现合同外资2 071万美元，同比增长 34.3%；实际使用外资1 690万美元，同比增长 41.5%。

【投资环境】实施“一门式一网式”改革，整合优化现有审批事项和工作流程，减少办事环节，共精简办理事项 24 项，减少办事环节 27 项，办理时间在原有基础上压缩 56%，工作流程在现有基础上精简 70%。建立广澳深水港码头卡口与保税区卡口联系配合制度，开设码头与保税区间的快速通道，对经广澳深水港进出的保税区仓储和保税加工货物参照转关运输监管模式，集中在保税区内办理通关手续，实现码头与保税区在管理空间上的对接。2016 年 10 月 20 日，海关电子信息辅助系统建成投入使用，有效提高卡口管理水平。工商分局开辟办理登记“绿色通道”，协助洛斯特制药有限公司被省商标评审委员会正式认定为广东省著名商标。税务部门协调推进全面实施营改增工作，开展“便民办税春风行动”宣传活动，得到广大纳税人的一致好评。建立项目提前介入制度，由海关、检验检疫、工商、税务等部门提前介入，及时为企业提供政策咨询和解答服务，并提高项目落户成功率。分批次在 N4 以东沿线（E10 路至 E5 路段）靠海边地带种植木麻黄防风林带，目前已完成第一期 E9 路至 E8 路段的种植工作。完善区内道路、交通信号灯配套建设，以及协调开通 56 路公交线路等，进一步方便客商和区内人员进出；针对企业反映较为集中的生活配套设施问题，引进罗长发连锁超市在园区设立网点，结束了保税区没有商业网点的历史，并计划建设创客孵化器（成德广场）同步配套文化娱乐休闲场所，解决员工精神文化的需求；加强机关办公大楼管理、维护，消除安全隐患，保持环境卫生整洁。

【招商引资】园区分别与美国 BASE 娱乐体育集团、北京航空航天大学通用航空产业研究中心、中化岩土工程股份有限公司、西安通用航空产业集团有限公司、中联通、中电建路桥集团有限公司、石墨烯新材料、领域跨境电子商务、北京碧水源等大型企业签订合作战略协议，与以色列 IAI 集团、上海荷福控股（集团）有限公司、上海临港经济发展（集团）有限公司、中交天航南方公司洽谈对接项目，在互联网、娱乐体育、通用航空、石墨烯新材料、人工智能等产业广泛开展合作。上海荷福集团与园区洽谈建设人工智能科技产业园项目，拟设立人工智能研发中心和产业投资基金，开发智能化金融服务机器人、智能化建筑机器人等项目。在市政府主要领导带领下，赴珠海与以色列IAI、中航集团高层领导洽谈，商讨航空项目有关事宜。12月29日，保税区举行13项重点项目签约、开工、竣工、投产仪式，投资总额超21亿元。积极申报以特色农产品、塑料原料为主的华夏南方商品交易中心、广东中鑫商品交易中心两大交易平台。积极洽谈引进深圳精茂进口商品展示交易中心项目，项目建成后将与园区恒通跨境电子商务产业园进行对接，为入园的跨境电子商务企业提供一个集公共服务、集中展示、物流供应链于一体的创业平台。

【保税物流中心（B型）建设全速推进】该项目总投资3.06亿元。通过公开招标的方式，确定广东省第二建筑工程公司为保税物流中心工程施工单位，广东海外建设监理有限公司为该项目施工监理单位。目前，汕头保税物流中心（B型）建设工作正式启动，已进场开展围网、勘探、平整土地、围护工作，已完成项目建设现场指挥部和工人临时住宿等生活配套设施的搭建，土地平整正在进行，各项工程施工全面铺开。

【创业孵化基地成功落地】2016年3月，经广东省人社厅同意，汕头保税区“一带一路”“互联网+”创业孵化基地被确定为省市共建区域性（特色性）创业孵化基地，获批基地建设补助资金2 000万元，并于7月向国家重大项目库申报资金支持。

【存量土地加快盘活】集中人力、财力、物力，攻坚克难，加大闲置土地处置力度，盘活区内资源，依法依规开展闲置土地处置盘活工作。以土地、资金和项目三赢互惠为原则，分门别类，先易后难，通过加强与用地单位的沟通协调，采取协议收购、挂账收购和依法强制收回相结合的办法，“一地一策”积极稳妥地推进土地盘活工作。全年共完成6宗130亩闲置土地的收购手续，另外1宗土地正在办理土地收购合同。园区可支配土地近166.67万平方米，满足了新项目用地需要。

张家港保税区
ZHANGJIAGANG FREE TRADE ZONE

【经济发展】张家港保税区于 1992 年经国务院批准设立，2008 年转型升级为保税港区，并与金港镇实施一体化管理。辖区面积 152 平方公里，常住人口 35 万，先后获评全国首批生态示范工业园区、全国最具投资潜力经济园区等称号。2016 年，完成地区生产总值 628.72 亿元，同比增长 7.5%；公共财政预算收入 41.58 亿元，同比增长 10.4 %；入库税收 81.32 亿元，同比增长 6%；工业开票销售收入1 115.12 亿元，同比增长 1.9%；全社会固定资产投资 167.63 亿元，同比增长 1.6%；外贸进出口总额 116.82 亿美元，同比下降 0.4%，其中出口 27.28 亿美元，同比增长 8.6%。当年，获评国家长江经济带转型升级示范区，跻身全国千强镇第六名。

【投资环境】完成金港片区《长期保留点整治规划》和《居民自建房引导规划》等重要规划。滨江大厦等新城标志性建筑完成建设，崇真小学、幼儿园竣工，文化中心美术馆、档案馆结构封顶，文化馆、少年宫、图书馆工程过半。香山景区四季花园建成开放，香南西路、景区环路（可施工区域）基本竣工，香山大街完成立面改造，运动公园优化调整建设方案，特色小镇启动规划申报。保税港区二期整改初步确定保税区、保税港区两区并行方案，18 号泊位建设完成项目报批，口岸进口肉类查验存储一体化设施投入运营。疏港高速、张家港大桥建成通车，镇山大桥、华达路南延、黄泗浦路改造等改扩建工程有序推进，交通体系更加完善。

【工业】2016 年完成注册外资13 892万美元，同比下降 63.3%，到账外资25 139万美元，同比下降 4.9%；完成注册外地资本 54.92 亿元，同比增长 51.9%，外地资本投入 83.85 亿元，同比增长 89.1%；完成工业投入 106.9 亿元，同比增长 2%。康得新光学膜、华昌加氢新材料、东华能源页岩气制烯烃及环氧丙烷 3 个项目入围江苏省重点产业项目，投资 1.1 亿美元的润英联一期、投资 4 000万美元的 PPG 涂料二期等 52 个项目实现竣工投产，投资 120 亿元的康得新二期、投资 1 亿美元的霍尼韦尔 MTO 等 56 个项目开工建设，投资 1.5 亿美元的 IFF 香精香料、投资 1 亿美元的盛威科高档油墨、投资 12.5 亿元的玛顿重工等 7 个重大项目签约落户。全年销售超过亿元的企业达 125 家，入库税收超过5 000万的企业达 31 家。

【贸易业】2016 年实现服务业投入 60.73 亿元，同比增长 1%；服务业增加值 312.06 亿元，同比增长 10.8%，占 GDP 的比重达到 49.63%。汽车口岸、进口消费品、化工、纺织、粮油、木材六大专业市场实现交易额超过3 000亿元（含电子交易额），税收超 10 亿元。汽车口岸整车进口6 000辆，同比增长 126%；改装基地建成投运。消费品中心不断扩大跨境电子商务，郑明温控产业园开工建设。化工品交易中心在国内首家启动甲醇期货保税交割，纺织市场加快打造亚麻交易中心和国际棉花超市，粮油市场积极推进电子交易，名贵木材市场上线运行“尚木网”。引入阿里巴巴推动“一达通”外贸服务平台提档升级，物润船联在全省首批获得无船承运人资格，正式上线长江经济带多式联运平台。

【新兴产业】2016年完成新兴产业投入82.09亿元，同比增长6.5%；新兴产业产值661亿元，同比增长1.4%，新兴产业产值占工业产值比重达66.73%，同比提高4个百分点。保税区获评国家知识产权示范园区，保税区科创园获评国家级科技企业孵化器。设立国弘智能制造基金、以诺领军人才基金，参股张家港金茂新三板基金。中科院大化所产研院、中国地质大学技术转移分中心等平台加快建设运营。新引入国家“千人计划”人才1名，市领军人才18名。新增高新技术企业15家，获评省级以上企业创新平台10个，康得新集团在张家港市首家获评苏州市级企业研究院。成功引进阅维科技等科技创新项目28个，全年重点人才企业产业化销售总额超过6亿元。新增“新三板”挂牌企业3家。

【社会民生】总投资超7亿元的年度实事工程有序实施，后塍学校教学楼、金港医院易地新建等教育卫生资源优化工程开工建设，两个“乐享养老服务中心”启动运行，成为联合国教科文组织“农村社区学习中心（CLC）”项目实验点，获评“全国社区教育示范乡镇”。生态环境持续优化，关停落后产能企业26家，新增绿化面积超过千亩，完成城乡生活污水接网超过万户，实施农村垃圾分类预处理工程，完成小明沙、高桥等4个三星级康居乡村点位建设。

【发展趋势】2016年，张家港保税区将瞄准一个总目标——“高水准打造长江经济带转型升级示范区和高标准争创全国文明镇”；突出两个主抓手——牢牢抓住对上政策争取、突破发展瓶颈制约的牛鼻子，坚决守住安全环保发展底线。同时，争当三个排头兵——发挥经济转型主力军、主阵地作用，争当重大项目集聚的排头兵；提高在全市经济社会发展动能中的贡献份额，争当港产城融合发展的排头兵；强化体制机制的改革创新，争当开放创新双轮驱动的排头兵。实现四个新提升——经济转型提质增效，城市品位提档升级，民生福祉提速增进，干部队伍提神振气。走好五条发展路——走稳定提升现有产业的转型升级之路，走统筹经济和生态效益的可持续发展之路，走放大政策功能优势的错位发展之路，走做强区镇实体经济的强身健体之路，走激励干部担当作为的实干兴区之路。

【机构设置与管委会领导】张家港保税区管委会下设党政办公室、组织人事局、发展改革局、招商局、科技人才局、物流贸易局、财政局、规划建设局、安全环保局、国土资源局、企业服务管理局、社会事业局、农村工作局、政法和社会管理办公室、行政服务中心。

【招商部门】招商局，联系电话：0512-58320857，联系人：张卫星；物贸局，联系电话：0512-58322553，联系人：彭烨。

中国（福建）自由贸易试验区厦门片区
CHINA（FUJIAN XIAMEN）PILOT FREE TRADE ZONE

【概况】厦门片区坚持以制度创新为核心任务，努力打造一流营商环境。完成福建省试验任务67项、厦门片区试验任务82项，在投资便利化、贸易便利化、“一带一路”互联互通、对台先行先试、法治化环境、事中事后监管等领域共推出166项政策措施，在福建省通报的99项创新举措中，厦门片区有46项（其中全国首创18项）。至2016年年底，在福建试验区累计225项创新举措中，厦门片区有108项（其中全国首创39项）。自贸试验区的改革创新，有力促进厦门营商环境的提升。经第三方评估，厦门营商环境排名在厦门片区挂牌一周年时从全球第61位（2015年）提升至第49位（2016年），在两周年时又提升至第40位（2017年）。

【制度创新】着眼便利化，不断激发市场活力。一是加大国际贸易“单一窗口”系统集成。船舶进出口岸、跨境电子商务、一般货物报关报检等口岸核心业务均实现“一个窗口、一次申报、一次办结”，报关比率近100%，报检比率为100%，居全国首位，被海关总署列为全国口岸“互联网+自主报关”首个试点，国家质检总局5月在厦门召开的全国通关业务现场会把厦门“单一窗口”向全系统复制推广。平台日单证处理量突破11万票，月近300万票。平台已覆盖厦门整个口岸，并复制推广到泉州、漳州、龙岩等周边地区；与新加坡“单一窗口”实现船舶信息互联互通，与台湾关贸网路实现互联和数据交换。二是不断提升通关便利化水平。厦门关检“三互合作”常态化，试点大宗散货“关检互认”。扩大货物按状态分类监管范围，盘活6万多平方米的仓储库容；对国际航行船舶进口岸和船载危险品实施“同步申报、同岗审批”，效率提高50%以上；厦门港集装箱智慧物流平台上线运行，实现集装箱进出口全程信息实时、便捷、准确地交互共享，属国内首创。

运用信息化，强化事中事后监管。一是建设大数据平台。厦门片区大数据平台于9月启用，集政府管理、事中事后监管、“单一窗口”、大数据服务、网上3D自贸区为一体，运用大数据加强市场主体服务和监管。二是创新监管模式。推进综合监管信息平台建设，建立联合执法、信用信息、信用监管三大综合监管执法平台，创新以信用监管为核心的事中事后监管模式。自贸试验区信用信息平台企业年报公示率为94.2%，累计访问量为72万人次，信用信息查询86万人次。三是突出信用监管。出台守信联合激励和失信联合惩戒意见及经济违法违章行为举报奖励办法；率先在全省启动水路运输企业信用评级试点；在电商行业试行信用承诺制度，引入第三方市场信用监管；金融机构联合国地税开展“银税互动”，2 062家纳税A级企业获60.02亿元纳税信用贷款。

强化简政放权，提升法治化环境。一是

自贸区立法走在全国前列。《厦门经济特区促进中国（福建）自由贸易试验区厦门片区建设若干规定》于9月1日颁布实施。厦门片区管委会被福建省政府法制办、省人大常委会授予基层立法联系点。二是“放管服”纵深推进。开展“证照分离”改革试点，重点推进食药领域“证照分离”，实施试行告知承诺审批制度，简化对小餐饮、小作坊核准条件，合并简化审批材料等16项措施，并复制推广全市，惠及1.2万家企业；试行环评审批制度改革，建立环保负面清单，改环评由事前审批为网上备案，已有21个环境影响报告表项目和20个环境影响登记表项目通过网上实现环评文件自主备案和申报，累计节约审批时间超过500个工作日；推动电力获取便利化，依托“多规合一”平台，推出简化用电申请手续、缩短流程时限、节约客户成本、安全优质用电等服务举措，创新高压业扩项目供电方案前置等服务机制，区内用电申请办事流程提速34.5工作日，三相工程客户满意率达98.66%。高压客户申请零资料、高压供电方案零等待、客户增值服务一份报告等创新举措已在全市复制推广。三是健全多元化纠纷解决机制。厦门港航调解中心于10月成立，厦门国际商事仲裁院、自贸区法庭、自贸区调解室受理或调解案件1 821件，国际海商事调解体系不断完善。四是加强知识产权保护。设立中国厦门（厨卫）知识产权快速维权中心和全省首个刑事、民事、行政“三合一”的知识产权巡回审判法庭，出台厦门片区知识产权扶持与奖励办法，多部门共建知识产权保护协作机制。五是推动自然人移动便利化。落实部分外国人72小时过境免签政策、外国人落地签证等政策，已办理外国人工作类居留许可2 000多人次。创新柔性引才机制，实施《关于进一步激励自贸区人才创新创业的若干措施》和柔性引才引智暂行办法等系列人才政策，吸引高端人才集聚自贸区。

【经济发展】 自贸改革持续释放红利，激发市场主体的活力。2016年，厦门片区引进企业16 459家，注册资本2 729亿元，同比分别增长188.5%、252.7%；挂牌至2016年年底累计引进22 764家，注册资本4 050.84亿元，聚集形成国际贸易、航空维修、融资租赁、航运物流、金融服务、创新创业、高端制造七大产业。2016年，厦门片区国内生产总值为434.21亿元，同比增长12.7%；进出口额为1 323.53亿元，同比增长8.2%，占全市和全省的比重分别为26%和12.79%；集装箱吞吐量为924.37万标箱，同比增长4.6%；财政总收入为71.95亿元，同比增长19.5%，其中地方级收入39.39亿元，同比增长5.2%。自贸试验区成为推动厦门发展的新引擎。

以产业集聚为目标。一是发展高端制造业。初步形成以油脂加工、精密机电为主导的高端制造产业集群。加快推进台湾佳格葵花籽油（投资1.5亿美元）、IOI棕榈油深加工（投资2.5亿美元）等油脂加工产业龙头项目，年产值可达70亿元。推进厦门钨业三元材料、瑞声科技、贝姆勒精密机电等11个先进制造业龙头项目建设，预计新增产值130亿元。二是成为全国第三大飞机融资租赁聚集区。全年引进融资租赁企业143家，累计218家；引进飞机10架，累计完成31架、33亿美元的飞机租赁业务。为成都航空引进2台价值2 200万美元的全新进口CFM飞机发动机，加快建设融资租赁资产交易平台。三是做大商贸流通平台。整合邮件、快件、跨境电子商务平台，建立跨境直购快速通关模式。在海沧保税港区创新建立跨境电子商务监管中心，率先在全国实现保税备货、一般贸易报关、分送集报的快速通关的电商运营模式。全年跨境电子商务进出口3 900多万件，货值28.2亿元，同比增长

40%。四是做优文化旅游业。2016 年接待邮轮 79 艘次，同比增长 18%；旅客吞吐量首破 20 万人次，同比增长超 14%。全国首创旅游要素同业 O2O 交易中心——腾邦欣欣旅游产业园日交易量2 000万元。加快建设“海丝”艺术品中心，与世界著名的英国邦瀚斯拍卖行等 34 家企业开展战略合作。五是建设“一带一路”桥头堡。建立厦门市境外投资服务平台和“走出去”服务联盟，厦门片区有 65 个境外投资项目备案，投资额近 15 亿美元。鑫桥融资租赁以自贸试验区为平台“走出去”，参与马来西亚“印象马六甲”项目建设。

以项目带动为抓手。推进总投资 735.8 亿元的“五个一批”项目，固定资产投资额为 49.5 亿元，完成年度计划的 102%，同比增长 65%。其中，两岸贸易中心总部等 3 个项目完成年计划的 105%；国际创智产业园、邮轮母港综合体等项目加快建设；世界 500 强山姆会员店、夏商国际水产交易中心、红星美凯龙自贸家居广场等开业运营。

以金融创新为突破。累计引进3 400家金融、类金融企业。区内企业获金融机构贷款 252.4 亿元，本外币双向资金池业务累计超过 42 亿元。成立海峡金融服务公司，取得上海金交所特别会员资格。设立厦门翔业集团财务公司，是我国机场行业成立的第二家财务公司。实施自贸试验区人民币跨境使用、银行业务创新监管、金融机构统计监测及金融风险管理等一系列制度机制，加强金融风险防控。

以服务企业为导向。设立厦门片区产业引导基金。出台片区首个综合性人才政策《关于进一步激励自贸试验区人才创新创业的若干措施》。实施“千百十”企业服务计划，兑现纳税大户、进口商品展示交易、融资租赁等扶持政策，127 家企业获扶持资金 8 147.3 万元。

【对外开放】积极推进落实中欧（厦门）班列和航空维修基地建设，大大提升自贸试验区辐射能力。

构建中欧（厦门）班列国家物流新通道。一是政策突破，常态运营。厦门作为枢纽节点列入国家《中欧班列建设发展规划（2016~2020 年）》，获海关总署支持建设多式联运监管中心。此外，厦门被列入中欧安全智能贸易航线试点计划，中欧安智贸试点计划第 28 次工作会议于 11 月 15 日在厦门召开，正式启动厦门—新疆/阿拉山口—马拉舍维奇（波兰）铁路线安智贸项目，这是中欧安智贸计划的首条铁路线试点，标志着中欧（厦门）班列在“一带一路”的国际合作实践上又迈出新的一步。班列常态化运营，新开通德国纽伦堡和荷兰蒂尔堡 2 个终点站，自 2015 年 8 月开通至 2016 年 12 月 31 日，累计开行 103 列，运输5 578标箱，货值达 14.22 亿元。二是扶持激励，个性定制。出台扶持政策，建立揽货激励机制，调动国有企业参与市场拓展积极性，加大与国际知名货代公司的招商合作；推出“拆拼箱”业务，满足中小企业小批量、多批次进出口的个性需求。三是引进项目，拓展联运。马来西亚有关企业拟在厦门片区投资建设清真食品产业园等项目；丹麦皇冠大中华冷链项目加快推进。4 月，班列通过海铁联运延伸至台湾地区，推进与东盟国家物流对接，把我国东南沿海、中西部、台港澳与东盟、中亚及欧洲相连，形成一条跨越海峡、横贯亚欧大陆的国家物流新通道。

打造全球一站式航空维修基地。一是积极向上争取支持。海关总署支持厦门航空维修企业拓展包修合同项下服务外包业务，使厦门太古发动机公司承接了东航发动机服务外包业务，其模式可复制推广至其他国内航空公司。二是扶持企业做大做强。扶持太古飞机、新科宇航、霍尼韦尔等 12 家企业做大做强。2016年航空维修业产值达121.1亿元，同比增长24.8%，约占全国的1/4，航空维修成为片区首个超百亿的产业，产业链初步形成。三是完善产业链配套。成立飞行器健康管理技术研究中心，发展航材物流、航空援外服务、人才培训等项目；对接国家大飞机战略，与中国商飞公司商洽开展全方位战略合作。

【对台交流合作】 拓展对台开放领域。区内首家台资合资的雄狮旅行社、首家台资银行台湾中国信托银行厦门分行、首家台湾知识产权服务机构台湾大陆通商专业事务所相继开业。首家台资独资设立的沛亚人力资源服务公司已推荐1 300多人就业（含台湾人才）。

增加两岸合作平台。2016年8月，云创智谷被列入国家级“海峡两岸青年创业基地”，也是厦门片区首个智慧园区。至此，包括厦门两岸青年创业创新创客基地在内，厦门片区共有2家国家级海峡两岸青年创业基地，共入驻企业600多家，吸引台湾青年近200人。台湾创业馆开馆，设有海峡妇女创业就业基地、自贸区两岸义工创业实训基地、厦门市台湾青年就业创业实训基地。一品创客海峡两岸（厦门海沧）无人机暨智能机器人孵化基地入驻60个创业企业团队，孵化出较为成熟的控智机器人、赛客呼吸器、唐峰消防机器人和神龙无人机4个产品。2016年9月，国务院组织开展第三次大督查时，督查组对厦门片区大力推进海峡两岸创业创新创客基地做法予以充分的肯定，认为可作为典型经验供全国学习借鉴。

创新两岸合作机制。实施“源头管理、口岸验放”的两岸商品快速通关模式，厦门口岸台湾食品进口货物批次占大陆的50%以上，进口台湾水果占大陆的八成。推动两岸海关“经认证的经营者”（AEO）互认试点工作，实施厦门片区台湾地区输大陆食品优良供应商评定与管理办法。

上海外高桥保税物流园区
SHANGHAI WAIGAOQIAO BONDED LOGISTICS ZONE

【区域概况】上海外高桥保税物流园区作为外高桥保税区功能的延伸，是我国首个实施“区港联动”的区域，于2003年12月由国务院批准设立，规划面积1.03平方公里，目前已封关运作面积1.03平方公里。2016年，保税物流园区继续借助自贸试验区建设的制度创新和贸易便利化等先发优势，积极推进园区全面转型升级，不断完善投资环境和物流通关环境，区域呈现多元化发展趋势。

【开发建设】目前，开发建设进入成熟阶段，基础开发已基本完成。可经营性土地77万平方米，其中已开发土地57万平方米。基础设施已建设道路总长度9公里，隔离围网总长6公里，拥有14万平方米集装箱转运区、3座卡口和查验场地等配套设施。

保税物流园区的土地集约化利用和物流运作效率保持较高水平。目前，一期、二期仓库均已建成并投入使用，其中一期单层仓库10万平方米租赁率为95%，二期双层仓库28万平方米租赁率为69%；1万平方米商务中心大楼租赁率超过45%。此外，K6地块近10万平方米多层综合物流仓库项目建设顺利推进中。截至2016年年底，保税物流园区累计已完成固定资产投资额超过37.6亿元。

【功能培育】重点功能项目稳步推进。一是国际中转集拼业务试点取得新突破。物流园区立足自贸试验区特色的国际中转集拼直客模式试点成功，并得到相关管理部门的认可。8家试点企业2016年完成直客模式的中转集拼箱量约为8 000标箱。二是完成跨境电子商务公共平台的试点准备工作。2016年3月，保税物流园区被授予上海市首批“跨境电子商务示范园区”，开启了参与跨境电子商务试点的实质性步伐。保税物流园区与上海市跨境电子商务公共服务平台合作，探索形成适合跨境电子商务的营运模式与业务流程。截至2016年年底，保税物流园区已引进国际物流、国际配送、国际采购各类专业项目86个，其中独立法人单位60家；吸引投资总额7.06亿美元，其中合同外资3.33亿美元。

【发展效益】经营收入呈现小幅增长。2016年，保税物流园区投资企业充分发挥制度创新和功能拓展的比较优势，促进经营收入出现小幅增长。据统计，2016年区内26家正式开展经营活动的独立法人企业合计完成经营收入18.12亿元，比2015年增长5.8%。

进出口呈现多元化趋势。保税物流园区进出口货种结构逐步呈现多点开花的局面，虽然有色金属、危险品等的进出量因宏观环境及相关政策影响大幅减少，但是日用品、食品、电子产品、乐器及服饰、轻奢品等消费类商品的比重在不断提高，反映出进出口运营呈现多元化趋势。2016年，保税物流园区共有25家企业直接开展进出口业务，合计完成进出口额233.74亿元，占全国保税物流园区进出口额的 30.3%。据统计，2016 年保税物流园区完成一线进出口货值（指保税物流园区与境外之间的“进出境备案”货物）467.4 亿元，保税物流园区完成二线进出口货值（指保税物流园区与国内一般区域之间的“视同进出口”货物，含转关货物）2 588.7 亿元。全年完成海关部门税收 170 亿元，占外高桥保税区海关部门税收的 26.5%。

【招商部门】上海外高桥保税物流园区由中国（上海）自由贸易试验区管委会保税区管理局统一管理。联系电话：021-58698500。

出口加工区

天津出口加工区
TIANJIN EXPORT PROCESSING ZONE

【概况】天津出口加工区是2000年4月27日由国务院批准设立的首批15个出口加工区之一，规划面积2.54平方公里。一期开发1.0平方公里，位于天津经济开发区东北部，为天津出口加工区A区，并于2001年6月29日顺利通过海关总署等国家八部委的联合验收，正式封关运作。天津出口加工区B区位于天津经济技术开发区西区，于2007年12月通过海关总署等国家九部委的联合验收，开发面积为0.435平方公里。

【经济发展和工业】据统计，2016年全年，天津出口加工区完成工业总产值22.57亿元，增加值9 000万元。2016年1~12月份，天津出口加工区入境货物220 627.74吨，金额为3.42亿美元；出境货物209 755.32吨，金额为3.22亿美。当年完成代征税16 155万元。自封关运作至今，园区已累计完成工业总产值398.26亿元。

【投资环境】天津出口加工区位于天津经济技术开发区内。多年来，天津经济技术开发区始终站在我国北方对外开放的最前沿，已成为中国经济规模最大、外向型程度最高、综合投资环境最优的国家级开发区。根据商务部关于国家级经济技术开发区投资环境综合评价，在总指标上，自1997年开始，天津经济技术开发区始终保持中国国家级开发区综合评比第一名，成为当之无愧的中国投资环境最好的国家级经济技术开发区。天津出口加工区地理位置优越，距离天津港5公里，距离天津滨海国际机场38公里，距天津市区40公里，距离北京市145公里，距离首都机场150公里。依托于天津滨海新区及天津经济技术开发区，园区基础设施完备，人力资源丰厚，政务环境公开，生活配套便捷。

为贯彻《国务院办公厅关于印发加快海关特殊监管区域整合优化方案的通知》（国办发〔2015〕66号）的文件精神，积极推进海关特殊监管区域整合，逐步将现有出口加工区、保税物流园区、跨境工业区、保税港区及符合条件的保税区整合为综合保税区，天津出口加工区为升级成为综合保税区做了充分的准备工作：全面检查天津出口加工区A区的区域环境，将卡口和围网破损老旧影响使用的部分整修一新，其余需要改善维修的项目也全部完成，区域整体环境得到了大大的提升。

【招商引资】天津出口加工区秉承“三资并重”的工作理念，坚持全员招商，强化精准招商，争取精品项目，提升招商引资的效率、质量和水平。天津出口加工区自成立以来，依靠政策优势及海关的优质服务，招商工作进展较为顺利。自封关至今，共有项目29个，行业涉及家具、新材料、包装袋制品、物流等，其中包括出口加工区拓展功能后注册的物流项目12个。截至目前，共吸引投资总额22 087万美元，其中外商投资总额18 162万美元。

2016年，富士康集团将其售后维修检测业务转移至天津，选址天津出口加工区。2016年12月15日，鸿富锦精密电子（天津）有限公司在天津出口加工区内设立的全球售后维修中心项目——佰昌科技服务（天津）有限公司注册成立。该公司的成立标志着天津出口加工区又增加一种新型业态——保税维修业务。这种新型业态拓宽了保税服务范围，融合保税物流优势和新兴业态发展态势，助推海关特殊监管区域新业态迅猛发展。

【企业服务】天津出口加工区管委会建立了职能部门联席会议制度和企业定期走访制度，与海关、检验检疫、税务等职能部门召开联席会议，共同解决区域运营过程中企业反映的问题；协调海关、商检等职能部门深入企业一线，提供现场服务，帮助企业解决生产经营等方面存在的问题，努力为企业创造高效率、低成本的外部运行环境。

【发展趋势】根据《国务院办公厅关于印发加快海关特殊监管区域整合优化方案的通知》（国办发〔2015〕66号）和《海关总署关于印发〈海关特殊监管区域退出管理工作规程〉的通知》要求，海关总署对全国各海关特殊监管区域中存在的部分土地长时间未开发、利用率不高的问题进行通报整改。园区对此高度重视，经认真研究并与海关沟通，拟定整改方案。待整改方案获批后，园区将尽快启动将整改后的天津出口加工区升级成为综合保税区的工作。综合保税区是我国政策、功能最完善的海关特殊监管区域。出口加工区转型升级为综合保税区后，除享受“国外货物入区保税、国内货物入区退税、区内交易免税”的政策外，还适用除港口作业功能外的保税港区政策，可以充分发挥区位和政策优势，拓展相关功能。

【机构设置与管委会领导】天津出口加工区管理机构为天津出口加工区管委会，与天津经济技术开发区管委会合署办公。天津出口加工区管委会下设管委会办公室，与天津开发区管委会贸易发展局合署办公，行使出口加工区管理职能，从事日常管理、协调工作，天津开发区各职能部门对天津出口加工区延伸服务。

管委会领导：天津经济技术开发区管委会主任徐大彤，兼任天津出口加工区管委会主任；天津经济技术开发区贸易发展局局长沙镝，兼任天津出口加工区管委会办公室主任。

【招商部门】天津出口加工区管委会办公室与天津经济技术开发区管委会投资促进领导小组办公室建立合作机制，由投资促进领导小组办公室负责主要招商任务，天津出口加工区管委会办公室配合招商，并提供项目所需相关信息，做好服务工作。

天津经济技术开发区投资促进局电话：022-25202729，传真：022-25201836；天津出口加工区管委会办公室招商电话：022-25202233、25202367，传真：022-25201021。网址：http：//www.teda.gov.cn/myfzj/contents/1094/94649.html。

河北廊坊出口加工区
HEBEI LANGFANG EXPORT PROCESSING ZONE

【概况】河北廊坊出口加工区于2005年6月3日经国务院批准设立，位于廊坊开发区域内，规划面积0.5平方公里，2007年12月7日通过海关总署等九部委联合验收，2008年8月正式封关运行，2009年正式启动全面业务。

【经济发展】2016年，廊坊出口加工区各项经济指标实现快速增长。全年完成进出区货值16.8亿美元，比2015年增长110%；完成税收7 295万元，同比增长70.6%。

【投资环境】位于京津之间，区位独特。廊坊开发区位于北京与天津之间，被誉为京津走廊上的一颗明珠。廊坊开发区距北京市41公里，距天津市65公里，距首都国际机场70公里，距首都第二国际机场仅26公里，距天津国际机场80公里，距天津港105公里，地理位置得天独厚。北京城际铁路S6联络线的规划和建设将真正实现廊坊与北京的交通互联，城际铁路廊坊站设在廊坊开发区内。

国家交通主干道穿城而过。廊坊是京沪高铁从北京出发停靠的第一站，廊坊到北京用时仅需20分钟，到天津仅需18分钟，到上海仅需5小时。G2（京沪高速公路）穿区而过，G3（京台高速公路）、京津高速公路、津保高速公路、廊涿高速公路等多条国家、省级的高速公路穿过廊坊，使廊坊与京津及全国其他地区实现全面高速互通互联。

领先的智慧园区管理模式。为进一步促进“智慧政务、智慧产业、智慧民生”的发展，廊坊开发区正在与华为公司开展深度合作，通过采购云服务模式，打造包括“一池两平台”的云计算服务平台，即依托区内云服务提供商的高等级数据中心构建的专属云计算资源池，打造“政务云平台”和“企业云平台”，通过云计算平台的建设满足更高的城市信息化建设需求，整合各部门现有的数据资源，建设公共基础数据库，使得数据资源得到充分共享，逐步形成以云计算平台为基础、以大数据管理为核心、以网络安全体系为保障的智慧园区管理框架。

丰富的人力资源。廊坊开发区内的东方大学城聚集近10所大专院校，专注于管理、电子、医药、健康、数控机床等几十个专业领域高级职业技术教育，是中国较大的具有国际水平的职业教育基地。2016年，廊坊开发区出台了《廊坊经济技术开发区引进高层次人才试行办法的通知》和实施细则，设立“廊坊开发区人才发展专项资金”，通过多种方式鼓励创业型领军人才、高层次人才和特殊人才的引进。随着腾讯众创空间、中国虚拟现实产业加速中心、北理工虚拟现实产业研究院、廊坊市智慧环境生态产业研究院等国内大型研发和孵化平台的建设，廊坊开发区的高层次人才已形成汇聚之势，大批工程院院士、国家级突出贡献专家、“千人计划”专家等聚集廊坊开发区。

优惠的政策支持。2016年，廊坊开发区

相继出台了《廊坊经济技术开发区促进总部经济和现代服务业发展试行办法的通知》《廊坊开发区鼓励大众创业万众创新的试行办法》，对总部企业、大数据相关产业、金融业、高技术服务业和众创空间、科技企业孵化器、加速器等，根据不同情况在落地补助、开办扶持、运营补贴、增资扶持、用房补贴、技术研发补助、增设机构奖励等方面给予支持。同时，对符合开发区产业扶持政策，并具有重大引领作用，未来预期给开发区作出重要贡献的重大项目，可按照“一事一议”的原则办理。

高效、便捷、透明的行政服务体系。廊坊开发区成立行政审批局，将审批事项划分为经济、建设和社会服务3类业务板块；再造审批流程，打造流水线式审批模式，实现了一枚印章管审批、一个中心全覆盖。廊坊海关实行“预约报关”制度，保证24小时全天候通关服务。廊坊出入境检验检疫局实施“假日预约报检、全程一站式签单、24小时全天候服务”。

健全的教育、医疗体系。廊坊开发区共有幼儿园5个、小学13个、中学2个。廊坊开发区正在集中打造一站式教育，已与北京师范大学达成合作，北京师范大学拟在廊坊开发区建设附属学校，项目总投资11亿元，用地总面积475亩，学校总建筑面积18万平方米，设小学72个班、初中48个班、高中48个班，计划于2018年投入使用。

宜居宜业的环境。廊坊开发区在河北省开发区中率先通过ISO 14001环境管理体系认证，并成为河北省首家由国家环保部、商务部、科技部批准开展国家生态工业示范园区建设的开发区。区内环境优美的公寓、写字楼、五星级酒店、国际学校、高尔夫球场、体育馆、国际展览馆等一应俱全。

廊坊出口加工区依托廊坊开发区完善的基础设施环境、配套的产业发展环境、丰富的人力资源环境、快捷的通关环境、优质的商务运行环境、与国际惯例接轨的政策体制环境，以建设保税物流与加工贸易等多功能于一体的现代化园区为目标，积极推进功能拓展，创新服务发展模式，成为现代服务业和加工贸易类企业的理想投资之地。

【招商引资】廊坊出口加工区立足京津冀的战略区位，依托京津冀协同发展战略的实施，结合廊坊经济技术开发区的产业定位，产业结构以高新技术为主，合作对象以跨国公司为主，投资规模以大型化为主，着力发展保税物流等货物贸易业、研发检测维修等生产性服务业和增值加工业务，引进辐射带动区域经济发展的保税物流、光机电一体化、精密机械等龙头骨干企业，服务于廊坊开发区及周边区域外向型企业的供应链体系和技术开发服务体系，成为调整产业结构和提高企业运行效率的平台，同时成为廊坊市对外贸易与货物流通提升的平台。

【京东集团跨境电子商务项目入区落地】作为廊坊市人民政府与京东集团合作的重要组成部分，京东集团在廊坊出口加工区投资建设“京东跨境电子商务保税区北方中央仓”项目，一期开工面积约17.27万平方米，项目投资总额7.8亿元（折合1.2亿美元），注册资本3.12亿元（折合4 800万美元）。项目已完成备案和注册登记，项目建筑面积16万平方米（计容面积32万平方米）。“京东跨境电子商务保税区北方中央仓”项目将采用B2B2C模式，发展成为京东全球进口商品北方贸易基地，为京东自营和平台用户提供一站式电商解决方案，预计跨境贸易额将突破100亿元。

【发展趋势】根据自身区位和发展条件，廊坊出口加工区坚持把功能拓展作为主要发展方向，积极探索保税物流、研发、检测、售后维修服务等新业务发展之路，开展加工区的特色业务，建立廊坊出口加工区特色业务体系，致力于建设国内一流的集加工贸易与保税物流等多功能于一体的现代化园区。

【机构设置与管委会领导】廊坊出口加工区管委会与廊坊开发区管委会为“一套人马，两块牌子”，由廊坊经济技术开发区经济发展局出口加工区管理局负责日常管理工作。

【招商部门】廊坊经济技术开发区经济发展局。联系人：韩兵、刘雄，联系电话：0316-6087094，传真：0316-6087094，地址：河北省廊坊市经济技术开发区祥云道8号，邮政编码：065001。

上海漕河泾出口加工区
SHANGHAI CAOHEJING EXPORT PROCESSING ZONE

【经济发展】 近年来，尽管受全球金融危机的影响，同时又面临着区内主导产业企业规划调整、产线西迁，但上海漕河泾出口加工区主动适应新形势，大力挖掘新动能，消化吸收不利因素，培育一批新兴企业，并以跨境电子商务的建设为契机，积极推动园区转型升级，经济形势实现稳中有升，为下一步的发展打下了良好的基础。

2016年，上海漕河泾出口加工区全年完成工业总产值295.29亿元，实现销售收入293.57亿元，实现工业增加值22.49亿元。加工区企业全年进出口总额为55.88亿美元，其中进口额19.52亿美元，出口额36.36亿美元。全年实现税收总额13.07亿元，其中海关征收进口环节增值税和关税10.72亿元，工商税收2.35亿元。

【投资环境】 2003年3月，国务院批转海关总署新增设漕河泾出口加工区。当年11月，漕河泾出口加工区成功通过国务院八部委验收，并于2004年3月1日正式封关运作。园区位于浦江高科技园的北面，地理位置优越，交通便捷。北侧紧邻外环线、徐浦大桥、卢浦大桥，到市区及周边城市极为便利。园区所在地浦江镇是上海市“一城九镇”发展规划中最大的中心镇，是集居住、商贸、度假、休闲和旅游为一体的新城镇，可为出口加工区提供优质的配套服务，其区位特点为人流、物流提供了极为有利的发展空间。加工区周边现已建成多片高档住宅，并引进了向明中学、仁济医院等教育和医疗资源，家乐福等大型商业中心纷纷落户，生活、交通、教育、医疗配套设施逐步完备。

漕河泾出口加工区内基础设施完善，监管设施技术先进。采用闭路电视监控系统进行监管，确保企业安全；区内由物业公司提供专业服务，餐厅等服务设施与标准厂房同步建成，满足企业员工的生活需要；海关和出入境检验检疫局在区内设立专门机构，为企业提供最大化的通关便利；专业的政策咨询机构为企业提供出口加工区各方面的政策咨询服务，包括税收、海关监管、检验检疫、外汇管理、加工贸易管理等。

【招商引资】 截止到2016年年底，上海漕河泾出口加工区累计引进外资企业15家，投资总额为6.90亿美元，合同利用外资额2.52亿美元，实际利用外资额2.52亿美元。在15家运营企业当中，11家为外商独资企业，分别来自美国、日本、开曼群岛等8个国家和地区。从行业上分，其中12家为制造型企业，3家为仓储物流企业。

下一步，加工区将重点在完善服务功能上下工夫，为企业解决瓶颈问题，创造良好的投资环境。充分发挥出口加工区和浦江高科技园区地理位置相近的区位优势和优惠政策的叠加效应，引入更多的、优质的企业入驻加工区，实现双区联动，相互促进，共同发展。目前，通过与海关、商检等部门的交流，“批次进出、集中申报”“货物自行运输、集中汇总纳税”“按状态分类监管”“委内加工”等一系列创新功能和措施在加工区已实施或试点。通过坚持与相关职能部门和企业的协作，积极应对和协调解决园区和企业发展中遇到的问题，坚定企业发展的信心，不断优化招商引资环境。

【工业】 2016 年，上海漕河泾出口加工区实现工业总产值 295.29 亿元，工业产品销售额 293.57 亿元，工业增加值 22.49 亿元，企业利润总额 2.11 亿元。以台湾英业达集团为主的高科技电子通信、IT 企业长期以来作为加工区的主导产业，庞大的产出规模及强劲的发展态势，对其上下游配套企业形成强大磁场，为加工区的发展壮大发挥了支柱作用。2008 年全球金融危机以来，加工区面临着国内外严峻的经济环境和形势，英业达集团的部分产线逐步向重庆转移，与其相关联的上下游企业也受到了不同程度的影响。但与此同时，以美敦力医疗器材制造和诺得卡电子为代表的一批新兴产业企业异军突起，依靠其自身产品科技含量的提升与市场的开拓，保持了总体运行的稳定和产量的不断增加，成为加工区可持续发展的新动力。

下一步，加工区将牢牢抓住自贸区政策和功能复制、推广的契机，争取尽快升级为综合保税区，实现服务功能显著提升、创新能力明显提高、产业承载日渐增强，形成管理规范、通关便捷、用地集约、产业集聚、协调发展的格局，成为拉动区域经济快速发展的强劲引擎。

【优惠政策】 漕河泾出口加工区是实行全封闭、卡口式管理的海关特殊监管区域，按照“境内关外”的思路设计，实现规范管理，依法行政。出口加工区实行的一系列优惠政策，有助于入区企业降低成本，同时货物通关快捷，管理手续简便，可极大地提高企业在国际市场上的竞争力。加工区与境外之间进出的货物实行“备案制”申报，除实行出口被动配额管理外，不实行进出口配额、许可证件管理；区内生产性的基础设施建设项目所需的机器、设备和建设生产厂房、仓储设施所需的基建物质，予以免税；区内企业为加工出口产品所需的原材料、零部件、元器件、包装物件及消耗性材料，予以全额保税；区内企业、行政管理机构进口的自用合理数量办公用品，均予以免税。区内企业开展加工贸易业务不实行加工贸易保证金台账制度，不实行《加工贸易登记手册》管理。2016 年 9 月，海关总署和商务部联合发布公告，取消商务主管部门对加工贸易合同审批和加工贸易保税进口料件或制成品转内销审批，改为由海关特殊监管区域管委会为企业出具“加工贸易企业经营状况和生产能力证明”，实现简政放权，提高了效率。此外，作为上海自贸区可复制、可推广政策的试点区域，“仓储货物按状态分类监管”“委内加工”等新的政策在加工区逐步实施，为企业创造了更加便利的发展环境。

【发展趋势】 上海漕河泾出口加工区经历了十多年的发展，已经形成电子信息制造业和医疗器械制造两大产业集聚基地。近年来，漕河泾出口加工区利用上海优越的区位优势，积极融入国家“一带一路”建设，推动自贸区可复制、可推广优惠政策在区内先行先试，一批有代表性的、新兴的医疗和电子产业企业异军突起，为加工区的可持续发展提供了强大的动力和支撑。随着跨境电子商务业务在区内的开展，漕河泾出口加工区正逐步实现从加工贸易单一模式向集加工贸易、货物贸易、服务贸易为一体的综合模式转型升级，不断探索海关特殊监管区域实现新发展的途径和思路。

要实现以上目标，今后要使出口加工区产业规划更加合理，经济指标稳中有进，经济实力进一步提高；商贸物流绽放活力，通关环境全面优化，转型升级进一步加快；区域维护、服务管理稳定开展，区域形象进一步提升。具体做好“三个突出”：突出创新招商，加强对新兴产业的招商力度；突出电商物流，以开展跨境电子商务业务为契机，推进园区功能和政策创新，加大自贸区政策可复制、可推广力度，进一步壮大商贸物流，实现区内、外联动；突出后劲支撑，继续完善服务管理，深化政策效能，进一步提升整体发展水平和服务管理水平，为加工区更快更好地发展提供有力保障。

【机构设置与管委会领导】上海漕河泾出口加工区与浦江高科技园（国家级）统一由上海漕河泾开发区经济技术发展有限公司负责日常管理运行、规划建设和招商引资等方面的工作。管委会办公室是出口加工区的归口管理部门，专门负责出口加工区的进出口审批、职能部门协调与综合行政管理等工作。

【招商部门】招商电话：021-64296666，网址：http：//chj-pj. com/。

上海嘉定出口加工区
SHANGHAI JIADING EXPORT PROCESSING ZONE

【经济发展】 2016年，上海嘉定出口加工区累计进出区总货值为19.03亿美元；海关共征收税款8.6亿元，同比增长33.48%；上海出入境检验检疫局嘉定出口加工区办事处为区内外企业提供进出口检验放行6 516批次。入驻嘉定出口加工区的十多家保税物流企业，积极为周边企业提供便捷的保税物流业务，全年保税物流业务进出区货值总额达到15.45亿美元。

【投资环境】 上海嘉定出口加工区处于江浙沪交通枢纽、长三角经济圈的中心地带。园区北邻江苏太仓，西接江苏昆山，东临长江口，离石洞口码头、张华浜、宝钢码头及铁路华东最大枢纽南翔站都在30分钟车程以内，距上海虹桥国际机场25公里，投资嘉定商务成本较低。与园区比邻而居的“嘉定电子商务产业园”是“国家级电子商务产业示范基地”，目前已汇聚了包括各大品牌电商在内的1000多家电商入驻。电商的云集已经成为嘉定的独特亮点，为拓展跨境电子商务业务奠定了坚实基础。

【发展状况】 2016年9月，嘉定出口加工区发展有限公司调整为区管企业，企业分类为功能类企业。上海嘉定出口加工区将在主动对接自贸区建设的同时推动出口加工区的转型升级，结合嘉定产业发展的结构性优势，打造四大功能性平台：一是推进跨境电子商务平台建设，二是推进汽车及零部件进出口交易平台建设，三是推进食品、化妆品交易平台建设，四是推进离岸金融平台建设。

跨境电子商务平台已经建成运营，至2016年年底，累计走通单量30余万单，交易总额约4 300余万元，完成商品备案1.4万条，入驻跨境电子商务类企业近百家。为配合拓展功能和招商引资的需要，建设完成了一期2.3万平方米的标准厂房、二期2.8万平方米的保税仓库。引进智贸通跨境电子商务智慧产业园和京东跨境1号自建园项目。嘉定出口加工区已形成较为完整的跨境电子商务生态链，园区为跨境电子商务发展的综合服务能力显著增强。

江苏连云港出口加工区
JIANGSU LIANYUNGANG EXPORT PROCESSING ZONE

【概况】连云港出口加工区于2003年3月10日经国务院批准设立，规划面积2.97平方公里。其中，一期占地面积0.71平方公里，于2003年7月通过国家验收，2004年1月封关运作；二期占地面积2.26平方公里，于2009年12月通过验收，2012年11月封关运作。建区十余年来，园区基础设施日益完善，已累计投资近6亿元，建成2.44平方公里的基础设施和18.2万平方米的标准厂房，配套了隔离围网、监管仓库、查验场地、检查卡口等监管设施。

【经济发展】2016年，面对经济下行压力持续加大的严峻形势，园区坚持创新引领，着力完善园区功能，拓展业务类型，推动跨境电子商务、保税展示交易、冷链物流等新兴业态发展，确保区域经济平稳有序运行。2016年，出口加工区保税加工产业保持平稳增长。完成工业总产值9.40亿元，同比增长5.10%；完成工业增加值2.09亿元，同比增长5.51%。保税物流业务量继续保持增长，进出口额下滑明显。完成物流企业经营收入7 495万元，同比增长10.06%；完成进出区货值13.19亿美元，同比增长19.66%；完成保税物流货值14.09亿美元，同比下降3.22%；完成进出口总额2.04亿美元，同比下降56.54%。

【投资环境】连云港出口加工区位于连云港市东部城区。连云港市是国家首批沿海开放城市，具有“江苏沿海开发”“长三角一体化发展”“东中西区域合作示范区”“国家创新型试点城市”“一带一路交汇点建设”五大政策优势叠加。连云港市下辖东海、灌云、灌南三县和赣榆、海州、连云三区，以及国家级连云港经济技术开发区，面积7 615平方公里，人口530万，海域面积6 677平方公里，海岸线212公里，其中40公里长的基岩海岸为江苏沿海城市所独有。连云港东邻日韩，西依陆桥，南连长三角，北接环渤海。距韩国403海里，每周均有4班客货班轮往返仁川、平泽；距日本512海里，与大阪纬度相当。连云港气候宜人，年平均气温14℃左右，年无霜期220天，空气优良率85%以上，夏无酷暑，冬无极寒，几乎没有台风等恶劣天气。连云港出口加工区毗邻港口，距集装箱码头约10公里。连云港港是江苏省最大的海港，集装箱吞吐量位列江苏港口第1位、全国港口第9位、世界港口第23位。30万吨级航道一期和30万吨级铁矿石码头已经建成，已经和160多个国家和地区的1 000多个港口有贸易往来，开通了远近洋航线60多条，可以到达世界各主要港口。2016年，连云港港吞吐量为2.21亿吨，集装箱达500万标箱。G30连霍高速、G25长深高速、G15沈海高速在连云港市交汇，其中连霍高速在出口加工区有出入口。连云港是新亚欧大陆桥东方桥头堡，是中亚国家和陇海兰新沿线地区的重要出海口，陇海兰新铁路东端起点连云港东站距出口加工区1公里。2016 年 11 月，连徐客专开工建设，连云港将迎来“高铁时代”。出口加工区距连云港白塔埠机场约 35 公里，可通过连霍高速乘车直达，航班可直飞全国 20 多个城市。规划中苏北唯一的大型机场花果山国际机场已开展前期工作。连云港是华东地区重要的能源输出基地，拥有江苏唯一的田湾核电站和隶属国信集团的新海热电厂，电力供应充足，可以保障项目需要，目前没有限电限产情况。连云港出口加工区配套完善，尚有 1 500亩可供出让的建设用地，没有指标限制，能够满足建设项目的用地需求。

【工业】连云港出口加工区有来自美国、韩国、日本、中国香港、加拿大等国家和地区的 16 家外资企业投资，投资产业涉及新能源、医疗用品、电子、纺织等多个领域。重点企业有连云港艾业无纺布制品有限公司、连云港重山风力设备有限公司、连云港中奥铝业有限公司、连云港柏科医用制品有限公司、连云港伍江电器技术服务有限公司、江苏锦达保税仓储服务有限公司、连云港中外运储运有限公司、连云港兴旺纺织有限公司等。

【招商引资】2016 年，园区新批项目 3 个，分别为新汇源供应链、翰晟保税仓储及丰诺实业，项目总投资 2.27 亿元。截至 2016 年年底，出口加工区注册项目 32 个。其中，外资项目 16 个，投资总额 2.4 亿美元；内资项目 16 个，投资总额 13.3 亿元。2016 年，出口加工区新开工项目 4 个（丰诺实业冷链物流项目、前海谷歌跨境电子商务项目、新汇源供应链保税物流项目、翰晟保税仓储项目），竣工项目 2 个（前海谷歌跨境电子商务项目、新汇源供应链保税物流项目，均为保税物流类项目），项目实际投资额为 1.16 亿元。

【创新工作】2016 年，园区加强政策研究，密切跟踪海关特殊监管区域系列改革新动向，突出制度创新，加大向上争取力度，积极引入并推广改革成功经验，释放改革红利。积极推行无纸化通关新模式，及时取消区内加工贸易业务批准证审批等事项。为出口加工区业务开展创造良好的制度环境，促进园区经济平稳增长。园区主动对接上海等自贸试验区，承接“溢出效应”，抢抓先行先试机遇，不断创新监管制度。在成功复制推广上海自贸区“批次进出、集中申报”“智能化卡口验放”等 8 项海关监管创新制度的基础上，2016 年，又成功复制推广“先入区、后报关”“委内加工”“仓储货物按状态分类监管”3 项自贸试验区新海关监管创新制度。监管制度的创新，简化了通关流程，提高了通关效率，降低了企业物流成本，改善和优化了通关环境，为企业发展创造了良好的制度环境。

【功能配套】2016 年，出口加工区累计基础设施投入1 350万元，主要实施工程有 7 号厂房整修工程，连云港市跨境电子商务监管中心及公共保税仓建设，出口加工区二期监控设施升级工程，国检办公用房改造工程，13 号、14 号厂房维修工程等。为进一步完善出口加工区区域功能，适应区内企业业务拓展要求，园区积极配合市政府、市口岸委等相关部门，做好向上争取工作，推动出口加工区转型升级为综合保税区。为充分发挥出口加工区对外开放平台优势，发展新型商业业态，园区积极推动跨境电子商务产业发展，推进跨境电子商务公共服务平台建设，已完成监管中心和公共保税仓硬件建设，正在进行软件部分调试，以期尽快投入运营。

【发展趋势】随着“建设丝绸之路经济带和 21 世纪海上丝绸之路”等国家重大政策的加快实施，连云港市作为“一带一路”交汇点、新亚欧大陆桥经济走廊东方起点、中哈物流合作基地和上海合作组织出海基地，东西连接的战略位置越发突出，双向开放的发展优势日益明显。连云港不断强化区域大通关机制，加快推动陆桥沿线及长江经济带通关一体化，在近 20 个省份内实现海关“三互”“三个一”（即信息互换、监管互认、执法互助，一次申报、一次查验、一次放行），陆桥沿线 10 多个省份实现“检验检疫直通放行”。加工区作为连云港市目前唯一的海关特殊监管区域，区内设有海关、国检、物流、报关等办事机构，配套海关、国检监管设施，管理体系健全，通关顺畅便捷，是连云港市重要的对外开放平台，也必将受益于“一带一路”交汇点建设和双向开放不断强化的历史进程。

【机构设置与管委会领导】 连云港出口加工区管委会与连云港经济技术开发区管委会合署办公，实行“两块牌子，一套班子”管理模式。

管委会领导：连云港市委常委、连云港经济技术开发区党工委书记曹卫东，兼任连云港出口加工区党工委书记；连云港经济技术开发区党工委副书记、管委会常务副主任王刚，兼任连云港出口加工区管委会常务副主任；连云港经济技术开发区党工委委员、管委会副主任曹洪秋，兼任连云港出口加工区管委会副主任并分管出口加工区工作。连云港出口加工区管理局为管委会的直属单位，负责连云港出口加工区的日常管理工作。

【招商部门】 招商电话：0518－80218222、13905137246，联系人：朱新强，网址：www. ldz. gov. cn。

浙江慈溪出口加工区
ZHEJIANG CIXI EXPORT PROCESSING ZONE

【概况】浙江慈溪出口加工区于2005年6月经国务院批准设立，按国际自由贸易区惯例运作，具有“免税、保税、免证”的特殊政策。2009年，海关总署对出口加工区在原先加工制造的基础上叠加了保税物流、研发、检测、维修等功能，使出口加工区成为发展保税物流和出口加工的新基地。区域总规划面积2平方公里，一期开发面积0.7平方公里，于2006年11月通过海关总署等九部委联合验收，正式封关运作。宁波海关、宁波出入境检验检疫局分别于2007年12月和2010年5月在出口加工区设立现场办事处，正式挂牌运行。

【经济发展】截至2016年12月底，区内累计引进各类企业28家，项目总投资27亿元人民币，其中生产企业6家，物流仓储企业22家，跨境电子商务企业4家，包括中外运物流、强泰电解铜、奕辉和田字格半导体芯片的进口分拨、永宏户外休闲用品和泛欧照明产品的出口集拼、立得购和新慈通雅的跨境电子商务进口、艾迪特饮料设备制造等一批生产制造及保税物流项目。2016年，园区实现进出区监管货物5.31万吨，货值3.13亿美元；实现进出境货运量2.08万吨，货值1.47亿美元，海关征收税款7 761万元。经过几年发展，园区形成以电解铜、黄铜带、集成电路及化纤原料等国外工业原材料为主的保税仓储进口分拨和以户外休闲用品、节能灯具、饮料设备及光伏接线盒等国产成品为主的出口集拼业务架构，跨境电子商务进口业务也具备了一定的规模。

【投资环境】浙江慈溪出口加工区设立在宁波杭州湾新区，新区位于世界最长的跨海大桥——上海至宁波的杭州湾跨海大桥南端，是上海、杭州、宁波三大都市的“金三角”几何中心，紧邻中国的经济金融中心——上海、国际知名的旅游文化城市——杭州和苏州，一个半小时交通圈中，同时拥有上海浦东、上海虹桥、杭州萧山和宁波栎社四大国际空港，以及宁波、上海两大海港，开展商务活动交通非常便捷。

浙江慈溪出口加工区依托宁波杭州湾新区完善的基础设施环境、配套的产业发展环境、丰富的人力资源环境、快捷的交通运输环境、优质的商务运行环境，以建设集保税物流与加工贸易等多功能于一体的现代化园区为目标，积极推进功能拓展，创新服务发展模式，努力成为现代服务业和加工贸易类企业的理想投资之地。

【招商引资】慈溪出口加工区定位于以发展保税物流为主，加工贸易为辅，努力打造区域性的国际贸易平台，并以此为导向开展招商引资工作。当前，宁波杭州新区党工委、管委会正在全力谋划通用航空产业和跨境电子商务产业。通用航空产业是新区“十三五”期间“6+4”产业规划中与汽车工业相并列的两大支柱产业，计划用8~10年的时间，建设成为国家级的通用航空产业集聚区和沪杭甬公务机专业运营枢纽。目前，新区通航机场已获批，国内外招商正在全面开展，在谈项目 20 多个，其中中航工业航空产业交易与物流中心项目、捷德通用航空两大通航项目与管委会签署投资协议，在新区（出口加工区）投资直升机及小型固定翼飞机的进口组装、展示、销售，以及保养维修、托管和飞行员培训等项目。根据产业规划和临空经济需要，计划在通航机场边上配置一个保税园区，以满足航空器材的保税展示及分销、航空零部件的进口分拨、融资租赁、航空发动机维修保养、航空器研发检测、飞行驾校模拟培训、空港保税物流、国际贸易等产业的入区需求。

同时，鉴于“互联网+”发展的强劲动力，新区通过积极申请，使慈溪出口加工区成为跨境电子商务的试点区域，跨境电子商务进口首单业务已于 2015 年 12 月 31 日正式启动试运行，正在推动跨境电子商务进出口同步发展，从而实现新区外贸的平稳增长和转型发展。目前，已有立得购、八鲜网络、新慈通雅等跨境电子商务进口项目和酷联电子、匠心安防、汇洲恒拓等出口项目落户，嘉里大通和菜鸟网络也已经入驻区内。由漂印染园区整体改造升级的杭州湾新区众创园已实质性启动，2016 年 5 月正式开园，将引进 100 多家电商企业。2016 年，园区实现跨境电子商务进出口 8.4 亿元，计划在 2018 年实现跨境电子商务进出口 50 亿元。

【基础设施】 截至 2016 年 12 月底，慈溪出口加工区 0.7 平方公里完成了全区域的“七通一平”基础设施建设，已开发出让土地 947 亩，其中管委会投资建设了6 400平方米的海关监管场站及监管仓库、30 000平方米的轻钢仓库、42 000平方米的多层框架标准厂房、50 000平方米的跨境电子商务专用仓，另外 10 万平方米的跨境仓正在建设之中，预计 2017 年年底竣工。

【工业】 宁波杭州湾新区泛欧光电有限公司。该公司由飞乐国际贸易有限公司投资，于 2013 年 3 月在出口加工区注册成立，总投资 3 000万元，注册资本 50 万元，租赁 2 号轻钢仓库3 400平方米，主要从事照明灯具的组装生产及出口配送业务，年出口额约2 000万美元。

宁波奕辉电子科技有限公司。该公司于 2013 年 4 月在加工区注册成立，注册资本 1 000万元，实际到位资金 200 万元，租赁 4 号标准厂房，主要经营半导体芯片进口分拨、芯片烧录等业务，年货值约5 000万美元。

宁波艾迪特设备科技有限公司。该公司由宁波新惠康电器有限公司与德国 Mr. Max Taha、意大利 Angelo Fusi 合资，于 2011 年 5 月在出口加工区注册成立，总投资 280 万元，注册资本 200 万元，租赁 5 号轻钢仓库 3 500平方米，主要从事各类饮料设备及制冷设备的生产制造，产品全部出口，年产值超过 1 亿元。2011 年 12 月开始试生产，年货值约 230 万美元。

宁波田字格电子信息有限公司。该公司由私营性质企业控股，于 2013 年 2 月在出口加工区成立，租赁 8 号轻钢仓库，注册资本4 000万人民币，主要经营项目有计算机软件开发，计算机软件及辅助设备、电子产品、仪器仪表销售。

宁波立得购电子商务有限公司。该公司于 2016 年 8 月在出口加工区注册成立，租赁区内跨境电子商务一期专用仓，经营范围包括食品网上销售，日用品、文具零售及网上销售，电子商务策划服务，普通货物仓储服务，贸易咨询服务，仓储租赁服务。

【发展趋势】 针对杭州湾新区及出口加工区发展实际，新区发展跨境电子商务的总体思路为：紧紧围绕市统一部署，以企业为主体、政府为支撑，在鼓励广大外贸企业全面发展广义跨境电子商务的基础上，通过跨境电子商务试点，以慈溪出口加工区、众创园、千人电商产业园等平台为依托，做大国际消费品的跨境电子商务进口业务和国内工业品的跨境电子商务出口业务，实现跨境电子商务进出口同步发展，切实推动新区外贸转型升级，全力助推新区打造“一城四区”。

【机构设置与管委会领导】 慈溪出口加工区与宁波杭州湾新区开发建设管委会实行合署办公，“两块牌子，一套班子”，实行统一领导、通盘规划、分工负责、分块运作、互为依托的管理体制。出口加工区管理科主要负责项目招商、开发建设，以及企业管理服务、协调、后勤保障等工作。

管委会领导：管委会主任李谦，管委会副主任史建范，商务局局长朱炎新、出口加工区管理科科长查文涛。

【招商部门】 慈溪出口加工区招商负责单位为宁波杭州湾新区商务局，局长：朱炎新（主持加工区工作），联系电话：0574－89280253；联系人：查文涛，联系电话：0574－89280482。

江西南昌出口加工区
JIANGXI NANCHANG EXPORT PROCESSING ZONE

【概况】南昌出口加工区于2006年5月经国务院批准设立，坐落在南昌市大气质量和综合环境最优的南昌国家高新技术产业开发区内，规划总面积1平方公里，其中一期（A区）0.31平方公里于2007年9月通过国家九部委验收正式封关运行。

【经济发展】2016年，园区累计实现进出口总值19.1亿美元，同比下降14.6%，其中出口值为9.63亿美元，同比下降25.7%。园区企业中，加工贸易企业实现进出口总值18.1亿美元，同比增长1.2%，其中出口值为8.82亿美元，同比增长2.6%，占园区出口总额的91.6%。

【投资环境】基础设施：园区共建有标准厂房近40万平方米，保税仓库5.5万平方米；园区外500米内建有企业员工公寓约51 000平方米，具有完善的生活配套设施及物业管理。

交通物流：园区地处长江中下游、鄱阳湖西南岸，承东启西，贯通南北，运输便利，其中距南昌火车站5公里，距赣江新水运港口20公里，距昌北国际机场25公里。为进一步提高园区进出香港货物的时效性、安全性，园区开通了“赣粤港”直通车，实现“夕发朝至”的通关效率。

人才优势：园区位于江西省最大的智力密集区，30余家高等院校和科研院所是其强有力的人才、智力依托，区内昌东高校园区各类院校开设了近200个专业学科，每年可培养、输送近6万名专业技术人才。

【招商引资】作为内陆地区的出口加工区，南昌出口加工区处于中部交通发达之地，园区将招商的主攻方向定位于高附加值的光电产业、终端制造业，通过精准的产业定位来打造特色园区，通过优惠政策来提升园区竞争力。

2016年，园区签约落户项目1个，在谈项目9个，在建项目3个，实际利用外资5 900万美元，现汇进资4 200万美元。园区累计引入的40余家企业中，电子类生产型企业达18家。随着欧菲多媒体、友联达、富港电子等企业规模的不断扩大，园区就业人数高峰期时超过5 000人。

园区对重点项目实行项目贴身服务机制，强力推进项目“一对一”服务，深入企业走访调研，推进“降低企业成本、优化发展环境”专项行动上门听取企业意见和建议。每季度召开一次“关、检、企、局”四方工作联席会，对企业提出的问题快速反应、快速处理，进一步优化园区通关环境。

【工业】2016年，园区生产型企业完成实际出口8.82亿美元，同比增长2.6%。其中，出口总量突破3亿美元的企业1家，出口总量2亿以上、3亿美元以内的企业2家，出口总量5 000万美元以上、1亿美元以内的企业2家，出口总量1 000万美元以上、5 000万美元以内的企业1家，位列全市出口前5位的企业中出口加工区占据3席。

【发展趋势】 2017 年 5 月 11 日，南昌综合保税区顺利通过国家十部委联合验收组封关验收。南昌综合保税区规划面积 2 平方公里，由两个片区组成：一片区位于南昌国家高新技术产业开发区内，规划面积 0.31 平方公里，是已封关运行的原南昌出口加工区 A 区；二片区规划面积 1.69 平方公里，位于南昌市北部，地处国家级赣江新区腹地，区位和交通优势明显。南昌综合保税区是南昌市高起点规划、高标准建设的一个对外开放关键平台，也是南昌市打造未来江西版自贸区的重要基础。

【招商部门】 招商热线：0791-86726628，联系人：方宁，手机：13755778866。

江西九江出口加工区
JIANGXI JIUJIANG EXPORT PROCESSING ZONE

【概况】江西九江出口加工区是江西省首家国家级出口加工区，位于庐山西麓、鹤问湖畔，于 2005 年 5 月经国务院批准设立，2006 年 6 月通过国家九部委验收。园区总体规划面积 2.81 平方公里，首期开发面积 0.987 平方公里。经过十多年的努力发展，九江出口加工区一期已开发完成约 88.87 万平方米，其中公共场地及设施约 23.33 万平方米，企业自购土地约 60.33 万平方米，建有标准厂房 14 幢 10 万平方米，占地面积 5.2 万平方米。园区现有企业 29 家，总投资 63 亿元人民币，其中工业企业 20 家，物流企业 9 家，拥有铨讯电子、恒讯电子、中浩纺织、德科物流等重点企业，基本形成以电子信息通信、高端装备制造、高端色纺产业为主导，保税物流仓储、跨境电子商务等产业协调发展的产业格局。

近年来，按照江西省政府“将九江出口加工区作为江西省第一个创建绿色生态工业园试点园区”的要求，园区围绕加快项目建设发展园区经济、加快设施配套推进生态建设两大主题，从 2009 年起率先创建江西省首家生态工业园，努力创建资源节约型、环境友好型、经济循环型、生活配套型的绿色生态工业园。

【经济发展】2016 年是九江出口加工区奋力拼搏、厚积薄发、硕果累累的一年。一年来，园区以全面深化改革为统领，紧紧抓住长江经济带和中部城市群战略机遇，积极开展“重大项目落实年”活动，进一步做大园区工业总量，提升经济质量。围绕突出产业招商、帮扶项目做大、做优企业服务、完善园区功能 4 项重点工作，全区上下攻坚克难、开拓创新、主动作为，各项工作强力推进，成效明显。据统计，2016 年，九江出口加工区完成主营业务收入455 494万元；实现工业总产值469 410万元；实现进出口值87 807万美元，其中出口43 623万美元，进口44 184万美元；实现海关工商税收5 147万元。

【投资环境】基础设施完备。近年来，九江出口加工区共投入 17 亿元完善基础设施建设，建成生活配套设施 16.21 万平方米，建成标准厂房 25 万平方米，总建筑面积 50 万平方米的金丰御园、申佳苑、香榭丽都 3 个商住小区相继建成，12 万平方米公租房已经开始入住；海关国检、通信邮政、银行超市、医疗教育、餐饮物业、公交物流等生产生活配套服务机构纷纷入驻，2013 年 8 月投资4 500万元的出口加工区九年一贯制学校建成并顺利开学，一个宜业宜居、功能配套齐全、蓄势待发的绿色生态工业城镇正在悄然崛起。

区位优势明显。九江地处鄂、皖、湘、赣四省交界，是京九、长江两大经济开发带的交叉点，是江西省唯一一个通江达海的港口城市，是连接全省与长江开发带和沿海开放带的“北大门”。近年来先后被评为国家重点开发区域城市、中国魅力城市、中国十佳宜居城市、国家一类口岸城市、国家首批五个沿江开放城市、跨国公司眼中十大最具钩子潜力的城市、中部最佳投资（环境）城市等。九江出口加工区立足九江，充分发挥海关特殊监管区域的政策优势，积极融入长江经济带和中部城市群两大国家战略，是九江市乃至全省外向型经济的主阵地，是国际国内加工贸易转移的首选地。

交通便捷高效。九江自古以来就是区域物流中心和商贸中心，这与九江通四海的便捷交通密不可分。水运方面，九江是国家一类开放口岸，是国家粮食、肉类进口指定口岸，目前正在申报水果和汽车进口指定口岸，全年可通航5 000吨级世界各国的船舶，开放与台湾直航，实现与上海港最快 48 小时内无缝对接，享受“一票到底”“起运港退税”等优惠政策。铁路方面，国家铁路中长期规划的四大八项枢纽之一，京九（北京至香港九龙）、武九（至武汉）、合九（至合肥）、铜九（至铜陵）和昌九城际高铁及在建的九景衢、武九客专、合九城际高铁等 8 条铁路在此交汇，2020 年将有 12 条铁路在此交汇。空运方面，100 公里范围内有 2 座机场：距离昌北国际机场 90 公里，实行“机场报关、一票到底”，可承接到世界各国空港航空货物；距庐山机场 20 公里，支持国内各空港航空货物。陆运方面，与国内各大、中城市实现高速互通，拥有福银高速、杭瑞高速、大广高速、永武高速、澎湖高速 5 条高速，316、105 两条国道过境，至 2020 年将有 8 条高速过境，综上，园区已形成以港口集装箱物流为中心，综合型物流和保税物流配套的水、陆、空现代立体交通体系，能有效辐射中部约 3 亿人口的市场，企业办在市场中，是发展现代化工业的理想区域。

服务热情周到。九江出口加工区干竭尽全力帮助企业解决难题。对重点企业和项目，实行一名领导、一个部门、一个责任人全天候跟踪负责制，凡园区牵头负责的项目手续，管理局安排专人跟踪服务，为企业代办完成，全力促进企业抢时开工建设。此外，还通过多种方式满足企业在用工、融资等方面的需求。

【企业运营】 截至 2016 年年底，九江出口加工区共引进注册企业 36 家，总投资 63.3 亿元人民币，其中工业企业 20 家，物流企业 9 家，拥有铨讯电子、恒讯电子、中浩纺织、德科物流等重点企业，基本形成以电子信息通信、高端装备制造、高端色纺产业为主导，保税物流仓储、跨境电子商务等产业协调发展的产业格局。

2016 年，九江出口加工区完成进出口总额 8.78 亿美元，其中出口额为 4.36 亿美元，进口额为 4.42 亿美元，在全国出口加工区中进出口总额排第 17 位。

【发展趋势】 九江出口加工区将立足九江，积极对接长江经济带战略和中部城市群等国家战略，充分发挥区位、交通等优势，围绕创建“中部地区一流出口加工区”的目标，创新发展举措，创优发展环境，努力打造绿色生态工业园区。

【机构设置与管委会领导】 九江出口加工区和九江经济开发区实行“两块牌子，一套人马”。九江出口加工区管理局作为九江经济技术开发区管委会的职能部门，承担出口加工区的日常管理和服务工作。

【招商部门】 九江出口加工区热情欢迎海内外客商垂询，共谋发展。招商工作联系人：邹莹，联系电话：13879257845，办公室电话：0792-8799085。

山东青岛出口加工区
SHANDONG QINGDAO EXPORT PROCESSING ZONE

【概况】 青岛出口加工区位于青岛环胶州湾产业带中间位置，是2003年3月10日获国务院批准设立的第三批出口加工区之一，同年12月8日通过国家八部委联合验收，规划面积2.8平方公里，其中一期1.7平方公里于2004年8月正式封关运作。青岛出口加工区距在建的青岛胶东国际机场10公里，距青岛流亭国际机场19公里，距青岛港18公里，距前湾港33公里，周边济青高铁（在建）、青连高铁（在建）、济青高速、青银高速、308国道、204国道等路网纵横交错，形成立体式交通网络，交通便利，区位优越。

2016年，青岛出口加工区紧紧围绕建设一流出口加工区的目标，以促进园区转型升级为工作主线，以业务创新、招商引资、项目建设为重点，以打造和谐园区为目标，不断解放思想、自我加压，园区主要经济指标迅速提升，各项工作均取得较大成绩。

【投资环境】 青岛出口加工区不断加大开发建设力度，完善基础设施硬环境。目前，基础设施配套达到“九通一平”标准，道路、水电、供热、供气及信息化配套达到国内一流园区水平，成为企业投资的热土。

在完善区域硬环境的同时，园区政策环境得到进一步提升。2016年，完善与园区发展相配套的政策功能和管理服务，积极借鉴上海自贸区可复制、可推广的改革创新试点经验，创新监管机制、业务类型和贸易业态，推动园区政策、管理、服务整合，优化管理职能、优化监管模式，提升发展内生动力。一是加强园区“公共服务平台”建设。建立监管部门协调机制，会同海关、国检等驻区部门，致力于优化通关通检流程、创新监管模式、提高通关通检效率，不断提升园区贸易便利化水平。二是不断完善监管设施建设。2016年，园区投入700万元，用于电子卡口和查验平台改造，实现主管海关、园区海关、港口海关的数据互联互通，推行“属地申报，口岸放行”通关模式，切实提高园区通关效率。三是积极复制推广自贸区改革创新试点经验。目前，“保税维修”“委内加工”“批次进出、集中申报”“集中汇总纳税”“简化报关单证”等多项海关监管新政，“进口货物预检验制度”“检验检疫分线监管模式”等检验检疫新制度在出口加工区推广实施，这些新制度的实施，进一步简化了审批手续和通关通检流程，提高了通关通检效率，降低了通关通检成本，形成了通关速度快捷、物流监控到位、加工贸易联网监管的出口加工区监管模式，为企业营造了高效、快速、顺畅的通关环境。

进一步优化投资服务体系，不断提升区域投资服务软环境。2016年，继续坚持定期走访企业制度、驻区部门联席会议制度、驻区部门与企业见面会议制度、项目协调促进领导小组会议制度等，全年累计走访企业50余家次，定期掌握、研究、解决企业生产运营中遇到的问题，积极协调海关、国检等驻区部门，帮助恩利旺精密工业、丹庵电子等十余家区内企业协调解决在工程建设、消防整改、企业投产运营等方面遇到的问题30余项，营造了良好“亲商、安商、富商”服务氛围；加快推进重点项目建设和环境综合治理工作，主动对接联系落户项目，为项目建设排忧解难，推进项目开工和建设进程，集中解决了一批影响园区项目推进和环境提升的重点、难点问题，确保待建项目早开工、开工项目早竣工、竣工项目早投产，切实提高了服务企业的积极性和实效性，将招商引资成果落到实处。

【招商引资】2016年，不断调整招商策略，积极抓好新型产业招商。加大对文化保税、融资租赁、保税展示交易、跨境电子商务等新型产业的招商引资力度，取得有效进展。全年批准项目7个，其中加工贸易企业4个，物流项目3个；批准投资总额1.1亿美元，其中批准外资项目2个，完成合同外资1 571万美元，实际利用外资2 465万美元。截至2016年年底，青岛出口加工区累计签约内外资项目91个。其中，外资项目76个，投资总额17.7亿美元，合同外资8.3亿美元，到账外资4.9亿美元；内资项目15个，总投资36.3亿元人民币。所引进的项目中，投资总额过千万美元的外资项目22个，占引进外资企业总数的29%，单个外资项目平均投资额达到2 328万美元。

【工业经济】2016年，青岛出口加工区投产企业达到70家，占引进项目总数的77%；区内企业用工人数达到7 700人。实现工业总产值49.2亿元，其中高新技术企业工业总产值达到12.3亿元；实现工业增加值10.3亿元；完成销售收入49亿元；完成固定资产投资1亿元；实现利润总值8.2亿元实现进出口总值完成7.2亿美元，其中出口完成4.6亿美元。

【产业发展】一直以来，出口加工区紧紧围绕园区加工贸易转型升级，不断优化产业结构，创新发展模式，提升发展环境，引导鼓励企业改革创新，取得良好实效。一是在招商引资过程中，大力开展选择性招商和产业链招商，招商重点由劳动密集型企业向技术密集型转变，生产制造环节由加工组装、低端零部件制造向高端、关键或核心元器件制造转变；二是注重引导和鼓励园区企业不断优化加工贸易产业和产品结构，变“加工制造”为“研发制造”，从现行的以来料加工和进料加工为主的加工贸易向自主研发、制造产品转变；三是注重引导和鼓励企业创新贸易方式，变“贸易”为“营销”，向物流、品牌、销售渠道等下游部分延伸，延长加工贸易境内增值部分。

经过多年的招商运作和精心培育，园区形成了装备制造、电子信息、新型材料、保税物流等重点产业全面发展的新格局，高端特色产业群体正在加速形成。以总投资8 348万美元的安德烈斯蒂尔动力工具（青岛）有限公司、总投资2亿美元的洋马发动机（山东）有限公司为龙头的装备制造业现有企业16家，产值达到园区企业工业总产值的50%；以投资5 000万美元的世界五百强企业——泰科电子为龙头的电子信息产业现有企业13家，产值达到园区企业工业总产值的35%。

在巩固园区产业发展重点的同时，出口加工区正在积极推动园区由单一的保税加工向保税加工、保税物流、保税服务多元化发展转型，积极推进发展保税展示交易、保税维修、文化保税、跨境电子商务等新型产业业态。2016年，园区被确定为中国（青岛）跨境电子商务综合试验区试点园区，并已开展业务；总投资10亿元的巴龙集团保税物流、保税服务综合体项目签约落户，为园区转型发展提供了有力的保障。

【园区管理】 2016 年，不断强化园区管理，着力建设平安和谐园区。加强安全生产监管，确保园区安全生产形势稳定。进一步强化安全生产组织领导，明确了安全生产一把手责任制，进一步细化安全生产责任分工，完善了园区安全生产网格化管理制度，细化了安全生产网格化点位管理责任分工，明确了安全生产领导小组各成员单位的安全生产监管职责。进一步加大安全生产检查力度，各成员单位按照责任分工对区域安全点位进行了密集、常态的安全生产隐患排查，确保了全年未发生较大安全事故。与园区所有投产企业签订了 2016 年度安全生产目标责任书，进一步强化了企业的主体监管责任。安全生产宣传教育取得实效，组织开展了“安全生产月”“安全生产周”等宣传教育活动，营造了良好的安全文化氛围；加强劳动人事监管，打造和谐的劳资关系。致力于畅通职工维权渠道，设立 24 小时公开投诉电话。实行对企业劳动用工的动态管理，定期对区内企业劳资情况进行走访摸底，妥善处理企业劳资纠纷，稳定了园区的劳动用工环境；利用微信公众号、企业管理 QQ 群和“园区安监”QQ 群等形式，与企业建立多途径联络方式，加强政企沟通交流；建立了治安联动机制，有效增强区域维稳和治安防范能力。

【发展趋势】 按照青岛市委市政府统一部署和保税港区发展总体规划，充分发挥临近青岛胶东国际新机场的空港优势和作为青岛北部新城唯一的海关特殊监管区所具有的保税加工、保税物流、保税服务等政策功能优势，大力发展特色鲜明的保税物流业和保税展示交易、融资租赁、跨境电子商务、保税维修等保税服务新业务、新业态，不断延伸产业链，发展特色产业集群，促使产业结构由单一的保税加工向保税物流和保税服务共同发展转型，突出外向型保税经济特色。依托青岛出口加工区跨境电子商务产业园，大力发展跨境电子商务中心；依托中非棉业大宗商品贸易平台和巴龙万汇城综合贸易平台，大力发展商品贸易服务中心；依托新机场建设，发展保税物流中心、进口商品保税展示交易中心等，与青岛保税港区实现联动互补发展，加快转型升级为综合保税区步伐，加速融入青岛自贸区建设，形成特色鲜明的山东半岛产业与政策创新示范区和高端产业聚集区，成为青岛市融入国家“一路一带”建设的重要助推力量。

【机构设置与管委会领导】 2017 年 1 月 20 日，青岛市委市政府下发《关于调整青岛出口加工区管理体制的通知》，该通知明确：青岛出口加工区整建制划归青岛前湾保税港区管理；保留青岛出口加工区管委会牌子，青岛出口加工区管理机构更名为青岛出口加工区管理局，内设综合处、经济贸易发展处（加挂安全生产监督管理处牌子）、规划建设处、投资合作促进处、公共事务管理处 5 个处室，计划财务中心 1 个事业单位。青岛出口加工区管理局在青岛前湾保税港区工委、管委领导下，具体负责青岛出口加工区的管理、协调、服务工作。青岛出口加工区管理局领导成员有：青岛前湾保税港区工委副书记、管委副主任，青岛出口加工区管理局局长李苏满；青岛出口加工区管理局副局长丁剑琴、陈铭传；青岛出口加工区管理局局长助理梅世斌。

【招商部门】 招商部门为管理局经济贸易发展处和投资合作促进处。联系人：贝利辉，联系电话：0532－87828881、15806587511；联系人：郤永霞，联系电话：0532－87828889、18653221224。

山东威海出口加工区
SHANDONG WEIHAI EXPORT PROCESSING ZONE

【概况】 2000年4月27日，威海出口加工区经国务院批准设立。2016年5月31日，国务院以国函〔2016〕92号文件正式批复同意威海出口加工区整合优化为威海综合保税区，这是全国第45个综合保税区。

2016年，出口加工区投产企业33家，其中电子企业16家，食品企业2家，汽车零部件企业4家，物流企业6家，其他企业5家，就业人数7 299人。至年末，出口加工区累计入区项目49个，总投资9亿美元，其中外资企业项目36个，实际到账外资4亿美元；累计实现工业总产值337.8亿元，年均增长44%；完成固定资产总额70.2亿元，年均增长31%；完成进出口额113.2亿美元，年均增长49%；完成税收5.0亿元，年均增长77%。自2009年3月出口加工区叠加保税物流功能后，区内物流企业累计完成进出区货值48.9亿美元，年均增长22%。

【经济发展】 2016年，实现外贸进出口总值63.5亿元，比2015年增长5.2%；实现产品销售收入24.5亿元，同比增长14.7%；完成税收4 486万元，同比下降1.8%；保税物流进出区货值为6.7亿美元，同比增长4.9%。主要经济指标增长的原因包括：

一是威海世一电子有限公司、日月光半导体（威海）有限公司、威海仁昌电子有限公司3家电子信息骨干企业订单充足。其中，仁昌电子公司不断加大与三星韩国总部的沟通，争取了大量订单；世一电子公司积极整合资源，撤并天津厂区，扩大威海厂区规模；日月光半导体公司产品市场拓展取得突破，经济发展大有起色。二是威海新韩精工有限公司、威海侑昵机电有限公司2家汽车配件骨干企业发展增势不减。1~12月份，新韩精工公司完成产值11 859万元，同比增长33.1%；侑昵机电公司完成产值9 512万元，同比增长27.1%。三是威海中外运仓储物流有限公司等保税物流企业进出口额增幅较大，进出区货值大幅攀升。其中，威海中外运仓储物流有限公司完成进出口额41 164万元，同比增长12.8%。

【招商引资】 2016年，出口加工区管理局把招商引资作为工作重中之重，广开信息渠道，强化服务，对在谈在建项目安排专人，实行“保姆式”服务。年内，新引进外资项目3个，注册资本850万美元，总投资1 340万美元。其中，安卓化妆品公司注册资本为150美元，总投资200万美元；海尹电子公司注册资本为100万美元，总投资140万美元；新进区的冲田铁工项目总投资1 000万美元，注册资本为600万美元。重点推进的在谈项目2个，总投资1 950万美元。其中，威海世一电子有限公司增资1 800万美元引进设备项目，威海广濑电机有限公司增资150万美元引进4条生产线扩大产能项目。

【园区建设】 2016年，积极协调各方，加快园区前期改造进度，按期完成了查验场站建设。因升级为综合保税区，部分监管设施和基础设施按照综合保税区的标准进行了重新完善，进入概算评审和筹备招标建设阶段。原规划建设的商务通道已完成通道扩修，监管房及卡口钢球网架工程完工。监控设施由公安部门牵头组织，安装已完成。目前，具备开工条件的第一批工程项目已落实到相关责任单位，待重新围网建设调整方案审定后，第二批工程将迅速展开。

【园区管理】 2016 年，出口加工区管理局进一步强化安全生产，维护职工合法权益，规范环境管理，确保园区和谐稳定。

一是加强园区安全生产管理。年初主动联系区建设局、市场监督管理局、安监处、消防大队等职能部门，并邀请 2 名专家对区内企业进行安全生产联合大整治、大排查，对检查出的问题，落实责任，限期整改。组织企业签订安全生产、食品安全、综合治理等责任书，邀请专业教官给全局干部职工做“珍爱生命，远离火灾”的消防知识讲座，组织企业进行防空疏散演练和消防演练。组织开展“查保促”活动，共排查生产和环境隐患 26 起，并全部完成整改。组织企业举行两次消防演练，对区内企业食堂进行了食品安全检查。联合威海宏远安全技术服务公司对企业进行冬季安全隐患排查，要求限时整改，并进行了复查。

二是切实维护职工合法权益。组织 20 多家企业工会主席进行《劳动法》、工资集体协商合同和爱心互助保险等方面的知识培训，有 20 多家企业签订了集体合同，16 家企业参加了爱心互助保险，职工覆盖率达到 60%以上。

三是规范园区环境的综合治理。组织物业公司清理“小菜园”，喷洒农药防治美国白蛾、蚜虫等病虫害，定期做好对园区路面、草坪、树木的维护。

山东青岛西海岸出口加工区
SHANDONG QINGDAO WESTCOAST EXPORT PROCESSING ZONE

【概况】青岛西海岸出口加工区于2006年5月经国务院批准成立，规划面积2平方公里，2007年7月18日通过国家验收封关运营。2013年2月，按照青岛市区划调整，青岛西海岸出口加工区划归青岛前湾保税港区管理。截至2016年年底，青岛西海岸出口加工区已吸引来自日本、韩国、美国、我国香港地区等国家和地区的70余个项目落户，累计投资总额达10.02亿美元；已投产企业20家，在建或拟建企业10余个。园区累计实现工业总产值89.04亿元，实现主营业务收入37.81亿元，实现税收总额14.07亿元（含关税及海关代征税），实现固定资产投资17.92亿元，实现外资到账6.46亿美元，实现外贸进出口29.96亿美元。

【投资环境】青岛西海岸出口加工区位于太平洋西岸、山东半岛南端，东与韩国、日本隔海相望，是国家级青岛西海岸新区的重要园区。区位优势明显，紧邻世界第七大港口——青岛港，通过胶济铁路和规划中的青连铁路（计划2018年竣工）连接全国铁路网并辐射内陆。距离园区20公里的中铁联集青岛中心站，是中国18个特大集装箱中心站之一，与全国铁路近600个集装箱办理站开展运输业务，构建了园区“海、陆、空、铁”多式联运的立体化综合交通体系。纵贯和横贯中国的最长高速公路（沈海高速、青兰高速）在此交汇。距青岛胶东国际机场25公里，距青岛流亭国际机场40公里。

园区基础设施完善，累计投入超过10亿元，实现了“九通一平”，全域通过国家验收。拥有商务大厦2.15万平方米，可供企业前期办公使用；建设公共租赁房一期6万平方米、二期11万平方米，目前一期已投入使用，全部建成后可容纳人数达1.5万~2万人；周边热源厂、110千伏龙泉变电站、污水处理厂等配套齐全。2016年完工的环境优化提升工程，按照世界眼光、国际标准、创新设计、突出特色的原则，聘请国际知名的新加坡裕廊国际集团设计园区环境规划方案，全面提升园区环境档次，打造生态工业园区。

区内有省内最先进的海关信息化管理系统——青岛海关信息化系统，全面支持上海自贸区先行先试政策；具备省内最先进的智能化卡口，利用先进的集装箱号识别系统、电子车牌等实现智能化卡口自动放行，通关条件便利；具备省内唯一一家自动化流水分拣线的跨境电子商务监管中心，服务效率领先其他区域。

【招商引资】2016年，园区积极打造商贸物流集聚地，重点引进多家贸易公司，做大外贸进出口体量。共落户32个新项目，主要包括注册资本3亿元的斐讯通讯，注册资本1亿元的保税中社国际贸易，注册资本8 000万元的万峰恒晟国际物流，注册资本6 000万元的海诚一家电子商务等。同时，储备了高质量的在谈项目，包括投资总额5亿元的进口肉产品加工分拨项目，投资总额3 000万美元的催化剂项目，投资总额1 000万美元的魔彩葡萄酒进口分拨项目，投资总额1 000万美元的仁益德（香港）钢铁加工项目，以及韩国客车整车生产、货之家进口商品、塑料改性材料生产及分拨和东方板业贸易公司等十余个优质在谈项目。

【产业升级】2016年，青岛西海岸出口加工区牢牢把握供给侧结构性改革这条主线，积极发展新兴业态，加快新旧动能转换。一是推进跨境电子商务全业务模式开展。12月份，加工区正式开通跨境电子商务保税备货业务，并以此为基础向黄岛海关申请开展跨境直购模式试点，打造集跨境电子商务进口直购、保税备货和B2B模式于一体的全功能电商产业园区，实现跨境电子商务进口全模式综合发展。二是积极对接"一带一路"建设，推动企业走出去。区内北海石油公司与哈萨克斯坦合作伙伴签订"1+7"套油田伴生气回收装备合同，合同总金额约为8 400万美元。同时，北海石油公司正与哈方探讨在海水淡化领域合作，项目总造价约1.5亿美元。项目对于优化哈萨克斯坦环境和加强中哈两国技术合作具有重要战略意义。三是大力发展航空产业。成立了航空产业发展领导小组，研究部署航空产业园建设工作，发挥海关特殊监管区域功能政策优势，积极引进飞行员模拟培训、航材展示交易、保税检测维修中心、通用飞机组装等项目，打造山东省内最具特色的航空产业园区。

【改革创新】积极推进青岛关区内特殊监管区域通关一体化改革，取消监管车运输方式，降低企业通关成本。协调海关部门、通关一体化改革试点企业开展试点测试，理顺并确认进口、出口通关一体化具体操作流程，试点成功后尽快在区内全面推开。设立青岛西海岸出口加工区经营服务公司，承担加工区国有资产运营及物业管理，基础设施和公用设施的建设、养护，为企业提供商务秘书、报关、报检、人力资源等服务，并建设和运营加工区电子商务平台。随着部分行政职能剥离至国有公司，将进一步完善加工区行政管理体制，提升政府行政效能，以更好地服务园区企业发展。

【发展趋势】根据《国务院关于促进海关特殊监管区域科学发展的指导意见》（国发〔2012〕58号）要求，青岛西海岸出口加工区已提出向综合保税区转型的申请。转型成功后，园区将进一步完善政策、创新制度、拓展功能、优化管理，塑造国际化、市场化、法制化的营商环境，充分发挥要素集聚和辐射带动作用，加快新旧动能承接转换，积极促进企业参与国际竞争，在青岛加快实现现代化历史进程中走在前列！

【机构设置与管委会领导】青岛西海岸出口加工区管委会为园区管理机构，下设青岛西海岸出口加工区管理局，管理局共有综合处、经济发展处、土地规划建设处、园区安全监管处、设施管理处5个处室。

管委会领导：管委会主任李苏满。

【招商部门】青岛西海岸出口加工区管理局经济发展处负责园区招商引资工作。联系电话：0532－83157002、83157667，邮箱：xihaian2006@163.com，网站：www.qwepz.gov.cn。

安徽合肥出口加工区
ANHUI HEFEI EXPORT PROCESSING ZONE

【概况】 合肥出口加工区于2010年7月5日经国务院批准成立，位于合肥经济技术开发区新港工业园内，规划面积1.42平方公里。

2011年年底，合肥出口加工区完成了“七通一平”、监管设施和信息化系统等三大项、24项工程建设任务，全面达到海关特殊监管区域建设要求。2012年6月20日，合肥出口加工区顺利通过国家九部委的联合验收，同年8月21日正式开关运作，合肥海关驻合肥出口加工区办事处和安徽出入境检验检疫局合肥出口加工区办事处正式入驻办公。2012年，经安徽省编办批准，合肥出口加工区管理局正式成立，为副县级建制。

2016年，合肥出口加工区在合肥经济技术开发区管委会的高度重视和正确领导下，在海关、检验检疫等相关部门的配合支持下，紧紧围绕既定目标定位，以科学发展观为指导，争创一流的出口加工区为目标，取得了长足的进步，呈现出良好的发展态势，为2017年工作再上新台阶打下坚实基础。

【经济发展】 2016年，合肥出口加工区实现规模以上工业产值430.4亿元，完成进出口总额36.2亿美元，缴纳各类税收17亿元。其中，进出口总额占全市比重达19.4%，占全省比重达8.5%，位列全国出口加工区第6位、中西部出口加工区第2位，显示出持续的发展动力。

2016年5月，合肥出口加工区启动安徽省自营进口商品直销中心和跨境电子商务综合试验区建设，通过引入保税展示交易及跨境电子商务等新型业态，培育新的跨境贸易增长点，推动合肥出口加工区产业转型升级的同时实现经济技术开发区空港保税物流中心（B型）、航空港等四大开放平台的联动、错位发展，从而为合肥市建设跨境电子商务综合试验区及安徽省申报自贸区奠定坚实基础。截至2016年年底，园区共实现销售收入2 600万元，实现日用消费品本地一线进口近140万美元。

【投资环境】 合肥是安徽省省会，位于安徽省中部，承东启西、连南接北，是长三角经济区的重要城市之一。以合肥为圆心，半径500公里范围内，基本涵盖中国东、中部七省一市。合肥出口加工区地处合肥市西南，交通优势明显，通巢湖达长江，铁路专用线直通港区，312国道、沪蓉高速、合九铁路、宁西铁路和沪汉蓉高速铁路环伺周边。

合肥科教优势突出，拥有以中科院合肥物质科学研究院为代表的各类研究开发机构564个，国家和省部级重点实验室37个，以中国科学技术大学为代表的各类高等院校59所，每万人拥有专业技术人才的比率及城市人均拥有大学生数量，均居全国城市前列。

为有效解决入驻加工区项目员工的居住、生活问题，为企业运营解决后顾之忧，合肥出口加工区公租房项目于2011年11月15日破土动工。公租房内规划有团膳餐厅、综合超市、便利店、洗衣房、理发店、书店、网吧、卫生服务中心、银行 ATM 机、篮球场等配套功能服务区，可满足近 2 万人的住宿需求。随着各功能区商家的陆续入驻，该区域已形成大型综合性示范区，产业工人拎包入住的“一站式”生活社区将得以实现。

【招商引资】自封关运行以来，合肥出口加工区紧绕电子信息产业，坚持聚焦行业龙头企业，积极承接产业转移，有效推动了电子信息产业的集聚发展。截至目前，已汇聚联宝电子、崧贸科技、崧贸电器、胜利电子 4 个加工贸易类项目，注册有合肥海晨、中外运、新宁供应链、安徽国际货物运输、安徽瑞帆物流等 12 家仓储物流企业。其中，区内龙头企业——联宝电子由联想集团和台湾仁宝集团共同投资建设，总投资 3 亿美元，占地约 30.47 万平方米，主要生产联想笔记本电脑和一体台式机产品，于 2012 年 12 月正式投产，是联想集团全球最大的 PC 机研发生产基地，产品销往全球五大区域、13 个分区、126 个国家。现在，全球每销售 8 台笔记本电脑，就有 1 台是合肥联宝电子制造的。

按照“打造一个中心、两大平台、辐射全省”工作思路，2016 年合肥经济技术开发区分别与江苏海晨集团、合肥百货大楼集团、深圳启明星电子商务有限公司合作，依托合肥出口加工区建成并运营徽购佳选、百大易购“线上线下”销售平台。

【发展趋势】合肥出口加工区将以切实增强对外开放平台的承载力、吸引力和竞争力为主攻方向，坚持推进区内产业高端化、多元化发展，坚持集中力量、集聚要素、联动发展，全力将加工区建设成为全国重要的电子信息产业制造基地，全国一流的集加工贸易和现代服务业为一体的现代化园区。

【机构设置和管委会领导】2012 年，经安徽省编办批准，合肥经济技术开发区管委会加挂合肥出口加工区管委会牌子，下设合肥出口加工区管理局，负责日常管理工作。

【招商部门】招商电话：0551-63683720，网址：http：//www.hfepz.com/。

河南郑州出口加工区

HENAN ZHENGZHOU EXPORT PROCESSING ZONE

【经济发展】 2016 年，是我国推进供给侧结构性改革的攻坚之年，虽然稳增长压力较大，但整体经济运行保持在合理区间。在复杂的内外经济形势下，河南郑州出口加工区紧抓 B 区开发建设，着力服务重点企业，关注企业项目投资，紧盯工业企业产能提升，全区固定资产投资、进出口、工业产值等经济指标较 2015 年实现平稳增长。

2016 年，全区新引进项目 9 个，批准投资总额22 879万美元；完成固定资产投资 25.03 亿元；完成工业总产值 94.90 亿元，同比增长 5%；完成增加值 23.25 亿元，同比增长 2%；实现经营总收入 99.70 亿元，同比增长 17%；实现进出口值 2.60 亿美元，其中，进口 2.19 亿美元，出口4 060万美元；实现结转出区额 19.93 亿美元。区域经济在重点项目的拉动下，呈现以下三大特点：

跨境电子商务业务稳步发展。随着电商新政暂缓实施，园区唯品会等电商项目积极调整经营策略适应新政，主营业务依然保持较快发展，带动全区跨境电子商务业务稳步增长。2016 年，全区跨境电子商务业务出区包裹量达1 787万包，交易货值为 15.7 亿元，实现税收 2.2 亿元，完成进口 3.6 亿美元，占全区进口额的 62%，成为拉动园区进出口增长的新动力。

重点工业企业产能在第四季度全面释放。2016 年上半年，全区工业经济整体疲软，产值同比大幅下滑，但进入下半年，富士康及其配套企业自 8 月起开始提高产能，9 月达到产能峰值。在富士康项目带动下，全区全年完成工业产值 94.9 亿元，同比增长 5%。

企业投资项目拉动全区固定资产投资大幅增长。2016 年，随着富士康新建设项目的启动，企业加大投资力度，拉动全区固定资产投资大幅增长。全区全年完成固定资产投资 25.4 亿元，同比增长 75%，全年完成固定资产投资项目统计入库项目 7 个。

海关税收拉动全区税收整体保持增长。2016 年，全区实现税收 7 亿元，同比增长 20%。其中，海关关税及代征增值税收入受跨境电子商务业务拉动，实现税收 4.7 亿元，同比增长 194%。

【投资环境】 交通优势。郑州地处中国地理中心，是全国重要的铁路、航空、高速公路枢纽城市，是全国普通铁路和高速铁路网中唯一的“双十字”中心。河南郑州出口加工区位于郑州市东南部，京广铁路、陇海铁路、京港澳高速公路、连霍高速公路、310 国道、107 国道、环城公路环绕四周。航空：距 4E 级郑州新郑国际机场 22 公里。截至 2016 年年底，货运方面，在郑州机场运营的货运航空公司 21 家，开通货运航线 34 条，全货机通航城市 37 个，其中国际地区 27 个、国内 10 个，全货机航线数量、航班量及通航城市等重要指标均居全国第 4 位；客运方面，在郑州运营的客运航空公司达到 41

家，开通客运航线187条，其中国际和地区航线26条，客运通航城市95个，其中国际和地区20个，基本形成了横跨欧亚美三大经济区，覆盖全球主要经济体的航线网络，成为中部地区融入“一带一路”的开放门户。铁路：距陇海铁路圃田站3公里，距郑州铁路客运东站5公里，距亚洲吞吐量最大的货物集散中心、国家铁路一类口岸郑州铁路集装箱中心站仅一路之隔；郑欧国际铁路货运班列2016年全年开行251班（去137班，回114班），开行班数增长61%，实现每周去四回四常态化运行，载货量、境内集货辐射地域、境外分拨范围均居中欧班列前列。公路：2小时可达中原城市群30个省辖市，6小时可达北京、南京、武汉、西安等重要城市，最多不超过8小时可达天津、青岛、连云港等港口城市。

政策优势。河南郑州出口加工区是集保税加工、保税物流、保税研发、保税展示交易、保税检测、保税维修等综合保税功能为一体的海关特殊监管区域。2016年10月14日，郑州出口加工区成为国家赋予海关特殊监管区域企业增值税一般纳税人资格7家试点区域之一，也是试点区域中仅有的两家出口加工区之一。2016年12月6日，国务院正式批复同意整合河南郑州出口加工区和河南保税物流中心（B型）设立郑州经开综合保税区，验收合格后，郑州经开综合保税区享受现行综合保税区相关税收和外汇管理政策。同时，郑州经开综合保税区（区块一）位于中国（郑州）跨境电子商务综合试验区的核心区域，也是河南自贸区范围内唯一的海关特殊监管区域，享受更多国家战略带来的政策红利。

区域建设。截至2016年年底，郑州出口加工区封关运行面积2.662平方公里，其中A区0.893平方公里，B区1.769平方公里。区内基础设施配套完善，建成标准厂房40万平方米，保税仓库10万平方米，集装箱堆场1万平方米，并配备有大型集装箱正面吊、叉车等设备，为入区企业提供了充足的生产、仓储场所和完善的配套设施；在出口加工区周边，38万平方米的职工公寓建成并投入使用，为入区企业提供了生活便利。

【招商引资】2016年，郑州出口加工区继续突出重点领域招商，拓宽招商引资渠道，深入挖掘项目信息，招商引资工作取得新成效。一是科学谋划、严格把关，科学引进大项目。在周密谋划、科学分析的基础上，积极为B区引进加工贸易和保税物流重点项目。从公司实力、经营状况、管理规划、市场前景等方面对项目严格把关，层层筛选，先后确定了金泰生物、伟途物流、骏良麒慧、上海卓好等7个购地项目，目前正在推进土地建设等前期工作。二是瞄准产业定位，致力于引进保税仓储、展示交易项目。按照经开区总体产业布局和规划，围绕出口加工区A区实现“资源整合、产业升级”的目标，结合地理优势及现有产业基础，积极有效地引导企业利用出口加工区的保税物流功能及政策优势，大力推动保税仓储、展示交易项目的招商工作。利用现有标准厂房及仓库等资源，开展进口日用品、奢侈品、红酒、饮品及乳品等的保税仓储、展示交易业务。三是认真研究、多策并举，确保招商工作顺利完成。为解决加工贸易企业储备不足的局面，加强与项目投资方的沟通联系，为意向项目落地创造条件，促进在谈项目尽早落地，尽快落实进区协议具体条款，督促项目早日入区并投产经营；加强对在谈项目和已接触项目的分析研究，从为B区储备项目的高度出发，着眼于有影响力、有辐射带动作用的大项目，深入分析项目情况、市场前景及成长性，筛选出规模大、质量高的优质项目。

【工业】2016年，全区完成工业总产值

94.90亿元，同比增长5%；完成工业增加值23.18亿元，同比增长4%；完成工业产品销售收入99.51亿元，同比增长19%。其中，规模以上工业企业7家，完成工业产值93.53亿元，占全部产值的99%。产值超过亿元的企业5家，高新技术企业3家。

【发展趋势】2017年，是"十三五"规划的重要一年，是国家供给侧结构性改革步入深化之年，也是园区实现整合升级的起步之年。2017年，河南郑州出口加工区将贯彻落实党的十八届五中全会和河南省十次党代会精神，立足中国（河南）自由贸易试验区和中国（郑州）跨境电子商务综合实验区的战略定位，围绕经开区打造六星级产业集聚区升级版、建设郑州国际商都创新引领区的规划，坚持稳中求进总基调，为郑州市持续扩大对外开放，实现"两个率先"提供有力支撑。同时，全力做好郑州经开综合保税区整合验收工作，认真研究"一区多园"的整合模式和管理体制，实现区域整合后的优势互补和资源共享。

【机构设置与管委会领导】河南郑州出口加工区管委会隶属郑州经济技术开发区管委会管理。管委会下设办公室、招商局、经济发展局、综合管理局4个部门，并设有国有投资公司郑州昇阳出口加工发展有限责任公司，部门分工明确，职责完善，运转有序。目前，管委会领导班子配备主任1名，副主任3名。

【招商部门】郑州出口加工区招商局现有招商人员6人，是一支素质高、业务精、工作能力强的招商队伍，招商局全体人员将竭诚为进区企业提供全方位的优质服务，联系电话：0371－66866120、66866130；郑州出口加工区党政办公室联系电话：0371－66866100；郑州出口加工区经济发展局联系电话：0371-66866150。

广东广州出口加工区
GUANGDONG GUANGZHOU EXPORT PROCESSING ZONE

【经济发展】 2016年，广州出口加工区完成工业总产值32.19亿元，同比下降10.89%。

【投资环境】 广州出口加工区设在广州经济技术开发区东区内，规划面积3.05平方公里。按照“统一规划、分期开发”的原则，首期开发0.9平方公里，现已建成完善的监管设施和配套设施，包括围网、海关办公大楼、验货场和“七通一平”设施等。至2016年，广州出口加工区累计实现固定资产投资114.1亿元，其中基础（公共）设施投资达到了7.42亿元。

广州出口加工区具有优越的地理位置，北靠广深高速公路，南临广九铁路、广深公路，区内的主干道与黄埔新港相连，方便监管货物的转关运输，同时毗邻港口和国际空港，交通便捷，通过高速公路网可以快速连接珠三角各城市及香港、澳门。

【招商引资和工业发展】 汽车产业是广州的三大支柱产业之一，在广东省、广州市的高度关注下蓬勃发展，形成了“东部本田，北部日产，南部丰田”三大汽车板块。本田汽车（中国）有限公司是全国第一个整车产品100%出口的企业，目前产品已出口欧洲21个国家，吸引了70多家汽车配套厂商落户于广州开发区，形成广州市东部汽车产业基地，成为广州汽车工业发展整体战略的重要组成部分，带动了华南地区汽车产业链的发展。

随着保税物流园区业务量的迅速增加，为进一步满足区内企业物流需求，缓解广州开发区西区的交通压力，抓住国务院批准全国出口加工区拓展保税物流功能这一契机，经过周密的布置，协调区商业发展总公司制订并完善《广州出口加工区拓展保税物流功能建设方案》，项目总规划用地165 019平方米，其中仓储区仓库9 000平方米，货检服务综合楼15 000平方米。出口加工区拓展保税物流功能试运作仪式已于2009年年底启动。

2016年，积极推进出口加工区货检场建设，拓展加工区保税物流功能。协调黄埔海关、黄埔出入境检验检疫局和区职能部门，推进基础设施、关检查验、办公后勤、信息化等建设，推动开发区车检场于2016年1月12日顺利通过广东省口岸管理部门验收，并于1月22日正式启动运作。省、市、区和海关、国检的领导，以及企业代表、新闻媒体等近200人参加启动仪式。车检场实现广州地区两个“首次”和多项突破：一是在广州地区陆运口岸首次实现“信息互换、监管互认、执法互助”的“三互”大通关；二是首次应用海关总署金关二期系统；三是多功能智能化叠加；四是关检共同办公，打造一站式服务平台。“三互”实施后企业平均通关时间由4.5小时缩减到2.5小时，通关手续由10个缩减为5个，企业费用减少50%，通关效率显著提升，通关成本大幅降低，有效推进了口岸治理体系和治理能力现代化。

【发展趋势】随着国家对出口加工区拓展保税物流等功能的全面铺开，以及对海关特殊监管区域的整合，广州出口加工区将具备更完善的政策功能，为区内外企业提供一流的加工贸易、物流配送平台和完善的检测、维修、翻新、升级支持等售后服务。同时准备启动未开发区域的建设，把出口加工区做大做强。

本田汽车（中国）有限公司将继续紧跟国际市场导向，逐步拓展销售市场的广度和深度，扩大生产规模。

【机构设置与管委会领导】广州出口加工区的地方管理机构是广州出口加工区管委会，广州出口加工区与广州经济技术开发区、广州高新技术开发区、广州保税区管委会合署办公，构成强大的“四区合一”行政管理体系。2003 年，全区通过 ISO 9001 和 ISO 14000 双认证，拥有中国对外开放最完整、最系统、最丰富的优惠政策体系，可供外商选择的投资领域最宽、政策空间最大。

2005 年 6 月，广州市委、市政府为加快“东进”战略的实施，在原“四区合一”经济区域的基础上，成立了广州市萝岗区，面积为 393.22 平方公里。2015 年 7 月，广州市萝岗区与黄埔区合并，设立广州新黄埔区。

广州出口加工区管委会为广州市政府的派出机构，享受市一级的审批权限，机构精简，办事高效。管委会下设办公室、发展和改革局、经济发展局、科技和信息化局、规划国土局、建设和市政园林局、环境保护和城市管理局、保税业务管理局、企业建设局（招商局）、财政局等机构。

管委会领导：广州出口加工区管委会主任陈志英，副主任陈小华、郑锡雄、蔡刚强、郭粤明、孙秀清。萝岗区副区长张超平同志具体分管出口加工区业务。

【招商部门】广州开发区西区产业园管委会（保税业务管理局）是广州出口加工区的经济业务主管部门，诚挚欢迎广大客商进行咨询、交流及前来投资和开展业务。我们必然践行“一切为了投资者，一切为了企业，用最好的服务，最佳的环境，让投资者获得最大的回报”的管理理念。

广州开发区西区产业园管委会（保税业务管理局）联系电话：020-82112062，联系人：陈坚，传真：020-82112070。

广东深圳出口加工区
GUANGDONG SHENZHEN EXPORT PROCESSING ZONE

【区域概况】广东深圳出口加工区是2000年4月27日国务院批准成立的首批15家出口加工区之一，规划面积3平方公里，位于深圳市坪山区内。2001年3月31日通过国家八部委联合验收并一次性封关运作，四至范围为：西起深汕路，东至绿荫路，北起丹梓西路，南至金牛西路。

加工区是由海关监管的特殊区域，实行“境内关外”管理，海关实行“一次报关、一次审单、一次查验”通关管理模式，通过延长工作时间和预约加班的方法，实现了区内企业24小时通关的要求。

加工区内市政基础设施全部实现“七通一平”，区内设有管委会、海关、检验检疫等管理和服务机构，区内企业可就近办理全部进出口手续。

加工区区内企业全部实行EDI联网管理，不实行银行保证金台账制度；免征企业流转环节的增值税和消费税，不实行增值税“免、抵、退”税政策；外汇管理宽松，不实行结售汇制度；进口设备全额保税，不实行免税额度控制；国内采购的货物视同出口，实行入区退税政策。

加工区是在同一海关关区内拥有进出境陆运、海运和空运优势的出口加工区，距深圳宝安国际机场仅60公里，距盐田国际集装箱码头仅25公里，距文锦渡、罗湖、皇岗、深圳湾等陆路口岸仅40公里。从加工区出发，车行100分钟内可抵达香港国际机场。

【经济发展】2016年，加工区实现工业总产值134亿元，同比增长15%，其中高新技术产业实现工业总产值7.38亿元，同比下降50%。

同年，加工区实现进出口总值94.2亿美元，同比下降36.3%。其中，进口总值42亿美元，同比下降38.2%；出口总值51.6亿美元，同比下降35.5%。加工区海关完成关税及代征增值税19亿元，同比增长5%。

【投资环境】加工区政策优势明显。深圳市委、市政府高度重视出口加工区的发展，于2000年10月8日审议通过了《加工区若干规定》，赋予出口加工区管委会市一级的经济管理权限。

根据2008年12月31日下发的《国务院办公厅关于保持对外贸易稳定增长的意见》，加工区区域功能从原来单一的保税加工，拓展至保税加工，保税物流，研发、检测、维修、售后服务及部分的国际贸易等领域。2009年11月27日，深圳市政府四届第150次常务会议审定通过了《关于本市推进出口加工区拓展保税物流功能及开展研发、检测、维修业务的意见》。

为促进加工区加工贸易和保税物流业务的开展，自2010年1月起，园区会同深圳海关和深圳出入境检验检疫局，先后出台了一系列加工区通关便利措施，包括一般贸易分送集报、保税货物跨关区直转、延长通关时间、降低查验频率、法检货物集中报检、境内入区货物不实施检验检疫、点对点监管的保税货物多次陆空联运模式等，加工区已成为深圳市目前关税最优惠、通关最快捷、管理最简便、经济最开放的海关特殊监管区域。

【招商引资】 截至2016年年底，加工区已吸引来自美国、日本、荷兰、英国、新加坡、加拿大、英属维尔京群岛、开曼群岛、萨摩亚、中国香港、中国台湾等12个国家和地区的57家投资企业入区经营。入区企业中外商投资企业有40家，仓储物流企业12家。累计投资总额11.51亿美元，注册资本4.78亿美元，企业实际到位外资3 321.66万美元。已投产的企业共有52家，其中工业企业45家，物流企业7家。行业主要集中IT、家电、电子、保税物流服务等领域，初步形成以主力实业（深圳）有限公司为龙头的家用电器产业集群和以深圳市新宁现代物流有限公司为龙头的保税物流服务业产业集群。

【重点产业】 加工区工业主要以高新技术和先进制造业为支柱，重点发展新能源、新材料、先进装备制造和保税物流服务等产业，主要招商目标为世界500强企业、大型跨国集团公司和国内外知名保税物流企业等。

【发展趋势】 加工区在经历了10多年发展历程后，初步形成了家用电器产业和保税物流企业集聚基地，两大产业链条日趋完善。预计在未来的1~2年间，以主力实业为龙头的家用电器产业和以新宁物流为龙头的保税物流服务业都将具备一定的规模，加工区有望成为珠三角地区功能最齐全、服务最优化的保税监管区域。

据测算，出口加工区现还有国有未出让土地约70公顷，可整合利用土地约30公顷，发展空间依然很大。

【机构设置与管委会领导】 加工区依托深圳市坪山区出口加工区管委会与深圳市坪山区政府实行“一套人马，两块牌子”的管理模式。

加工区主要业务协调管理部门为坪山区经济和科技促进局。

【招商部门】 深圳市坪山区投资推广中心。联系电话：0755-84622116、84622220，传真：0755 - 84622226，网址：http://www.psxq.gov.cn，地址：广东省深圳市坪山区深汕路坪山段333号，邮编：518118。

四川绵阳出口加工区
SICHUAN MIANYANG EXPORT PROCESSING ZONE

【概况】 四川绵阳出口加工区于2005年6月3日经国务院批准设立，规划面积0.56平方公里。按照“统一规划、分期开发”的原则，2007年11月1日一期经国家九部委验收通过，实行封关运作，享受国家级出口加工区的各项优惠政策，是四川唯一的国家级出口加工区。2016年，绵阳出口加工区大力发展跨境电子商务产业，2016年4月被中国国际电子商务中心评为“中国十佳电子商务园区”。

【投资环境】 四川绵阳出口加工区地处的绵阳市是党中央、国务院批准建设的科技城，辖区面积2.02万平方公里，总人口548万。绵阳市先后荣获全国文明城市、国家卫生城市、全国优秀旅游城市、全国科技进步先进市、中国城市60强及西部最具投资吸引力城市。全市森林覆盖率为52.4%，城区人均绿地面积9.4平方米，是一座宜居宜业宜商的现代山水城市。绵阳出口加工区地理位置优越，位于成都、重庆、西安“西三角”的腹心地带，是成都平原城市群的重要节点城市。距成都86公里，距重庆300多公里，距西安500公里，是成都经济圈建设的重要环节，可辐射中国西南、西北地区4亿多人口的大市场。距离4D级的绵阳机场仅8公里，距离正在实施改造工程的国家二级铁路集装箱皂角铺火车站仅2公里。宝成铁路、成绵乐高铁穿城而过。距离成绵高速及复线、绵广高速、绵遂高速、成巴高速入口3公里。距“蓉欧快铁”起点成都青白江铁路口岸不到100公里，是“一带一路”和长江经济带结合部及连接线上的重要支点城市。从高速公路可直达乐山港、泸州港、宜宾港、广安港、南充港、广元6个港口，利用长江水道通达重庆、武汉、南京、上海等地。绵阳即将开通水路Ⅳ级航道，通过涪江、嘉陵江直达重庆，再通过长江通江达海。绵阳出口加工区充分利用绵阳作为我国重要科研生产基地的人才优势，与在绵阳的18家国家级科研院所、14所高等院校、8个国家重点实验室、5个国家工程技术研究中心、6个国家企业技术中心开展全面合作，可为园区企业提供21.7万各类专业技术人才。同时，绵阳高校普通教育在册大学生12.23万人，成人教育在册大学生13.81万人，中等职业教育年培养各类专业操作型人才1.1万人，为企业用工提供了充分的人力资源保障。经过几年的发展，绵阳出口加工区基本形成以电子信息为支柱的产业格局。

绵阳出口加工区经过9年的发展，基础设施齐全，管理机构运作成熟，各项服务措施到位。截至2016年年底建成12.1万平方米的标准厂房、2 000平方米的监管仓库、3 000平方米的检验检疫熏蒸场所、3 546平方米的综合办公大楼、2.3万平方米的职工宿舍、4 000平方米的便民服务中心和2 340平方米的餐饮中心。已建和在建的11.3万平方米的跨境电子商务产业园，围绕“一核四区多点”的布局正在稳步推进。区内道路、供电、供水、排水、排污、照明、网络通信等基础设施完善，海关、检验检疫部门在园区设立办事处，金融服务、政策咨询、注册服务、报关服务等软环境一应俱全。加工区保税监管功能也辐射带动了周边外向型企业的发展。

【政策支持】绵阳市现已具备包括中关村政策和国家自主创新示范区4项先行先试政策、西部大开发政策和高新技术企业政策（视自身情况选择其一），四川省为科技城量身定制的10条支持政策，绵阳市制定的25项支持创新创业政策、针对科技型中小企业发展专门出台的“涌泉计划”33条及最新出台的人才发展专项资金，对在绵企业引进的年薪30万元以上的高层次人才给予不超过36个月的个人所得税等额补贴。除了国家、省、市有关政策支持外，还制定了一系列优惠扶持政策（《绵阳高新区支持企业发展若干政策实施办法》《高新区科技企业加速器管理暂行办法》《绵阳高新区科技专项资金管理办法（暂行）》《绵阳高新区科技成果转化资金管理暂行办法》《绵阳高新区科技型中小企业成长计划资金管理暂行办法》等）。园区已初步构建起国家、省、市、区四级政策支撑体系，为入区企业的发展提供后续支持与保障。

【招商引资】一期封关区内引进入区工业企业5家，物流企业2家，其中外资项目2个；实际利用外资656万美元；完成工业总产值7.67亿元；完成进出口总额4.43亿美元，其中出口额2.4亿美元。二期待封关区累计引进入区工业企业18家，物流企业6家，中小微科技企业32家，完成工业总产值4.84亿元。

【电商产业】绵阳电商产业园实现网络交易额392亿元，网络零售额40亿元，在线交易税收6 000万元；新增电商品牌20个，新增电商企业116家。到2016年12月30日止，园区已累计引进电商企业280家。

【开展综合保税区申报工作】为落实国家创新驱动发展战略，积极融入“一带一路”和“长江经济带”建设，推动中国科技城·绵阳实现突破性发展，绵阳市按照国务院《关于促进海关特殊监管区域科学发展的指导意见》文件规定，整合绵阳出口加工区资源设立绵阳综合保税区。根据长远发展，绵阳综合保税区拟新选址于绵阳市西北部科技城集中发展区，规划面积2.5平方公里，绵阳市人民政府已将申请报送四川省人民政府。

【机构设置与管委会领导】绵阳出口加工区管委会下设综合管理部、规划建设部、项目服务部和电商部4个中层机构，负责出口加工区的规划建设、业务管理、对外招商引资、项目推进、协调服务等工作。

【招商部门】出口加工区项目服务部，部长：詹琴，联系电话：0816-2850362；跨境电子商务园电商部，部长：梁川，联系电话：0816-2797910，传真：0816-2850153。

陕西西安出口加工区 A 区
SHANXI XI'AN EXPORT PROCESSING ZONE (ZONE A)

【概况】 陕西西安出口加工区于 2002 年 6 月 21 日经国务院批准设立，2004 年 4 月 5 日正式封关运行。2006 年 12 月，经批准成为全国首批、西北唯一一家拓展保税物流等功能试点单位，同时具备出口加工和保税物流等功能。

西安出口加工区 A 区位于国家级西安经济技术开发区内，毗邻西安新行政中心，距西安咸阳国际机场 20 公里，距西安火车货运站 10 公里、火车集装箱货运新站 1 公里、西安铁路北客站 2.5 公里，距绕城高速公路入口仅 1.5 公里。加工区总规划面积 1.47 平方公里，已开发面积 0.75 平方公里，新片区规划调整审批工作正在进行中，新片区规划面积 0.6 平方公里。

西安出口加工区 A 区封关运行以来，已引进英国罗尔斯罗易斯，法国赛峰，德国蒂森克虏伯，美国 GE、联合技术等 8 家世界 500 强企业，英国 AMS 航材、日本大河、美国雅奇等世界知名企业，以及中航工业西飞集团、西航集团、庆安集团，世纪互联，康龙化成等国内行业龙头企业 72 个项目入区，投产企业 57 家，累计实现进出口总额 107.8 亿美元，初步形成以高端航空制造为主，新能源、珠宝加工、服务贸易为辅的产业格局。

【经济发展】 2016 年，园区完成工业总产值 211.3 亿元人民币，年同比增长 9.4%；完成生产总值（增加值）45.8 亿元人民币，同比下降 9.1%；实现营业总收入 227.4 亿元人民币，同比增长 7.4%；完成固定资产投资 12.6 亿元人民币。

西安出口加工区 A 区在经济发展过程中，以陕西经济发展实际情况为基准，依托陕西在能源、人才、工业基础等方面的优势，逐渐形成具有自身特色的发展思路，主要体现在：

一是有效地利用陕西及西安的产业优势，将加工区的主导产业定位为航空、新能源、珠宝加工、服务贸易等领域。

二是积极推动国有企业、内资企业入区开展加工贸易，并鼓励入区企业使用国产设备和原材料，提升国产化率，有效提升企业核心竞争力。同时，积极倡导并促进国有企业研发、试制具有自主知识产权的加工技术及产品，促进加工贸易的转型升级。

三是发展航空特色出口加工区。西安出口加工区 A 区目前已聚集国际、国内 26 家航空制造企业及航材供应、物流企业，形成较为齐全的横跨国内外的"航空产业制造链"，为国外知名的波音、空客、GE、庞巴迪等公司，国内著名的西飞、西航、贵航、沈飞、成飞等厂商，以及国家大飞机项目提供生产、供应、物流一体化的服务，已经显现在航空制造业的示范、带动、辐射作用。

四是服务贸易的顺利开展优化了西安出口加工区 A 区的投资环境和企业运营环境，除对原有的主导产业有带动提升作用外，还引来诸多新兴产业在此“筑巢引凤”，以西安为中心辐射山西、甘肃、河南、宁夏、青海等地的“一日经济圈”已经形成，有效带动了区域经济的发展。

五是依托陕西在科技、教育、人才等方面的优势，每年有大批留学人员回国创办企业，园区在政策方面积极扶持。已有多家留学生创办的企业入区，涉及机械加工、生物科技、医药研发、电子信息等行业。

六是提高土地利用率，走集约化发展之路。在招商过程中，鼓励企业租或买已建成的标准厂房，提高土地使用效率，加快企业投产速度。

【投资环境】 投资环境是区域发展的软实力，加工区始终把完善投资环境、提升服务质量放在首位，西安出口加工区 A 区为承接国外及东部地区加工贸易的产业转移，从软、硬件环境及招商、安商的各项优惠政策上，做好全方位的准备。

加大基础设施建设力度，完善投资环境。加工区目前建设有现代化多功能标准厂房 25 万平方米，其中已建成的一期单层标准厂房 7 栋、二期四层标准厂房 1 栋、三期四层标准厂房 4 栋、四期标准厂房 4 栋；保税仓库 5 栋，面积 3.6 万平方米，堆场 18 500平方米；建设了公寓楼 2 万平方米，可容纳5 000人居住；加工区服务中心大楼 2.5 万平方米，可为企业提供办公、餐饮等服务；员工餐厅6 734平方米，可同时容纳 5 000人就餐。

区内道路、给排水、供电、供热、供气、通信、宽带及生活服务等设施齐全。18 层 2.5 万平方米的加工区服务中心大楼可满足区内企业办公需要。加工区周边地区的白桦林居、雅荷春天、西安中学、经发中小学、西安图书馆、城市运动公园、西安国际高尔夫运动中心、长安医院等完善的生活配套设施，为加工区营造出良好的人居环境，形成设施齐全的生活配套圈。

【招商引资】 2016 年引进了优技智连、融奇电子、新加坡航空维修、欧图欧电子商务等 10 个项目入区，累计批准 10 家保税物流企业入驻。保税物流货物主要包括飞机机翼组件、航空发动机零部件、光伏组件、显像管、汽车发动机、食品添加剂、稀有金属材料等 200 余种产品，业务涉及省内外 400 多家企业，行业涉及航空、机械、电子、新材料、纺织、汽车等，并辐射到 10 多个国家和地区。

【发展趋势】 2017 年，西安出口加工区 A 区在招商引资方面，将加大对航空、机械电子、珠宝加工、服务贸易等产业的招商力度。在日常管理工作中，不断创新运行机制，提高管理和服务水平，努力完善各类各项操作管理职能，着力发挥加工制造及保税物流功能对周边地区的辐射带动作用，为进一步促进区域经济发展作出新的贡献。

2017 年，西安出口加工区 A 区力争完善以航空、新能源、珠宝加工、服务贸易等为主导的产业集群，打造具有内陆特色的加工区，为西安及陕西周边地区的外向型经济发展真正起到积极的提升和促进作用。

【机构设置与管委会领导】 陕西西安出口加工区管委会下设陕西西安出口加工区 A 区管理办和陕西西安出口加工区 B 区管理办。

管委会领导：陕西西安出口加工区管委会主任韩松，副主任段永和；陕西西安出口加工区 A 区管理办主任饶宏，副主任王宁红。

【招商部门】 西安出口加工区 A 区下设招商部门。联系电话：029 － 86531038、86531019、86531016、86402928、86531010。

保税港区（综合保税区）

洋山保税港区
YANGSHAN FREE TRADE PORT AREA

【区域概况】洋山保税港区于2005年6月由国务院批准设立，由小洋山岛域港口区域、芦潮港陆域区域和连接岛域与陆域的东海大桥组成。经过扩区后，规划面积14.16平方公里，其中岛域面积7.31平方公里，陆域面积6.85平方公里，均已封关运作。

2016年，洋山保税港区围绕国际航运发展综合试验区的建设目标，进一步增强口岸枢纽功能，推进航运集疏运体系完善，加快国际航运中心建设。同时，大力推进国际采购与分拨配送、中转集拼、大宗商品、生鲜冷链、跨境电子商务、保税维修等新型功能发展，推动区域经济结构不断优化，产业能级进一步提升，经济保持稳步增长。据统计，2016年洋山保税港区投资企业完成经营总收入2 789.88亿元，比2015年增长7.8%；税务部门税收163.88亿元，同比增长98.9%；进出口总额761.68亿元，同比增长4.6%；年末企业从业人员4.35万人，同比增长0.2%。

【开发建设】目前，陆域范围内基本完成“七通一平”，区域内市政道路已建成约30公里。给水、雨水、污水、电力、燃气和通信管线等市政配套管线已落实，可基本满足陆域范围各地块的市政配套需求。区内已建成各类房屋建筑面积106万平方米，其中仓库面积94万平方米，商务楼宇面积12万平方米。2016年，洋山保税港区积极推进港区码头、陆域海关围网和卡口改造工程，完成固定资产投资额2.95亿元，比2015年增长30.0%，截至2016年年底累计完成固定资产投资额246亿元。

【国际贸易】进出口贸易恢复增长。2016年洋山保税港区进一步推进海关、检验检疫等部门改革创新措施的落地，加快亚太出口分拨功能的培育，努力克服大宗商品波动带来的影响，进出口总额止跌回升、恢复增长。据统计，2016年洋山保税港区投资企业完成进出口总额761.68亿元，比2015年增长4.6%。

开展进出口业务的企业不断增加。2016年，洋山保税港区共有176家投资企业直接开展进出口业务活动，比2015年增加18家。其中，进出口额超过10亿元的有15家，合计完成进出口额560.72亿元，占洋山保税港区进出口额的73.6%。此外，超过5亿元的29家企业中有6家是新兴企业，净增进出口额61.32亿元。

与100多个国家和地区有进出口业务往来。2016年，洋山保税港区投资企业共与世界各地的160个国家和地区有进出口业务往来，其中与19个国家和地区的进出口额超过10亿元，合计完成进出口额609.38亿元，比2015年增长7.7%，占洋山保税港区进出口额的80.0%。

进口额小幅下降，出口额快速增长。2016年洋山保税港区进一步推进功能培育，优化进口商品结构，努力缓解大宗商品业务波动带来的影响，完成进口额 443.62 亿元，比 2015 年下降 5.9%，占洋山保税港区进出口额的 58.2%。洋山物流企业依托区位优势和贸易便利化措施，积极发展手机、汽车零部件、玩具等出口分拨业务，促进出口额快速增长。2016 年洋山保税港区完成出口额 318.06 亿元，比 2015 年增长 23.9%，占洋山保税港区进出口额比重从 2015 年的 35.3%提升到 41.8%。

【产业发展】 洋山保税港区依托独特的地理位置和功能政策优势，深化落实自贸试验区改革创新举措，积极拓展国际采购及物流分拨配送中心功能，努力提升物流运作效率，跨境电子商务、全球维修检测等多元化产业模式逐步形成，特别是在大宗商品产业的有力推动下，区域经济保持稳步增长势头。据统计，2016 年洋山保税港区投资企业完成经营总收入 2 789.88 亿元，比 2015 年增长 7.8%。

大宗商品产业继续较快发展。洋山保税港区凭借独有的口岸和航线优势，积极拓展大宗商品集散功能，通过“期货保税交割”“洋山铜溢价”“大宗商品现货市场”等功能的完善，吸引了众多国内外大宗商品交易商前来集聚，洋山已成为我国重要的大宗商品进出口物流中转集散地和贸易中心。2016 年，洋山保税港区贸易企业完成商品销售额 1 797.05 亿元，比 2015 年增长 12.1%，占洋山经营总收入的 64.4%。

航运物流服务收入略有下降。航运物流业是洋山保税港区的传统优势产业，2016 年洋山保税港区不断完善营商环境，积极推进物流分拨配送中心功能，虽然在国际航运市场波动的影响下，上半年航运物流业整体出现较大降幅，但自下半年开始逐月走出低谷呈现回升势头，全年航运物流服务收入只比 2015 年略有下降。2016 年，洋山保税港区完成航运物流服务收入 963.52 亿元，比 2015 年下降 1.0%，占洋山经营总收入的 34.5%。其中，港口运输业务收入完成 708.56 亿元，占洋山航运物流服务收入的 73.5%；航运服务产业完成收入 254.96 亿元，占比为 26.5%。

【功能培育】 大宗商品现货交易市场稳步推进。通过评审的 10 家市场中已有 7 家完成筹建并通过验收，其中 6 家上线运作；第三方仓单公示平台与 10 家仓库实现系统或业务对接；保税质押业务完成首单试点，电子仓单增信功能获得境内外金融机构认可，截至 2016 年年底线上交易各类大宗商品 6.05 万吨，交易金额为 1.43 亿元。

货物状态分类监管试点扩大规模。洋山保税港区已有 26 家企业参与货物状态分类监管试点，其中 2016 年新增 21 家企业，运作规模不断扩大。

跨境业务积极探索突破。洋山保税港区正式挂牌全市首批跨境电子商务示范园区，国内知名跨境电子商务业务快速发展，区内跨境电子商务实现规模化运作。

离岸科技创新平台加快推进。“科创一号”项目已有果创科技孵化器、自然力研究院、上大 EOC 离岸创业培训中心等项目入驻，其中果创科技孵化器项目已有 5 家孵化企业落户。

口岸国际中转功能快速发展壮大。洋山深水港积极完善“区港一体”的区位优势和政策优势，进一步发挥水水中转、国际中转的枢纽作用，促进集装箱吞吐量继续稳步提升。据统计，2016 年洋山保税港区完成集装箱吞吐量1 561.6 万标箱，比 2015 年增长 1.4%，占上海港集装箱量的 42.1%。其中，体现对国内经济腹地辐射服务作用的“水水中转”集装箱量 804.8 万标箱，同比增长 5.4%，占洋山港箱量的比重从 2015 年的 49.6%提升到 51.5%；体现对国际市场中转功能的“国际中转”集装箱量 167.4 万标箱，同比增长 12.6%，占洋山港箱量的比重从 2015 年的 9.7%提升到 10.7%。2016 年全国各地的投资企业通过洋山外贸口岸完成进出口货值 17 373.6 亿元，比 2015 年增长 0.8%，占上海口岸外贸进出口货物总值的 26.1%。

全球维修检测业务初具规模。船舶维修业务和船舶保税维修业务快速增长，带动了一批海内外船东客户选择上海开展备件及技术服务，促进了上海船舶零配件生产制造业和船舶修造服务业的发展。一批以船舶保税维修和分拨仓储为主要业务的重点项目先后在洋山落户，进一步连接集聚上下游产业，夯实了洋山港作为上海航运中心建设核心承载区的基础。

【发展效益】 洋山保税港区在大宗商品贸易业务和航运物流业务的带动下，特别是在“免、抵”调增值税的拉动下，全年税收增长迅速。据统计，2016 年洋山保税港区完成税务部门税收 163.88 亿元，比 2015 年增长 98.9%。其中，增值税 120.09 亿元，比 2015 年增长 2.0 倍，占洋山保税港区税务部门税收的 73.3%；企业所得税完成 34.73 亿元，同比增长 2.4%，占比为 21.2%。此外，个人所得税和印花税均取得快速增长，分别完成 4.80 亿元和 1.88 亿元，同比分别增长 20.0%和 56.6%；在各行业全面实施“营改增”的影响下，营业税完成 1.36 亿元。

此外，2016 年全国各地的各类外贸企业为通过洋山口岸进出口货物而向洋山海关缴纳的各类关税和代征税为 325.2 亿元，占上海海关征税入库总额的 9.0%。

【招商部门】 洋山保税港区由中国（上海）自由贸易试验区管委会保税区管理局统一管理。联系电话：021-58698500。

烟台保税港区
YANTAI FREE TRADE PORT ZONE

【概况】 2009年9月7日，烟台保税港区经国务院正式批复设立，是全国第13家、山东省第2家保税港区，也是按照“功能整合、政策叠加”要求，全国第一家以出口加工区和临近港口整合转型升级形成的保税港区。2010年7月30日，一期监管设施通过国家十一部委验收组的联合验收，2011年1月12日正式开关运作。2016年10月12日，二期封关顺利通过由海关总署委托、青岛海关牵头，省发改委、商务厅等十一部门组成的联合验收组的封关验收。2016年，全区实现外贸进出口745亿元，在全国保税港区中位居前列。

【规划建设】 烟台保税港区规划控制面积7.26平方公里，分为两个区块：区块一（东区），面积为5平方公里，包括原出口加工区A区0.7平方公里和烟台港4.3平方公里；区块二（西区），面积2.26平方公里，即位于烟台经济技术开发区内的原出口加工区B区。封关区域内已完成区内海关监管设施及“七通一平”，区内设施配套齐全。在区内可开展保税存储，国际转口贸易，国际采购、分销和配送，国际中转，检测和售后服务维修，商品展示，研发、加工、制造，港口作业等业务。

【投资环境】 烟台保税港区位于烟台市城区北部，外与日韩隔海相望（距离韩国235海里，距离日本529海里），内与城区紧密相连，距烟台火车站1公里，半小时可达烟台蓬莱国际机场，北接沈海高速，与烟大铁路轮渡仅一网之隔，距离市区中心商圈不到2公里。

烟台保税港区是真正实现区港一体化运作的海关特殊监管区域，货物下船即可入区。烟台港是中国环渤海港口群主枢纽港之一，以集装箱、矿石、煤炭、油品为四大主营货种，已开通内外贸集装箱航线50条，月均航班300班左右，经烟台港可连接环渤海地区、长三角地区、珠三角地区主要港口，可承接世界各地货物。

保税港区开关运作后，加快港口集装箱码头及后续配套工程建设，推进航线开辟，促进货源集聚，着力打造大进大出、快进快出的国际物流通道。封关区域内的集装箱泊位已全部形成作业能力，集装箱年吞吐能力由150万标箱扩大到500万标箱以上。近年来，港口作业区新建设通用仓库3万平方米、保税仓库5 000平方米、后方堆场16万平方米，进一步促进区域功能升级。捷时达物流产业园、中外运物流场站和益通仲伯物流保税仓储等一批高标准、特色化、专业性大型保税仓储设施建成并投入使用，有力提升了产业集聚和功能承载水平。

【政策优势】 保税港区不仅叠加保税区、出口加工区、保税物流园区所有的政策和功能，而且还增加港口功能，享受国家赋予的“免税、退税、保税、免证”及便捷监管等特殊优惠政策，是我国名副其实的“政策高地”。其主要优惠政策为：境外货物入港区保税；国内货物入港区视同出口，实行退税；港区内企业之间的货物交易不征增值税和消费税等。保税港区实行全域封闭化、信息化、集约化监管，实行园区管理、卡口管理、港口管理“三位一体”的监管模式，一次申报、一次查验、一次放行的“三个一”的通关模式，信息流与货物流相统一、通关管理与港口联网相统一、关区代码与贸易方式相统一的“三个统一”运作模式。

【功能定位】园区坚持从区域经济发展的全局和高度着眼，紧紧围绕建设“区域性贸易中心、航运中心、高技术产业中心”和“东北亚枢纽港”的发展目标，以保税物流为重点，以国际商品展示为突破口，以高端高质高效新兴产业为引擎，以港口航线开辟、货源培育为保障，努力打造在国内外有较大影响力的区域性物流中心、特色突出的商品展示交易中心、高效便捷的航运服务中心和产业聚集的临港产业集群，在政策功能运用、产业转型发展和先行先试上更好地发挥引领带动作用，为区域经济发展提供有力的政策支撑。

【产业发展】烟台保税港区开关运作以来，依托特殊政策功能，大力发展保税加工、保税物流和保税服务，已初步形成东区以港口作业和保税物流为主、西区以保税加工制造为主的产业发展格局。

一是以政策功能升级再造为抓手，引领园区层次稳步提升。扎实推进海关监管特殊区域整合优化，顺利通过二期封关验收。2016 年 10 月 12 日，保税港区二期顺利通过由海关总署委托、青岛海关牵头，省发改委、商务厅等十一部门组成的联合验收组的封关验收，进一步拓展了港区发展空间。持续加大政策争取力度，2016 年 10 月获批“省级跨境电子商务产业聚集区”，奥展电子商务公司被认定为“省级跨境电子商务综合服务平台”，为园区发展提供政策支撑。

二是以产业转型升级为动力，打造园区发展新亮点。充分发挥政策功能优势，培育“保税+”新兴产业集群，促进保税优势和新兴业态的深度融合发展。在进口商品展示方面，在已建成区内五大实体市场平台的基础上，在区外发展体验中心、直营店等 40 多家，成为省内有一定规模和影响力的进口商品实体市场之一。在跨境电子商务方面，跨境电子商务产业园自 2015 年 7 月底启动直购进口业务以来，共审核验放进口电商物品 17 万票，货值6 000多万人民币，通关清单数和货值在青岛关区具备资质的主体中均排名第一位。在实现外贸稳增长方面，推动森泽外贸 B2B 综合服务平台充分利用其省级外贸综合服务平台优势，大力服务中小微企业，拓展外贸市场空间。2016 年实现进出口额近 5 亿元，呈现出良好的发展前景。推动玄祥五金上市进程，企业已正式在鲁交所挂牌上市；引导海港物流等骨干进出口企业广开业务渠道，在化肥受到影响的情况下，拓展以铜精矿、铝矾土、氯化钾等为主的大宗货物保税业务；大力扶持海杰食品、格润时代、杜奥尔车饰等重点加工贸易企业调整产品结构，拓展业务范围，增加订单和生产线。2016 年，全区有 9 家企业外贸进出口达到千万美元以上，对全区外贸增长起到了强有力的拉动作用。

三是以优质高效服务为支撑，不断优化园区发展环境。围绕二期封关和海关信息化系统两项重点工程，努力克服时间紧、程序复杂等不利因素，提前完成卡口信息化升级改造，保证了海关信息化系统和二期封关建设顺利推进。对市政管理标准化进行专题研究，加强市政管理督查力度，投入专项资金对区内部分地段进行绿化建设，高强度、持续性开展大货车乱停放整治，及时维护围网设施，有效提升了区容区貌。根据企业生产经营状况变化，及时完成厂房的清退、收回、续租、转租等工作，进一步提升了空间的集约利用。

【创新工作】一是自贸区创新制度政策红利持续释放。积极学习借鉴上海、福建、广东、天津自贸区改革创新经验，重点围绕投资管理、贸易便利化、金融、服务业开放、事中事后监管等领域加快复制推广进程，打造开放新优势。在已有海关监管、检验检疫、国税、工商、外汇等领域20项自贸区创新制度落地实施的基础上，2016年又推动了“五证”合一、智能化卡口验放、进口货物预检验、分线监管模式、外商投资企业外汇资本金意愿结汇等18项创新制度复制落地。其中，在全国率先测试成功选择性征税系统，在省内首先完成特殊区域汇总征税、多式联运、委内加工、返区维修等创新监管制度，为企业发展注入了新动力。二是贸易和投资便利化水平进一步提升。与海关、检验检疫等部门一起，推出了25项鼓励和扶持区内进出口重点企业发展的优惠措施。先后制定《加快跨境电子商务发展的若干意见》《鼓励企业上市扶持意见》《外贸增量奖励办法》《房屋租赁扶持办法》等一系列政策性文件，形成了涵盖新兴业态、企业上市、外经贸等全方位财政支持框架，为全区外贸稳定增长营造了有利的政策环境。

洋浦保税港区
YANGPU FREE TRADE PORT ZONE

【开发建设】 洋浦保税港区位于海南西北部的洋浦半岛，2007年9月经国务院批准在洋浦经济开发区内设立，一期2.3平方公里于2008年10月经国务院联合验收组验收通过，正式开关运作。洋浦保税港区是我国最南端的保税港区，也是我国距东盟、澳大利亚最近的保税港区，拥有国家一类对外开放口岸和对越边贸口岸，拥有海南省唯一的国家进境粮食指定口岸和进口肉类指定口岸，拥有处于东亚和东南亚国际海运主航线中心的深水良港。

洋浦保税港区具有“保税、物流、加工”功能，现有主导产业为粮食加工、椰子加工、冷链物流及大宗物资集散等。外向型企业可在区内开展保税加工、制造，国际贸易，国际采购、分销和配送，大宗物资的国际分拨和国际中转，保税展示、保税交易、保税仓储，产品及设备的检测、维修、组装等业务。

【投资环境】 便利的物流运输。洋浦港处于东亚和东南亚国际海运主航线中心，毗邻中国—东盟自贸区，距越南、印度尼西亚等东南亚国家只需1~3天海运航程。洋浦保税港区与洋浦港实行区港一体、无缝对接，进口货物可直抵厂区，距离不到1公里，二次运输成本极低。此外，海南全岛已形成“田”字形高速公路网，道路出港区可与海南高速公路联网，并建有环岛高铁，岛内运输通道非常便利。

完善的配套设施。港区现有2个3.5万吨级泊位，6个5万吨级泊位，50万平方米堆场；已完成“七通一平”，建有现代化标准厂房约2.6万平方米、公共仓库约2万平方米及标准的查验平台、海关监管仓库和检疫处理区；建有配套的办公楼和蓝领公寓，可满足入驻企业需要。

优质的配套服务。一是工商、税务、商务等部门和银行、船代、货代、物流等服务企业在保税港区综合服务楼现场办公，提供“一站式”政务服务，服务便捷；二是设有专门的海关、检验检疫等口岸部门，提供集中报关、预约通关、查验、放行等全天候通关服务；三是由保税港区管理局统一管理，提供优质、快捷的物业管理和企业服务；四是港区与银行、通信等服务企业合作，为入区企业提供更加方便快捷的定制服务。

优惠的配套政策。入区企业可享受国家赋予保税港区、海南省及开发区制定的相关优惠政策，以及保税港区专门制定的产业扶持政策。

【招商引资】 洋浦保税港区利用区位、港口及政策优势，结合自身发展实际，重点针对粮食、椰子、木材及肉类等产业进行招商，招商工作初现成效。

粮食产业。利用进境粮食指定口岸、粮食配额、保税政策等优势发展粮食产业。内蒙古恒丰集团投资建设的国际粮油加工物流产业园项目已落户，项目总投资14亿元，集粮食加工、物流、贸易于一体，连接国际国内粮油主产区与主销区，辐射东南亚及华南腹地。

椰子产业。利用东南亚丰富的椰子资源筹建“中国—东盟椰子产业园”，已有 5 家椰子加工企业和 2 家椰子贸易企业落户，另有 20 多家前来考察的椰子企业有意向落户。

冷链物流产业。利用进口肉类指定口岸、南海渔业资源、东盟进口零关税等优势发展肉类、海产品等冷链物流产业。已落户 3 家肉类贸易企业、1 家海产品贸易企业；建成3 000吨备案冷库、3 000吨海产品冻库、8 000立方米葡萄酒恒温库。

【经济发展与对外贸易】从开关运作至 2016 年年底，洋浦保税港区累计实现地区生产总值 140 亿元，实现全口径税收 31.76 亿元，实现进出口货值 10.62 亿美元，完成集装箱吞吐量 206.09 万标箱，完成固定资产投资 10.38 亿元。

【发展趋势】全面融入国家“一带一路”“中国—东盟自贸区”“中国—澳大利亚自贸区”、南海开发、海南国际旅游岛等战略，打造“中国（海南）—东盟优势产业合作示范区”，建成洋浦保税港区“国际粮油加工物流产业园”和“中国—东盟椰子产业园”，发展保税物流、跨境电子商务等现代服务业。

【机构设置与管委会领导】洋浦保税港区由洋浦保税港区管理局统一管理。洋浦保税港区管理局为洋浦经济开发区管委会直属正处级事业单位，主要负责保税港区的功能开发、招商引资、企业服务、园区管理等工作。管理局内设综合管理、招商引资、企业服务、园区管理等岗位，并配套有专门的物业管理和企业服务公司，机构精简高效。

【招商部门】洋浦保税港区招商引资和企业服务部门竭诚为入区投资企业提供全方位的优质服务，诚挚欢迎广大客商前来咨询、交流、投资和开展业务。联系人：张梦苏、刘婷婷，联系电话：0898－28810976、28810969，传真：0898－28810969，邮件：291285049/1269812446@qq.com，微信公众号：洋浦保税港区管理局，门户网站：http://www.ypftpz.gov.cn/。

苏州高新技术产业开发区综合保税区
SUZHOU NATIONAL NEW & HI-TECH DISTRICT INTEGRATED FREE TRADE ZONE

【开发建设】 苏州高新技术产业开发区（以下简称高新区）综合保税区位于苏州国家高新区北部，区域规划控制面积 3.51 平方公里，由原高新区出口加工区（2003 年 3 月批准设立）和原高新区保税物流中心（B 型）（2005 年 8 月批准设立）整合形成。2010 年 8 月 10 日由国务院批准设立，同年 11 月 4 日通过国家十部委联合验收，实现封关运作。苏州高新区综合保税区以“信息化围网”手段进行监管，按照功能划分为口岸作业区、保税物流区、保税加工区。

口岸作业区，面积 0.29 平方公里，是整个高新区进出口货物通关和检验检疫的唯一场所，可用于保税货物、一般监管货物、特殊区域间货物及国际快件货物的转关通关。区内建有监管仓库 10 座 9 万平方米，查验场地 1.2 万平方米，停车场 3.6 万平方米，集装箱堆场 4.4 万平方米。

保税物流区，面积 0.52 平方公里，区内重点发展保税仓储业务、国际分拨配送业务及国际贸易。区内建有 12 万平方米现代化仓库，其中恒温仓库 800 平方米，主要用于存储电子元器件、汽车零部件、光伏设备、医疗器械，以及进口食品、酒类等货种。

保税加工区，面积 2.7 平方公里，区内重点发展保税加工、检测维修等业务。区内建有各类厂房面积约 175 万平方米，其中企业自建厂房 113 万平方米，标准厂房 41 万平方米，主要用于加工贸易生产企业的入驻。

另外，综合保税区围网外设有配套工业园 0.59 平方公里，为园区提供生产配套服务。同时，利用紧邻综合保税区的区位优势，为区内企业开展研发、检测、维修等功能拓展业务提供载体支持。

【投资环境】 苏州高新区综合保税区在载体建设上一直坚持高标准、严要求，努力建设具有国内一流载体的综合保税区。截至 2016 年年底，综合保税区（含围网外）共建成各类厂房仓库 226.56 万平方米，其中标准厂房 63.23 万平方米、保税仓库 19.71 万平方米、企业自建厂房 143.62 万平方米。区外规划建设普通仓库 28 万平方米，目前已完成 10.8 万平方米的建设及招商工作。所有载体的规划设计、环境安全均达到国内一流建设标准，已基本形成设施先进、配套完善、交通便利，集保税加工、保税物流和进出口贸易为一体的综合性功能区域。

高新区报关报检服务中心，是现今国内最具规模、通关功能最为齐备的一流区域物流通关平台之一。其将涉及货物通关流程的所有行政和社会服务纳入其中，实现海关、国检、经贸等行政管理部门，海关特殊监管区域管理部门及报关、货代等物流服务企业集中办公，真正实现“一个窗口”对外、“一条龙”服务的一站式通关模式。

【招商引资】 截至 2016 年年底，苏州高新区综合保税区累计入驻各类市场主体224（含围网外）家，其中工业企业98家，贸易企业58家，物流、金融及其他服务业等68家，累计项目总投资36.1亿美元。2016年度，各功能区块招商形势良好，共引进项目9个（含围网外），其中工业项目8个，服务业1个。新增项目总投资5 837万美元。保税加工区出租率为43.89%，区外配套工业园出租率达97.84%。

高新区综合保税区保税加工项目主要来自欧美、日韩、东南亚和中国台湾等国家和地区，投资领域主要涉及电子、精密机械、新材料、家用产品、汽车零部件等科技含量较高、附加值较大的产业。电子和精密机械目前是保税加工的两大主导产业。区内的新宁、大田、祥迎等知名物流企业为全国28个省近2 000家生产企业提供保税物流服务。

【对外贸易】 苏州高新区综合保税区利用功能政策和区位优势，依托苏州进口食品（化妆品）集中监管样板及进口食品（化妆品）销售展示中心，大力发展国际贸易，建设专业化国际贸易服务平台，打造集展示、推广、交易、仓储、品鉴、电子商务、融资租赁、配套服务于一体的国际贸易集聚区。

苏州进口食品检验检疫集中监管样板。位于综合保税区东区内，2011年10月获批设立，是江苏省首家进口食品检验检疫监管样板。监管样板建筑面积8 332平方米，设有常温食品存放区、化妆品存放区、恒温仓库，贴标作业区、查验区、留样室等功能区域，通过一站式通关查验，改变传统进口食品检验监管模式，优化流程，提高效率，通关时限较以往提速3~5天，同时通过电子监控、溯源管理（二维码）、风险预警、分批核销等信息化的管理系统有效保证进口食品的质量安全。

进口巴氏杀菌奶检验检疫监管样板。2014年3月，依托进口食品检验检疫监管样板优势，以综合保税区为进口口岸，开通了全省首家“进口鲜奶快速通道”，实现了江苏省内鲜奶进口业务零的突破，使综合保税区成为继青岛保税港区之后全国进口鲜奶的第二个口岸。2016年5月，进口巴氏杀菌奶检验检疫监管样板通过江苏出入境检验检疫局专家组评审验收。目前，从澳大利亚进口的巴氏杀菌奶鲜奶量占全国鲜奶进口总量的45%。

进口肉类指定口岸。2015年5月，苏州高新区综合保税区依托区域产业基础、市场需求，充分发挥和利用区位交通优势、监管资源优势、载体优势，申报建设进口肉类指定口岸。同年12月，正式获国家质检总局批准同意筹建进口肉类指定口岸。2016年6月25日通过国家质检总局中期指导和江苏出入境检验检疫局预验收。9月9日通过国家质检总局现场验收。10月18日被国家质检总局列入进口肉类指定口岸名单，并在网站公布。10月21日，举办苏州高新区综合保税区进口肉类指定口岸推介说明会。12月9日，首批货物顺利通关，标志着江苏省首家也是目前唯一一家内陆地区进口肉类指定口岸正式开通运营。截至2017年5月，苏州高新区综合保税区进口肉类指定口岸共进口肉类378批次8 563.38吨，货值1 701万美元。进口的肉类主要有法国、德国、丹麦、西班牙的猪肉，巴西、阿根廷的禽肉，加拿大的牛肉，法国的熟火腿。目前，苏州高新区综合保税区进口肉类指定口岸通过进境检疫审批的肉类总数量达到37 950吨，业务量已跃升至全省第二位。

进口冰鲜水产品口岸。苏州高新区进口冰鲜水产品口岸于2016年4月正式启动申报工作。2016年8月25日向江苏出入境检验检疫局提交了口岸申请。在检验检疫系统的指导下，以最快的速度完成口岸筹建工作。9月20日，苏州高新区综合保税区进口冰鲜水产品口岸通过国家质检总局的现场验收。11 月 16 日，正式获得国家质检总局进口冰鲜水产品口岸资格，成为江苏省内首家内陆地区进口冰鲜水产品口岸。口岸存储能力达 800 吨，除满足苏州市场对进口冰鲜水产品的基本需求外，也将进一步辐射周边城市。目前，正积极研究政策，开展业务招商活动，争取尽快开展业务试运作。

苏州高新区进口食品（化妆品）销售展示中心。面积5 000平方米，致力于打造长三角地区最具特色的进口商品销售展示中心，2014 年被江苏省商务厅评选为省进口商品交易中心之一。中心于 2012 年 9 月开业，经过近 5 年的发展，交易商品已涵盖进口葡萄酒、牛奶、奶粉、蜂蜜等各类商品。同时，凭借优惠的扶持政策、高效的食品检验通关效率，吸引了全球排名第一的红酒贸易商屈臣氏酒业、澳洲鲜奶进口商伯隆贸易等十多家知名贸易企业入驻。

【经济发展】2016 年，综合保税区实现规模以上工业总产值 609. 20 亿元，同比增长 1. 01%；完成固定资产投资 13. 43 亿元，同比增长 3. 0%，其中工业固定资产投入 9. 39 亿元；实现监管货值 569. 26 亿美元；实现进出口总值 137. 10 亿美元，其中出口 93. 13 亿美元，进口 43. 97 亿美元。

截至 2016 年年底，高新区综合保税区累计完成规模以上工业总产值3 474. 57 亿元；固定资产投资 185. 12 亿元；累计实现进出口总值1 113. 17 亿美元，其中出口 746. 26 亿美元。

【物流通路】高新区综合保税区充分利用和发挥产业基础优势、区位交通优势、综合保税区口岸功能优势和监管资源，于 2012 年启动苏州至欧洲等地区的国际铁路货运班列项目，先后开通“苏满欧”进、出口班列，“苏满俄”出口班列，“苏新亚”出口班列，使国际铁路货运成为传统海运、空运通道的补充，为苏州地区乃至苏南地区企业的产品出口至欧洲、中亚地区，开辟了一条安全、高效、便捷的物流通道。班列凭借开行途经国家少、关务过境环节便捷、单据要求简单、运输实效性有保障、运行态势稳定等优势，受到苏州及华东地区大量生产企业的青睐和认可，已成为江苏省、苏州市贯彻落实“一带一路”建设，全面推动丝绸之路经济带建设的重要国际物流干线大通道。

“苏满欧（苏州—满洲里—波兰）”班列。班列以综合保税区监管场站为起点，区内设有集装箱堆存区、关检联合查验区、专用理货区等专用区域，货物在口岸作业区完成相关手续后，通过监管卡车运至苏州铁路货运西站装车，全程约 5 公里。北上经满洲里出境，途经俄罗斯、白俄罗斯全境到达波兰，全程运输距离11 200公里。其中，中国境内3 200公里，历时 52 小时；俄铁管辖（俄罗斯及白俄罗斯）7 800公里，历时 9 ~ 10 天；欧洲境内 200 公里，历时 1 天。2016 年全年，“苏满欧”出口班列共发运 120 列 10 706 标箱，货值 9. 77 亿美元，货运量 5. 93 万吨，同比分别增长 33. 3%、27. 6%、12. 87%和 42. 98%，位列全国中欧班列阵营第 5 位。

“苏满俄（苏州—满洲里—俄罗斯）”班列。出口班列于 2015 年 8 月 16 日实现常态化运行，经内蒙古满洲里口岸出境，最终到达俄罗斯莫斯科，最短用时 12 天。途中可根据需要停靠俄罗斯伊尔库茨克、新西伯利亚、叶卡捷琳堡、布良斯克等主要站点。

“苏新亚（苏州—新疆—中亚各国）”班列。出口班列于 2015 年 7 月 10 日实现常态化运行，经新疆阿拉山口、霍尔果斯口岸出境，最终到达乌兹别克斯坦塔什干，出口班列最短用时 10 天。可根据需要发往哈萨克斯坦、吉尔吉斯斯坦、塔吉克斯坦、乌兹别克斯坦等其他中亚国家主要城市。

【业务拓展】 根据苏州跨境电子商务综合试验区实施方案和工作思路，苏州高新区跨境电子商务发展坚持政府主导与市场化运作相结合，与知名电商企业开展战略合作，促进管理规范化、贸易便利化、通关信息化，创新发展促进外贸增长转型升级新业务模式。

2016 年 6 月 18 日，苏州高新区跨境电子商务监管中心正式启用，海贸通跨境电子商务“一站式”综合服务平台正式上线。中心位于高新区综合保税区内，规划面积 13 000平方米，分为集货区、暂存区和监管区 3 个功能区域，通关监管设施齐全。中心与苏州市“单一窗口”平台对接，与海关、国检、外管、国税等进行数据交互，实现物流、信息流和监管流的全程可视化和逆向追踪体系。其目标是通过搭建苏州跨境电子商务产业基础服务平台、苏州跨境电子商务综合服务平台，形成苏州乃至整个江苏省跨境电子商务产业链，吸引华东地区乃至全国跨境电子商务贸易在苏州落户，促进苏州外贸转型升级，打造新的经济增长点。

【发展趋势】 苏州高新区综合保税区作为高新区七大服务业载体之一——现代物流及国际贸易服务集聚区，承载区域加工贸易向服务贸易转型的重任。为此，苏州高新区综合保税区将围绕建设全国一流综合保税区的发展目标，积极构建“两个平台，两个中心”。一是大力构建国际联运口岸平台，完成枢纽和通路建设；二是深化拓展贸易促进平台，建立协同机制，促进功能创新；三是集中建设国际分拨中心，完善服务体系，优化通关效率；四是重点培育国际贸易（技术）服务中心，拓展产业类型，促进产业升级。

【机构设置与管委会领导】 2012 年 6 月，经苏州高新区管委会批准，正式设立“苏州高新技术产业开发区综合保税区管理办公室”，作为苏州国家高新产业技术开发区管委会的派出机构，行使对综合保税区的行政管理权。苏州高新区综合保税区管理办公室下设行政管理部、计划财务部、经济发展部、开发建设部、综合管理部 5 个工作部门。为了更好地推进综合保税区的开发建设，设立苏州高新区出口加工区投资开发有限公司、苏州高新区保税中心有限公司，负责综合保税区的土地开发、基础设施建设、标准厂房仓库租赁、物流仓储经营等事宜。

【招商部门】 经济发展部，联系人：徐玉、谢旭东，联系电话：0512－68018661、66161302，传真：0512－66161303，电子邮件：xu. y@ snd. gov. cn、xie. xd@ snd. gov. cn，门户网站：http：//www. snd-iftz. com。

上海浦东机场综合保税区
SHANGHAI PUDONG AIRPORT FREE TRADE ZONE

【区域概况】上海浦东机场综合保税区于2009年7月3日由国务院正式批准设立，规划面积3.59平方公里。2010年4月2日开始一期1.60平方公里的封关运作，2011年12月28日完成二期1.99平方公里的封关验收，实现整体封关运作。

2016年，浦东机场综合保税区依托自贸试验区建设，以打造区港一体化的国际航空服务和现代商贸功能区为目标，积极推进符合区域特点和企业需求的制度创新，聚焦重点产业、强化功能运作，区域经济呈现快速增长态势。据统计，2016年浦东机场综合保税区新设企业95家；投资企业完成经营总收入94.23亿元，比2015年增长82.8%；进出口总额为420.87亿元，同比增长7.7%；税务部门税收为14.28亿元，同比增长70.9%。

【开发建设】浦东机场综合保税区区内道路、市政管线、监管设施、信息系统等配套基础设施建设进一步完善，区域环境进一步优化。2016年，浦东机场综合保税区以推进公共服务中心（二期）项目建设为重点，完成固定资产投资额1.74亿元，比2015年增长7.7倍，截至2016年年底累计完成固定资产投资额65亿元。

【国际贸易】2016年，浦东机场综合保税区继续深化海关、检验检疫等部门创新政策的落地和叠加运用，通过试点运作向常态化运作、小规模发展向集聚化发展的转变，促使进出口额止跌回升。据统计，2016年浦东机场综合保税区投资企业完成进出口总额420.87亿元，比2015年增长7.7%。

货物贸易占主要比重。从贸易方式上看，2016年浦东机场综合保税区以物流货物进出口为主要贸易方式，完成405.39亿元，比2015年增长9.0%，占区内进出口总额的96.3%；加工贸易和一般贸易分别完成进出口额9.25亿元和5.96亿元，合计占3.6%。

进出口额10亿元以上重点企业增长较快。据统计，2016年浦东机场综合保税区直接开展进出口业务的投资企业有63家，比2015年净增1家。其中，以物流货物方式开展进出口业务的企业为40家，净减11家；而以一般贸易方式开展进出口业务的企业为31家，净增16家。从进出口业务来看，直接开展进口业务的企业有57家，比2015年净减5家；出口企业数量明显增加，直接开展出口业务的企业有34家，比2015年净增12家。进出口额超10亿元的企业有13家，比2015年净增4家，这13家企业合计完成进出口额352.32亿元，同比增长50.7%，占浦东机场综合保税区进出口额的83.7%。

进口贸易稳步增长。据统计，2016年浦东机场综合保税区完成进口额239.27亿元，比2015年增长6.9%，占区内进出口额的56.9%。从欧、美进口额所占比重大。全年浦东机场综合保税区从欧洲进口额为86.10亿元，同比增长71.6%，占比为36.0%。其中，主要是从德国进口额达 33.22 亿元，同比增长 2.2 倍；从法国进口额为 27.89 亿元，同比增长 42.6%。从北美洲进口额为 77.00 亿元，同比下降 33.2%，占比为 32.2%。超过 10 亿元六大类产品进口额占比超过九成，航空器等运输设备、机电音像设备类产品、化工制品类、纺织品、光学计量医疗仪器设备和贱金属及其制品进口额均超过 10 亿元，这六类产品合计进口额占浦东机场综合保税区进口额的 94.2%。

出口贸易持续增长。据统计，2016 年浦东机场综合保税区完成出口额 181.58 亿元，比 2015 年增长 8.7%。出口商品主要目的地是亚洲国家和地区，全年向亚洲出口额为 123.19 亿元，同比增长 18.1%，占区内出口额的 67.8%。主要是向中国香港地区出口额达到 81.97 亿元，向新加坡出口额为 18.60 亿元。此外，向欧洲出口额为 40.02 亿元，同比增长 6.3%；向北美洲出口额为 12.49 亿元，同比下降 26.5%；向大洋洲出口额为 5.09 亿元，同比下降 27.9%。机电音像设备类产品出口额绝对额较大，完成 166.17 亿元，比 2015 年增长 6.4%，占区内出口额的 93.6%。

【产业发展】 随着新设企业不断投入经营，租赁服务、临空服务、现代商贸等业务加快发展，促使企业经营收入保持快速增长。据统计，2016 年浦东机场综合保税区投资企业完成经营总收入 94.23 亿元，比 2015 年增长 82.8%。

租赁服务收入是经营收入的主体。随着机场租赁服务业创新模式的成熟运作，越来越多的租赁企业投入正式经营，集聚效应成效显著，租赁企业服务收入保持快速攀升，已经成为浦东机场综合保税区企业经营收入的主要来源。全年租赁类企业完成服务收入达到 56.62 亿元，比 2015 年增长 76.3%，占浦东机场综合保税区经营总收入的 60.1%，已经超过航运物流服务收入规模。

航运物流服务收入较快增长。随着“先入区、后报关”等监管模式的创新及区港一体化运作能力的进一步提升，物流业务保持较快发展。全年航运物流企业完成服务收入 39.72 元，比 2015 年增长 23.9%，占浦东机场综合保税区经营总收入的 42.2%（其中飞机等航空设备租赁业务在租赁产业和航运物流产业均有体现）。

贸易企业的销售规模迅速扩大，完成 5.08 亿元，比 2015 年增长 6.7 倍。航空维修及配套服务业务规模有所波动，完成收入 2.02 亿元。

【功能培育】 贸易新型业态稳步推进。一是跨境电子商务持续发展。作为上海跨境电子商务示范园区，“跨境通”在浦东机场综合保税区的运作持续发展，同时明确设在“跨境通”仓库内集中监管点的公共属性，为区内更多跨境电子商务企业开展业务提供了便利。二是国药销售业务取得突破。推进国药进口医疗器械国内分拨销售业务的试点，已进入实质性运作，浦东机场综合保税区企业开展国内销售业务取得突破。

临空服务产业功能深化发展。一是空运亚太分拨中心转型升级。区内已累计引进包括山特维克、英飞凌、联合国急救包产品等 30 多家分拨中心。在协调解决企业实际需求和问题的基础上，不断完善优化区域物流运作整体环境，加大企业财政扶持兑现力度，积极推动区内分拨中心转型升级，向智能化、全球化发展。二是航空维修业稳步发展。在海关、税务等部门的支持下，波音飞机维修检测项目稳步发展。

贸易便利化水平不断提升。一是深化货物状态分类监管试点。鼓励已通过验收的企业积极开展业务，区内已有山特维克、鼎隆、盟天、中远、乔达、国药 6 家企业参与试点。二是推进创新制度政策措施系统集成。协调海关、检验检疫等部门在分拨中心、保税展示、跨境电子商务、航空维修等方面推进创新举措的深化落地和叠加运用；以浦东机场综合保税区快速进出项目为抓手，发挥海关、检验检疫等部门创新政策的集成优势。

区港一体化运作进一步深化。一是继续推进空运货物服务平台的建设发展。持续推进免税、保税为一体的同步监管运作模式，总运单货物直接入区运作模式，口岸货物与保税货物同步运作模式。二是探索口岸与保税区域的功能叠加。探索以空运货物服务平台、快速转运分拨平台、具有口岸货站功能仓库三位一体的公共服务平台体系建立的可行性路径。

【发展效益】浦东机场综合保税区企业经营效益迅速攀升，特别是在租赁产业快速发展的带动下，税收产出效益迅猛增长。据统计，2016 年机场综合保税区完成税务部门税收 14.28 亿元，比 2015 年增长 70.9%。从税种来看，两大主力税种贡献区内税收增量的 97.6%。其中，企业所得税保持领先的势头，完成 7.32 亿元，同比增长 86.8%，占浦东机场综合保税区税务部门税收绝对额的 51.3%、增量的 57.4%；增值税完成 5.55 亿元，同比增长 75.1%，占浦东机场综合保税区税务部门税收绝对额的 38.9%、增量的 40.2%。此外，个人所得税完成7 901万元，同比增长 40.2%；印花税完成2 517万元，同比增长 44.0%；在各行业全面实施“营改增”的影响下，营业税完成2 837万元，同比下降 39.7%。从企业来看，千万纳税大户数量大幅增加，纳税额超过1 000万元的企业共有 26 家，比 2015 年增加 9 家，合计完成税收 9.36 亿元，占浦东机场综合保税区税务部门税收的 65.5%。此外，驻区海关部门税收完成 18.30 元，同比增长 30.5%。

【招商部门】上海浦东机场综合保税区由中国（上海）自由贸易试验区管委会保税区管理局统一管理。联系电话：021-58698500。

郑州新郑综合保税区
ZHENGZHOU XINZHENG INTEGRATED BONDED ZONE

【概况】 郑州新郑综合保税区于 2010 年 10 月 24 日获国务院批准设立，是国务院批准设立的第 13 个综合保税区，也是中部六省第一家综合保税区，规划面积 5.073 平方公里。2011 年 11 月 4 日开始一期 2.49 平方公里的封关运行，2012 年 12 月 21 日完成二期 0.24 平方公里的封关验收，2015 年 7 月 16 日完成恒丰仓库区域 0.079 1平方公里的验收，2016 年 3 月 2 日完成三期 2.263 9平方公里的验收，郑州新郑综合保税区 5.073 平方公里全部封关运行。

郑州新郑综合保税区已备案企业 53 家，其中生产加工企业 6 家，物流企业 18 家，仓储企业 23 家，贸易企业 6 家。此外，综合保税区内新增登记备案京东、唯品会等各类跨境贸易电商企业 80 多家。

【建设发展】 郑州新郑综合保税区在郑州航空港经济综合实验区（郑州新郑综合保税区）党工委、管委会的正确领导下，紧紧围绕“建设大枢纽、发展大物流、培育大产业、塑造大都市”发展主线，以“提速增效、服务发展”为主题，以“大通关、大口岸、大发展”建设为重心，以增强核心竞争力为目标，紧紧依托全国区域通关一体化，结合“一带一路”建设、自贸区、跨境电子商务综合实验区，进一步扩大口岸开放、提高通关效率、优化企业服务，助推郑州航空港经济综合实验区经济腾飞，为打造国际物流中心贡献更大力量。

综合保税区建设持续加强。郑州新郑综合保税区三期于 2016 年 3 月 2 日通过由郑州海关牵头的联合验收组的验收，2016 年 9 月 18 日获得海关总署批复。2016 年 10 月 20 日顺利实现封关运行，标志着郑州新郑综合保税区 5.073 平方公里基本全部开发完成。郑州新郑综合保税区三期已确定进驻苏宁云商物流枢纽、唯品会中部地区区域物流枢纽、欧洲制造之窗保税展销中心等 8 个重点项目，在谈有郑州国际花卉保税中转中心、领胜电子材料生产等两个项目。

综合保税区业务功能不断拓展。规划了跨境电子商务保税物流中心，总占地 118 亩，建筑面积173 880平方米。京东国际、唯品会、苏宁易购、香港莎莎等知名电商企业，以及网银在线、百世物流、顺丰快递、中国邮政等知名物流、仓储、支付、关务企业先后入驻郑州新郑综合保税区。2016 年郑州新郑综合保税区跨境电子商务保税备货模式累计完成申报清单 152.62 万票，货值 1.95 亿元，目前已具备日均 100 万票的货物通关处理能力。一般模式业务及保税模式业务均已常态化运行。

综合保税区政策不断创新。郑州新郑综合保税区作为内陆对外开放的高地，在已复制推广上海自贸区 12 项海关监管制度和 8 项检验检疫监管制度的基础上，又分别于 2016 年 8 月 1 日和 2016 年 10 月 14 日获批内销选择性征税和企业增值税一般纳税人资格两项试点政策。11 月 10 日，郑州新郑综合保税区增值税一般纳税人首家试点企业同舟国际贸易有限公司完成国税、海关的备案，可以开具增值税专项发票。

综合保税区管理逐步加强。配合郑州新郑综合保税区海关做好卡口监管工作，为驻区单位和企业顺利开展工作做好保障；狠抓办公场所安全保卫工作，加强巡逻防范，制定了保安人员 24 小时值班管理制度。制定了《综合保税区物业及保安服务监督管理考核办法》“物业服务监督日常考核记录表”“保安服务监督日常考核记录表”，提升了后勤服务水平。坚持“安全第一、预防为主”的原则，积极推进安全生产工作，定期召开安全生产会议，宣传安全法规，进行安全检查，及时发现并解决生产过程中的安全隐患问题。

【投资环境】郑州航空港区“米”字形高铁大格局基本形成，郑州新郑综合保税区作为郑州航空港经济综合实验区的核心区，拥有城铁、地铁、高铁“三铁”，且“机、公、铁”一体的航空枢纽，集疏能力大幅提升，运输条件优越。围绕“一门户”，全力推进口岸建设，口岸体系不断完善，通关便利化水平不断提升。已拥有水果、冰鲜水产品、食用水生动物、肉类、澳洲活牛、邮政 6 个进口指定口岸，通过郑州新郑综合保税区口岸进口货物种类涵盖 12 个国家（地区）、10 个大类、30 余个品种，企业进口货物可供选择的口岸多、运输方式多样化。河南电子口岸“单一窗口”2016 版上线运行，通关时间缩短 1/3 以上；口岸作业区实现“区港联动”，2016 年共监管口岸作业区货物 17.91 万吨，货值 606.39 亿美元；新获内销选择性征税和企业增值税一般纳税人资格两项试点，政策高地优势进一步凸显，在我国内陆对外开放重要门户的地位进一步提升。

【经济发展】在经济下行及产能过剩和总需求不足的背景下，2016 年郑州新郑综合保税区外贸进出口排名始终位居全国海关特殊监管区域第一方阵。据海关统计，郑州新郑综合保税区 2016 年累计完成进出口总值约 3 161.1 亿元，与 2015 年同期相比增长 1.9%，占河南省进出口总额的 67%（2016 年河南省进出口总值4 714.7 亿元，同期河南省外贸进出口增长 2.6%）。据中国保税区出口加工区协会统计，2016 年郑州新郑综合保税区外贸进出口在全国综合保税区中排名第一，在全国海关特殊监管区域中排名第三。

【发展趋势】2017 年，是郑州建设国家中心城市的开局之年，也是郑州航空港经济综合实验区实现“五年成规模”的关键一年，作为郑州市对外开放的核心区和郑州航空港经济综合实验区对外发展的两大平台之一，郑州新郑综合保税区下一步将继续完善业务功能、调整产业结构，全面推动园区持续健康发展。

继续推动郑州新郑综合保税区建设。一是加快推进园区三期入区项目建设，继续拓展园区功能；二是按照城市规划、土地利用规划，海关特殊监管区域基础和监管设施建设标准等要求，积极推动园区扩区工作。

推动国际贸易单一窗口建设。一是继续推动河南电子口岸公司积极建设国际贸易单一窗口 2016 版的工作；二是结合单一窗口平台，推动郑州航空港实验区范围的口岸执法数据的互联共享。

研究自贸区政策，推动保税展示交易、选择性征税及一般纳税人资格等政策的推广应用。一是推动保税展示交易系统的完善优化，进一步提高系统的易用性和便利性；二是积极推动海关出台选择性征税和一般纳税人资格的实施细则，尽快推动推广宣传；三是加大对企业宣传力度，有针对性地吸引更多企业入区开展相关业务。

以跨境出口为重点，实现跨境电子商务规模化发展。利用口岸作业区功能，充分发挥综合保税区与机场无缝对接优势，大力发展以 B2B 出口为主的跨境出口模式，打造综合保税区跨境电子商务产业核心区。力争跨境电子商务年度出单量突破 180 万单，货值突破 1.8 亿元，其中跨境出口力争占到业务量的 20%以上。

加快已建成口岸的运营和拟申报口岸的申报建设。抓好现有的河南进口肉类指定口岸、澳洲活牛进口口岸、口岸作业区等口岸运营的业务指导，不断拓展业务规模。加快进口植物种苗指定口岸和食品药品医疗器械口岸的申报建设工作。不断促进口岸平台与枢纽、物流、贸易联动发展，带动金融服务和产业集聚，为大力发展口岸经济奠定基础。

全面启动冷链物流产业园区建设工作。加快肉类口岸周边基础设施和配套服务设施建设，按照“边规划、边招商、边建设”的思路，加快推进冷链物流产业园区核心区的规划建设，进一步完善肉类口岸的查验、存储、物流功能，提升肉类口岸吸引力、辐射力。

【机构设置与管委会领导】郑州新郑综合保税区管委会作为河南省政府派出机构，与郑州航空港经济综合实验区管委会合署办公，实行“一个机构、两块牌子”。管委会下设机构郑州航空港综合实验区（郑州新郑综合保税区）口岸业务服务局（正县级），负责综合保税区区内管理、企业服务、政策协调、接待宣传和后勤保障等工作。

管委会领导：党工委书记张延明，党工委副书记、管委会主任马健，党工委委员、管委会副主任张春阳、常继红、王春山、蔡红，口岸业务服务局局长徐笠。

【招商部门】企业入驻、相关政策咨询联系人：李纪昉，联系电话：0371－86196688、86196887，电子邮箱：teo222@163.com。

北京天竺综合保税区
BEIJING TIANZHU FREE TRADE ZONE

【概况】北京天竺综合保税区于2008年7月23日获国务院批准设立，成为全国首家空港型综合保税区，也是全国唯一包含机场口岸操作区的综合保税区。北京天竺综合保税区规划面积5.944平方公里，一期封关面积3.177平方公里，于2009年7月28日通过海关总署等国家十部委联合验收。

北京天竺综合保税区集口岸通关、保税物流、出口加工等功能于一体，享有“保税、免税、免证”政策，并优化整合了国内不同海关特殊监管区域的政策优势，是北京目前唯一的海关特殊监管区域，也是目前国内开放程度最高、功能最齐全、政策最优惠、通关最便捷的海关特殊监管区域。

北京天竺综合保税区是完善北京城市功能、提升“四个服务”水平的战略性基础设施，是扩大对外开放、提升外向型经济发展水平的重要平台，也是北京融入全球经济一体化的崭新窗口，在全市对外开放中优势独特、地位重要。

【投资环境】地理位置优越。天竺综合保税区位于北京东北方向，与首都国际机场实现无缝对接，距离市区15公里，距天津港160公里，往来北京城区、天津港口、环渤海地区顺畅便捷，交通路网发达，具有得天独厚的区位优势。

区港一体化。天竺综合保税区与首都国际机场口岸无缝对接，真正实现了区港一体化。北京海关创新推行“先入区后报关”的“直通式分拨”模式；北京商检局突破性地开展进口货物“集中报检、集中查验、分批核销、后续监管”的查验模式；货物通关时间缩短至2~6小时，最快只需30分钟，通关速度在全国海关特殊监管区域中首屈一指。

一站式综合服务。天竺综合保税区一站式服务大厅本着提升服务效率和服务水平，优化办事流程和政务环境的原则，为来访企业提供一站式、全方位服务。所有来访企业，从洽谈入区到入区运营涉及的所有业务，均可在服务大厅内受理。

【招商引资】2016年全年新批复入区项目40个，注册资本总额为5.43亿元，计划投资总额为38.54亿元，形成特色产业和新兴产业集聚态势。深化与歌华、泰达、空港股份、万科、绿地等园区二级招商机构合作模式，先后组织召开4次园区功能招商政策培训会，提高招商引资能力。有效推动国家对外文化贸易基地等园区功能平台建设，充分发挥整车进口、进境食用水生动物、进境植物种苗等指定口岸功能，有序推进与食用水生动物、进境水果等口岸相配套的展示交易中心项目建设，增强了平台集聚能力。

新兴特色产业引进取得了明显成效。文化产业方面，成功引进包括2家外商独资演出经纪公司（北京已千文化传播有限公司、龙之传奇娱乐有限公司）在内的文化企业10余家，园区涉及文化艺术品展览展示、修复鉴定等新兴业态的文化类企业达到40家。航空产业方面，引进了北京通航法荷航飞机航线维修、中航等项目8个，农银租赁公司采取经营性租赁方式通过天竺综合保税区引进2架波音737-800飞机并交付国航使用，园区涉及航材贸易、航空维修、飞机租赁等业态的航空类企业达到23家。医药产业方面，引进了国药、上药等重点企业7家，园区涉及研发、制造、贸易、仓储等相关业态的医药企业达到14家，药品进出口值占北京市口岸药品进出口值的90%以上。跨境电子商务方面，园区跨境电子商务类企业达到20多家，物美集团等6家跨境电子商务企业顺利进驻，北京天竺综合保税区进口商品直营中心和林德帕西姆北京天竺综合保税区进口商品直营中心开业运营。

【对外贸易】 2016年，保税功能区实现进出口总值52.0亿美元，同比增长4.1%，比北京市增幅高出15.8个百分点，增速位居全市各区县及功能区第5位。从进出口结构来看，进口45.7亿美元，同比增长2.4%，比北京市增幅高出15.5个百分点，增速位居全市各区县及功能区第8位；出口6.3亿美元，同比增长19.0%，比北京市增幅高出24.2个百分点，增速位居全市各区县及功能区第2位。

【经济发展】 截至2016年年底，天竺综合保税区工商注册企业达到303家，入区运营企业实现营业收入199.4亿元，同比增长12.3%；实现利润总额27.0亿元，同比增长24.3%；完成属地税收8.7亿元，同比增长23.7%；完成进出口总值52.0亿美元，同比增长4.1%；资产总计455.1亿元，同比增长23.6%；从业人员为2.3万人，同比下降2.7%；实际利用外资9 823.2万美元。

【发展趋势】 2017年，天竺综合保税区将以承接北京市服务业扩大开放综合试点改革措施为主要抓手，强化创新驱动发展，增强区域经济发展活力，坚定不移地推动区域经济转型升级，持续提升园区投资与贸易便利化水平。一是用好北京市服务业扩大开放综合试点改革创新平台，围绕园区功能定位和产业发展方向，积极落实试点政策。二是加快推进园区监管机制创新，提升贸易便利化水平。搭建产业发展平台，推进园区文化贸易、航空服务、跨境电子商务、医药贸易、特色金融等重点产业领域改革创新。三是聚焦航空、医药、文化、科技等重点招商领域，创新招商引资工作机制，实行全员招商工作措施，大力促进国际物流、生物医药、商贸服务、文化贸易、科技服务、创新金融等产业发展。重点加强航空、医药、文化及跨境电子商务产业园建设。四是推进与临空经济核心区的融合发展。通过与临空经济核心区建立招商对接工作机制，充分发挥优势叠加效应，推动北京临空经济产业转型升级，实现区域经济互利共赢。

【机构设置与管委会领导】 北京天竺综合保税区管理委员会内设办公室、政策法规处、规划建设处、经贸发展处、保障处、信息处，设有事业单位北京天竺综合保税区综合服务中心、国有独资公司北京综合保税区开发管理有限公司。

管委会领导：党组书记、主任高朋，党组副书记、常务副主任宋建明，党组成员、副主任李燕凌、杭金亮。

【招商部门】 经贸发展处，联系电话：010-69478588；负责人：陶黎黎，联系电话：010-69475362。

淮安综合保税区
HUAIAN INTEGRATED FREE TRADE ZONE

【概况】 淮安综合保税区于2012年7月19日经国务院批准设立，是江苏省长江以北第一家在出口加工区基础上转型升级而成的综合保税区，网内面积4.92平方公里，网外配套区域约10平方公里，呈“一区两片”格局。其中，南区紧邻京沪高速出入口及规划中的淮安高铁站，具有陆运的优势；北区紧邻机场，是江苏省唯一的“空港保税区”。2013年1月30日，综合保税区一期（2.63平方公里）通过国家十部委组成的联合验收组的正式验收，2013年国庆期间，由出口加工区监管模式切换为综合保税区监管模式，标志着综合保税区一期正式封关运作。

淮安综合保税区具有保税加工、保税物流、货物贸易、口岸通关、进口商品展示展销等功能和进境保税、入区退税、区港直通、集中申报、快速中转等优惠政策，对淮安全市乃至苏北地区外向型经济发展起到重要的政策服务、大项目聚集和国际化平台作用。

【经济发展】 截至2016年年底，园区共引进各类企业90余家，注册外资11亿美元，累计完成投资超过28亿美元。2016年，淮安综合保税区实现工业总产值703.9亿元、销售收入686.6亿元，同比下降29.15%和30.05%；实现利润45.4亿元；完成海关税收及代征税20 335万元；完成进出口75 575万美元，其中出口35 604万美元，同比分别下降8.1%和12.1%；实现进出区值18.5亿美元，其中入区货量199 916吨，出区货量165 599吨；实现保税物流额2.05亿美元，全市及周边有200多家相关企业利用综合保税区平台开展业务。园区已形成以精密模具、电子接插件、印刷电路板等产品生产为主，以保税物流功能配套为辅的高科技出口加工基地，对周边地区产生了一定的辐射带动和示范作用，是“江苏省新型电子元器件高技术特色产业基地”“江苏省新型工业化产业示范基地”和“江苏省电子信息产业链国际合作示范区”。

【投资环境】 淮安综合保税区位于江苏淮安经济技术开发区境内。区内交通便捷，京沪、宁宿徐、宿淮、宁淮和淮盐5条高速公路在境内交汇，新长铁路贯穿境内，淮安涟水机场已开通至北京、上海、广州、重庆、厦门、武汉等10条航线。淮安设立了二类水路口岸，直接对接上海、扬州、连云港、太仓、南京等江海港口。

园区内设有海关、出入境检验检疫办事处、陆路口岸直通式进出口货物分流中心和物流保税仓库。同时，启动了区港联动、区域通关、分送集报等创新高效的通关政策，积极推行“一次申报、一次审单、一次放行”的通关模式，确保为每位进区投资的客商提供优质、高效、满意的服务。

【招商引资】 2016年，淮安综合保税区新签项目12个（其中外资8个），报批外资项目6个、民资项目2个；完成协议外资1.792

亿美元，外资到账2 277.66万美元，开工项目外资到账1 660万美元。新批皇马供应链、淮安皇桥淮富创投、华鑫表业、品易国际商贸及同龢逸洋等一批外资项目。

【配套建设】截至2016年年底，淮安综合保税区已建成10万平方米的标准厂房，4万平方米的保税仓库。企业自建2万平方米的保税仓库正在施工中。

【发展趋势】未来，淮安综合保税区将立足淮安，辐射苏北，围绕一个目标，即“江北争第一、全国创一流”；建成两个基地，即“全国重要的电子信息制造业基地”和“新三产业现代服务业基地”；丰富三大业态，即以IT产业为基础的高端先进制造业，以口岸作业区为基础的国际物流业，以保税专业市场为依托的国际贸易业；打造四大中心，即保税加工中心、物流配送中心、展示展览中心和贸易销售中心；凸显五大特色板块，即加工制造、保税物流、电子商务、专业市场、商务配套。同时，进一步完善综合保税区功能政策，建成以网内为龙头、网外为配套，覆盖全市、辐射周边、设施完善、功能齐备、政策优惠、服务高效、充满活力和特色的重要经济区域。

【机构设置与管委会领导】淮安综合保税区管理办公室下设综合管理部、经济管理部、投资促进部、规划建设环保部和保税业务管理部5个部门。

管委会领导：淮安经济技术开发区党工委委员、管委会副主任刘晓录，兼任淮安综合保税区管理办公室主任职务。

【招商部门】淮安综合保税区管理办公室投资促进部诚挚欢迎广大投资者和业务需求者咨询、交流及开展业务。招商热线：0517-86283718，传真：0517-86283729，联系人：汤先生、赵先生。

海口综合保税区
HAIKOU INTEGRATED FREE TRADE ZONE

【概况】 近年来，由于全球经济发展极不平稳，国内经济下行压力加大，多种不利因素叠加，造成海口综合保税区经济增长乏力。面临这种情况，园区深入贯彻落实国务院、省政府关于促进加工贸易、服务贸易创新发展的部署要求，结合自身保税政策功能优势，调整发展思路，大力发展保税加工贸易、仓储物流和保税服务相关产业，统筹抓好产业发展、服务社会投资等各项工作，确保园区企业生产经营正常进行。2016 年下半年园区生产型企业经济效益逐步回升，商贸类企业经营收入略有增长。

【经济发展】 2016 年，海口综合保税区（含原保税区）共完成工业产值 132.89 亿元，同比增长 1.46%，占全市比重为 24.81%；完成工业增加值 33.42 亿元，同比增长 2.43%，占全市比重为 14.33%。园区实现营业总收入为 699.38 亿元，同比增长 13.39%，占全市比重为 26.25%。此外，完成进出口货值 4.076 亿美元（含长影公司共 4.438 亿美元），同比增长 19.53%，占全市比重为 1.72%。其中，进口货值 3.38 亿美元，同比增长 30.87%，大幅度增长的主要原因是融资租赁的飞机进口（2.3 亿美元）；出口 1.06 亿美元，同比增长 27.95%，主要集中在金盘电气、康宁光通信和海马汽车的产品出口。园区完成工商税收 13.6 亿元，同比增长 5%，占全市比重为 2.91%。

汽车制造业。2016 年汽车制造业的生产仍处于低迷状态，全年完成工业产值 62.31 亿，同比下降 2.98%。海马集团进行战略调整和资源整合后，现海口主产轿车，郑州主产 SUV。调整后一汽海马的生产和销售更有针对性，发展思路更加清晰。2016 年，车辆总销量为62 861辆，其中福美来轿车销量为 41 461辆，福美来七座版销量为 12 081辆，福美来专车版销量为 435 辆，S7 销量为 8 203辆，其他销量为 681 辆。因全国生产汽车厂家较多和受宏观经济的影响，消费者购买力下降 2016 年上半年推出的全新车型海马 V70 市场销售情况不理想，未形成预期增量。

机电信息产业。机电产业运行较平稳，全年完成工业总产值 24.86 亿元，同比增长 7.01%。其中，金盘电气累计完成 18.77 亿，同比增长 5.31%；康宁光通信累计完成 5.43 亿，同比增长 15.63%，增幅最大。

生物制药企业。生物制药企业略有增长，全年实现工业产值 44.92 亿，同比增长 4.49%。由于园区制药企业产品均以抗生素为主，而且部分企业外迁，致使医药制造业增速受到抑制。

其他加工业。全年完成工业产值 8 068.26万元，同比增长 48.12%。大幅增长的主要原因是泓缘生物科技有限公司和荣林印刷厂更换新的生产设备使产量大幅提升。

贸易物流服务业。在全球经济效益不景

气，国际市场大宗商品价格下跌，国内需求不旺等多种不利因素叠加的情况下，综合保税区的贸易物流服务业逆势上升，全年完成贸易额 699.38 亿元（含飞机和汽车进口），同比增长 13.39%。

【招商引资】 2016 年，综合保税区重点发展保税加工、仓储物流和保税服务，不断拓展和创新保税政策功能，多措并举，全力推动开放型经济发展。一是强化招商引资，积极承接产业转移。2016 年极为重视到深圳、东莞等发达地区进行产业转移的招商引资，多次到广东深圳、东莞等地区进行项目对接和洽谈，已有部分企业表示有意愿搬迁到海口综合保税区。二是积极借助已入区的安基实业发展有限公司对接广东的珠宝钻石加工企业，并积极推动安基公司的产业园完善配套设施建设，以便转移产业能顺利进驻。通过定向招商、节会招商、以商招商等多种方式，积极引进企业和项目。

已签约项目。拟开工项目 1 个，为光彩集团投资建设的“光彩国际（海南）海藻生物科技产业中心”项目，项目用地约 30 亩，拟总投资 12.2 亿元。

已洽谈项目。拟签约项目 1 个，为海南优健威公司投资建设的“优健威综合生产厂”项目，该项目拟投资3 000万美元。

拟入园项目。正在洽谈跟进的项目有 8 个，拟投资总额超过 22 亿元，包括：拟投资额 15 亿元，由海南康京投资有限公司投资建设的“橡胶商品交易平台和橡胶制品加工厂”项目，将主要开展橡胶等大宗商品贸易、分拨、结算业务，打造海南大宗商品交易中心；拟投资额 2 亿元，由河南鹤龙实业有限公司投资建设的“冷冻保鲜食品集散（配送）中心”项目，建设海南食品总部的分拨中心和集散中心；即将入驻钻石珠宝产业园的捷克摩瑟水晶加工项目；建设酒类集散分拨中心的物流园项目；跨境大贸电商产业园项目；澳洲精油分装贸易项目；空气滤芯、汽车滤清器生产加工项目；澳洲及新西兰奶制品和保健品加工贸易项目。

【产业发展】 一是进口汽车贸易。园区积极引入汽车经销商，2016 年共进口 22 批次 278 辆进口汽车，货值5 774.9 万元，进口完税货值12 304万元人民币，实现各类税收 5 344万元，缴纳关税 4 016.6 万元。为带动本地汽车消费，综合保税区积极推动汽车小镇项目建设（已完成投资4 265万元），为平行进口汽车、海马汽车搭建展示、交易平台。

二是生产型企业因快速发展而进行了技术改造和产业升级。如亚洲制药、全星药业通过技术改造，产量提高了 20%，养生堂、美兰史克正在进行技术改造，通过增加生产线来提升产量。康宁（海南）光通信也在进行技术改造，总投资达 6.6 亿元，主要生产预计棒，年产值也将大幅提升。

三是启动美兰临空经济产业园的建设。2016 年海口美兰临空经济产业园选址已经市政府批准纳入海口市土地利用总体规划调整，并完成项目备案。海口市政府确定园区为临空产业园基础设施 PPP 项目的实施主体。

四是在复兴城开设了海口保税进口商品直营中心，成功打造成为进口商品种类丰富、价格实惠、质量有保证的购物场所，同时为进驻综合保税区的生产加工、贸易企业搭建了展示交易的平台。根据市政府、综合保税区管委会对直营中心的转型升级要求，现直营中心从复兴城迁入新城吾悦广场，并分别在生生百货、万达广场开设分店，为市民提供更为便捷的进口商品服务。

五是跨境电子商务平台建设。根据海南省政府印发的《关于设立海南省跨境电子商务综合示范区》文件要求，园区开展了相关政策研究，与驻区海关、国检等部门对接，确定选址及建设方案。同时，积极联系和走访相关电商企业，了解企业诉求，以及对园区建设线下平台和电商扶持政策的意见建议，做好前期招商洽谈工作。开展了跨境电子商务仓储中心、查验和监管场所选址和规划设计工作。

【固定资产投资】2016 年，综合保税区深化“放管服”改革，加快推进康宁技术改造、沙汀宁制药、中铁冷链物流等 5 个百日大行动项目和恒远泰富汽车小镇、中美史克技术改造金盘电气综合楼等其他 8 个在建项目投资建设，确保顺利完成投资计划和固定资产投资任务。

2016 年海口综合保税区（含原保税区）完成投资额 34.98 亿元，同比增长 149.3%。固定资产大幅增长的主要原因是：一是飞机购置，2016 年共购进 4 架飞机，投资额达 26.29 亿元；二是技术改造项目投资，园区生产型企业的技术改造项目和设备购置的投资，共计完成 2.79 亿元；三是重点项目的投资，其中海南沙汀宁制药厂项目，2015 年 12 月开工全年完成投资7 916万元，中铁国际食品冷链中心项目完成投资10 178.5 万元。

固定资产投资主要以技术改造为主，不会对园区的工业增速起到明显的拉动作用，但企业的技术改造和园区的基础设施建设对工业经济的结构转型升级起到奠定基础的作用。

【发展趋势】2017 年，海口综合保税区将继续深入贯彻落实国务院、省政府关于促进加工贸易、服务贸易创新发展、外贸回稳向好等部署要求，围绕“海澄文”一体化、海口国家级新区筹建、“双港驱动”发展战略，推行“极简审批”制度，以重点项目和产业优化为抓手，坚持服务导向，招商引资工作取得新的成绩，临空临港产业发展取得新进展，保税金融、跨境电子商务等新业态取得新突破，确保实现主要经济指标较快增长，经济运行效益和质量持续提高。

总结经验，拓展保税融资租赁业务。综合保税区将以飞机融资租赁为突破口，不断拓展保税融资租赁业务范畴，探索开展高精尖医疗设备、模拟机飞行器、海洋渔业船舶及南海开发大型设备、海洋装备等的融资租赁，打造服务海南国际旅游岛建设和南海大开发的新型融资平台。

进一步放大整车进口口岸政策效应。积极推动并落实相关政策，充分发挥并有效放大汽车口岸的政策效应，在调整优化产业结构、做大做强临港经济等方面起到重要带动作用。通过提高整车进口贸易便利化，吸引汽车进口企业开展业务，确保全年进口车辆 500 台以上。

复制自贸区试点经验，积极开展招商选资。承接国内自贸区的改革红利，全面复制在海关特殊监管区推广的委内加工监管、仓储货物按状态分类监管等多项试点改革经验，从项目洽谈、落地到建设，提供“一站式”高效服务，吸引更多的保税加工企业入区，做大保税仓储物流业，推动服务贸易创新。

围绕“双港驱动”战略，推进临港、临空产业。积极与港航、海关、检验检疫、边检等部门对接，解决外贸集装箱船舶停靠问题，实施“区港联动”；积极推进美兰临空经济产业园建设，与海航临港发展公司开展招商引资、申报、开发建设等各项工作。

推进跨境电子商务交易平台建设。按照海南省政府部署要求，综合保税区被列为海南省发展跨境电子商务先行先试的试验区，负责建设园区范围内的跨境电子交易平台，将对接海关、国检等部门开展政策研究，开展跨境电子商务仓储中心、查验和监管场所的选址和设计工作。

开展金融创新业务。依托综合保税区内

注册的华信金融服务公司，力争在园区内引进并设立一家银行分支机构，积极探索外汇结算、离岸金融等，开展跨境投融资、担保业务，发力开展金融创新业务。

确保捷克摩瑟水晶项目落地，推进钻石珠宝加工产业发展。主动对接，积极服务，确保信集团在综合保税区内注册成立水晶贸易公司；扶持完善钻石珠宝产业园的相关配套设施和政策，推进钻石珠宝加工产业的发展，促成钻石珠宝产业实现年交易额5 000万元。

持续抓好园区企业的优化服务工作。开展园区基础设施和环境整治，开展美化、绿化和亮化工程，提升园区的品位和形象，做好安商稳商工作。深入企业调研，因企施策，做好扶持和服务工作。

2017 年，园区工业总产值预计完成 138 亿元，同比增长 3. 8%；工业增加值约 34. 5 亿元，同比增长 3. 6%；园区营业总收入约 720 亿元，同比增长 3%；进出口货值约 3 亿美元，同比下降 27%；工商税收约 15. 5 亿元，同比增长 5%。

南京综合保税区（江宁）
NANJING INTEGRATED FREE TRADE ZONE（JIANGNING）

【概况】2016 年是“十三五”的开局之年，也是南京综合保税区江宁片区加快发展之年，根据南京市综保委、开发区管委会对综合保税区的要求，综合保税区管理局认真落实有关精神，全局上下齐心协力，积极进取，进一步优化发展环境，深化功能拓展，做强先进制造业，培育现代服务业，加大招商引资力度，加快转型升级，提升服务水平，用好国际国内市场两大要素，区域经济保持了较好的发展势头。2016 年，南京综合保税区江宁片区实现进口 13.78 亿美元，出口 27.97 亿美元，进出口总额为 41.75 亿美元。

【投资环境】南京综合保税区具有以下 4 个方面的独特优势。一是依托紧邻重大交通枢纽的优势。江宁片区位于禄口国际机场和亚洲最大的高铁站南京南站之间，南京地铁 3 号线、5 号线、6 号线及绕越公路东西而过，机场高速南北而过，将军路和宁溧路纵贯地块，有着无可比拟的交通区位优势。二是依托开发区强大的产业集聚优势。国家级江宁开发区拥有汽车、电子信息、智能电网、软件、通信与网络、航空和物流等现代产业，千亿级、五百亿级、百亿级的产业集群保持着旺盛的发展活力。三是依托开发区高端人才集聚优势。江宁开发区内集聚了东大、南航等一大批高校、科研机构、重点实验室，以及海归人才、创新创业人才，是国家级“千人计划”和“万人计划”双基地，为综合保税区的发展提供了强大的人才支撑。四是依托查验单位贴身服务的优势。金陵海关和南京出入境检验检疫局均设在江宁区，为江宁片区的建设发展提供最近距离、最高效率的优质服务。

【招商引资】一是全力推进重点项目落户签约。仁宝集团新项目及爱立信全球综合项目是综合保税区管理局 2016 年的重点项目，在管理局的全力推动下，仁宝新项目、爱立信全球综合项目签约。针对这两个项目，综合保税区管理局协调了海关、国土、规划、工程、安全、消防等部门，解决了项目洽谈过程中的诸多问题。二是积极推进新项目开工建设。2016 年，综合保税区内联亚国际会展项目开工建设、中航汉胜项目厂房进行装修，管理局积极提供服务，保证了两个项目的顺利推进。三是不断推进新项目洽谈工作。在服务好现有项目及企业的同时，不断拓展新的项目信息。四是提升南京国际商品博览中心品牌。2016 年，博览中心新引进了南京亨德国际贸易等 6 个新项目，并组织综合保税区内企业参加 2016 中国（昆山）品牌产品进口交易会，扩大了博览中心在江苏省内的知名度。在管理方面，不断与博览中心管理方新百对接，进一步规范卖场现场管理制度，加强货品种类、价格、促销等方面的管控。同时，与保税仓对接，对博览中心商品涉及海关、国检等部门时遇到的问题，积极协调海关、国检，确保国际商品博览中心的货物通关顺畅。

【管理与服务】一是帮助企业争取支持。积极协调海关驻江宁开发区办事处，争取金陵海关大力支持，促使海关为重点企业实行全天候预约通关服务，为进出口企业减负、增效，提高服务效率，确保运作高效有序，积极帮助指导企业适应监管政策的调整。二是做好博览中心检验通关工作。南京国际商品博览中心是南京开设在综合保税区内的首家保税展示交易中心，在报关、报检、通关、仓储等方面都没有先例可循，管理局协调海关、国检多方借鉴外省的相关经验，并多次协调海关、国检现场办公，制定相关支持措施，确保博览中心顺畅运营。三是制定联席沟通协作机制。为了确保企业货物及时顺利通关，管理局与金陵海关驻江宁开发区办事处协调建立了科学严密的协作机制。

【发展趋势】江苏省、南京市都十分重视自贸区的建设，江苏省提出了“要全力做好自贸区争取设立、经验复制推广”，南京市提出了“积极申报自贸试验区”。综合保税区管理局将进一步发挥园区的辐射带动作用，努力挖掘、激发南京及周边地区的消费需求，加快发展现代服务业的步伐。按照市政府所下达的相关任务要求，发挥要素集聚和辐射带动作用，服务“一带一路”建设和长江经济带等重大国家战略，优化产业布局，调整产业结构，在保持出口稳步增长的总基调上，优化投资环境，夯实先进制造业，发展现代服务业，积极对接上海自贸试验区各项先行先试政策，依托江宁片区现有的空港优势，建设服务苏浙皖的贸易集聚区。

加快综合保税区转型发展。一是发挥大项目引领作用，以商引商。仁宝新项目、爱立信项目的落户，使综合保税区在其相关产业链企业中提升吸引力，管理局将力争引进适合入区的配套企业来园区投资。二是培育新业态，发展新产业。以进口商品博览中心为起点，不断创新载体形式，丰富进口商品种类，延伸进口商品展示等模式，重点加强品牌的培育、管理、输出，学习上海、广州、厦门自贸区等先进地区的理念和经验，做到“政府搭台，企业唱戏，服务于民”。重点加快推进中国南京皮草拍卖交易中心项目。

加大招商引资力度。一是加快推进在手在谈项目。目前园区在手在谈的项目有吉宝全球平板维修中心等项目。二是加快推进在手在建项目。当前园区的在建项目有吉宝仓储、吉宝全球维修中心及爱立信全球采购、维修中心等项目，以及香港联亚、国际贸易服务大楼等项目。管理局将全力做好相关协调服务工作，争取上述项目建设在2017年年底初现规模，提升综合保税区整体形象。

服务企业，优化通关环境。全力做好区内区外进出口企业的服务和协调工作，优化进出口通关环境，抓紧推进海关、国检相关最新政策的落地。全力打造智能化通关环境，争取早日开启“三个一”通关模式，实现“一次申报、一次查验、一次放行”的通关新模式，营造更高效、更便利的通关环境，方便生产型、物流型、现代服务业等企业的口岸通关。

认真落实国务院政策，发挥综合保税区品牌效应。园区将全面推广落实《国务院关于做好自由贸易实验区新一批改革试点经验复制推广工作的通知》文件精神，加快改革试点步伐，加快推动综合保税区的发展，充分发挥南京综合保税区江宁片区的品牌效应。

【机构设置与管委会领导】南京综合保税区管委会（江宁）管理局作为南京综合保税区江宁片区的职能管理部门，承担了综合保税区日常事务的管理、企业服务、产业发展、招商引资等职责。

【招商部门】南京综合保税区江宁招商工作由管理局经济发展与产业促进部负责。部门负责人：李啸冰，联系电话：025－52724937，电子邮箱：lxb@jndz.cn。

南京综合保税区（龙潭）
NANJING INTEGRATED FREE TRADE ZONE（LONGTAN）

【开发建设】 南京开发区综合保税区龙潭片区位于南京市栖霞区东部，区域规划控制面积 3.83 平方公里，由原南京出口加工区（2003 年 3 月批准设立）和原龙潭保税物流中心（B 型）（2005 年 8 月批准设立）整合形成，2012 年 9 月 17 日由国务院批准设立，2013 年 10 月 29 日通过国家十部委联合验收，实现封关运作，一期封关面积 1.12 平方公里。南京综合保税区已建成办公大楼 2.3 万平方米、辅楼3 000平方米；口岸作业区近 9 万平方米，其中验货平台约2 000平方米，监管仓库约3 200平方米，现场查验用房约2 700平方米。同时，规划建设了符合海关监管要求的围网、巡逻通道、卡口及监控设施等，整个区域实现了“七通一平”。此外，还建设了 4 万平方米的保税仓库。南京综合保税区龙潭片区以“信息化围网”手段进行监管，按照功能划分为口岸作业区、保税物流区、保税加工区。

综合保税区 2015 年在围网外建设完成了 7 万平方米的跨境电子商务产业园和约3 000平方米的综合保税区商业街，为园区提供生产配套和生活配套服务利用紧邻园区的区位优势，为区内企业开展研发、检测、维修等功能拓展业务提供载体支持。

【投资环境】 南京综合保税区龙潭片区在载体建设上一直坚持高标准、严要求，努力建设具有国内一流载体的综合保税区。截至 2016 年年底，综合保税区（含围网外）共建成各类厂房仓库 100 万平方米，其中保税仓库 20 万平方米，企业自建仓库、厂房 80 万平方米；区外规划建设普通仓库 60 万平方米，已完成建设及招商工作。所有载体的规划设计、环境安全均达到国内一流建设标准，广泛吸引各类优质企业投资入驻。

综合保税区报关报检服务中心是南京口岸地区最具规模、通关功能齐备的一流区域物流通关平台之一。其将涉及货物通关流程的所有行政服务纳入其中，实现海关、国检等行政管理部门，海关特殊监管区域管理部门及报关、货代等物流服务企业集中办公，真正实现“一个窗口”对外、“一条龙”服务的一站式通关模式。

综合保税区周边规划建设有普通仓库 60 万平方米，商业办公设施 3.7 万平方米，已初步形成设施先进、配套完善、交通便利，集保税加工、保税物流和进出口贸易为一体的综合性功能区域。

【招商引资】 在项目引进方面，综合保税区已累计引进 43 家物流、贸易和电商类企业。其中，整合搬迁物流企业 10 家，新引进企业 33 家（实际购地建设企业 2 家）。2016 年当年新引进企业 2 家，累计实际到账外资 2 310万美元（含非综合保税区区域外资到账）。在项目建设方面，总投资 7.2 亿元的苏商保税物流中心一期项目已建成；总投资 7 800万美元的日本京亚供应链一期项目已进行外装。在项目洽谈方面，有近 30 个重点在谈项目，包括新能源汽车项目、半导体封装测试项目、展示交易中心项目等。

【对外贸易】 南京综合保税区封关运作以来，利用功能政策和区位优势，依托南京龙潭港，大力发展国际贸易，积极与海关、国检协调，主动做好企业服务工作，进一步拓展业务运作的规模。2016 年，综合保税区实现进出口 3 亿美元，监管货值 52.7 亿美元。其中，“一线出口”占全部出口业务的比重为 5.4%，“一线进口”占全部进口业务的比重为 22.1%。园区进出境货运量 1.364 万吨，占总的监管货运量 24.3 万吨的 5.6%。从运营情况看，南京综合保税区的功能还主要体现在加工贸易“一日游”上，在货物贸易进出口的规模还不大，比重还不高，尚需进一步提升。

【经济发展】 2016 年，园区完成工业总产值 6.8 亿元，实现固定资产投资 52 亿元，实现监管货值 52.7 亿美元，实际利用外资 132 万美元。

【业务拓展】 在已成功运作“一般出口”业务的基础上，2015 年 6 月，园区获南京海关批准进行“直购进口”模式试点，7 月 6 日即完成首票通关，成为江苏省“直购进口”的首单。经过南京市政府批准设立了南京龙潭跨境电子商务产业园，并与中佳通公司合作启动了新载体的建设。2016 年 1 月 29 日，又迎来了江苏省跨境贸易电子商务直购进口海运整柜操作的“第一单”，在业务模式上取得了新突破。经专家评审，由园区主导建设的跨境电子商务公共服务平台被南京市商务局确定为市级平台入选方案。

2016 年，园区积极复制推广上海自贸区的保税展示交易政策，取得了较好的发展。积极拓展非保税货物在特殊监管区域的存储，采用简化手续，使用备案制卡口登记制度，极大地提高了综合保税区内仓库的使用，不仅拓展了入区企业的业务范畴，也提升了园区的区位优势。园区首票非保税货物自 10 月开始入区运作以来，分类监管这项业务量快速上升，得到了众多仓储物流企业的认可。

园区与金鹰集团合作建设的“南京综合保税区保税商品展示交易中心”实现了两店开业，已复制到省内的扬州、徐州、盐城等地，共建设了 8 家展示交易中心，累计销售额约 1 亿元，扩大了园区在省内的影响力。2015 年年底南京综合保税区被省商务厅批准为“江苏省进口商品交易中心（消费品）”，成为江苏省获批为进口消费品交易中心的首个综合保税区，初步打造了园区的品牌。

为进一步完善配套功能，同时为发展进口贸易打造载体，2015 年开发区启动了综合保税区商业街的规划建设，总建设面积约 3 000平方米，共开了 6 家店。自 2015 年年底运营以来，取得了较好的销售业绩，累计销售额近1 000万元。2016 年以来，投资方又新开了溧水店、城东店，并计划利用“南京综合保税区进口商品直销中心”这一品牌，向高淳、靖江、滁州等地拓展。同时，赛伯乐、三胞集团、中江集团等公司也对建设进口商品暨跨境电子商务展示交易中心较感兴趣，为下一步二期项目的规划建设奠定了基础。

【发展趋势】 目前，综合保税区的发展机遇与挑战并存。从政策设计来看，园区主要功能是围绕出口导向型的加工贸易设计的，主要政策为“保税、免税、退税、免证”，区内企业无一般纳税人资格，无法连接国内、国际两个市场，在当前情况下已不适应国内国际经济环境。2016 年，南京综合保税区无制造业项目入区，利用外资规模也逐步下降。同时，国家通过上海自贸区改革、贸易多元化试点（苏州、重庆）、跨境电子商务综合试验区试点（杭州、苏州等）、服务贸易试点（目前主要为部分城市和国家级新区），力图改变发展格局。此外，加快推进“一带一路”和长江经济带建设，为综合保税区的发展又注入了新的活力。园区学习上海外高桥、苏州工业园区综合保税区等先进园区的发展经验，不断加强内外联动、功能创新、品牌化运作等。下一步，将南京综合保税区及配套区作为开发区实现“港产城”融合发展、推进转型升级和“二次创业”的重要功能区，予以重点支持和发展，使园区的建设发展走在全国特殊监管区域的前列，成为开发区推进“二次创业”、对接“一带一路”和南京市建设自贸区的重要载体平台。

加快外贸发展。强化外贸平台建设，以建设贸易公司集聚地、区域性进出口货物仓储物流分拨配送中心、进出口商品展示交易中心为目标，加快发展进出口贸易，使综合保税区成为南京市发展外贸进出口、对接“一带一路”的重要功能区。

推动功能创新。积极实施货物分类监管等政策，加快发展物流金融、贸易金融、融资租赁、信息服务等产业，积极争取拓展保税电商、服务贸易创新等试点，赋予综合保税区更多的政策发展空间。

推进联动发展。借鉴上海、苏州等地的做法，实现综合保税区、港区、综合物流园区、装备制造园区、“水一方”生态休闲旅游区、城市功能区等联动发展。

【机构设置与管委会领导】2013 年，南京市政府批准设立南京综合保税区管委会，下设办公室（与原市投促委合署）和龙潭、江宁两个管理局。南京综合保税区（龙潭）管理局为市副局级建制，下设综合服务处、产业发展处和招商处 3 个处室。2014 年 3 月，根据工作实际需要，南京开发区又设立了南京综合保税区联合发展有限公司，主要承担载体管理、资产运营等工作。

除综合保税区的建设发展、日常管理工作外，综合保税区管理局还承担了开发区加工贸易企业服务、龙潭海港枢纽经济区和长江航运物流中心日常工作、龙潭综合物流园企业服务、三江河以东片区招商等工作。综合保税区管理局正由单纯的海关特殊监管区域管理机构向综合性的园区管理服务机构转变。

【招商部门】南京综合保税区（龙潭）管理局招商处招商一科，联系电话：025－86373770、15895876030，地址：南京经济技术开发区宝港路 66 号，网址：www. njxg. com。

武汉东湖综合保税区
WUHAN EASTLAKE FREE TRADE ZONE

【概况】武汉东湖综合保税区于2011年8月29日获国务院正式批准设立，规划面积5.41平方公里。首期启动区1.82平方公里，于2013年6月29日正式封关运行。2016年8月，国务院决定在湖北等七省建设自由贸易试验区，东湖综合保税区成为武汉东湖国家自主创新示范区和中国（湖北）自由贸易试验区“双自联动”核心区，承担起建设一批战略性新兴产业、高新技术产业基地和建设中部开放高地的重任。

【投资环境】武汉东湖综合保税区地处中国（湖北）自由贸易试验区武汉片区核心开放区域，区位独特，交通便利，依托武汉作为中部交通枢纽的地理位置，可快速连接国内外主要城市。中国（湖北）自由贸易试验区武汉片区是湖北自贸区面积最大的板块和最成熟的区域，形成以光电子信息为核心，生物健康、智能制造、环保节能为支撑，现代服务业为先导，集成电路和半导体、新网络经济两大新兴领域蓬勃发展的“5+2”产业体系。区内外集聚了武汉大学、华中科技大学等42所高等院校、56个国家及省部级科研院所、66名两院院士、20多万专业技术人员和80多万在校大学生，是中国三大智力密集区之一。入驻东湖综合保税区的企业既可享受国家、省、市相关优惠政策，又可享受东湖高新区人才、资本、产业等六大支持政策和便捷智慧的政务服务环境。

【经济发展】2016年，在国际贸易持续下滑的大环境下，东湖综合保税区逆势上行，各项经济指标显著提升：全年企业总收入达396.7亿元，同比增长33.1%；完成税收8.24亿元，同比增长129%；完成固定资产投资15.99亿元。全年实际完成出口46.3亿美元，占武汉市的34%，湖北省的17%，全省外贸发展新引擎作用逐步凸显。

【开发建设】依据功能要求，东湖综合保税区规划形成“一轴、两廊、七区”的功能结构。“一轴”为沿高新六路形成的功能联系轴，“两廊”为内部沿排水走廊规划的两条生态廊道，“七区”为两个入口区、一个保税物流园区、三大保税加工区、一个保税服务区七大功能片区。

2016年，东湖综合保税区累计完成建筑面积80万平方米，在建面积32万平方米。综合服务大楼、查验场及“一日游”场地、生物医药平台、国际保税交流中心、电子厂房均已建成并投入使用。区外配备各类功能完善的配套设施，提供接待、会议、餐饮、购物、住宿、休闲等服务，为园区发展提供优质服务。

【招商引资】东湖综合保税区按照“招商大平台”的总体思路，坚持围绕“先进制造中心”和“创新服务中心”推进招商工作，搭建国际生物医药保税、跨境电商、大宗商品交易、保税展示交易、外贸综合服务、跨境金融、国际检测维修七大子平台，模块化、专业化地对接服务企业。

园区先后赴日本、韩国、巴西、智利考察交流，扩大宣传；组织美国、加拿大、荷兰、韩国、日本、中国香港等30多个国家和地区驻汉机构参观综合保税区，扩大园区在本地外事机构中的影响力，各商会已逐步将东湖综合保税区作为本国（地区）企业落地武汉的首选。

2016年，武汉东湖综合保税区签约重大项目6个（其中世界500强项目1个，10亿~50亿元项目3个），招商引资总额为34.63亿元；实际利用内资23.32亿元，实际利用外资1.74亿美元。此外，新增注册企业271家，累计完成工商注册企业548家。

【管理服务】推进贸易便利。建成并完善湖北跨境电子商务公共服务平台，实现与“海关总署进口统一版”对接。上线运营湖北省首个外贸综合服务项目“一带通”，为企业提供关、检、税、汇、商一体化进出口贸易服务。在湖北率先推行无纸化通关、分送集报、关检合作“三个一”、一体化通关等便利化监管方式，进出口实现一天之内在综合保税区完成报关、退税等流程，通关时间缩短至原来的1/3，企业通关成本减少1/4。

拓展口岸功能。新增获批“4722”东湖陆港代码，为新型业务开展提供必要条件，成为全省唯一拥有双重代码的海关特殊监管区域。成功申报进口肉类指定查验场，该查验场是湖北省目前唯一具备成熟条件的业务场所。与花山港、天河机场及“汉新欧”班列等实现全面战略合作，为货物进出打造立体化便捷通道。

服务企业发展。《武汉东湖国家自主创新示范区条例》专设“开放合作”篇章，将东湖综合保税区发展纳入立法保障。起草规划《武汉东湖新技术开发区关于东湖综合保税区推进自由贸易的投资促进办法》《武汉东湖新技术开发区关于促进跨境电子商务发展的支持办法》等改革创新政策，为新型业态发展提供政策支撑。2016年，为园区32家企业兑现政策资金7 832.7万元，为62家企业申请专项资金预算1.9亿元。

【发展趋势】“十三五”时期，是东湖综合保税区构筑内陆开放高地核心区的关键期。东湖综合保税区将充分发挥国家自主创新示范区、自由贸易试验区创新政策和环境优势，大力提升区内国际化、市场化和法治化水平，建设创新与开放双轮驱动的自由贸易试验区。

【招商部门】投资促进处，联系电话：027-86639389。

常州综合保税区
CHANGZHOU INTEGRATED FREE TRADE ZONE

【开发建设】 常州综合保税区前身为常州出口加工区，位于常州国家高新技术产业开发区内。常州出口加工区于2005年6月经国务院批准设立，规划面积1.66平方公里，四至范围为：东至江阴区界，西至通江大道，南至新竹路，北至沿江公路（S122省道）。2015年1月，国务院同意常州出加区整合优化为综合保税区，对照验收标准，确定了11类17项整改项目，共计投入1 500万元专项改造资金，于当年7月底完成了园区基础设施、监管设施、信息系统的建设，当年12月10日，顺利通过了省联合验收组的验收。

园区规划面积1.66平方公里，首期围网面积1.329平方公里。已建成标准厂房16.3万平方米，区内外仓储2.1万平方米，货物堆场2.1万平方米，综合服务大楼1万平方米，生活配套设施26.2万平方米。

【投资环境】 常州综合保税区位于常州市北部，交通便捷，沪宁高速公路沿区而过；距上海、南京两个国际机场分别为160公里和120公里，距国家一类开放口岸常州长江港8公里，距常州民航机场15公里，距京沪铁路常州站8公里，客货运输便捷。

【招商引资】 支持巴奥米特增资购地、高博能源储能电池扩能、瑞声科技2亿只微型电声器件等园区存量项目，构建新的保税加工产业链，其中巴西马可波罗汽车整车及底盘项目业已得到江苏省发展改革委核准。加快对接项目有效信息，围绕优势产业、产品制定产业链发展规划，寻找和弥补产业链的薄弱环节，有针对性地进行招商。为高新区输送有效招商信息32条，北京亦通已在春江落地，维信诺AR项目正在高新区择地选址。转变招商思路，坚持新兴产业引领，成功创建了常州跨境电子商务产业园，并于获批省级试点园区资质。复制自贸区新政，建成常州跨境商品展示交易中心。发挥省级重点物流基地功能，发挥好海关特殊监管区域、常州陆路口岸、海关直通点等平台作用，开展保税与非保税物流业务的整合联动，与天合、华润、朗盛开展口岸结转，与森萨塔、立达、贺尔碧格达成供应商管理服务意向，与温康纳、雅柯斯基于口岸退税形成出口集货中心，并与中外运、中纺、海航、天津泰达等大型企业达成了合作意向。宅急送在园区设立苏南分拨中心项目；江苏舜天集团在园区注册了江苏马堡公司，主要从事婴童用品。

【经济发展】 园区经过多年发展，形成新能源材料、动力装备、精密医疗器械、通信器材四大主导产业，累计引进万向美国公司（A123）、捷迈巴奥米特医疗器械、英国庄信万丰电池材料、香港瑞声科技、加拿大福地亚等11家先进制造企业，23家贸易物流企业。同时，带动了雅柯斯动力、泰国三友等一批外资企业在高新区投资。累计吸引外商总投资4.22亿美元，注册外资2.43亿美元，实际到账外资2.27亿美元。

2016年，园区实现工业总产值19.2亿元，同比增长10.7%；实现工业销售18.01亿元，同比增长4.97%；完成固定资产投资7 189万元，同比增长24.6%；实现进出口3.6亿美元，同比增长11.31%；新增注册企业11家。在全省各类特殊监管区域内企业进出境货值同比下降17.2%的严峻形势下，常州综合保税区在困境中创新工作思路，坚持在新业态上求突破，企业进出境货值实现同比增长9.4%，在全省海关特殊监管区域中排名也提升了3名。

【重大项目】 贸易物流集采中心。中心发挥省级重点物流基地功能，发挥好海关特殊监管区域、常州陆路口岸、海关直通点等平台作用，开展保税与非保税物流业务的整合联动。目前，已与天合、华润、朗盛开展口岸结转，与森萨塔、立达、贺尔碧格达成供应商管理服务意向，与温康纳、雅柯斯基于口岸退税形成出口集货中心，并与中外运、中纺、海航、天津泰达等大型企业达成了合作意向。

跨境电子商务产业园。依托原海关直通点及综合保税区，规划了常州跨境电子商务产业园，前一期八大功能片区基本形成。2016年5月6日，跨境电子商务产业园正式揭牌，常州市首单跨境电子商务直邮业务在园区清关，开启了常州跨境电子商务“一次申报、一次查验、一次放行”的“三合一”模式。2016年9月，跨境电子商务产业园荣升省级试点园区。园区有以EMS、宅急送为代表的综合物流承运商，以中外运、众诚国际、安捷兰为代表的外贸综合服务单位，以澳普嘉、澳新优选、江苏舜天为代表的电商平台和电商企业。

保税展示交易中心。在海关、国检等部门的大力支持下，常州首家海关特殊监管区外保税展示交易中心——常州综合保税区“跨境商品保税展示交易中心”一期于2016年9月8日正式对外亮相。展示交易中心面积700余平方米，已有十多家境外客商和国内进出口贸易公司入驻，成为跨境商品保税展示、静态陈列、O2O企业线下大宗洽谈等多种模式相结合的商贸集聚地。

跨境食品监管库。园区投入100多万元，打造了华东地区通检条件好、功能齐全的进口预包装食品（化妆品）指定监管库，为开展B2B大贸进口及生活快消品跨境电子商务准备好了前置条件，已经储备了澳新优选、捷诺、金鹏兴业等近20余家客商资源。截至9月底，累计进口产品52批次，涉及葡萄酒、婴儿配方奶粉、橄榄油、啤酒、巧克力、饼干、海苔、葡萄汁等共18个大类，近百个品种。

【发展趋势】 常州综合保税区将全面贯彻落实“十三五”规划，积极践行开放合作战略，深入推动区域功能创新，推进区域联动发展，适应常州开放经济新常态，在《常州综合保税区建设发展三年行动计划（2017~2019）》指引下，以“功能创新”和“联动发展”为主线，全力推进高端制造业和现代服务业双轮驱动，坚持新兴产业引领，加快转型升级建设，以“一园两区”建设为主线，围绕“三中心一平台”，以“加工中心”“物流中心”“服务中心”建设为抓手，稳步做好传统业态招引，以“跨境电子商务大服务平台”建设为突破口，重点做好新兴业态招引。

【机构设置与管委会领导】 2016年7月3日，常州市新北区机构编制委员会下发《常州市新北区机构编制委员会关于变更区出口加工区管理局名称的通知》，常州出口加工区管理局更名为常州高新区（新北区）综合保税区管理局，管理局为综合保税区日常管理机构，内设部门为综合管理部、资产财务部、运营保障部、业务拓展部、规划战部。

【招商部门】 业务拓展部负责综合保税区的招商引资工作，联系电话：0519-85169096、85169095，传真：0519-85106061，电子邮箱：czftz@ czftz. com. cn。

芜湖综合保税区

WUHU INTEGRATED FREE TRADE ZONE

【开发建设】 芜湖综合保税区位于芜湖经济技术开发区内。为有效地促进芜湖市外向型经济转型升级，2013 年，芜湖市政府正式启动芜湖综合保税区申建工作，通过规划论证、升级改造、功能拓展等措施，将芜湖出口加工区整合优化为综合保税区。2014 年下半年，综合保税区升级基础设施项目提前启动。2015 年 9 月 1 日，国务院批复安徽芜湖出口加工区整合优化为综合保税区。按综合保税区和监管功能要求，芜湖综合保税区采取“同址建设、升级改造”的方式进行申报，对原有卡口系统、监管围网系统进行改造升级，新建海关检查站场及监管仓库，并同步进行信息化提升建设。2015 年 12 月 18 日，芜湖综合保税区通过合肥组织的十部门的验收。芜湖综合保税区占地面积 2.17 平方公里，四至范围为：东至芜宁铁路，南至一期围网，西至芜宁公路，北至经济技术开发区衡山路。区内基本设施开发建设已完毕，实现了“七通一平”，区内无商业、营业性消费和生活居住建筑设施。2016 年 9 月 18 日，海关总署下发《关于同意芜湖综合保税区验收结果的批复》，芜湖综合保税区正式运行。

随着芜湖综合保税区的正式运行，园区的环境得到了较大的改善，园区面貌焕然一新。基础设施、信息化建设全面提升。2016 年跨境电子商务产业园（一期）建成，包括跨境电子商务公共服务平台、进口商品直销中心、仓储物流设施、跨境电子商务创业中心、电商产业园配套等。

【投资环境】 芜湖市域面积6 026平方公里，其中市辖区面积1 491平方公里，下辖无为、芜湖、繁昌、南陵四县和镜湖、弋江、鸠江、三山四区，拥有 2 个国家级开发区，11 个省级开发区。芜湖濒临长江，东与长江三角洲连成一体，西接华中地区，南依黄山、九华山风景区，北临南京，交通便利，是华东地区重要的水陆交通枢纽。有 3 条高速公路、5 条铁路在此交汇，芜湖长江公铁两用大桥是沟通京九、京广、京沪、陇海等铁路大动脉的重要节点，是交通运输部确定的公路运输枢纽城市；合福高铁、宁安高铁及新火车站、汽车客运南站、铜南宣高速公路建成运营。2016 年，城市规划建设水平进一步提升，完成了城市公共服务设施、公交、中心城区慢行系统规划编制和历史文化名城规划方案。芜湖宣城民用机场试验段、城市轨道交通 1 号线及 2 号线一期、商合杭铁路长江大桥接线、火车站西站房等工程开工。芜湖港是长江逆江而上的最后一个深水良港，是长江运输的主枢纽港，芜湖朱家桥外贸码头已和世界 50 多个国家和地区建立了业务往来。2016 年，在芜申运河弋江桥、荆山桥改建竣工通车的基础上，安徽中桩物流码头、东汇三山码头、皖江物流裕溪口码头及富航物流码头等投入使用。芜湖距南京禄口国际机场和合肥骆岗机场均约 1 小时车程。

在投资环境和服务方面，芜湖在全国非省会城市中名列前茅。《福布斯》对中国创新城市进行综合排名，芜湖在129个城市中列17位，居中部地区第1位；在中国社会科学院《中国城市竞争力报告》中，芜湖列中西部非省会城市第1名；在第三届中国财富论坛上，芜湖获“世界投资中国——中小城市魅力奖”第1名；在改革开放30周年之际，芜湖被中央列为成功开拓中国特色发展之路的全国18个典型地区之一；被评为中国最佳休闲城市称号。芜湖也连续多年入选中国最具幸福感城市。

2016年，芜湖全市生产总值为2 699.4亿元，比2015年增长9.7%；财政收入512.3亿元，同比增长9%；固定资产投资3 006.9亿元，同比增长11%；社会消费品零售总额828.2亿元，同比增长13%；城乡居民人均可支配收入26 160元，同比增长9%；城镇新增就业7.2万人，登记失业率3.3%；单位生产总值能耗下降4%；可吸入颗粒物年平均浓度下降6微克/立方米。

【招商引资】芜湖经济技术开发区是芜湖市主要的工业产业集中区域，规划面积118.28平方公里，常住和就业人口20万。现有汽车电子产业园、汽车零部件出口基地、新型工业化产业示范基地、高新技术创业服务中心、外贸码头、知识产权试点园区和生态工业示范园区等多个国家级发展平台。芜湖经济技术开发区规模以上工业企业有210家，其中有27家境外世界500强，57家上市公司，97家高新技术企业，万人拥有有效发明专利111.5件。多年来，开发区坚持把主导产业、龙头企业培育、产业链配套作为产业发展的关键环节，已形成四大主导产业，分别是以奇瑞汽车为代表的汽车及零部件产业，以美的、日立为代表的家用电器产业，以海螺型材、鑫科新材料为代表的新材料产业，以三安光电、德豪润达为代表的光电信息产业。正着力培育汽车及高端装备、智能终端等战略性新兴产业。大陆汽车电子、东旭光电、信义电子玻璃、长信科技、中兴智能科技产业园、华讯智慧教育产业园、庞巴迪城市轨道交通等一批重点项目已投产或正在推进中。

【经济发展】2016年，芜湖综合保税区进出口额首次突破10亿美元大关，达113 525万美元，同比增长30.15%。其中，进口值为44 761万美元，同比增长46.8%；出口值为68 763万美元，同比增长21.2%。

区内重点企业中达电子、信威物流、中鼎实业、嘉鑫国际物流、捷瑞物流5家企业进出口突破1亿美元，其中中达电子进出口值突破3亿美元，达32 540万美元。

保税加工。2016年，园区利用转型升级的契机，加大了对中达电子、中鼎实业等龙头企业服务力度，鼓励企业调整经营战略，将科技含量高和适应于保税加工的产品逐步转移至区内，为全区保税加工的发展注入了强大动力，全区保税加工达5.87亿美元，实现逆势增长，增幅达32.21%。保税加工的增长成为全区产业发展的重要基础。

保税物流。芜湖综合保税区保税物流企业有8家，2016年实现进出口额为5.48万美元，同比增长28.01%。从结构上看，保税物流企业占全区进出口额的比重已近一半，其业务量仍处于快速上升阶段。保税物流企业呈现整体发展态势，全区8家保税物流公司中信威物流、嘉鑫物流、捷瑞物流3家公司进出口额突破1亿美元。保税物流业务主要涉及大宗商品、机械设备、机器配件、电子产品、精密仪器等产品。其业务辐射范围不断扩大呈发散趋势。

跨境电子商务。芜湖综合保税区充分利用良好的基础设施条件和规范的海关监管条件，加快建设芜湖跨境电子商务产业园。该园区总体规划占地25万平方米，总投资约8

亿元，项目分两期实施，全部建成后，将成为集保税物流、保税仓储和保税展示等功能为一体的跨境电子商务发展示范区。芜湖跨境电子商务产业园一期已建成并投入运行，主要利用现有基础设施进行改造升级，包括跨境电子商务公共务服务平台、进口商品直销中心、创业中心、监管中心、仓储物流中心、人才公寓及配套餐饮、交通等建设工程。工程总投资约 5 000 万元。入驻产业园的电商企业已达 18 家，其中平台企业 5 家，进口商品展示展销企业 12 家，出口企业 1 家，2016 年度实现总交易额3 636. 25 万元。2016 年年底，入驻产业园企业已突破 30 家。

【发展趋势】 为了充分利用综合保税区政策和功能优势，提升发展水平，推进全市开放型经济跨越发展，按照《芜湖市人民政府关于加快芜湖综合保税区建设的意见》的要求，启动芜湖综合保税区“一区多园”规划建设。加快推进“区港空一体化”，按照“一区三园”的设想，统筹规划，推动芜湖综合保税区扩区发展。其中，A 区为芜湖综合保税区，B 区为芜湖港朱家桥港区，C 区为未来的芜湖空港物流园区。紧紧围绕“三个基地”和“三个中心”的目标任务，把芜湖综合保税区打造成出口加工制造基地、保税物流基地、区域性国际贸易基地和跨境电子商务中心、进口商品展示交易中心、高新技术产品研发中心。到 2020 年，芜湖综合保税区将实现年进出口额 30 亿美元，其中加工贸易 10 亿美元、保税物流 10 亿美元、其他贸易 10 亿美元，进区发展企业达 50 家以上，将芜湖综合保税区建设成集保税加工、保税物流、保税贸易功能为一体，辐射带动能力强，对外开放的重要平台，推动芜湖市外向型经济快速发展。

【机构设置与管委会领导】 芜湖综合保税区管委会和芜湖经济技术开发区管委会实行“两块牌子，一套班子”的管理模式，芜湖综合保税区管委会下设综合处和业务处，分别负责综合保税区的贸易管理工作和综合保税区的招商引资工作，同时与芜湖经济技术开发区管委会的各职能部门对接，并依托经济技术开发区管委会其他职能部门，承担综合保税区的工程建设及服务工作。

管委会领导：芜湖综合保税区管委会主任陆雷，芜湖综合保税区管委会专职副主任季学敏，芜湖综合保税区综合处处长邓小红。

【招商部门】 芜湖综合保税区业务处，联系人：副处长徐虎，联系电话：0553 - 5772002。

武进综合保税区
WUJIN FREE TRADE ZONE

【经济发展】 2016年4月11日，海关总署发文正式批复同意武进综合保税区通过验收。武进综合保税区总体规划1.15平方公里，围网内面积1.08平方公里。规划工业用地1 302亩，规划仓储用地209亩，转关监管点用地110亩，配套商贸区用地105亩。2016年，园区完成工业总产值135.2亿元，同比增长16.5%；完成工业产品销售额108.1亿元，同比增长24.1%；完成工业增加值27.6亿人民币，同比增长66.6%。全年完成实际进出口额10.8亿美元，同比增长17.5%；进出区57.3亿美元，同比增长25.6%。其中，保税物流实际进出口额4亿美元，同比增长17%；进出区32.8亿美元，同比增长40.2%。

【开发建设】 武进综合保税区继续引进行业龙头企业，以光宝、晶品、瑞声等龙头企业为核心，突出对新能源新材料、LED光电一体化、电子信息3个重点产业的招商，打造IT、LED照明、光电子芯片、电脑周边产品等上下游产业链，进而吸引相关配套企业在周边落户，建立一个辐射武进乃至全市的高端加工贸易集聚中心。

【招商引资】 2016年，武进综合保税区新增注册进区的企业有5家，分别是国成新材料、温纳光电科技、杰宝电工，以及注册资本500万欧元的茵莱液压和安尔科阀门两个外资项目。进区企业从开始只有光宝、晶品两家企业，发展到生产型企业达到13家，物流服务型企业17家，贸易型企业6家。区内企业发展势头良好，光宝区内区外项目联动发展，快速推进；晶品光电继续扩大产能，同比扩能20%；瑞声光学2016年完成40亿产值，同比增长109%。

【投资环境】 园区已有3个省级获批平台项目，分别为武进高新区公路转关监管点、常州进口食品检验检疫监管样板区和江苏武进出口加工区进口商品展示交易中心。跨境电子商务及进口肉类口岸申报有序推进，保税物流发展势头强劲，新增恒立液压、国成新材料、铭雅商贸等6家企业进区开展业务。进口商品展示交易中心是踏出探索民生需求的第一步，也是今后服务方向的一大突破，现已吸引常州地区十多家进口商进行展示业务，包括法中国际贸易、澳高德庄园、添月德、赛麒、金鹏等，已收录商品包括红酒、化妆品、母婴用品、食品等200多种，分别来自澳大利亚、美国、西班牙、新西兰等世界多个地方。2016年成功举办多次综合保税区商城惠民活动，吸引了众多消费者前来选购，极大地促进进口，下一步将围绕惠民生的服务宗旨，搭建更大范围的进口商品选购平台。

【管理与服务】 企业服务质量不断提高。综合保税区作为企业与海关、国检的“桥梁纽带”，不断深化和细化“五位一体”服务体系。通过定期召开联席会议、走访交流等手段为企业解难题、办实事，在报关、报检、装卸、场地使用、货物堆放、车辆管理等方面为企业排忧解难。企业通关环境逐步优化。综合保税区借助信息化建设手段，不断提高企业通关环境。园区企业可通过门户网站、微信平台、场站触摸屏等设备设施，随时查看货物验放、审批等信息。综合保税区联合海关，采用“物联网”技术，开发物流监控信息化管理系统，实现无纸化通关，并积极推行分送集报、区域通关等新政策，缩短流程，提供便利。2016 年，经过整理整合现有资源及政策，出台《企业入区服务指南》，实现为企业周到服务的创新之举。场站克服人手少、工作量大等困难，为企业提供预约加班、延时加班、节假日加班。

【发展趋势】 今后武进综合保税区将围绕“一体两翼、三大转变、五大中心”的总体发展规划创新思路，谋划发展。“一体两翼”即全力打造好武进综合保税区这个主体核心；向东利用好青洋物流园，作为区外物流、仓储配套和电商物流园；向西规划好国际商务区，形成“三园一中心”，打造跨境电子商务产业园、冷链物流园、配套产业园和展示交易中心。“三大转变”即加快实现从加工贸易向服务贸易转变，从区内为主向内外联动转变，从建设为主向服务为主转变。“五大中心”即打造制造中心、物流中心、贸易中心、研发中心、展示中心。

【机构设置与管委会领导】 武进综合保税区管理机构是武进国家高新技术产业开发区内设局，机构全名为武进国家高新技术产业开发区出口加工区管理局，2015 年年底升格为综合保税区后，机构名称暂未变更。

管委会领导：武进，国家高新技术产业开发区出口加工区管理局局长：周立平，副局长温旭平、干泽幸。

【招商部门】 由经济发展科负责牵头招商活动，联系人：干泽幸，联系电话：0519－86221203，传真：0519-86221200。

镇江综合保税区
ZHENJIANG COMPREHENSIVE BONDED ZONE

【概述】镇江综合保税区由镇江出口加工区原址整合优化设立，2015 年 12 月 2 日通过联合验收，总规划面积 2.53 平方公里，一期 0.91 平方公里封关运作。

镇江综合保税区位于素有“天下第一江山”美誉的江苏省镇江市的东部，位于国家级经济技术开发区——镇江新区内，既是长江三角洲重要的制造业基地，也是承接国际资本和产业转移的重要窗口。镇江市是中国经济发展最具活力的长三角地区 16 个重点城市之一，2013 年入选国家苏南现代化创新示范区核心城市，接受上海经济圈及南京经济圈双重辐射。2012 年被“福布斯”杂志评为中国最佳商业城市之一；2013 年被评为全国十大宜居城市、十大中国民营经济最具活力城市。镇江新区在商务部综合发展指标评价指数中位居全国 18 位，体制创新指标评价指数列全国首位；2015 年国家海绵城市建设试点城市。现有 30 余家世界 500 强和国际知名企业、近 10 家中央企业落户。

镇江综合保税区实行的是“境内关外”的管理模式，实行全封闭的海关监管管理，区内企业不仅享有海关提供的简单、快捷的通关便利，还享有国家级经济技术开发区和综合保税区的各项优惠政策，享有专职部门为落户企业提供的一切便捷的配套服务，区内建有一流的基础设施和配套设施，区外建有各种生活商务配套，可以满足企业的生产生活需求。

2016 年，镇江综合保税区管理局抢抓“供给侧结构性”改革机遇，严格按照市、区开放发展大会要求，更大力度落实“改革开放深化年”的各项重要任务，更高水平聚力“三个精、三个聚、四个度、四大转变”的各项重点工作，着力强化项目招引，发展新型业态；积极拓展平台功能，追求特色发展。

【总体定位】“十三五”期间，镇江综合保税区将全面贯彻落实“四个全面”战略布局，践行“五大发展理念”，抢抓“一带一路”、长江经济带、苏南国家自主创新示范区建设和宁镇扬一体化机遇，以供给侧结构性改革为主线，着力强化规划引领、特色发展、辐射带动、区港融合、改革创新、高效服务六大保障，在“十三五”期间，奋力打造“一区三中心”，加快成为江苏中部区域物流中心及外向型经济的窗口。“一区”，指现代产业集聚区，即围绕新能源、新材料、电子信息等战略性新兴产业，延伸上下游产业链，并实现科技研发、维修检测、总部结算等业务多触角互动并进。“三中心”，指长三角有重要影响力的冷链物流中心、保税商品仓储分拨区域中心和多门类电子商务中心，即充分发挥综合保税区统筹两个市场、两种资源和辐射带动作用，着力打造特色鲜明的食品进出口及冷链物流产业名片，促进商贸物流和其他服务业的深度融合，发展跨境电子商务等新兴业态。

【经济发展】镇江综合保税区围绕目标任务，认真贯彻“一切在于干”和“六个年”的要求，着力强化项目招引，积极拓展平台功能，发展新型业态，追求特色发展。2016年，园区主要经济指标平稳增长，全年工业应税销售完成7亿，同比增长231%；公共财政预算收入1 300万元，同比增长30%；到位外资6 708万美元，同比增长250%；进出口额完成2.5亿美元，同比增长19%；固定资产投入15亿元，同比增长50%。

【招商引资】项目招引成果显著，新落户“321项目”1个（力信）、“重大节点项目”1个（中远海运）和亿元以上项目3个（苏州双恒、皇玖芯片、成泰自动化），实现到位外资6 708万美元，创历史最高。在建项目快速推进，力信锂电池项目总投资30亿元人民币，道路施工已完成80%，粉浆电极车间、化成分容车间正在钢结构吊桩，装配车间土方开挖完成80%。中远海运保税物流和跨境电子商务综合基地项目总投资约6.24亿元人民币，已完成公司注册、项目立项，并签订了土地出让合同。苏州双恒传感器项目和皇玖芯片封装及进出口项目，已开展进出口贸易业务。江苏汇鸿冷链物流基地项目一期9万平方米的5个单体通过主体验收，进入工程扫尾、问题整改阶段，并有台湾名品馆等多家食品展示及贸易企业签约落户。华星美科灭火新材料项目总投资5 669万美元，一期2条生产线已完成安装调试，水基灭火剂和灭火器3C认证均已通过，2017年正式批量生产。

【贸易便利】通关便利不断优化。一是“关区内一体化”通关模式启用，免除转关手续。二是联合镇江市电子口岸，优化综合保税区海关物流监管系统和场站管理系统，在有效监管的前提下，提高企业报关、报检和查验通关速度。三是多次会同海关、国检就优传、汇鸿等进口食品快速通关进行协商，探索实施“预检验”制度。四是完善了“一个窗口、一体化管理、一站式服务”的统一应用平台，报关报检速度缩短1/3，大幅降低物流成本，园区成为江苏省第一批获批“企企通”建设的试点园区。

【园区管理】加强内部管理。健全规范了内部管理制度和工作规则，制定了《镇江综合保税区2016年工作要点》和《镇江综合保税区管理局2016年度绩效考核办法》，明确路线图、任务书、时间表和责任人，将压力传递到位，考核奖惩到位，形成“干—查—督”闭合考评机制。多渠道、多角度宣传推介综合保税区，编制了《镇江综合保税区情况介绍》，建立了综合保税区网站、微信公众号等。

提升服务水平。严格落实“三解三促”“三挂钩三促进”等活动，出台《关于镇江综合保税区管委会开展领导挂钩企业服务活动的通知》，以“店小二”精神推进在建项目，协调解决项目问题、场站收费问题、设施管理维护问题等212件，问题解决率达100%。

规范安全生产。采取专家检查、企业互查等多种方式，建立检查—整改—再检查—整改完毕的链条式管理模式，组织园区安全生产检查20余次，发现安全生产隐患249个，整改率达100%；开展安全生产谈心对话、安全生产征文活动7次；协调解决了吉福装饰劳资纠纷导致停产事件，实现当天复工。

【区域开发与建设】生产配套。区内建有监管仓库1 970平方米，保税仓库2万平方米，货场8万平方米，标准厂房9万平方米，35KV变电所一座。

商务配套。在大港通港路西侧、镇大铁路南侧建成出口加工区商务配套中心，占地11.19亩，总建筑面积约13 500平方米，金融、报关代理、运输代理、外贸代理、人才招聘代理及快餐供应等服务机构可进驻，为进区企业提供方便周到的服务。

生活配套。在出口加工区东侧建有194.85亩配套服务中心，建筑总面积约20万平方米，拥有白领公寓、综合商业广场、商务办公楼等。在出口加工区的东北侧建有面积18 792平方米的员工公寓——“四海家园”，配套的超市、食堂等设施已投入运营，可满足区内所有企业员工的住宿、生活及娱乐。

【发展趋势】经济规模加速增长。“十三五”期间，区内企业工业应税销售年均增幅保持在30%以上，进出口额年均增幅保持在20%以上，固定资产投资年均增幅保持在10%以上，利用外资年均增幅保持在15%以上，新增注册企业数100家以上。

空间布局更加优化。一期0.91平方公里区域载体开发基本完成，保税仓储租售率在90%以上，实现用地效益显著提升；启动二期1.62平方公里区域的规划设计和基础设施建设。

产业特色更加鲜明。以创新为动力，推动传统产业加快转型升级，现代服务业比重明显提升，建立以新材料、新能源、电子加工为主导的保税加工，以冷链物流、大宗商品物流为主导的保税物流，以保税展示、跨境电子商务为特色的保税服务体系。

功能优势更加凸显。实现保税功能向外延伸，投资与服务贸易更加便利，通关效率明显提高，港产城融合度明显提升，建成进口特色商品展示交易中心和多门类电子商务平台。

【招商部门】镇江综合保税区管理局全面负责园区的招商引资工作。招商热线：0511-88901108，服务热线：0511-83371515，传真：0511-83373737，联系人：赵晗，邮箱：77269157@qq.com。

嘉兴综合保税区
JIAXING FREE TRADE ZONE

【经济发展】 2016年，嘉兴综合保税区实现规模以上产值4.5亿元；实现进出口额1.39亿美元，其中进口额5 677.42万美元，出口额8 196.14万美元；实现进出区货值8.16亿美元，其中进口货值3.96亿美元，出口货值4.2亿美元；实现物流企业营业收入2 390万元。

【投资环境】 嘉兴综合保税区位于浙江嘉兴滨海新城（嘉兴港区）内，地处长江三角洲南翼、杭州湾北岸，紧靠国家一类开放口岸嘉兴港，是长三角沪、杭、苏、甬地区重要的交通枢纽，面积1.33平方公里，于2015年1月31日经国务院批准设立，是浙江省首个由出口加工区整合优化而设立的综合保税区，也是嘉兴市国家级对外开放平台和唯一的海关特殊监管区域。

嘉兴市地处长江三角洲中心，毗邻上海，紧依苏南，是浙江省接轨上海的前沿阵地。嘉兴综合保税区区位条件优越，已形成铁路、公路、港口、内河、航空等各种运输方式组成的综合交通网络，投资商务成本较低。与上海、苏州、杭州、宁波等大城市实现了“一小时交通圈”。公路铁路方面，位于沪杭铁路、沪杭高速公路、乍嘉苏高速公路、杭浦高速公路、杭州湾跨海大桥和规划建设的沪乍杭铁路（将在2018年通车）、沪杭高铁的黄金通道上，东西大道（01省道）、老沪杭公路等更拓深拓宽了其对外通道，形成四通八达的公路网。港口与内河方面，嘉兴港是国家一类开放口岸，浙北地区重要的出海港口，唯一的海河联运港，水深与航道条件良好，距上海洋山港和宁波港分别只有53海里和74海里；乍嘉苏内河航道和六平申线，将嘉兴港码头与京杭运河、杭申线等主要内河航线连通，有力地发挥了海河联运的优势。航空方面，至上海浦东、上海虹桥、杭州萧山三大国际机场的车程均在1小时左右，依托三大空港的航空运输条件十分便利。嘉兴综合保税区拥有便捷快速的物流大通道，交通地理区位的功能和价值日益凸显，为嘉兴综合保税区的进一步发展提供了完善便捷的交通集疏运体系保障。

滨海新城是嘉兴市现代化网络型田园城市的6个副中心之一，辖区内有一座千年古镇——乍浦镇，历史悠久，自古就有“江浙门户”“海口重镇”之称，在清代就是浙北地区对外经济文化交往的重要门户。辖区内还有省级九龙山旅游度假区、九龙山国家森林公园、港口、杭州湾跨海大桥、海鲜美食旅游等资源，形成集“山、海、港、桥、林”于一体的滨海特色。滨海新城经过近年来的开发建设，已建成26平方公里的道路框架，交通、供水、供电、供气、污水处理等城市基础配套基本完善，与周边高速公路网络实现无缝对接，交通区位优势更加明显，港口的货物集散能力得到较大提高。按照建设宜业宜居宜游型城市的理念，新城的生态建设和环境保护取得明显成效，教育、卫生、商贸、住宿餐饮、旅游休闲等功能性设施不断完善。

【嘉兴（乍浦）港】嘉兴（乍浦）港系国家一类开放口岸，为浙北地区唯一的出海口，拥有自然海岸线74.1公里，已发展成为公专用泊位相配套、内外贸兼营和集装箱、散杂货及液体化工品装卸功能齐全的综合性港口，大宗货物吞吐量和集装箱业务近3年增速列全国沿海港口首位，货物吞吐量跻身全国十强，集装箱吞吐量位居全省第二。嘉兴（乍浦）港共拥有码头泊位48个，其中万吨级以上35个，集装箱航线21条，跻身海峡两岸直航港口行列。

【发展趋势】园区按照嘉兴市委、市政府关于全面深化改革扩大开放和打造浙江省全面接轨上海示范区建设的总体部署，把嘉兴综合保税区建设成为嘉兴市全面深化改革扩大开放的先导区、建设国际化品质城市的功能区、建设浙江省全面接轨上海示范区的先行区、打造高质量外资集聚地的特色区，为嘉兴市构建以“一带一路”建设为统领的对外开放新格局，全面推进全方位、宽领域、多层次的对外开放作出更大的贡献。

嘉兴综合保税区外有浙江航空航天（现代装备）军民融合产业园，是嘉兴港区接轨上海的新平台，规划面积约7.3平方公里，致力于打造长三角高端智能制造和现代电子信息产业新高地、浙江省军民融合发展新标杆和嘉兴市高端产业双创新平台。

嘉兴综合保税区着力培育三大重点发展领域：

发展保税仓储物流业。做特做强大宗工业基础原料进口保税仓储物流服务；通过加快冷链物流发展，重点发展果蔬及肉类冷链，积极拓展第三方冷链业务，主动承接跨境电子商务冷链业务；积极培育区域特色产品出口仓储物流服务；联动发展物流供应链管理服务。

发展保税加工制造业。重点把汽车零配件等高端装备制造、高档羊毛纺织加工等产业领域作为主攻方向发展保税加工制造产业，延伸拓展保税研发设计、检测、维修产业链。

培育新兴保税服务业。加快发展进口商品展示交易服务，积极培育金融、商贸、科技、咨询中介等新型保税服务业，培育发展跨境电子商务和高端保税服务领域。

【机构设置与管委会领导】嘉兴综合保税区管委会与嘉兴港区开发建设管委会合署办公，根据“不增设机构”的原则，实行“两块牌子，一套班子”，实行统一领导、统筹规划、分工负责、分块运作、互为依托的管理体制。设立嘉兴综合保税区综合管理局，具体负责园区的日常管理事务，内设3个科室：综合服务科、产业发展科和信息管理科。管委会招商局下设招商四局专门针对嘉兴综合保税区开展招商工作。

管委会领导：浙江嘉兴综合保税区管委会主任石云良，副主任沈文平；嘉兴综合保税区综合管理局局长马惠芳。

【招商部门】嘉兴港区（综合保税区）招商四局，招商热线：0573-85522370、85589271，传真：0573-85581777；嘉兴综合保税区综合管理局，联系电话：0573 - 85588101、85588102，传真：0573-85588101。

吴江综合保税区
WUJIANG FREE TRADE ZONE

【概况】 吴江综合保税区于 2015 年 1 月 31 日经国务院批复设立，由原吴江出口加工区转型升级而成，规划面积 1 平方公里，2015 年 12 月 31 日通过国家十部委联合验收。

吴江综合保税区区位优势独特，位于江、浙、沪交汇的长三角中心，位于国家级吴江经济技术开发区，东临上海，南依杭州，西濒太湖，北靠苏州，交通便捷。沪苏浙高速公路东西贯穿吴江全境；沪宁高速公路距吴江综合保税区仅 10 多公里；苏嘉杭高速公路南北贯穿吴江经济技术开发区，其吴江南出口距吴江综合保税区仅 500 米；318 国道、227 省道贯穿吴江全境，与京沪铁路、京沪高速铁路相距 22 公里；一步之遥的京杭大运河可通航 500 吨级船舶，年水运量达 1 亿吨；苏州地铁 4 号线开通至吴江经济技术开发区。

【经济发展】 2016 年，面对经济下行压力持续加大的严峻形势及一些政策上的制约，吴江综合保税区努力拼搏，总体实现了稳中求进，各项经济指标均实现较好增长。2016 年，吴江综合保税区进出口监管货值 166.24 亿美元，同比增长 64.88%。其中，一线进出口 33.7 亿美元，同比增长 341.48%；二线进出口 132.5 亿美元，同比增长 42.22%。同期，完成工业销售 63.16 亿人民币，同比增长 43.48%。

【投资环境】 吴江综合保税区多措并举，努力营造加快发展的良好环境。

区内基础设施完善，区内道路、雨污水管网、电力、通讯、供水、供气达到一流园区水平；已建成标准厂房 10 万平方米，保税仓库约 6.1 万平方米。

园区配套生活服务区包括 8 万平方米的员工宿舍、银行、邮政、餐饮、超市、购物等一系列配套服务设施。

综合保税区综合服务楼建筑面积13 000平方米，入驻单位有综合保税区管理局、海关国检联合办事大厅、报关行、物流公司、贸易公司和跨境电子商务等，为企业提供便捷、高效的一站式服务。区内监管场站总占地面积25 000平方米，其中监管仓库5 000平方米，场地面积20 000平方米，可容纳 90 辆 40 尺集装箱车辆同时停放；场站按照南京海关要求，共设有 4 个卡口、8 条通道，每条通道安装运行南京海关特殊监管区域系统，极大提高了通关效率。

【招商引资】 2016 年，招商工作以转型升级综合保税区为契机，在坚持引进先进制造业项目的同时，大力拓展跨境电子商务，加快完善跨境电子商务产业平台，各项工作均取得阶段性成果。

工业项目。招商人员面对整体投资趋势减缓、土地厂房等生产要素紧缺等不利因素，积极开拓项目渠道、深挖资源要素，引进、注册并储备了一批优质工业项目源。

跨境电子商务产业。根据国务院有关文件同意在苏州等 12 个城市设立跨境电子商务综合试验区的批复，吴江综合保税区按照苏州市的规划和要求，全面开展并推动跨境电子商务业务在当地的发展。多次随区商务局、海关国检等单位赴苏州园区、吴中及杭州、重庆、广州、郑州等地，就跨境电子商务运营监管模式、创新管理理念及监管方式进行考察学习，制定了跨境电子商务启动及实施方案，完成海关国检联合监管中心的招投标及建设工作。2016 年，引进了多个跨境电子商务项目。

【发展趋势】吴江综合保税区经过多年的发展，已逐步形成一个以电子信息、精密机械等加工制造为主，保税物流功能配套为辅的出口加工基地，成为吴江区外向型经济发展的一个重要平台。

吴江综合保税区将继续重点瞄准投资强度大、科技含量高、未来产出多的优质工业高端制造项目，特别是大进大出的成品企业、龙头企业、高科技企业，按照重点发展先进制造业的发展思路，加快电子信息、精密机械产业中具有行业代表性企业的集聚和形成，并在此基础上进行产业转型升级，推动加工贸易向产业链高端延伸。充分利用综合保税区政策优势，大力发展保税贸易、保税物流、保税展览展示等功能，力争引进一批新兴业态龙头企业。同时，紧紧围绕跨境电子商务，加快推进跨境电子商务系统平台建设，力争在跨境电子商务上有所突破。

【机构设置与管委会领导】吴江综合保税区管理局内设招商科、经济管理科、综合科 3 个职能部门，分别负责招商引资、区内综合行政管理、进出口审批、数据统计、安全生产管理、职能部门协调、区内企业服务等。

【招商部门】吴江综合保税区管理局下设招商科，主要负责综合保税区的招商引资工作。招商电话：0512-66086608、66086610，网址：www. wjftz. gov. cn。

常熟综合保税区
CHANGSHU FREE TRADE ZONE

【经济发展】2016 年，虽然全球经济形势不景气，但常熟综合保税区内的部分优质企业还是保持了比较稳定的增长态势。据海关统计，综合保税区全年共完成进出口总额48 667万美元，比 2015 年增加 98.74%。其中，完成进口额34 419万美元，同比增加117.0%；完成出口额14 248万美元，同比增加 65.16%。综合保税区各项经济指标方面，2016 年共完成工业增加值14 729万元，同比增加 18.09%；完成工业总产值38 317万元，同比下降 6.54%；完成经营总收入45 377万元，同比下降 6.90%；完成企业利润总额4 237万元，同比增加 435.65%；实现国、地税税收总额 1 880 万元，同比增加31.38%。

自从 2015 年 12 月 30 日江苏省联合验收组对常熟综合保税区进行验收后，针对验收组提出的一些小问题，管理局立即着手进行整改，并很快得到了南京海关的审查认可。2016 年 4 月 11 日，海关总署发文，同意常熟综合保税区正式封关运行。

在做好综合保税区验收工作的同时，管理局还全力做好常熟海关直通式监管点与综合保税区的搬迁整合工作，在确保符合海关对监管场所的软、硬件要求后，即向海关提出了直通式监管点的搬迁申请，在经过申请设立、预验收及南京海关的正式验收等一系列程序后，最终在 2016 年 10 月 11 日正式获得南京海关颁发的海关监管场所注册登记证书。经过紧张的准备，2016 年 10 月 17 日，常熟海关直通式监管点正式搬迁至综合保税区，开始运行，到 2016 年年底，卡口、场站及系统等已完全正常运行，通关点累计通关货物5 000多票。

【投资环境】常熟综合保税区位于长江三角洲经济圈中心，东距上海 80 公里，南距苏州 45 公里，紧靠常熟港，紧邻沿江高速公路、苏嘉杭高速公路、沿江一级公路，离苏通大桥道口仅 500 米，交通区位优势十分明显。

常熟综合保税区位于常熟经济技术开发区内，依托开发区的支撑，产业基础扎实，产业配套能力强，物流运输便捷。企业入驻常熟综合保税区，不仅享有海关提供的简单、快捷的通关便利，还享有国家级综合保税区和开发区特有的优惠政策，海关、国检、银行、仓储等机构一应俱全，落户企业不出园区即可办理一切进出口手续。

【招商引资】常熟综合保税区针对所在常熟经济技术开发区的产业结构情况和地理位置，积极强化招商选资，围绕汽车零部件、精密机械、装备制造、新型材料等产业进行全方位招商。

2016 年，在得到海关总署批复，综合保税区正式运行后，区内可以开展包括仓储物流，对外贸易，国际采购、分销和配送，国际中转，售后服务，商品展示，研发等多项业务类型。园区积极对外宣传综合保税区政策，加大招商力度，引进各种新型保税业务来区运作。同时，对区内企业也进行走访宣传，鼓励他们开展适合综合保税区的新业务，促进加工区业务向高技术含量、高附加值和多元化方向发展。

【工业】 常熟综合保税区作为加工贸易企业的集聚区，依托临江临港和位于常熟经济技术开发区内的优势，吸引了不少企业入驻。到2016年年底，已有18家加工企业和物流企业入驻，其中加工企业为12家，大部分为欧美企业，有10家企业已正式投产。区内生产企业主要以机械加工企业为主，占2/3，并全部为出口型外商独资企业。

自2009年拓展保税物流功能以后，常熟综合保税区全力发展保税物流业务，先后引入了6家物流企业，这些物流企业为区外广达电脑、长春化工等大型加工贸易企业提供了便捷、高效的保税物流服务，对全市的辐射带动作用日益显现，进出综合保税区的保税物流货物每年快速递增。据海关统计，2016年综合保税区实现进出口总额4.87亿美元，比2015年增长98.74%。其中，实现进口额3.44亿美元，同比增长117.00%；实现出口额1.42亿美元，同比增长65.16%。

【发展趋势】 2016年，常熟综合保税区将紧紧抓住刚刚转型升级的有利时机，拓展适合于综合保税区的业务类型，争取吸引更多保税物流、商贸、维修检测及展览展示项目在区内注册运营，从而丰富综合保税区的业务类型，做大进出口总量，不断提高经济效益。园区将充分利用常熟临江临港的区位优势和开发区的特色产业结构，充分利用开发区打造汽车整车及汽车零部件产业基地的有利时机，围绕捷豹路虎和观致汽车项目及其大量的核心配套企业，借着两个项目需要大量进口零部件的东风，全力发展进口汽车零部件保税物流产业，并将综合保税区打造成汽车零部件的出口基地。同时，在此基础上大力发展汽车零部件展示产业，努力将常熟综合保税区打造成长三角地区进口汽车零部件的集散地。

同时，园区还将继续跟进研究上海自贸区政策，紧盯昆山等6个综合保税区从2016年11月1日开始的海关特殊监管区域企业增值税一般纳税人资格试点工作的进展情况，密切关注苏州工业园区综合保税区开展贸易多元化等政策的试点情况，结合园区的实际情况探索复制这些功能模式，争取将这些对企业有利的政策及早复制过来，帮助企业提高竞争力，促进企业更好更快地发展。

【机构设置与管委会领导】 参照大部分出口加工区做法，2005年8月，经常熟市政府批准，设立常熟出口加工区管委会，与常熟经济开发区管委会合署办公，委领导由开发区领导兼任，下设常熟出口加工区管理局。因常熟出口加工区升级为常熟综合保税区，因此于2015年7月更名为常熟综合保税区管理局，内设招商科、物流贸易科及综合科。局属下成立了“常熟出口加工区开发建设有限公司”，具体负责综合保税区的投资及物流运作和物业管理等工作。

【招商部门】 常熟综合保税区管理局下设招商科，主要负责综合保税区的招商引资工作。综合保税区招商部门联系人：分管副局长王晓楠，联系电话：0512－52292757、13812817206；副科长张诚，联系电话：0512－52690181、18913634358；邮箱：stephaniewang@cedz.org、cz@cedz.org；传真：0512－52269665；常熟综合保税区网址：http://www.csepz.gov.cn，http://www.csepz.com。

扬州综合保税区
YANGZHOU FREE TRADE ZONE

【经济发展】 2016年，扬州综合保税区完成外资到账3.85亿美元；完成进出口总额19.4亿美元，同比增长26%，其中一线进出境额10.8亿美元，同比增长46%。

【投资环境】 扬州地处“长江三角洲”经济圈内，是上海经济圈和南京都市圈的节点城市，与南京、镇江构成“宁镇扬都市圈”。先后荣获国家卫生城市、中国优秀旅游城市、全国生态示范城市、全国科技兴市先进城市、全国信息化试点城市、全国社会治安综合治理先进城市和联合国人居奖、全国文明城市等多项殊荣。

扬州经济技术开发区为国家级经济技术开发区，综合实力在江苏省全部130多家开发区中位居前列。区内拥有国家一类开放口岸——扬州港，京沪高速、沪宁高速、宁通高速、沿江高速纵横交错，距扬州泰州国际机场30分钟，宁启铁路与在建的淮扬镇铁路承南启北、横贯东西，构成了水陆空铁“四位一体”的立体交通网络，实现了多种运输方式“联程联运”的无缝衔接。拥有国家半导体照明产业化基地、国家绿色新能源产业基地、国家智能电网特色产业基地、国家级数字出版基地、国家汽车及零部件产业基地、国家科技兴贸创新基地、国家生态工业示范园区、国家循环经济教育示范基地等17个“国字号”品牌。

【招商引资】 扬州综合保税区立足于国家级扬州经济技术开发区新能源、新光源、新材料和智能电网“三新一网”产业特色，围绕重点区域（国内聚焦上海、杭州、苏州、广州、深圳，境内外瞄准日韩、中国港澳台、东南亚）、围绕海关特殊监管区域、围绕保税物流功能、围绕大型代工企业开展招商工作；围绕央企、国企、大型民企、世界500强、国内100强、行业前10强，招引龙头型、旗舰型、带动型大项目，大力开展招商引资，力争再引进1~2个带动性强、能够支撑综合保税区的大项目。

【发展趋势】 园区将紧扣“十三五”发展规划，科学合理布局，通过保税加工、保税物流、保税服务“三轮驱动”，加快引进制造业重点项目，以产业集聚带动保税物流和保税服务业的发展。

做优保税加工，充分挖掘综合保税区政策，立足现有制造企业，做稳做优保税加工制造业，增加进出口额。重点支持川岳科技和荣德新能源等公司，延伸上下游产业链，吸引相关企业入驻，把综合保税区发展成为以电子书和光伏两大产业为基础的生产制造中心。

做强保税物流，加强与港口、机场的联动，大量招引物流企业入区。发挥综合保税区强大的保税功能，吸引更多的企业在区内从事仓储、贴唛、分拨、包装、配送等业务，把综合保税区打造成为华东地区有影响力的仓储配送中心。

做新保税服务，充分运用上海自贸区可

复制、可推广政策，积极主动与海关等部门对接，围绕半导体设备维修、保税展示交易、大数据服务和跨境电子商务产业园，加快保税服务业发展。

【招商部门】扬州综合保税区招商局。联系电话：0514－82982696，传真：0514－87529080，邮箱：yzckjgq@126.com。

贵阳综合保税区
GUIYANG FREE TRADE ZONE

【概况】 贵阳综合保税区于2013年9月14日经国务院批复设立，是贵州省首个综合保税区。总规划面积10.83平方公里，已建成一期围网区面积1.02平方公里。2014年9月12日通过国家十部委联合验收，2014年12月27日正式封关运行。

贵阳综合保税区位于黔中经济核心位置，处在遵义—贵阳—安顺城市发展轴上，对外交通便捷，距龙洞堡国际机场仅20公里；核心区域内有都拉营货运编组站，可连接环城铁路及国家干线铁路网（渝新欧、蓉新欧）；贵阳环城高速公路综保出口距一期围网区仅600米，可快速接驳全国高速公路体系。

【经济发展】 截至2016年年底，贵阳综合保税区累计完成固定资产投资102.87亿元，其中2016年完成53亿元；累计实现外贸进出口总额44.22亿美元，其中2016年实现13.35亿美元；累计完成实际利用外资2.19亿美元，其中2016年完成1.2亿美元；累计完成招商引资实际到位资金66.09亿元，其中2016年完成35.4亿元。

【投资环境】 贵阳综合保税区设立以来，围网区实现“六通一平”，已建成标准厂房35.8万平方米、保税仓库6.5万平方米、区内道路9.2公里。区内验货场地面积47 770平方米，其中监管仓库4 025平方米，前端设有419平方米的验货平台，部署有14个工位，可同时进行铲车作业；检疫处理区用地面积5 126平方米，设有检验检疫处理库、熏蒸房、药品器械库等设施；共设有3个卡口、22条通道，已按要求安装电子闸门放行系统、车辆自动识别系统、集装箱号自动识别系统，以及与H2000联网的电子地磅系统和视频监控系统，完全满足通关需要。

围网区外已建成综保路、保税大道等主要路网骨架，道路长度约3.8公里。已建成4.9万平方米的综合服务大楼、3 365平方米的研发中心等配套设施。同时，正在建设综保路延伸段工程，启动了一号路、站前东路延伸段等道路工程建设相关工作。

贵阳综合保税区政务服务中心大厅面积6 200平方米，入驻单位有贵阳综合保税区管委会、贵阳海关高新技术产业开发区办事处、贵州出入境检验检疫局贵阳综合保税区办事处、贵阳综合保税区国家税务局筹备组、贵阳综合保税区地方税务局、贵阳市工商行政管理局综合保税区分局、报关行、金融机构等，设立了利用外资和招商引资项目代办服务中心，推行全程代办协办，最大限度地为企业提供便利。

【招商引资】 2016年，贵阳综合保税区积极抢抓全省建设国家大数据（贵州）综合试验区、贵州内陆开放型经济试验区和首批国家生态文明试验区的机遇，依托海关特殊监管区域的功能和政策优势，围绕国际化产业发展方向，全力实施精准招商、重点招商。

实施“基础提升”工程，助推招商引

资。一是规范招商工作流程、编写宣传材料、制定扶持政策；二是建立项目调度机制，落实项目推进责任；三是策划包装招商推介项目，开展项目库建设；四是大力实施“走出去”和“请进来”战略，加强国际国内合作。

实施“平台搭建”工程，拓宽招商渠道。一是依托“数博会”“绿博会”“酒博会”“贵洽会”等重大活动，积极主动与参会企业洽谈招商事宜，对接合作意向；二是积极与省、市招商部门对接联系，获取招商信息，寻求合作机会，通过省市搭建的国际招商平台开展招商工作，赴韩国、英国、中国香港等国家和地区进行招商推介；三是依托大数据云计算平台、高端服务外包平台、跨境电商平台、新医药大健康云平台、国际贸易服务平台、金融创新服务平台、互联网创意文化发展平台七大平台优势，引入了富士康、海信、国药集团、SAS 集团、伯凯科技、大龙网等多家国内外知名龙头企业，招商引资取得明显成效。

【发展趋势】近年来，贵阳综合保税区紧紧围绕“一个目标、三个打造”的奋斗目标，奋力建设全省国际化引领区，打造内陆开放型经济试验区的“桥头堡”，打造创新型中心城市的“新引擎”，打造全国生态文明示范城市的“国际化山地保税新城”。先后获批设立省级现代服务业集聚区、贵阳跨境电子商务产业园、国家绿色数据中心、大数据综合试验区人工智能产业创新示范基地、大数据综合试验区“一带一路”大数据服务基地、贵阳综合保税区外贸转型升级示范基地等。

贵阳综合保税区将立足创新、聚焦主业，重点发展“1+N”产业（“1”即以跨境合作为重点的现代服务业，“N”即以人工智能为代表的大数据产业、战略性新兴产业等），形成以海关特殊监管区为核心，保税功能及政策为特色，面向国际国内两个市场，统筹两种资源，区内区外联动的开放型经济产业格局。一是重点发展以跨境合作为引领的现代服务业，以加工贸易为引领的先进制造业，以及以人工智能、区块链、数据库等引领性技术为特色的大数据产业，提升产业发展水平，努力形成产业集聚。二是加强创新体系建设。把创新作为推动产业发展和园区建设的根本，以金融创新为支撑、以政策创新为抓手、以制度创新为突破，不断释放加速发展动力，积极营造一流营商环境，有力助推开放型经济发展。三是深耕保税特色，提高供给质量。依托贵阳综合保税区保税商品展示交易中心，打造跨境电子商务、保税商品展示展销业务经营平台。整合展示、交易、订单、资金功能，在中心城区、省内市（州、县）设立进口商品直销（分销）中心，形成“前展后贸”和线上线下畅通的销售物流体系。通过进出口商品“优进优出”，为推动“黔货出山、黔品出海”，降低全市中高端消费品价格作贡献，让企业、市民共享贵阳发展红利。

【机构设置】贵阳综合保税区党工委、管委会内设党工委办公室（人才办公室）、综合行政办公室、产业发展局、投资促进局（商务局）、财政金融局、开发建设局（安全生产监督管理局）、政策法规研究室 7 个机构。贵阳综合保税区管委会直属事业单位有政务服务中心、产业创新中心、保税业务与口岸服务中心。

【招商部门】贵阳综合保税区投资促进局主要负责全区招商引资工作。招商电话：0851-86985838、86985828，网址：http://www.gyftz.gov.cn/。

统计资料篇

保税区（保税物流园区）

2016年全国保税区下分贸易方式进出口贸易额统计表

地区		贸易方式		进出口合计		出口		进口	
				2016年1月至2016年12月		2016年1月至2016年12月		2016年1月至2016年12月	
中文	代码	中文	代码	美元值（万）	美元值同比（%）	美元值（万）	美元值同比（%）	美元值（万）	美元值同比（%）
保税区合计				19 074 938.1	-5.2	6 725 281.4	-6.4	12 349 656.7	-4.5
天津港保税区	12074	合计		910 445.7	-9.8	185 702.6	-18.1	724 743.1	-7.4
		一般贸易	10	588 408.9	-6.2	113 903.2	-14.5	474 505.8	-3.9
		来料加工装配贸易	14	11.2	-61.7	8.4	-43.7	2.8	-80.3
		进料加工贸易	15	764.6	-68.7	638.5	-72.6	126.1	8.7
		对外承包工程出口货物	22	115.9	-79.9	115.9	-79.9		
		出料加工贸易	27	0.4		0.3		0.1	
		保税监管场所进出境货物	33	1 234.2	-39.3	34.7		1 199.6	-41.0
		海关特殊监管区域物流货物	34	317 730.0	-15.5	69 006.6	-23.0	248 723.4	-13.2
		其他贸易	39	2 180.5	64.1	1 995.1	106.6	185.4	-49.0
大连大窑湾保税区	21024	合计		184 098.2	-8.7	43 004.8	-5.7	141 093.3	-9.6
		一般贸易	10	96 108.1	-10.6	24 111.0	6.7	71 997.0	-15.2
		来料加工装配贸易	14	9 676.1	-19.5	8 804.9	-20.3	871.2	-10.1
		进料加工贸易	15	15 920.6	-5.3	8 832.6	-8.5	7 088.0	-1.0
		加工贸易进口设备	20	7.7	-83.4			7.7	-83.4
		外商投资企业作为投资进口的设备、物品	25	120.4	3 983.9			120.4	3 983.9
		保税监管场所进出境货物	33	6 852.0	924.6	6.2		6 845.8	923.6
		海关特殊监管区域物流货物	34	55 152.5	-14.1	1 187.6	-48.3	53 964.9	-12.8

续表

地区		贸易方式		进出口合计		出口		进口	
				2016年1月至2016年12月		2016年1月至2016年12月		2016年1月至2016年12月	
中文	代码	中文	代码	美元值(万)	美元值同比(%)	美元值(万)	美元值同比(%)	美元值(万)	美元值同比(%)
		其他贸易	39	260.9	-31.6	62.6	365.0	198.3	-46.1
上海外高桥保税区	31224	合计		9 711 703.9	1.2	2 607 054.4	8.1	7 104 649.5	-1.1
		一般贸易	10	2 520 200.8	13.0	518 706.8	14.3	2 001 494.0	12.7
		来料加工装配贸易	14	122 182.8	-15.3	90 808.1	-15.0	31 374.7	-16.3
		进料加工贸易	15	478 493.5	-0.5	334 909.6	2.5	143 583.9	-7.0
		加工贸易进口设备	20	82.1	145.1			82.1	145.1
		租赁贸易	23	8.8	-91.7			8.8	46.3
		外商投资企业作为投资进口的设备、物品	25	14 035.1	-0.6			14 035.1	-0.6
		出料加工贸易	27	51.7	288.9			51.7	
		保税监管场所进出境货物	33	26 380.0	62.3	781.2	-35.3	25 598.8	70.2
		海关特殊监管区域物流货物	34	6 531 295.1	-2.5	1 656 702.3	8.8	4 874 592.8	-5.8
		其他贸易	39	18 974.0	142.9	5 146.4	1 892.2	13 827.7	83.1
张家港保税区	32154	合计		317 278.0	5.4	125 582.9	31.7	191 695.1	-6.8
		一般贸易	10	171 245.3	77.5	47 280.2	51.6	123 965.1	89.9
		来料加工装配贸易	14	13 522.1	6.7	7 117.3	24.2	6 404.8	-7.7
		进料加工贸易	15	79 075.2	22.6	64 350.0	32.2	14 725.2	-7.0
		外商投资企业作为投资进口的设备、物品	25						
		保税监管场所进出境货物	33	3 263.3	-89.0	61.7	-53.7	3 201.7	-89.1
		海关特殊监管区域物流货物	34	50 144.7	-48.7	6 772.4	-29.7	43 372.4	-50.8
		其他贸易	39	27.3	103.5	1.3	50.1	26.0	107.2
宁波北仑港保税区	33024	合计		584 986.6	-32.6	181 266.5	-54.8	403 720.1	-13.5
		一般贸易	10	414 422.6	-19.8	99 656.3	-57.7	314 766.3	11.9
		来料加工装配贸易	14	3 807.2	26.7	2 125.0	9.3	1 682.2	58.5
		进料加工贸易	15	102 315.1	-21.4	63 978.0	-20.8	38 337.1	-22.4

续表

地区		贸易方式		进出口合计		出口		进口	
				2016年1月至2016年12月		2016年1月至2016年12月		2016年1月至2016年12月	
中文	代码	中文	代码	美元值（万）	美元值同比（%）	美元值（万）	美元值同比（%）	美元值（万）	美元值同比（%）
		保税监管场所进出境货物	33	235.8	-57.7			235.8	-57.7
		海关特殊监管区域物流货物	34	62 560.2	-71.0	14 000.9	-82.9	48 559.3	-63.8
		其他贸易	39	1 645.7	27.1	1 506.3	23.4	139.4	89.7
福建马尾保税区	35014	合计		25 252.4	-11.6	9 769.9	0.5	15 482.5	-17.8
		一般贸易	10	21 381.3	3.2	9 235.1	0.2	12 146.2	5.5
		来料加工装配贸易	14	549.6	-2.0	385.1	-9.2	164.5	20.2
		保税监管场所进出境货物	33	281.2	56.6			281.2	56.6
		海关特殊监管区域物流货物	34	3 038.7	-57.1	149.4	88.6	2 889.3	-58.7
		其他贸易	39	1.6	-64.2	0.3	-78.6	1.3	-58.8
厦门象屿保税区	35 024	合计		448 690.7	-13.7	253 277.3	-12.3	195 413.4	-15.5
		一般贸易	10	141 012.6	-5.2	97 302.6	-16.3	43 710.1	34.8
		来料加工装配贸易	14	501.3	-11.4	349.7	-5.4	151.6	-22.9
		进料加工贸易	15	36 198.9	-6.8	21 336.3	-7.2	14 862.6	-6.3
		保税监管场所进出境货物	33	1 673.7	-95.5			1 673.7	-95.5
		海关特殊监管区域物流货物	34	268 762.2	-8.7	134 272.0	-10.0	134 490.2	-7.4
		其他贸易	39	541.9	42.6	16.6	36.8	525.3	42.8
山东青岛保税区	37024	合计		582 043.3	11.5	159 263.1	-13.1	422 780.3	24.9
		一般贸易	10	208 726.2	0.6	103 425.4	-13.8	105 300.8	20.4
		来料加工装配贸易	14	15 171.8	-5.2	10 023.9	-7.1	5 147.9	-1.2
		进料加工贸易	15	26 154.1	-13.8	18 090.5	-17.5	8 063.6	-4.0
		加工贸易进口设备	20	43.5	50.6			43.5	50.6
		保税监管场所进出境货物	33	179 881.1	150.0	3 849.7	39.8	176 031.3	154.4
		海关特殊监管区域物流货物	34	151 555.5	-22.6	23 814.7	-14.1	127 740.7	-24.1

续表

地区		贸易方式		进出口合计		出口		进口	
				2016 年 1 月至 2016 年 12 月		2016 年 1 月至 2016 年 12 月		2016 年 1 月至 2016 年 12 月	
中文	代码	中文	代码	美元值（万）	美元值同比（%）	美元值（万）	美元值同比（%）	美元值（万）	美元值同比（%）
		其他贸易	39	511.2	636.5	58.7	8 915.2	452.5	558.1
广州保税区	44014	合计		247 945.0	2.0	109 627.1	3.4	138 317.9	0.8
		一般贸易	10	86 626.4	9.3	5 132.6	3.7	81 493.8	9.7
		来料加工装配贸易	14	2 163.0	3.4	1 482.1	5.9	680.9	-1.6
		进料加工贸易	15	56 213.3	-4.2	34 978.3	-8.5	21 235.0	4.0
		加工贸易进口设备	20	4.1	-61.6			4.1	-61.6
		外商投资企业作为投资进口的设备、物品	25	509.8	-61.8			509.8	-61.8
		保税监管场所进出境货物	33						
		海关特殊监管区域物流货物	34	47 594.6	-3.6	13 220.6	47.0	34 374.0	-14.9
		其他贸易	39	54 833.8	4.7	54 813.6	4.6	20.2	238.7
福田盐田沙头角保税区	44034	合计		5 851 753.1	-11.2	2 966 028.4	-9.9	2 885 724.7	-12.4
		一般贸易	10	445 028.5	40.7	129 281.9	26.0	315 746.6	47.8
		来料加工装配贸易	14	2 713.9	-52.3	1 229.8	-65.4	1 484.1	-30.4
		进料加工贸易	15	1 392 807.7	-27.7	1 027 313.0	-22.5	365 494.7	-39.1
		保税监管场所进出境货物	33	2 719.0	-93.9	624.0	-97.1	2 095.1	-90.7
		海关特殊监管区域物流货物	34	4 004 306.4	-6.8	1 803 736.7	-2.0	2 200 569.7	-10.4
		其他贸易	39	4 177.5	2 150.5	3 843.0	2 087.1	334.5	3 273.8
珠海保税区	44044	合计		192 681.3	-8.9	77 145.4	-25.1	115 535.9	6.5
		一般贸易	10	7 050.5	-78.9	2 713.6	-89.6	4 336.9	-41.6
		来料加工装配贸易	14	3 359.9	26.7	2 018.7	21.3	1 341.3	35.6
		进料加工贸易	15	88 365.2	-2.9	61 491.4	-3.7	26 873.8	-0.9
		加工贸易进口设备	20						
		租赁贸易	23						
		海关特殊监管区域物流货物	34	93 671.3	11.5	10 921.6	-4.7	82 749.7	14.0
		其他贸易	39	234.3	3 497 556.7	0.1		234.3	3 496 543.3
汕头保税区	44054	合计		18 060.0	-39.3	7 559.1	-61.5	10 500.9	3.4

续表

地区		贸易方式		进出口合计		出口		进口	
				2016年1月至2016年12月		2016年1月至2016年12月		2016年1月至2016年12月	
中文	代码	中文	代码	美元值（万）	美元值同比（%）	美元值（万）	美元值同比（%）	美元值（万）	美元值同比（%）
		一般贸易	10	5 734.0	-58.7	1 997.1	-84.1	3 737.0	187.7
		进料加工贸易	15	5 378.8	-26.3	3 738.7	-28.1	1 640.1	-21.9
		海关特殊监管区域物流货物	34	6 472.5	-24.6	1 357.3	-26.2	5 115.2	-24.2
		其他贸易	39	474.6	6 164.3	466.0	556 668.7	8.6	14.9

2016年全国保税区经济指标统计情况表

指标	单位	合计		
		当年累计	同比（%）	历年累计
增加值	万元	60 407 095	31.6	385 255 854
经营总收入	万元	328 531 759	10.5	2 637 930 945
其中：技术服务收入	万元	1 720 000	9.8	4 664 000
工业总产值	万元	51 791 899	-2.9	431 303 012
其中：高新技术产业	万元	19 469 675	11.6	145 278 765
商品销售额	万元	254 746 656	4.4	2 056 130 090
物流企业经营收入	万元	14 981 608	19.5	389 410 411
批准企业数	个	17 198	-10.2	123 020
其中：加工企业	个	86	13.2	3 660
贸易企业	个	8 527	-9.7	74 314
物流企业	个	409	-40.5	7 905
批准外资企业数	个	1 976	-37.3	27 233
其中：加工企业	个	10	0.0	2 195
贸易企业	个	921	-4.5	16 092
物流企业	个	41	-29.3	2 123
批准投资总额	万美元	15 041 795	-15.9	62 799 421
其中：外商投资总额	万美元	3 510 088	-59.0	26 637 555
合同利用外资	万美元	1 674 146	-73.0	17 829 218
企业实际到位资金	万美元	2 315 192	-65.6	25 315 386
其中：实际利用外资	万美元	386 563	-22.2	5 882 236
房屋竣工建筑面积	平方米	1 932 751	-94.3	56 701 790
固定资产投资额	万元	5 460 727	0.0	66 090 016
其中：基础设施投资	万元	702 976	49.8	13 614 995
税收总额	万元	17 056 312	-8.9	194 729 304
其中：海关税收及代征税	万元	8 955 612	-15.6	123 077 047
税务部门税收	万元	8 077 254	-0.4	71 964 358
期末从业人员	人	760 330	1.5	760 330
其中：期末外资企业从业人员	人	419 817	-3.7	419 817
期末批准面积	平方公里	44.22	0.0	44.22
期末验收封关面积	平方公里	39.85	0.0	39.85

续表

指标	单位	天津港保税区		
		当年累计	同比（%）	历年累计
增加值	万元	29 005 686	89.8	105 681 899
经营总收入	万元	94 990 799	32.0	535 884 689
其中：技术服务收入	万元	0	—	0
工业总产值	万元	21 950 977	7.1	131 030 900
其中：高新技术产业	万元	11 115 000	18.5	55 683 408
商品销售额	万元	45 179 000	6.9	281 664 897
物流企业经营收入	万元	6 528 000	47.9	56 294 085
批准企业数	个	4 759	5.7	31 701
其中：加工企业	个	42	75.0	737
贸易企业	个	2 257	11.1	15 608
物流企业	个	132	-27.5	2 877
批准外资企业数	个	123	-6.1	6 458
其中：加工企业	个	0	-100.0	390
贸易企业	个	38	40.7	4 819
物流企业	个	1	-92.9	306
批准投资总额	万美元	5 101 303	217.5	16 801 924
其中：外商投资总额	万美元	1 098 900	130.4	7 314 390
合同利用外资	万美元	65 403	-85.4	5 516 172
企业实际到位资金	万美元	1 071 196	10.7	8 765 339
其中：实际利用外资	万美元	199 566	-50.3	3 090 036
房屋竣工建筑面积	平方米	0	-100.0	34 081 817
固定资产投资额	万元	3 520 200	-10.2	30 269 597
其中：基础设施投资	万元	412 100	32.5	3 984 458
税收总额	万元	2 096 043	-43.5	46 469 606
其中：海关税收及代征税	万元	613 884	-71.7	34 148 979
税务部门税收	万元	1 482 159	-4.0	12 320 627
期末从业人员	人	170 880	0.4	170 880
其中：期末外资企业从业人员	人	47 807	-23.6	47 807
期末批准面积	平方公里	5.00	0.0	5.00
期末验收封关面积	平方公里	5.00	0.0	5.00

续表

指标	单位	大连保税区		
		当年累计	同比（%）	历年累计
增加值	万元	0	—	21 121 364
经营总收入		0	—	74 174 175
其中：技术服务收入		0	—	0
工业总产值		0	—	8 261 452
其中：高新技术产业		0	—	0
商品销售额		0	—	43 808 944
物流企业经营收入		0	—	14 335 705
批准企业数	个	0	—	7 909
其中：加工企业		0	—	735
贸易企业		0	—	3 453
物流企业		0	—	466
批准外资企业数		0	—	2 573
其中：加工企业		0	—	213
贸易企业		0	—	786
物流企业		0	—	136
批准投资总额	万美元	0	—	3 107 362
其中：外商投资总额		0	—	1 031 728
合同利用外资		0	—	965 451
企业实际到位资金		0	—	524 147
其中：实际利用外资		0	—	524 147
房屋竣工建筑面积	平方米	0	—	2 370 000
固定资产投资额	万元	0	—	12 656 890
其中：基础设施投资		0	—	5 340 550
税收总额		0	—	7 388 135
其中：海关税收及代征税		0	—	5 067 412
税务部门税收		0	—	2 297 723
期末从业人员	人	0	—	0
其中：期末外资企业从业人员		0	—	0
期末批准面积	平方公里	1.95	0.0	1.95
期末验收封关面积		1.95	0.0	1.95

续表

指标	单位	上海外高桥保税区		
		当年累计	同比（%）	历年累计
增加值	万元	20 460 000	4.3	173 964 400
经营总收入		145 042 000	4.1	1 259 497 700
其中：技术服务收入		1 720 000	9.8	4 654 000
工业总产值		6 464 324	16.7	92 195 124
其中：高新技术产业		1 174 800	20.0	14 142 700
商品销售额		132 468 100	3.5	1 105 207 800
物流企业经营收入		1 973 200	-2.2	265 898 000
批准企业数	个	5 507	-40.2	34 266
其中：加工企业		2	0.0	358
贸易企业		2 721	-18.0	17 713
物流企业		121	-31.3	1 581
批准外资企业数		1 538	-42.9	10 691
其中：加工企业		1	0.0	284
贸易企业		703	-1.0	5 757
物流企业		27	-12.9	1 241
批准投资总额	万美元	7 424 881	-50.2	31 640 900
其中：外商投资总额		2 157 838	-72.6	13 834 500
合同利用外资		1 445 822	-72.1	8 712 300
企业实际到位资金		216 069	-96.0	10 566 126
其中：实际利用外资		126 069	246.3	837 300
房屋竣工建筑面积	平方米	200 300	18.0	3 079 700
固定资产投资额	万元	262 900	21.0	5 705 700
其中：基础设施投资		2 300	27.8	1 119 798
税收总额		11 273 940	-1.9	102 883 734
其中：海关税收及代征税		6 403 500	-1.4	60 521 200
税务部门税收		4 870 440	-2.6	42 362 400
期末从业人员	人	264 500	-0.2	264 500
其中：期末外资企业从业人员		254 800	0.2	254 800
期末批准面积	平方公里	10.00	0.0	10.00
期末验收封关面积		8.90	0.0	8.90

续表

指标	单位	张家港保税区		
		当年累计	同比（%）	历年累计
增加值	万元	4 340 026	-4.0	36 930 370
经营总收入	万元	36 403 649	4.8	368 990 812
其中：技术服务收入	万元	0	—	0
工业总产值	万元	8 994 464	-24.2	101 186 747
其中：高新技术产业	万元	2 875 933	8.8	22 162 190
商品销售额	万元	34 986 718	6.4	345 121 243
物流企业经营收入	万元	1 101 750	-9.0	8 400 027
批准企业数	个	1 198	22.7	9 257
其中：加工企业	个	13	44.4	353
贸易企业	个	1 120	32.1	8 278
物流企业	个	64	-46.2	625
批准外资企业数	个	15	-11.8	646
其中：加工企业	个	2	100.0	184
贸易企业	个	13	-13.3	412
物流企业	个	0	—	46
批准投资总额	万美元	153 361	-36.7	2 964 200
其中：外商投资总额	万美元	19 533	-66.6	1 712 532
合同利用外资	万美元	11 518	-69.4	1 006 082
企业实际到位资金	万美元	158 964	-21.6	2 608 843
其中：实际利用外资	万美元	26 696	40.4	564 184
房屋竣工建筑面积	平方米	1 538 136	115.6	11 181 430
固定资产投资额	万元	1 013 151	5.4	10 255 175
其中：基础设施投资	万元	283 598	90.1	2 171 083
税收总额	万元	1 164 274	0.9	13 177 995
其中：海关税收及代征税	万元	527 993	-11.1	7 916 541
税务部门税收	万元	636 281	13.5	5 261 454
期末从业人员	人	58 589	6.6	58 589
其中：期末外资企业从业人员	人	21 630	0.3	21 630
期末批准面积	平方公里	4.10	0.0	4.10
期末验收封关面积	平方公里	4.10	0.0	4.10

续表

指标	单位	宁波保税区		
		当年累计	同比（%）	历年累计
增加值	万元	1 575 264	-3.9	17 279 910
经营总收入		22 960 000	-3.2	218 036 790
其中：技术服务收入		0	—	0
工业总产值		2 943 939	-14.6	50 229 995
其中：高新技术产业		2 391 650	-16.2	37 596 585
商品销售额		19 266 381	-1.6	166 204 262
物流企业经营收入		949 876	-4.6	5 311 461
批准企业数	个	1 244	31.5	12 191
其中：加工企业		0	—	337
贸易企业		188	-75.4	10 334
物流企业		0	—	38
批准外资企业数		36	56.5	1 102
其中：加工企业		0	—	255
贸易企业		14	-39.1	791
物流企业		0	—	30
批准投资总额	万美元	866 291	372.3	2 225 265
其中：外商投资总额		47 029	254.8	745 001
合同利用外资		27 970	151.9	470 191
企业实际到位资金		821 802	373.8	1 444 593
其中：实际利用外资		2 240	-32.1	228 820
房屋竣工建筑面积	平方米	0	—	3 221 524
固定资产投资额	万元	44 227	25.0	2 508 126
其中：基础设施投资		0	—	229 558
税收总额		468 027	-2.5	5 841 047
其中：海关税收及代征税		69 468	-23.6	2 083 700
税务部门税收		398 559	2.5	3 757 347
期末从业人员	人	34 126	-19.4	34 126
其中：期末外资企业从业人员		31 737	-19.4	31 737
期末批准面积	平方公里	2.30	0.0	2.30
期末验收封关面积		2.30	0.0	2.30

续表

指标	单位	福州保税区		
		当年累计	同比（%）	历年累计
增加值	万元	188 500	4.4	1 001 326
经营总收入		312 850	4.0	1 324 240
其中：技术服务收入		0	—	0
工业总产值		213 785	3.4	994 766
其中：高新技术产业		10 012	-89.2	10 012
商品销售额		362 785	2.8	1 803 184
物流企业经营收入		75 000	10.3	417 512
批准企业数	个	805	-16.5	3 510
其中：加工企业		2	-90.0	35
贸易企业		339	-60.3	2 722
物流企业		0	-100.0	212
批准外资企业数		21	-38.2	457
其中：加工企业		0	—	15
贸易企业		10	-68.8	375
物流企业		1	-50.0	53
批准投资总额	万美元	162 400	-46.2	1 690 903
其中：外商投资总额		5 038	-56.7	150 704
合同利用外资		4 079	-91.9	90 529
企业实际到位资金		0	-100.0	199 654
其中：实际利用外资		0	-100.0	32 409
房屋竣工建筑面积	平方米	0	—	1 000
固定资产投资额	万元	1 000	233.3	174 890
其中：基础设施投资		0	—	130 864
税收总额		41 250	84.4	699 933
其中：海关税收及代征税		0	—	421 010
税务部门税收		41 250	84.4	278 922
期末从业人员	人	28 000	12.0	28 000
其中：期末外资企业从业人员		7 800	—	7 800
期末批准面积	平方公里	1.80	0.0	1.80
期末验收封关面积		0.68	0.0	0.68

续表

指标	单位	厦门象屿保税区		
		当年累计	同比（%）	历年累计
增加值	万元	942 894	8.1	5 383 274
经营总收入	万元	8 801 000	8.9	46 303 581
其中：技术服务收入	万元	0	—	0
工业总产值	万元	344 842	7.1	1 826 848
其中：高新技术产业	万元	0	—	54 660
商品销售额	万元	9 056 939	2.3	36 743 473
物流企业经营收入	万元	1 636 336	23.5	7 897 505
批准企业数	个	2 184	75.7	6 980
其中：加工企业	个	0	-100.0	45
贸易企业	个	780	25.6	3 119
物流企业	个	5	-75.0	1 055
批准外资企业数	个	111	13.3	788
其中：加工企业	个	0	—	2
贸易企业	个	56	5.7	158
物流企业	个	0	—	21
批准投资总额	万美元	891 143	199.4	1 620 948
其中：外商投资总额	万美元	47 843	-34.9	480 043
合同利用外资	万美元	28 000	-93.2	127 156
企业实际到位资金	万美元	20 152	115.2	152 917
其中：实际利用外资	万美元	14 000	49.5	67 820
房屋竣工建筑面积	平方米	0	—	0
固定资产投资额	万元	0	-100.0	776 606
其中：基础设施投资	万元	0	-100.0	98 670
税收总额	万元	150 310	29.5	1 034 648
其中：海关税收及代征税	万元	26 208	11.1	371 933
税务部门税收	万元	100 657	8.8	635 243
期末从业人员	人	20 000	0.0	20 000
其中：期末外资企业从业人员	人	1 200	0.0	1 200
期末批准面积	平方公里	0.63	0.0	0.63
期末验收封关面积	平方公里	0.63	0.0	0.63

续表

指标	单位	青岛保税区		
		当年累计	同比（%）	历年累计
增加值	万元	1 541 208	8.9	12 472 020
经营总收入	万元	7 254 161	8.8	58 405 086
其中：技术服务收入	万元	0	—	0
工业总产值	万元	450 025	9.5	7 738 739
其中：高新技术产业	万元	416 820	8.3	3 999 007
商品销售额	万元	5 103 251	12.2	36 587 759
物流企业经营收入	万元	1 575 101	6.4	10 675 379
批准企业数	个	1 106	39.3	9 528
其中：加工企业	个	0	—	207
贸易企业	个	975	27.5	8 819
物流企业	个	11	37.5	202
批准外资企业数	个	47	27.0	1 562
其中：加工企业	个	0	—	164
贸易企业	个	40	17.6	1 347
物流企业	个	0	-100.0	35
批准投资总额	万美元	310 113	28.2	1 476 509
其中：外商投资总额	万美元	95 127	170.0	568 524
合同利用外资	万美元	68 846	50.5	387 659
企业实际到位资金	万美元	9 840	-22.7	615 653
其中：实际利用外资	万美元	9 840	-22.7	154 109
房屋竣工建筑面积	平方米	91 800	—	1 797 562
固定资产投资额	万元	55 951	16.0	843 085
其中：基础设施投资	万元	3 823	-19.2	91 013
税收总额	万元	414 783	-0.7	4 324 537
其中：海关税收及代征税	万元	256 544	-2.4	3 230 459
税务部门税收	万元	158 239	2.3	1 459 233
期末从业人员	人	37 291	0.2	37 291
其中：期末外资企业从业人员	人	25 696	0.0	25 696
期末批准面积	平方公里	9.72	0.0	9.72
期末验收封关面积	平方公里	7.94	0.0	7.94

续表

指标	单位	广州保税区		
		当年累计	同比（%）	历年累计
增加值	万元	411 676	5.3	4 203 275
经营总收入	万元	4 907 633	13.9	39 396 163
其中：技术服务收入	万元	0	—	0
工业总产值	万元	501 625	-4.3	11 255 190
其中：高新技术产业	万元	261 019	24.8	5 742 685
商品销售额	万元	3 355 834	7.8	26 167 618
物流企业经营收入	万元	1 066 546	13.8	6 206 692
批准企业数	个	54	-1.8	3 516
其中：加工企业	个	0	—	64
贸易企业	个	19	-36.7	2 425
物流企业	个	7	0.0	70
批准外资企业数	个	0	-100.0	787
其中：加工企业	个	0	—	60
贸易企业	个	0	-100.0	701
物流企业	个	0	—	3
批准投资总额	万美元	6 103	6.0	267 447
其中：外商投资总额	万美元	0	-100.0	212 364
合同利用外资	万美元	0	-100.0	112 128
企业实际到位资金	万美元	5 968	7.1	90 442
其中：实际利用外资	万美元	1 451	—	80 351
房屋竣工建筑面积	平方米	0	—	0
固定资产投资额	万元	356 461	522.6	1 279 319
其中：基础设施投资	万元	0	—	127 099
税收总额	万元	90 934	10.2	1 425 846
其中：海关税收及代征税	万元	0	—	0
税务部门税收	万元	90 934	10.2	1 423 405
期末从业人员	人	21 538	0.7	21 538
其中：期末外资企业从业人员	人	12 595	0.4	12 595
期末批准面积	平方公里	1.40	0.0	1.40
期末验收封关面积	平方公里	1.40	0.0	1.40

续表

指标	单位	深圳保税区		
		当年累计	同比（%）	历年累计
增加值	万元	1 195 107	-6.4	1 195 107
经营总收入		5 264 622	-11.6	5 264 622
其中：技术服务收入		0	—	0
工业总产值		8 195 499	-7.7	8 195 499
其中：高新技术产业		0	—	0
商品销售额		4 106 275	13.2	4 106 275
物流企业经营收入		0	—	0
批准企业数	个	220	-19.4	2 618
其中：加工企业		10	0.0	460
贸易企业		80	-29.8	1 302
物流企业		52	18.2	597
批准外资企业数		55	-15.4	1 469
其中：加工企业		5	400.0	366
贸易企业		33	-19.5	706
物流企业		5	-44.4	155
批准投资总额	万美元	38 199	31.3	539 843
其中：外商投资总额		7 581	50.0	344 354
合同利用外资		4 898	-3.1	270 728
企业实际到位资金		0	—	185 897
其中：实际利用外资		0	—	185 897
房屋竣工建筑面积	平方米	0	—	0
固定资产投资额	万元	0	—	0
其中：基础设施投资		0	—	0
税收总额		1 154 240	10.8	9 579 497
其中：海关税收及代征税		993 705	9.7	8 326 483
税务部门税收		160 535	18.6	1 253 014
期末从业人员	人	102 000	13.0	102 000
其中：期末外资企业从业人员		—	—	0
期末批准面积	平方公里	1.98	0.0	1.98
期末验收封关面积		1.55	0.0	1.55

续表

指标	单位	珠海保税区		
		当年累计	同比（%）	历年累计
增加值	万元	519 100	11. 9	3 093 671
经营总收入		2 090 561	20. 0	25 180 053
其中：技术服务收入		0	—	0
工业总产值		1 254 138	5. 8	13 586 145
其中：高新技术产业		999 896	35. 5	4 307 849
商品销售额		770 562	47. 3	7 429 428
物流企业经营收入		28 789	-2. 4	12 991 600
批准企业数	个	88	-32. 8	1 177
其中：加工企业		5	—	187
贸易企业		41	-38. 8	376
物流企业		16	-44. 8	150
批准外资企业数		29	-34. 1	495
其中：加工企业		2	—	180
贸易企业		13	-45. 8	129
物流企业		7	—	86
批准投资总额	万美元	75 849	170. 2	356 937
其中：外商投资总额		26 319	94. 0	185 442
合同利用外资		15 539	47. 0	137 092
企业实际到位资金		5 011	2. 5	94 448
其中：实际利用外资		5 011	2. 5	90 946
房屋竣工建筑面积	平方米	11 799	—	101 799
固定资产投资额	万元	156 824	20. 7	1 013 490
其中：基础设施投资		0	—	204 033
税收总额		180 051	0. 1	1 363 632
其中：海关税收及代征税		56 961	-12. 4	618 021
税务部门税收		123 089	7. 1	745 605
期末从业人员	人	19 235	3. 6	19 235
其中：期末外资企业从业人员		15 131	-12. 4	15 131
期末批准面积	平方公里	3. 00	0. 0	3. 00
期末验收封关面积		3. 00	0. 0	3. 00

续表

指标	单位	汕头保税区		
		当年累计	同比（%）	历年累计
增加值	万元	227 634	2.2	2 929 238
经营总收入	万元	504 484	-2.4	5 473 034
其中：技术服务收入	万元	0	—	0
工业总产值	万元	478 281	11.0	4 801 607
其中：高新技术产业	万元	224 545	54.1	1 579 669
商品销售额	万元	90 811	-3.0	1 285 207
物流企业经营收入	万元	47 010	-15.9	982 445
批准企业数	个	33	-42.1	367
其中：加工企业	个	12	50.0	142
贸易企业	个	7	-73.1	165
物流企业	个	1	-91.7	32
批准外资企业数	个	1	-80.0	205
其中：加工企业	个	0	-100.0	82
贸易企业	个	1	-50.0	111
物流企业	个	0	—	11
批准投资总额	万美元	12 152	-58.7	107 183
其中：外商投资总额	万美元	4 880	-52.1	57 973
合同利用外资	万美元	2 071	34.3	33 730
企业实际到位资金	万美元	6 190	235.5	67 327
其中：实际利用外资	万美元	1 690	41.5	26 217
房屋竣工建筑面积	平方米	90 716	14.7	866 958
固定资产投资额	万元	50 013	-26.8	607 138
其中：基础设施投资	万元	1 155	-24.8	117 869
税收总额	万元	22 460	-2.6	540 694
其中：海关税收及代征税	万元	7 349	-3.9	371 309
税务部门税收	万元	15 111	-2.0	169 385
期末从业人员	人	4 171	0.0	4 171
其中：期末外资企业从业人员	人	1 421	0.0	1 421
期末批准面积	平方公里	2.34	0.0	2.34
期末验收封关面积	平方公里	2.34	0.0	2.34

2016 年全国保税区进口额前 30 位国家和地区排名表

序号	国家和地区		2016 年	
	中文	代码	进口额（万美元）	同比（%）
保税区合计			12 349 656.7	-4.5
1	中华人民共和国	142	1 523 405.8	-14.0
2	日本	116	1 375 560.7	-1.6
3	美国	502	1 115 395.0	-7.4
4	马来西亚	122	1 032 332.0	4.4
5	韩国	133	933 135.7	-23.5
6	中国台湾	143	908 718.6	-1.8
7	德国	304	740 527.4	10.7
8	英国	303	497 729.1	-10.6
9	澳大利亚	601	452 864.4	39.2
10	法国	305	324 416.9	8.7
11	泰国	136	299 762.0	-4.9
12	越南	141	290 198.4	-9.6
13	瑞士	331	274 635.7	1.1
14	新加坡	132	245 143.4	9.2
15	巴西	410	206 110.1	13.9
16	意大利	307	204 950.7	14.2
17	菲律宾	129	198 560.4	2.8
18	爱尔兰	306	150 083.6	14.3
19	南非	244	145 191.7	-57.1
20	墨西哥	429	121 732.3	5.9
21	荷兰	309	108 351.5	7.2
22	印度尼西亚	112	96 609.3	-9.0
23	俄罗斯联邦	344	76 191.1	59.2
24	印度	111	63 969.6	-1.6
25	伊朗	113	63 868.0	19.1
26	加拿大	501	58 274.8	-12.1
27	阿联酋	138	56 750.7	-1.1
28	斯洛伐克	353	52 925.6	-15.9
29	沙特阿拉伯	131	51 535.4	8.4
30	奥地利	315	47 791.8	7.9

2016 年全国保税区出口额前 30 位国家和地区排名表

序号	国家和地区		2016 年	
	中文	代码	出口额（万美元）	同比（%）
保税区合计			6 725 281.4	-6.4
1	中国香港	110	3 302 676.5	-1.9
2	美国	502	628 433.6	-12.3
3	新加坡	132	331 463.5	-8.9
4	韩国	133	300 831.3	-30.0
5	日本	116	287 495.2	1.9
6	中国台湾	143	216 712.1	32.4
7	荷兰	309	138 033.0	11.4
8	德国	304	118 293.0	-20.5
9	泰国	136	111 898.4	-2.6
10	马来西亚	122	96 862.9	-30.7
11	印度	111	82 961.3	5.4
12	越南	141	78 564.8	18.2
13	英国	303	70 055.8	-5.2
14	澳大利亚	601	61 233.9	-32.1
15	墨西哥	429	55 096.1	-8.0
16	印度尼西亚	112	54 271.1	-3.9
17	菲律宾	129	47 623.4	-17.4
18	俄罗斯联邦	344	44 924.3	41.1
19	阿联酋	138	39 512.4	-27.8
20	加拿大	501	37 057.2	-16.1
21	伊朗	113	35 197.2	-19.0
22	意大利	307	34 821.7	-15.1
23	法国	305	31 992.2	-29.6
24	巴西	410	29 866.7	-19.8
25	比利时	301	26 779.0	-26.9
26	西班牙	312	26 567.3	-22.1
27	土耳其	137	24 476.4	0.5
28	南非	244	16 495.2	-24.9
29	瑞士	331	15 996.6	33.6
30	孟加拉国	103	15 810.6	-4.4

2016年全国保税区主要进口商品分类统计表（22大类）

商品类别	2016年	
	进口额（万美元）	同比（%）
保税区合计	12 349 656.7	-4.5
第十六类　机器、机械器具、电气设备及其零件；录音机及放声机、电视图像、声音的录制和重放设备及其零件、附件	5 688 695.4	-9.0
第六类　化学工业及其相关工业的产品	1 318 611.6	13.5
第十八类　光学、照相、电影、计量、检验、医疗或外科用仪器及设备、精密仪器及设备；钟表；乐器；上述物品的零件、附件	1 103 058.8	-1.5
第七类　塑料及其制品；橡胶及其制品	930 943.9	-6.0
第十七类　车辆、航空器、船舶及运输设备	791 872.8	-11.0
第五类　矿产品	725 881.6	74.4
第四类　食品；饮料、酒及醋；烟草及制品	386 216.0	13.5
第十五类　贱金属及其制品	354 344.9	4.6
第十一类　纺织原料及纺织制品	223 031.6	-21.9
第二类　植物产品	200 343.5	-23.9
第十四类　天然或养殖珍珠、宝石或半宝石、贵金属、包贵金属及其制品；仿首饰；硬币	164 894.3	-58.0
第三类　动、植物油、脂及其分解产品；精制的食用油脂；动、植物蜡	100 219.1	-8.5
第一类　活动物；动物产品	84 036.5	2.0
第二十类　杂项制品	70 788.9	-0.3
第十三类　石料、石膏、水泥、石棉、云母及类似材料的制品；陶瓷产品；玻璃及其制品	56 422.5	2.0
第十类　木浆等；废纸；纸、纸板及其制品	54 228.6	13.4
第八类　生皮、皮革、毛皮及其制品；鞍具及挽具；旅行用品、手提包及类似品；动物肠线（蚕胶丝除外）制品	49 096.5	-18.1
第九类　木及木制品；木炭；软木及软木制品；稻草、秸秆、针茅或其他编结材料制品；篮筐及柳条编结品	33 632.5	28.7
第十二类　鞋、帽、伞、杖、鞭及其零件；已加工的羽毛及其制品；人造花；人发制品	8 557.7	-17.0
第二十二类　特殊交易品及未分类商品	4 001.2	2 299 447.5
第二十一类　艺术品、收藏品及古物	778.9	-95.8
第十九类　武器、弹药及其零件、附件		

2016 年全国保税区主要出口商品分类统计表（22 大类）

商品类别	2016 年	
	出口额（万美元）	同比（%）
保税区合计	6 725 281.4	-6.4
第一类　活动物；动物产品	14 182.2	-1.5
第二类　植物产品	15 619.1	-0.1
第三类　动、植物油、脂及其分解产品；精制的食用油脂；动、植物蜡	1 253.8	3.5
第四类　食品；饮料、酒及醋；烟草及制品	86 115.6	23.5
第五类　矿产品	34 714.7	-0.3
第六类　化学工业及其相关工业的产品	301 859.2	-7.5
第七类　塑料及其制品；橡胶及其制品	200 195.1	-4.1
第八类　生皮、皮革、毛皮及其制品；鞍具及挽具；旅行用品、手提包及类似品；动物肠线（蚕胶丝除外）制品	66 562.6	-12.4
第九类　木及木制品；木炭；软木及软木制品；稻草、秸秆、针茅或其他编结材料制品；篮筐及柳条编结品	8 845.5	-7.2
第十类　木浆等；废纸；纸、纸板及其制品	31 826.3	-32.0
第十一类　纺织原料及纺织制品	277 809.5	-11.9
第十二类　鞋、帽、伞、杖、鞭及其零件；已加工的羽毛及其制品；人造花；人发制品	43 470.6	-45.6
第十三类　石料、石膏、水泥、石棉、云母及类似材料的制品；陶瓷产品；玻璃及其制品	59 088.5	-39.9
第十四类　天然或养殖珍珠、宝石或半宝石、贵金属、包贵金属及其制品；仿首饰；硬币	151 342.4	-55.5
第十五类　贱金属及其制品	195 131.6	-20.0
第十六类　机器、机械器具、电气设备及其零件；录音机及放声机、电视图像、声音的录制和重放设备及其零件、附件	4 580 807.2	1.5
第十七类　车辆、航空器、船舶及运输设备	144 286.4	6.5
第十八类　光学、照相、电影、计量、检验、医疗或外科用仪器及设备、精密仪器及设备；钟表；乐器；上述物品的零件、附件	403 433.5	-16.6
第十九类　武器、弹药及其零件、附件	22.9	-47.6
第二十类　杂项制品	103 998.5	-35.2
第二十一类　艺术品、收藏品及古物	374.6	-96.6
第二十二类　特殊交易品及未分类商品	4 341.6	4 676.1

上海外高桥保税区统计数据表

（1）2016 年上海外高桥保税区主要经济指标完成情况表

指标名称	单位	2016 年	比上年增长（%）
销售收入	万元	145 042 000	4.1
工业总产值	万元	6 464 324	16.7
其中：高新技术产业	万元	1 174 800	20.0
电子信息产业	万元	3 652 600	24.8
商品销售额	万元	132 468 100	3.5
物流企业营业收入	万元	1 973 200	-2.2
年批准企业数	个	5 507	-40.2
其中：加工企业	个	2	0.0
贸易企业	个	2 721	-18.0
仓储物流企业	个	121	-31.3
当年批准外资企业数	个	1 538	-42.9
其中：加工企业	个	1	0.0
贸易企业	个	703	-1.0
物流企业	个	27	-12.9
当年批准投资总额	万美元	7 424 881	-50.2
其中：外商投资总额	万美元	2 157 838	-72.6
当年合同利用外资	万美元	1 445 822	-72.1
当年实际利用外资	万美元	126 069	2.5 倍
期末施工房屋面积	平方米	1 043 800	62.3
房屋竣工面积	平方米	200 300	18.0
税收总额	万元	11 273 940	-1.9
其中：工商税收	万元	4 870 440	-2.6
海关税收及代征税	万元	6 403 500	-1.4
固定资产投资额	万元	262 900	21.0
其中：基础设施投资	万元	2 300	27.8
期末从业人员	人	264 500	-0.2
其中：外资企业从业人员	人	254 800	0.2
期末保税区批准面积	平方公里	10	0.0
期末保税区验收封关面积	平方公里	8.9	0.0

（2）截至2016年上海外高桥保税区历年招商引资情况表

指标	单位	历年累计
批准企业	个	34 266
其中：外资企业		10 691
投资总额	（万美元）	31 640 900
其中：外商投资总额		13 834 500
合同外资额		8 712 300
实际利用外资		837 300

（3）2016年上海外高桥保税区出口加工企业工业产值排名表

单位：万元

序号	行业类别	工业总产值	比重（%）
	保税区合计	6 464 324	100. 0
1	计算机、通信和其他电子设备制造业	3 652 550	56. 5
2	汽车制造业	914 257	14. 1
3	化学原料和化学制品制造业	428 190	6. 6
4	通用设备制造业	350 975	5. 4
5	橡胶和塑料制品业	195 511	3. 0
6	专用设备制造业	190 726	3. 0
7	烟草制品业	168 293	2. 6
8	仪器仪表制造业	99 713	1. 5
9	金属制品业	91 247	1. 4
10	电气机械和器材制造业	77 183	1. 2
11	非金属矿物制品业	73 680	1. 1
12	有色金属冶炼和压延加工业	44 674	0. 7
13	家具制造业	42 210	0. 7
14	铁路、船舶、航空航天和其他运输设备制造业	69 389	1. 1
15	电力、热力、燃气及水生产和供应业	35 051	0. 5
16	金属制品、机械和设备修理业	11 196	0. 2
17	食品制造业	6 602	0. 1
18	造纸和纸制品业	6 080	0. 1
19	印刷和记录媒介复制业	3 479	0. 1
20	纺织服装、服饰业	3 319	0. 1

（4）2016年上海外高桥保税区贸易企业商品销售额排名表

单位：万元

序号	行业类别	商品销售额	比重（%）
	保税区合计	132 468 100	100.0
1	机械设备、五金交电及电子产品批发	73 057 100	55.2
2	矿产品、建材及化工产品批发	28 096 800	21.2
4	医药及医疗器材批发	12 353 500	9.3
3	纺织、服装及日用品批发	8 485 400	6.4
5	食品、饮料及烟草制品批发	5 857 500	4.4
6	文化、体育用品及器材批发	1 841 900	1.4
7	农畜产品批发	1 688 100	1.3
8	贸易经纪与代理	67 300	0.1
9	其他产品批发	1 020 500	0.8

深圳保税区统计数据表

（1）2016 年深圳保税区主要经济指标完成情况表

指标名称	单位	2016 年	比上年增长（%）
增加值	万元	1 195 107	-6.4
销售收入	万元	5 264 622	-11.6
工业总产值	万元	8 195 499	-7.7
商品销售额	万元	4 106 275	13.2
当年批准企业数	个	220	-19.4
其中：加工企业	个	10	0.0
贸易企业	个	80	-29.8
仓储物流企业	个	52	18.2
当年批准外资企业数	个	55	-15.4
其中：加工企业	个	5	400.0
贸易企业	个	33	-19.5
仓储物流企业	个	5	-44.4
当年批准投资总额	万美元	38 199	31.3
其中：外商投资总额	万美元	7 581	50.0
当年合同利用外资	万美元	4 898	-3.1
税收总额	万元	1 154 240	10.8
其中：工商税收	万元	160 535	18.6
海关税收及代征税	万元	993 705	9.7
期末从业人员	人	102 000	13.0
期末保税区批准面积	平方公里	1.98	0.0
期末保税区验收封关面积	平方公里	1.55	0.0

（2）截至2016年深圳保税区历年招商引资情况表

指标	单位	历年累计
批准企业	个	2 618
其中：外资企业		1 469
投资总额	（万美元）	539 843
其中：外商投资总额		344 354
合同外资额		270 728

（3）2016年深圳保税区出口加工企业工业产值排名表

单位：万元

序号	企业名称	工业总产值	序号	企业名称	工业总产值
1	联想信息产品（深圳）有限公司	3 301 282	16	奥兰若科技（深圳）有限公司	59 358
2	联想系统集成（深圳）有限公司	1 177 563	17	润汇首饰（深圳）有限公司	55 708
3	才众电脑（深圳）有限公司	456 594	18	拓汇斯科技（深圳）有限公司	53 742
4	麦迪实电子科技深圳有限公司	418 400	19	金至尊实业发展（深圳）有限公司	51 884
5	深圳赛意法微电子有限公司	382 687	20	深圳市金宝丰珠宝首饰有限公司	45 689
6	深圳市粤豪珠宝有限公司	334 614	21	威明实业（深圳）有限公司	35 240
7	昱科环球存储科技（深圳）有限公司	322 756	22	迪睿合电子材料（深圳）有限公司	34 088
8	品新科技（深圳）有限公司	253 436	23	信瑞电子（深圳）有限公司	28 408
9	金富盛发珠宝首饰（深圳）有限公司	215 543	24	宏雅珠宝深圳有限公司	25 447
10	深圳市雅爵贸易发展有限公司	175 105	25	金丰珠宝首饰（深圳）有限公司	21 976
11	骏鸿珠宝首饰（深圳）有限公司	121 995	26	业聚医疗器械深圳有限公司	21 449
12	新美亚科技（深圳）有限公司	115 737	27	恒丰珠宝首饰（深圳）有限公司	20 785
13	戈尔科技（深圳）有限公司	94 815	28	利盟信息技术（中国）有限公司	19 551
14	深圳华尔基电子科技有限公司	72 583	29	深圳宝华行珠宝首饰有限公司	19 329
15	德利珠宝首饰（深圳）有限公司	62 800	30	炜明电机（深圳）有限公司	14 481

（4）2016年深圳保税区贸易企业商品销售额排名表

单位：万元

序号	企业名称	营业收入	序号	企业名称	营业收入
1	乐金显示贸易（深圳）有限公司	1 082 991	16	新晔电子（深圳）有限公司	36 927
2	深圳市东方嘉盛供应链股份有限公司	616 986	17	合昌国际贸易（深圳）有限公司	34 295
3	深圳市博科供应链管理有限公司	390 783	18	富裕仓储（深圳）有限公司	33 090
4	恩益禧视像设备贸易（深圳）有限公司	276 656	19	日立高新技术（深圳）贸易有限公司	31 745
5	卡西欧电子（深圳）有限公司	248 116	20	白桦家具（深圳）有限公司	31 390
6	3M国际贸易（深圳）有限公司	131 382	21	创能电子（深圳）有限公司	30 493
7	深圳市联合利达供应链管理有限公司	127 237	22	天田国际贸易（深圳）有限公司	30 394
8	深圳市世纪通供应链股份有限公司	116 349	23	深圳市立诚信贸易有限公司	24 905
9	安富利物流（深圳）有限公司	87 194	24	阿奇夏米尔机电贸易深圳有限公司	24 852
10	艾睿电子（深圳）有限公司	79 233	25	深圳市安聚富化工有限公司	24 015

续表

序号	企业名称	营业收入	序号	企业名称	营业收入
11	长龙化工（深圳）有限公司	69 374	26	美蓓亚贸易（深圳）有限公司	20 547
12	建生裕科贸易（深圳）有限公司	58 647	27	深圳市浩景丰实业发展有限公司	19 986
13	凯普松贸易（深圳）有限公司	57 167	28	日星电贸易（深圳）有限公司	19 398
14	深圳帝人化成贸易有限公司	49 770	29	明丰供应链（深圳）有限公司	18 792
15	南团贸易（深圳）有限公司	43 350	30	斗山电子（深圳）有限公司	16 728

广州保税区统计数据表

（1）2016 年广州保税区主要经济指标完成情况表

指标名称	单位	2016 年	比上年增长（%）
增加值	万元	411 676	5.3
销售收入	万元	4 907 633	13.9
工业总产值	万元	501 625	-4.3
其中：高新技术产业	万元	261 019	24.8
电子信息产业	万元	306 895	5.6
商品销售额	万元	3 355 834	7.8
物流企业营业收入	万元	1 066 546	13.8
当年批准企业数	个	54	-1.8
其中：加工企业	个	0	—
贸易企业	个	19	-36.7
仓储物流企业	个	7	0.0
当年批准外资企业数	个	0	-100.0
其中：加工企业	个	0	—
贸易企业	个	0	-100.0
仓储物流企业	个	0	—
当年批准投资总额	万美元	6 103	6.0
其中：外商投资总额	万美元	0	-100.0
当年合同利用外资	万美元	0	-100.0
当年实际利用外资	万美元	1 451	—
税收总额	万元	90 934	10.2
其中：工商税收	万元	90 934	10.2
固定资产投资额	万元	356 461	522.6
其中：基础设施投资	万元	0	—
期末从业人员	人	21 538	0.7
其中：外资企业从业人员	人	12 595	0.4
期末保税区批准面积	平方公里	1.4	0.0
期末保税区验收封关面积	平方公里	1.4	0.0

(2)-1 截至2016年广州保税区历年招商引资情况表

指标	单位	历年累计
批准企业	个	3 516
其中：外资企业		787
投资总额	(万美元)	267 447
其中：外商投资总额		212 364
合同外资额		112 128
实际利用外资		80 351

(2)-2 截至2016年广州保税区历年主要外商投资情况表

按项目数排列			按投资额排列		
序号	国别（地区）	项目数（个）	序号	国别（地区）	投资额（万美元）
1	中国香港	156	1	中国香港	28 014
2	英属维尔京群岛	32	2	英属维尔京群岛	19 919
3	日本	24	3	巴巴多斯	5 640
4	中国台湾	18	4	开曼群岛	4 677
5	美国	13	5	塞浦路斯	2 999
6	新加坡	10	6	日本	2 100
7	韩国	7	7	马来西亚	1 838
8	马来西亚	6	8	美国	1 710
9	开曼群岛	4	9	澳大利亚	1 468
10	德国	4	10	荷兰	1 282

(3) 2016年广州保税区出口加工企业工业产值排名表

单位：万元

序号	企业名称	序号	企业名称
1	费森尤斯卡比（广州）医疗用品有限公司	11	东马油脂（广州保税区）有限公司
2	广东科玮生物技术股份有限公司	12	广州利时德控制拉索有限公司
3	广州卓德嘉薄膜有限公司	13	广合科技（广州）有限公司
4	盛势达（广州）化工有限公司	14	海瑞克（广州）隧道设备有限公司
5	广大科技（广州）有限公司	15	广茂科技（广州）有限公司
6	广州华微电子有限公司	16	珐玛珈（广州）包装设备有限公司
7	广州泰星电子有限公司	17	广州鸿森材料有限公司
8	广上科技（广州）有限公司	18	广天科技（广州）有限公司
9	广州融达电源材料有限公司	19	卡尔蔡司（广州）太阳镜片有限公司
10	广州飞虹友益电子科技有限公司	20	卡尔蔡司光学科技（广州）有限公司

（4）2016年广州保税区贸易企业商品销售额排名表

单位：万元

序号	企业名称	序号	企业名称
1	广州市国美电器有限公司	16	广州冈谷钢机贸易有限公司
2	广州中邮普泰移动通信设备有限责任公司	17	广州鑫丰润能源科技有限公司
3	丰田通商（广州）有限公司	18	广州日产国际贸易有限公司
4	广州保税区佳讯电讯有限公司	19	旭化成塑料（广州）有限公司
5	广州住友商事有限公司	20	保世高（广州）贸易有限公司
6	广州中储国际贸易有限公司	21	广州迪爱生贸易有限公司
7	爱思开综合化学国际贸易（广州）有限公司	22	富昱（广州）贸易有限公司
8	广州稻烟产业贸易有限公司	23	旭尚工（广州）贸易有限公司
9	广州菱宝工程塑料贸易有限公司	24	广州市美高工业器材有限公司
10	广州市雄资石油化工有限公司	25	双日（广州）有限公司
11	邓禄普轮胎销售（广州）有限公司	26	川崎三兴化成（广州）国际贸易有限公司
12	广州市安利悦享荟电子商务有限公司	27	三华合成（广州）塑胶有限公司
13	广州富地石油有限公司	28	广州灵官贸易有限公司
14	广州宝力机械科技有限公司	29	广州阪和贸易有限公司
15	广州宏协贸易有限公司	30	广州恩丰贸易有限公司

张家港保税区统计数据表

（1）2016年张家港保税区主要经济指标完成情况表

指标名称	单位	2016年	比上年增长（%）
增加值	万元	4 340 026	-4.0
销售收入	万元	36 403 649	4.8
工业总产值	万元	8 994 464	-24.2
其中：高新技术产业	万元	2 875 933	8.8
电子信息产业	万元	49 289	-1.5
商品销售额	万元	34 986 718	6.4
物流企业营业收入	万元	1 101 750	-9.0
当年批准企业数	个	1 198	22.8
其中：加工企业	个	13	44.4
贸易企业	个	1 120	32.1
仓储物流企业	个	64	-46.2
当年批准外资企业数	个	15	-11.8
其中：加工企业	个	2	100.0
贸易企业	个	13	-13.3
仓储物流企业	个	0	—
当年批准投资总额	万美元	153 361	-36.7
其中：外商投资总额	万美元	19 533	-66.6
当年合同利用外资	万美元	11 518	-69.4
当年实际利用外资	万美元	26 696	40.4
期末货物存放量	万吨	3 107 914	-28.8
企业货运总量	万吨	742 782	-37.8
期末施工房屋面积	平方米	2 979 521	-21.0
房屋竣工面积	平方米	1 538 136	115.6
税收总额	万元	1 164 274	0.9
其中：工商税收	万元	527 993	-11.1
海关税收及代征税	万元	636 281	13.5
固定资产投资额	万元	1 013 151	5.4
其中：基础设施投资	万元	283 598	90.1
期末从业人员	人	58 589	6.6
其中：外资企业从业人员	人	21 630	0.3
期末保税区批准面积	平方公里	4.1	0.0
期末保税区验收封关面积	平方公里	4.1	0.0

（2）-1　截至2016年张家港保税区历年招商引资情况表

指标	单位	历年累计
批准企业	个	9 257
其中：外资企业		646
投资总额	（万美元）	2 964 200
其中：外商投资总额		1 712 532
合同外资额		1 006 082
实际利用外资		564 184

（2）-2　截至2016年张家港保税区历年主要外商投资情况表

按项目数排列			按投资额排列		
序号	国别（地区）	项目数（个）	序号	国别（地区）	投资额（万美元）
1	中国香港	268	1	中国香港	456 107
2	美国	62	2	新加坡	172 471
3	日本	50	3	美国	121 188
4	中国台湾	50	4	英属维尔京群岛	98 658
5	韩国	40	5	日本	78 735
6	英属维尔京群岛	41	6	英国	29 218
7	新加坡	38	7	中国台湾	27 787
8	澳大利亚	25	8	韩国	21 560
9	萨摩亚	16	9	萨摩亚	18 560
10	英国	13	10	澳大利亚	9 078

（3）2016年张家港保税区出口加工企业工业产值排名表

单位：万元

序号	企业名称	工业总产值	序号	企业名称	工业总产值
1	中粮东海粮油工业（张家港）有限公司	1 446 882	16	盛禧奥聚合物（张家港）有限公司	103 092
2	江苏华昌（集团）有限公司	695 243	17	南港（张家港保税区）橡胶工业有限公司	101 751
3	张家港康得新光电材料有限公司	607 977	18	江苏中核利柏特股份有限公司	85 917
4	东华能源股份有限公司	333 235	19	江苏赛宝龙石化有限公司	85 392
5	道康宁（张家港）有限公司	280 079	20	雅仕德化工（江苏）有限公司	74 717
6	路易达孚（霸州）饲料蛋白有限公司张家港分公司	261 666	21	双狮（张家港）精细化工有限公司	72 423
7	张家港扬子江石化有限公司	250 755	22	张家港保税区长源热电有限公司	71 822
8	佐敦涂料（张家港）有限公司	198 473	23	益江（张家港）粮油工业有限公司	65 853
9	天宇羊毛工业（张家港保税区）有限公司	187 619	24	华奇（中国）化工有限公司	65 405
10	道康宁（张家港）有机硅有限公司	166 089	25	江苏丽天新材料有限公司	64 461

续表

序号	企业名称	工业总产值	序号	企业名称	工业总产值
11	张家港保税区康得菲尔实业有限公司	153 438	26	苏州双象光学材料有限公司	59 271
12	陶氏化学（张家港）有限公司	144 810	27	顺德工业（江苏）有限公司	54 625
13	泰柯棕化（张家港）有限公司	130 822	28	森田化工（张家港）有限公司	50 725
14	瓦克化学（张家港）有限公司	121 489	29	PPG 涂料（张家港）有限公司	50 118
15	天齐锂业（江苏）有限公司	114 258	30	丰田合成（张家港）科技有限公司	48 299

（4）2016 年张家港保税区贸易企业商品销售额排名表

单位：万元

序号	企业名称	商品销售额	序号	企业名称	商品销售额
1	张家港玖隆钢铁贸易有限公司	3 393 441	16	江苏沙钢世富钢铁炉料有限责任公司	251 043
2	张家港保税区旭江贸易有限公司	1 499 119	17	道康宁（张家港）有限公司	240 224
3	中粮东海粮油工业（张家港）有限公司	1 154 852	18	张家港保税区昊江油脂贸易有限公司	225 227
4	张家港保税区沙钢冶金炉料有限公司	876 345	19	江苏新三中国际贸易有限公司	224 478
5	张家港保税区沙钢资源贸易有限公司	567 518	20	江苏益顺泰石化有限公司	222 595
6	道康宁（张家港）投资有限公司	536 681	21	路易达孚（霸州）饲料蛋白有限公司张家港分公司	217 169
7	张家港康得新光电材料有限公司	450 700	22	江苏灏盈国际贸易有限公司	214 941
8	张家港万达薄板有限公司	384 129	23	张家港保税区道璟石化有限公司	212 076
9	张家港保税区荣德贸易有限公司	331 346	24	张家港保税区安丝源贸易有限公司	182 135
10	中国石化化工销售有限公司张家港经营部	322 021	25	佐敦涂料（张家港）有限公司	175 921
11	江苏国泰华博进出口有限公司	301 216	26	张家港保税区德方贸易有限公司	174 647
12	东华能源股份有限公司	288 453	27	张家港保税区欣江虹纺织原料有限公司	167 672
13	张家港扬子江石化有限公司	278 358	28	中国国投国际贸易张家港有限公司	164 923
14	张家港保税区丰宝成贸易有限公司	277 823	29	盛禧奥聚合物（张家港）有限公司	160 725
15	江苏沙钢三中国际贸易有限公司	260 610	30	天宇羊毛工业（张家港保税区）有限公司	156 680

（5）2016 年张家港保税区物流企业营业收入排名表

单位：万元

序号	企业名称	营业收入	序号	企业名称	营业收入
1	东华能源股份有限公司	315 873	16	张家港长华化工有限公司	13 232
2	苏州港口张家港保税区现代物流有限公司	126 368	17	张家港保税港区港务有限公司	8 776
3	张家港保税区经发国际物流有限公司	108 699	18	张家港保税区东方华垦仓储有限公司	8 540
4	张家港保税物流园区华芳物流有限公司	86 446	19	中国石油天然气运输公司张家港保税区分公司	5 401
5	中油泰富船舶燃料有限公司	78 107	20	张家港万达物流有限公司	5 211

续表

序号	企业名称	营业收入	序号	企业名称	营业收入
6	张家港扬子江保税贸易有限公司	41 170	21	张家港保税物流园区龙亿国际物流有限公司	4 313
7	张家港保税港区纳鑫海进出口有限公司	38 361	22	张家港保税区江贸石油外轮供应有限公司	3 780
8	张家港保税物流园区万源物流有限公司	34 199	23	张家港保税区越港运输有限公司	3 470
9	道氏硅业张家港物流有限公司	32 006	24	张家港吉祥物流有限公司	3 371
10	张家港保税物流园区浦钢国际贸易有限公司	28 047	25	张家港保税区金恺国际贸易有限公司	3 222
11	张家港保税区长江国际港务有限公司	23 473	26	上海丸协运输有限公司张家港保税区分公司	3 183
12	中华棉花集团张家港保税物流园区国际贸易有限公司	22 169	27	张家港保税区环球物流中心有限公司	2 122
13	江苏一达通企业服务有限公司	21 678	28	张家港保税区捷信物流有限公司	2 119
14	张家港孚宝仓储有限公司	15 797	29	张家港保税区诚安达运输有限责任公司	2 003
15	兴和鑫（张家港保税区）实业有限公司	15 669	30	双狮（张家港）物流有限公司	1 985

厦门象屿保税区统计数据表

（1）2016 年厦门象屿保税区主要经济指标完成情况表

指标名称	单位	2016 年	比上年增长（%）
增加值	万元	942 894	8.1
销售收入	万元	8 801 000	8.9
工业总产值	万元	344 842	7.1
其中：高新技术产业	万元	0	—
电子信息产业	万元	208 060	9.2
商品销售额	万元	9 056 939	2.3
物流企业营业收入	万元	1 636 336	23.5
当年批准企业数	个	2 184	75.8
其中：加工企业	个	0	0.0
贸易企业	个	780	25.6
仓储物流企业	个	5	-75.0
当年批准外资企业数	个	111	13.3
其中：加工企业	个	0	—
贸易企业	个	56	5.7
仓储物流企业	个	0	—
当年批准投资总额	万美元	891 143	2.0 倍
其中：外商投资总额	万美元	47 843	-35
当年合同利用外资	万美元	28 000	-93.2
当年实际利用外资	万美元	14 000	49.5
企业货运总量	万吨	135	-4.4
期末施工房屋面积	平方米	0	—
房屋竣工面积	平方米	0	—
税收总额	万元	150 310	29.5
其中：工商税收	万元	124 102	34.2
海关税收及代征税	万元	26 208	11.0
期末从业人员	人	20 000	0.0
其中：外资企业从业人员	人	1 200	—
期末保税区批准面积	平方公里	0.63	—
期末保税区验收封关面积	平方公里	0.63	—

（2）-1　截至2016年厦门象屿保税区历年招商引资情况表

指标	单位	历年累计
批准企业	个	6 980
其中：外资企业		788
投资总额	（万美元）	1 620 948
其中：外商投资总额		480 043
合同外资额		127 156
实际利用外资		67 820

（2）-2　截至2016年厦门象屿保税区历年主要外商投资情况表

按项目数排列			按项目数列		
序号	国别（地区）	项目数（个）	序号	国别（地区）	项目数（个）
1	中国台湾	110	3	韩国	3
2	中国香港	25	4	新加坡	3

（3）2016年厦门象屿保税区出口加工企业工业产值排名表

单位：万元

序号	企业名称	工业总产值	序号	企业名称	工业总产值
1	贝莱胜电子（厦门）有限公司	173 798	8	厦门莱宝科技有限公司	706
2	安保（厦门）塑胶工业有限公司	8 646	9	厦门象屿慧灯工艺品有限公司	607
3	日东电工（厦门）有限公司	8 225	10	大北欧物流（厦门）有限公司	252
4	厦门长江物流有限公司	5 488	11	日清电子（厦门）有限公司	253
5	百诺肯净水设备（厦门）有限公司	4 044	12	厦门思码特斐利电气有限公司	237
6	厦门悦声通讯器材有限公司	1 543	13	厦门邦特机电设备有限公司	42
7	格瑞电子（厦门）有限公司	1 424	14	厦门光轩光电有限公司	15

（4）2016年厦门象屿保税区贸易企业商品销售额排名表

单位：万元

序号	企业名称	商品销售额	序号	企业名称	商品销售额
1	厦门象屿物流集团有限责任公司	1 244 040	16	厦门象屿商贸供应链有限公司	33 868
2	福建兴大进出口贸易有限公司	854 341	17	福建省竞购网络科技有限公司	33 001
3	成大物产（厦门）有限公司	568 141	18	厦门外代国际货运有限公司	30 307
4	厦门万翔网络商务有限公司	257 812	19	厦门中恩贸易有限公司	28 356
5	厦门大正贸易有限公司	219 871	20	福建国大药房连锁有限公司	25 710
6	厦门市明穗粮油贸易有限公司	216 923	21	厦门市润祥达贸易有限公司	25 065
7	国澳（厦门）实业有限公司	96 715	22	厦门聚融进出口贸易有限公司	24 463
8	新储（厦门）农业有限公司	92 737	23	厦门宏鹏发进出口有限公司	23 595
9	厦门佳煜贸易发展有限公司	83 549	24	厦门兴业富盈进出口有限公司	23 330
10	厦门象屿集团有限公司	64 882	25	厦门市鑫天元进出口有限公司	22 850
11	厦门航开保税贸易有限公司	59 067	26	厦门市瑞蚨达进出口有限公司	20 509

续表

序号	企业名称	商品销售额	序号	企业名称	商品销售额
12	厦门市鑫元威进出口有限公司	45 984	27	厦门荣利达物流集团有限公司	20 246
13	厦门太盛贸易有限公司	45 156	28	厦门盛万隆供应链管理有限公司	19 616
14	厦门金邦科技股份有限公司	38 177	29	厦门裕泰兴贸易有限责任公司	16 931
15	重庆新日日顺家电销售有限公司厦门分公司	36 101	30	厦门祺欣进出口有限公司	16 023

(5) 2016 年厦门象屿保税区物流企业营业收入排名表

单位：万元

序号	企业名称	营业收入	序号	企业名称	营业收入
1	厦门象屿速传供应链发展股份有限公司	1 184 465	16	厦门长江物流有限公司	5 489
2	厦门集装箱码头集团有限公司	104 299	17	厦门象屿物流配送中心有限公司	4 473
3	北京康捷空国际货运代理有限公司厦门分公司	24 240	18	厦门港务物流保税有限公司	4 255
4	厦门象屿太平综合物流有限公司	21 672	19	上港物流（厦门）有限公司	4 167
5	港中旅华贸国际物流股份有限公司厦门分公司	20 276	20	厦门诚发物流有限公司	3 970
6	厦门现代码头有限公司	13 105	21	上海新海丰集装箱运输有限公司厦门分公司	3 685
7	全球国际货运代理（中国）有限公司厦门分公司	12 867	22	厦门荣通达物流有限公司	3 522
8	厦门港务运输有限公司	12 108	23	厦门兆冠物流有限公司	3 429
9	中海集装箱运输厦门有限公司	11 446	24	厦门达发行物流有限公司	3 320
10	厦门象屿胜狮货柜有限公司	7 580	25	厦门中外运物流有限公司	3 163
11	东方海外物流（中国）有限公司厦门分公司	7 430	26	嘉里大通物流（厦门）有限公司	3 152
12	福建万翔现代物流有限公司	6 035	27	厦门中予物流有限公司	2 725
13	厦门韵凯贸易有限公司	5 958	28	厦门中贸国际货运代理有限公司	2 700
14	上海联骏国际船舶代理有限公司厦门分公司	5 762	29	厦门中外运裕利集装箱服务有限公司	2 560
15	厦门港城国际船舶代理有限公司	5 711	30	贸达（厦门）国际物流有限公司	2 452

2016 年全国保税物流园区下分贸易方式进出口贸易额统计表

地区		贸易方式		进出口合计		出口		进口	
				2016 年 1 月至 2016 年 12 月		2016 年 1 月至 2016 年 12 月		2016 年 1 月至 2016 年 12 月	
中文	代码	中文	代码	美元值（万）	美元值同比（%）	美元值（万）	美元值同比（%）	美元值（万）	美元值同比（%）
保税物流园区合计				1 164 882.2	-12.7	660 633.3	-11.8	504 248.8	-13.8
天津保税物流园区	12077	合计		129 760.8	97.3	25 135.5	19.2	104 625.4	134.1
		一般贸易	10	3 416.7	126.3	726.1	76.4	2 690.6	145.0
		保税监管场所进出境货物	33						
		海关特殊监管区域物流货物	34	126 344.0	96.6	24 409.3	18.1	101 934.7	133.9
		其他贸易	39	0.1	-46.4	0.0		0.0	-75.0
上海保税物流园区	31227	合计		354 457.1	-30.9	142 398.4	-11.6	212 058.6	-39.8
		一般贸易	10	447.2	-3.6	437.4	-4.4	9.8	54.9
		海关特殊监管区域物流货物	34	354 004.5	-31.0	141 955.8	-11.6	212 048.6	-39.8
		其他贸易	39	5.4	427.9	5.2		0.2	-81.9
厦门象屿保税物流园区	35027	合计		106 648.1	-9.1	95 452.3	-8.2	11 195.7	-16.5
		一般贸易	10	1 451.3	936.2	404.1	415.8	1 047.1	1 597.1
		保税监管场所进出境货物	33	39 282.1	-3.0	36 819.5	-9.1	2 462.6	51 867.2
		海关特殊监管区域物流货物	34	65 913.8	-14.1	58 228.7	-8.1	7 685.1	-42.4
		其他贸易	39	0.9	-5.5			0.9	-5.5
广州保税物流园区	44017	合计		128 517.9	6.1	67 815.4	30.0	60 702.5	-11.9

续表

地区		贸易方式		进出口合计		出口		进口	
				2016 年 1 月至 2016 年 12 月		2016 年 1 月至 2016 年 12 月		2016 年 1 月至 2016 年 12 月	
中文	代码	中文	代码	美元值（万）	美元值同比（%）	美元值（万）	美元值同比（%）	美元值（万）	美元值同比（%）
		一般贸易	10	10 363.1	910.0	97.1	1 306.3	10 266.0	907.4
		海关特殊监管区域物流货物	34	81 835.4	-18.0	31 398.9	-1.5	50 436.6	-25.7
		其他贸易	39	36 319.4	78.8	36 319.4	78.8		
深圳盐田保税物流园区	44037	合计		445 498.4	-13.8	329 831.8	-19.7	115 666.6	9.2
		一般贸易	10	2 032.3	-25.0	194.7	-92.8	1 837.6	8 382.7
		保税监管场所进出境货物	33	11.4	-80.5	11.4	-78.7		
		海关特殊监管区域物流货物	34	443 287.7	-13.8	329 458.7	-19.3	113 829.0	7.5
		其他贸易	39	167.0	85.2	167.0	87.6		

2016年全国保税物流园区经济指标统计情况表

指标	单位	合计		
		当年累计	同比（%）	历年累计
增加值	万元	41 697	-10.6	708 339
经营总收入		346 107	-5.3	5 437 977
批准企业数	个	19	0.0	355
其中：贸易企业		4	-33.3	109
物流企业		11	83.3	155
批准外资企业数		2	-71.4	115
其中：贸易企业		0	-100.0	45
物流企业		1	-50.0	42
批准投资总额	万美元	4 194	-44.5	109 260
其中：外商投资总额		3 000	-4.5	75 646
合同利用外资		3 000	81.3	45 989
实际利用外资		0	—	11 648
期末货物存放量	万吨	0	—	0
企业货运总量		112.12	-12.8	900.09
房屋竣工面积	平方米	0	—	147 200
税收总额	万元	2 904 622	-34.8	34 000 495
其中：海关税收及代征税		2 854 565	-35.5	33 463 474
税务部门税收		49 869	51.5	533 478
固定资产投资额		7 100	-83.8	400 867
其中：基础设施投资		0	—	162 552
期末从业人员	人	7 580	81.9	7 580
期末批准面积	平方公里	4.19	0.0	4.19
期末验收封关面积		2.85	0.0	2.85

续表

指标	单位	上海外高桥保税物流园区		
		当年累计	同比（%）	历年累计
增加值	万元	1 900	5.6	225 724
经营总收入	万元	181 200	5.8	2 941 688
批准企业数	个	3	-25.0	60
其中：贸易企业	个	0	-100.0	18
物流企业	个	1	0.0	33
批准外资企业数	个	1	-75.0	21
其中：贸易企业	个	0	-100.0	6
物流企业	个	0	-100.0	10
批准投资总额	万美元	3 200	18.5	70 600
其中：外商投资总额	万美元	3 000	3.8	54 273
合同利用外资	万美元	3 000	114.0	33 300
实际利用外资	万美元	0	—	0
期末货物存放量	万吨	0	—	0
企业货运总量	万吨	0	—	0
房屋竣工面积	平方米	0	—	117 200
税收总额	万元	1 700 000	-23.9	5 766 900
其中：海关税收及代征税	万元	1 700 000	-23.9	5 712 930
税务部门税收	万元	0	—	53 970
固定资产投资额	万元	7 100	-83.8	301 826
其中：基础设施投资	万元	0	—	129 643
期末从业人员	人	833	-9.5	833
期末批准面积	平方公里	1.03	0.0	1.03
期末验收封关面积	平方公里	1.03	0.0	1.03

续表

指标	单位	天津港保税物流园区		
		当年累计	同比（%）	历年累计
增加值	万元	13 277	-23.0	248 656
经营总收入	万元	108 477	-19.9	1 962 627
批准企业数	个	0	—	144
其中：贸易企业	个	0	—	77
物流企业	个	0	—	36
批准外资企业数	个	0	—	59
其中：贸易企业	个	0	—	35
物流企业	个	0	—	11
批准投资总额	万美元	0	—	12 869
其中：外商投资总额	万美元	0	—	7 705
合同利用外资	万美元	0	—	5 599
实际利用外资	万美元	0	—	5 599
期末货物存放量	万吨	0	—	0
企业货运总量	万吨	0	—	0
房屋竣工面积	平方米	0	—	0
税收总额	万元	546 373	-69.5	24 457 573
其中：海关税收及代征税	万元	538 570	-69.8	24 154 925
税务部门税收	万元	7 803	-19.9	303 682
固定资产投资额	万元	0	—	23 641
其中：基础设施投资	万元	0	—	2 909
期末从业人员	人	1 647	0.0	1 647
期末批准面积	平方公里	1.50	0.0	1.50
期末验收封关面积	平方公里	0.60	30.4	0.60

续表

指标	单位	厦门保税物流园区		
		当年累计	同比（%）	历年累计
增加值	万元	26 520	-3.9	198 075
经营总收入	万元	56 430	-3.8	395 280
批准企业数	个	0	—	70
其中：贸易企业	个	0	—	2
物流企业	个	0	—	40
批准外资企业数	个	0	—	13
其中：贸易企业	个	0	—	0
物流企业	个	0	—	13
批准投资总额	万美元	0	—	2 546
其中：外商投资总额	万美元	0	—	1 405
合同利用外资	万美元	0	—	1 405
实际利用外资	万美元	0	—	450
期末货物存放量	万吨	0	—	0
企业货运总量	万吨	55	-16.9	527.12
房屋竣工面积	平方米	0	—	30 000
税收总额	万元	43 612	-23.8	523 845
其中：海关税收及代征税	万元	40 496	3.3	494 183
税务部门税收	万元	2 928	-83.8	25 125
固定资产投资额	万元	0	—	75 400
其中：基础设施投资	万元	0	—	30 000
期末从业人员	人	1 600	0.0	1 600
期末批准面积	平方公里	0.70	0.0	0.70
期末验收封关面积	平方公里	0.30	0.0	0.30

续表

指标	单位	深圳保税物流园区		
		当年累计	同比（%）	历年累计
增加值	万元	0	—	35 884
经营总收入	万元	0	—	138 382
批准企业数	个	16	6.7	81
其中：贸易企业	个	4	0.0	12
物流企业	个	10	100.0	46
批准外资企业数	个	1	-66.7	22
其中：贸易企业	个	0	-100.0	4
物流企业	个	1	0.0	8
批准投资总额	万美元	994	-79.5	23 245
其中：外商投资总额	万美元	0	-100.0	12 263
合同利用外资	万美元	0	-100.0	5 685
实际利用外资	万美元	0	—	5 599
期末货物存放量	万吨	0	—	0
企业货运总量	万吨	57.12	-8.4	372.97
房屋竣工面积	平方米	0	—	0
税收总额	万元	614 637	65.7	3 252 177
其中：海关税收及代征税	万元	575 499	57.3	3 101 436
税务部门税收	万元	39 138	667.1	150 701
固定资产投资额	万元	0	—	0
其中：基础设施投资	万元	0	—	0
期末从业人员	人	3 500	—	3 500
期末批准面积	平方公里	0.96	0.0	0.96
期末验收封关面积	平方公里	0.96	0.0	0.96

2016 年全国保税物流园区进口额前 30 位国家和地区排名表

序号	国家和地区		2016 年	
	中文	代码	进口额（万美元）	同比（%）
	保税物流园区合计		504 248.8	-13.8
1	美国	502	69 707.5	136.9
2	日本	116	55 105.5	3.1
3	韩国	133	49 763.8	4.6
4	智利	412	36 618.2	10.2
5	澳大利亚	601	31 584.7	-31.9
6	中华人民共和国	142	29 990.6	-9.3
7	俄罗斯联邦	344	28 037.1	-59.4
8	印度	111	25 927.9	-68.3
9	德国	304	16 469.1	-20.7
10	英国	303	14 913.7	386.9
11	越南	141	13 126.1	50.8
12	中国台湾	143	10 776.3	-41.3
13	泰国	136	10 005.9	19.1
14	菲律宾	129	9 188.5	-36.0
15	巴西	410	8 432.1	296.4
16	印度尼西亚	112	7 523.1	-24.3
17	南非	244	6 911.3	-22.9
18	新西兰	609	6 583.1	44.5
19	法国	305	5 819.6	-33.2
20	加拿大	501	4 172.6	22.5
21	瑞典	330	4 023.2	177.8
22	赞比亚	253	3 926.3	-40.4
23	马来西亚	122	3 786.9	-27.0
24	意大利	307	3 558.0	26.6
25	比利时	301	3 353.0	113.1
26	新喀里多尼亚	607	2 933.6	30.7
27	新加坡	132	2 628.5	-41.1
28	墨西哥	429	2 443.3	194.8
29	斯洛伐克	353	2 410.5	4 518.8
30	沙特阿拉伯	131	2 367.9	-23.4

2016 年全国保税物流园区出口额前 30 位国家和地区排名表

序号	国家和地区		2016 年	
	中文	代码	出口额（万美元）	同比（%）
保税物流园区合计			660 633.3	-11.8
1	美国	502	142 887.6	-18.2
2	中国香港	110	134 564.7	7.3
3	德国	304	36 310.6	-2.4
4	日本	116	33 140.4	-17.0
5	澳大利亚	601	31 747.7	11.6
6	英国	303	27 412.0	-22.9
7	韩国	133	25 816.1	34.6
8	新加坡	132	20 920.1	53.1
9	荷兰	309	12 032.0	-27.8
10	比利时	301	10 255.7	-17.0
11	墨西哥	429	9 999.0	-17.4
12	中国台湾	143	9 396.5	-48.0
13	印度	111	9 013.4	-29.7
14	阿联酋	138	8 607.1	-22.5
15	马来西亚	122	8 596.7	-39.9
16	泰国	136	7 727.9	-24.9
17	西班牙	312	7 637.4	-8.4
18	加拿大	501	7 210.6	-36.4
19	越南	141	6 896.9	-16.9
20	孟加拉国	103	6 272.6	56.8
21	意大利	307	6 149.3	-25.1
22	波兰	327	6 135.4	-25.0
23	菲律宾	129	5 790.2	56.6
24	法国	305	5 133.3	-39.2
25	丹麦	302	4 917.5	-18.0
26	俄罗斯联邦	344	4 518.9	-31.4
27	巴西	410	4 518.7	-22.0
28	印度尼西亚	112	4 110.0	-70.8
29	土耳其	137	4 020.4	-42.2
30	瑞典	330	3 748.9	-15.3

2016年全国保税物流园区主要进口商品分类统计表（22大类）

商品类别	2016年	
	进口额（万美元）	同比（%）
保税物流园区合计	504 248.8	-13.8
第十五类　贱金属及其制品	211 331.9	-40.0
第十三类　石料、石膏、水泥、石棉、云母及类似材料的制品；陶瓷产品；玻璃及其制品	68 253.1	56.2
第十七类　车辆、航空器、船舶及运输设备	63 451.3	4 763.5
第十六类　机器、机械器具、电气设备及其零件；录音机及放声机、电视图像、声音的录制和重放设备及其零件、附件	41 641.7	-15.8
第四类　食品；饮料、酒及醋；烟草及制品	19 762.5	106.0
第六类　化学工业及其相关工业的产品	19 121.1	-41.7
第七类　塑料及其制品；橡胶及其制品	14 913.2	-32.0
第十一类　纺织原料及纺织制品	14 128.2	-29.3
第十八类　光学、照相、电影、计量、检验、医疗或外科用仪器及设备、精密仪器及设备；钟表；乐器；上述物品的零件、附件	10 005.6	-47.2
第十类　木浆等；废纸；纸、纸板及其制品	9 659.6	201.7
第五类　矿产品	7 819.6	-22.4
第一类　活动物；动物产品	7 648.6	-5.0
第二十类　杂项制品	5 302.9	19.3
第十二类　鞋、帽、伞、杖、鞭及其零件；已加工的羽毛及其制品；人造花；人发制品	5 143.5	-20.1
第八类　生皮、皮革、毛皮及其制品；鞍具及挽具；旅行用品、手提包及类似品；动物肠线（蚕胶丝除外）制品	2 690.3	91.1
第三类　动、植物油、脂、蜡；精制食用油脂	1 555.7	160.1
第二类　植物产品	1 128.2	85.0
第十四类　天然或养殖珍珠、宝石或半宝石、贵金属、包贵金属及其制品；仿首饰；硬币	451.5	909.2
第九类　木及木制品；木炭；软木及软木制品；稻草、秸秆、针茅或其他编结材料制品；篮筐及柳条编结品	129.5	-31.3
第二十一类　艺术品、收藏品及古物	110.7	-49.0
第二十二类　特殊交易品及未分类商品	0.2	

2016 年全国保税物流园区主要出口商品分类统计表（22 大类）

商品类别	2016 年	
	出口额（万美元）	同比（%）
保税物流园区合计	660 633.3	-11.8
第十六类　机器、机械器具、电气设备及其零件；录音机及放声机、电视图像、声音的录制和重放设备及其零件、附件	219 275.8	-19.8
第十一类　纺织原料及纺织制品	82 164.1	-14.1
第十三类　石料、石膏、水泥、石棉、云母及类似材料的制品；陶瓷产品；玻璃及其制品	61 759.5	42.9
第十五类　贱金属及其制品	58 580.2	-6.3
第十二类　鞋、帽、伞、杖、鞭及其零件；已加工的羽毛及其制品；人造花；人发制品	51 496.8	-8.5
第二十类　杂项制品	49 655.7	-8.4
第十八类　光学、照相、电影、计量、检验、医疗或外科用仪器及设备、精密仪器及设备；钟表；乐器；上述物品的零件、附件	46 750.0	-24.1
第七类　塑料及其制品；橡胶及其制品	24 215.3	-4.7
第八类　生皮、皮革、毛皮及其制品；鞍具及挽具；旅行用品、手提包及类似品；动物肠线（蚕胶丝除外）制品	21 323.5	-13.3
第六类　化学工业及其相关工业的产品	15 793.7	-28.4
第十七类　车辆、航空器、船舶及运输设备	12 105.0	2.0
第十类　木浆等；废纸；纸、纸板及其制品	6 453.1	-11.6
第四类　食品；饮料、酒及醋；烟草及制品	4 106.8	9.2
第九类　木及木制品；木炭；软木及软木制品；稻草、秸秆、针茅或其他编结材料制品；篮筐及柳条编结品	2 678.6	-13.0
第五类　矿产品	1 631.5	26.9
第十四类　天然或养殖珍珠、宝石或半宝石、贵金属、包贵金属及其制品；仿首饰；硬币	1 231.4	35.6
第二类　植物产品	1 177.7	-26.2
第二十一类　艺术品、收藏品及古物	106.5	-81.0
第一类　活动物；动物产品	105.5	27.4
第十九类　武器、弹药及其零件、附件	17.4	0.1
第二十二类　特殊交易品及未分类商品	5.2	
第三类　动、植物油、脂、蜡；精制食用油脂	0.0	-99.9

上海外高桥保税物流园区统计数据表

（1）2016 年上海外高桥保税物流园区主要经济指标完成情况表

指标名称	单位	2016 年	比上年增长（%）
营业（销售）收入	万元	181 200	5.8
当年批准企业数	个	3	-25.0
其中：贸易企业	个	0	-100.0
物流企业	个	1	0.0
当年批准外资企业数	个	1	-75.0
其中：贸易企业	个	0	-100.0
物流企业	个	0	-100.0
当年批准投资总额	万美元	3 200	18.5
当年合同利用外资	万美元	3 000	1.1 倍
海关税收及代征税	万元	1 700 000	-23.9
固定资产投资额	万元	7 100	-83.8
期末从业人员	人	833	-9.5
期末物流园区批准面积	平方公里	1.03	0.0
期末物流园区验收封关面积	平方公里	1.03	0.0

（2）截至 2016 年上海外高桥保税物流园区历年招商引资情况表

指标	单位	历年累计
批准企业	个	60
其中：外资企业		21
投资总额	（万美元）	70 600
其中：外商投资总额		54 273
合同外资额		33 300

出口加工区

2016 年全国出口加工区下分贸易方式进出口贸易额统计表

地区		贸易方式		进出口合计		出口		进口	
				2016 年 1 月至 2016 年 12 月		2016 年 1 月至 2016 年 12 月		2016 年 1 月至 2016 年 12 月	
中文	代码	中文	代码	美元值（万）	美元值同比（%）	美元值（万）	美元值同比（%）	美元值（万）	美元值同比（%）
出口加工区合计				9 804 923.2	-19.6	5 876 666.1	-20.3	3 928 257.1	-18.5
天津出口加工区	12075	合计		22 313.7	-17.3	11 735.3	51.3	10 578.5	-45.0
		一般贸易	10						
		来料加工装配贸易	14	0.0	-63.0			0.0	-63.0
		进料加工贸易	15	6 146.3	-12.5	5 757.0	-8.2	389.4	-48.6
		海关特殊监管区域物流货物	34	16 011.9	-15.7	5 978.2	303.7	10 033.7	-42.7
		特殊监管区域进口设备	35	155.4	-83.5			155.4	-83.5
		其他贸易	39	0.0		0.0			
河北秦皇岛出口加工区	13035	合计		5 435.0	-8.9	3 301.8	1.9	2 133.2	-21.7
		一般贸易	10	33.1	13 054.6	0.0	-92.8	33.1	
		来料加工装配贸易	14	1 882.9	20.1	1 195.5	6.2	687.4	55.6
		进料加工贸易	15	1 665.1	17.5	1 584.6	16.4	80.5	44.3
		海关特殊监管区域物流货物	34	1 850.6	-37.9	521.7	-30.8	1 328.8	-40.3
		特殊监管区域进口设备	35	1.5	50.9			1.5	50.9
		其他贸易	39	1.8				1.8	
河北廊坊出口加工区	13105	合计		10 365.3	16.6	4 232.5	9.1	6 132.8	22.4
		一般贸易	10	2 247.1	60.7			2 247.1	60.7
		来料加工装配贸易	14						

续表

地区		贸易方式		进出口合计		出口		进口	
				2016年1月至2016年12月		2016年1月至2016年12月		2016年1月至2016年12月	
中文	代码	中文	代码	美元值（万）	美元值同比（%）	美元值（万）	美元值同比（%）	美元值（万）	美元值同比（%）
		进料加工贸易	15	4 236.0	11.2	4 229.1	13.1	6.9	-89.9
		海关特殊监管区域物流货物	34	3 813.9	6.4	2.9	-97.7	3 811.0	10.2
		特殊监管区域进口设备	35	67.6	-10.2			67.6	-10.2
		其他贸易	39	0.7	5 886.3	0.6		0.1	1 120.5
内蒙古呼和浩特出口加工区	15015	合计		2 715.2	77.2	1 225.3	25.9	1 489.8	166.7
		来料加工装配贸易	14	822.8	2.9	370.4	-10.2	452.4	16.8
		进料加工贸易	15	940.4	48.0	708.9	27.8	231.5	187.3
		海关特殊监管区域物流货物	34	596.2	2 708.4	145.9	2 435.6	450.3	2 809.9
		特殊监管区域进口设备	35	355.6	371.6			355.6	371.6
		其他贸易	39	0.1		0.1			
辽宁大连出口加工区	21025	合计		228 144.5	218.2	136 050.9	162.2	92 093.6	364.6
		一般贸易	10	6.6	1 068.9	0.6	324.5	6.0	1 332.0
		来料加工装配贸易	14	2 944.9	5.2	1 840.8	8.3	1 104.1	0.4
		进料加工贸易	15	149 533.1	144.0	133 043.6	170.3	16 489.6	36.7
		海关特殊监管区域物流货物	34	1 365.7	13.0	1 165.0	20.0	200.8	-15.5
		特殊监管区域进口设备	35	74 293.2	1 056.9			74 293.2	1 056.9
		其他贸易	39	0.9		0.9			
吉林珲春出口加工区	22075	合计		38 383.9	-19.7	20 481.3	-20.3	17 902.6	-19.0
		一般贸易	10						
		来料加工装配贸易	14						
		进料加工贸易	15	22 227.6	4.9	14 618.1	-9.9	7 609.4	53.6
		边境小额贸易	19	5.5				5.5	
		海关特殊监管区域物流货物	34	16 127.1	-39.3	5 863.2	-38.1	10 263.9	-40.0

续表

地区		贸易方式		进出口合计		出口		进口	
				2016年1月至2016年12月		2016年1月至2016年12月		2016年1月至2016年12月	
中文	代码	中文	代码	美元值（万）	美元值同比（%）	美元值（万）	美元值同比（%）	美元值（万）	美元值同比（%）
		特殊监管区域进口设备	35	23.8	-8.7			23.8	-8.7
上海漕河泾出口加工区	31115	合计		546 749.3	-1.6	351 698.4	-2.3	195 050.9	-0.3
		一般贸易	10	0.4	6 195.7			0.4	6 195.7
		进料加工贸易	15	513 465.6	-2.9	344 152.2	-2.2	169 313.4	-4.2
		海关特殊监管区域物流货物	34	27 800.7	16.5	7 544.1	-9.1	20 256.6	30.2
		特殊监管区域进口设备	35	5 476.9	69.8			5 476.9	69.8
		其他贸易	39	5.6	213.0	2.0		3.6	99.1
上海嘉定出口加工区	31145	合计		69 210.6	26.3	21 643.9	8.9	47 566.8	36.2
		一般贸易	10	352.1	135.8			352.1	135.9
		进料加工贸易	15	15 461.7	11.0	14 438.2	9.1	1 023.5	48.7
		海关特殊监管区域物流货物	34	53 395.8	31.1	7 205.6	8.5	46 190.1	35.5
		特殊监管区域进口设备	35	0.9	-77.6			0.9	-77.6
		其他贸易	39	0.1				0.1	
上海闵行出口加工区	31175	合计		93 454.5	-27.3	65 061.3	-34.2	28 393.2	-4.4
		一般贸易	10	19.8	8 222.6	19.6	8 324.4	0.2	3 170.2
		来料加工装配贸易	14	5 165.7	-20.1	2 559.4	-47.2	2 606.3	60.9
		进料加工贸易	15	69 891.4	-34.5	59 036.2	-32.9	10 855.2	-42.0
		海关特殊监管区域物流货物	34	18 112.3	18.6	3 446.0	-42.7	14 666.4	58.5
		特殊监管区域进口设备	35	264.5	135.1			264.5	135.1
		其他贸易	39	0.8	85.3	0.1		0.6	55.3
上海松江出口加工区	31185	合计		2 761 956.4	-16.6	2 067 872.0	-19.1	694 084.4	-8.0
		一般贸易	10	8 385.6	11 627.3	13.9	-63.4	8 371.7	24 826.9
		来料加工装配贸易	14	50.0	-95.4	11.7	-90.8	38.3	-96.0

续表

地区		贸易方式		进出口合计		出口		进口	
				2016 年 1 月至 2016 年 12 月		2016 年 1 月至 2016 年 12 月		2016 年 1 月至 2016 年 12 月	
中文	代码	中文	代码	美元值（万）	美元值同比（%）	美元值（万）	美元值同比（%）	美元值（万）	美元值同比（%）
		进料加工贸易	15	2 416 309.9	-16.9	1 982 442.6	-19.1	433 867.3	-5.3
		海关特殊监管区域物流货物	34	315 120.5	-17.2	85 403.2	-19.9	229 717.4	-16.2
		特殊监管区域进口设备	35	22 087.2	5.3			22 087.2	5.3
		其他贸易	39	3.1	3 913.8	0.6		2.5	3 136.5
上海青浦出口加工区	31205	合计		87 679.8	0.1	38 078.4	-5.1	49 601.3	4.6
		一般贸易	10	466.9	1 248 218.2	0.0		466.9	1 248 194.9
		来料加工装配贸易	14	291.5	-6.1			291.5	-0.4
		进料加工贸易	15	67 363.5	-1.2	29 824.4	-7.4	37 539.1	4.4
		海关特殊监管区域物流货物	34	17 326.0	9.4	8 239.4	4.2	9 086.6	14.7
		特殊监管区域进口设备	35	2 216.8	-31.9			2 216.8	-31.9
		其他贸易	39	15.0	24 872.3	14.6		0.3	456.3
上海金桥出口加工区南区	31225	合计		69 500.0	-20.7	30 950.8	-14.0	38 549.3	-25.3
		一般贸易	10	4.6	24.0	0.5	7 685.0	4.2	11.7
		进料加工贸易	15	61 204.5	-25.9	27 344.8	-21.0	33 859.7	-29.3
		海关特殊监管区域物流货物	34	6 641.8	185.7	3 603.5	165.4	3 038.2	214.3
		特殊监管区域进口设备	35	1 644.6	-39.5			1 644.6	-39.5
		其他贸易	39	4.6	1 284.1	1.9		2.7	700.5
江苏常州出口加工区	32045	合计		136 913.8	11.6	72 905.5	6.0	64 008.3	18.9
		一般贸易	10	20.7	13 524.1	20.7			
		进料加工贸易	15	79 301.3	9.3	45 744.4	5.7	33 556.9	14.6
		出料加工贸易	27	425.3	169.5	160.8	123.2	264.5	208.3
		海关特殊监管区域物流货物	34	50 906.7	7.5	26 979.2	6.0	23 927.4	9.1

续表

地区		贸易方式		进出口合计		出口		进口	
				2016年1月至2016年12月		2016年1月至2016年12月		2016年1月至2016年12月	
中文	代码	中文	代码	美元值（万）	美元值同比（%）	美元值（万）	美元值同比（%）	美元值（万）	美元值同比（%）
		特殊监管区域进口设备	35	6 257.2	146.6			6 257.2	146.6
		其他贸易	39	2.5	100.0	0.4	12.9	2.1	131.5
江苏苏州工业园区出口加工区	32055	合计		40 500.4	-89.9	22 783.3	-89.6	17 717.1	-90.3
		一般贸易	10						
		来料加工装配贸易	14	254.2	2 420.4	5.4	183.4	248.7	2 943.7
		进料加工贸易	15	1 420.1	-12.8	1 350.8	-10.0	69.3	-45.7
		海关特殊监管区域物流货物	34	38 788.7	-90.3	21 427.1	-90.2	17 361.6	-90.5
		特殊监管区域进口设备	35	37.4	-50.2			37.4	-50.2
		其他贸易	39	0.1		0.0		0.0	
江苏南通出口加工区	32065	合计		0.0				0.0	
		其他贸易	39	0.0				0.0	
江苏连云港出口加工区	32075	合计		19 008.3	-58.0	12 246.7	-37.2	6 761.6	-73.7
		一般贸易	10	3.1	467.7			3.1	467.7
		来料加工装配贸易	14	3 983.7	-15.1	2 614.3	-12.0	1 369.3	-20.4
		进料加工贸易	15	6 062.3	16.7	5 040.5	36.5	1 021.8	-31.9
		海关特殊监管区域物流货物	34	8 948.9	-74.7	4 591.9	-64.3	4 357.0	-80.6
		特殊监管区域进口设备	35	10.2	-51.7			10.2	-51.7
		其他贸易	39	0.1	-57.8			0.1	-57.8
江苏淮安出口加工区	32085	合计		0.5		0.5		0.0	
		其他贸易	39	0.5		0.5		0.0	
江苏扬州出口加工区	32105	合计		69 298.1	-13.9	43 526.9	-13.9	25 771.2	-13.8
		来料加工装配贸易	14	2 455.5	-85.2	1 259.9	-88.7	1 195.6	-78.0
		进料加工贸易	15	46 115.3	-16.0	28 974.6	-17.6	17 140.7	-13.2

续表

地区		贸易方式		进出口合计		出口		进口	
				2016年1月至2016年12月		2016年1月至2016年12月		2016年1月至2016年12月	
中文	代码	中文	代码	美元值（万）	美元值同比（%）	美元值（万）	美元值同比（%）	美元值（万）	美元值同比（%）
		海关特殊监管区域物流货物	34	20 544.9	150.9	13 292.4	210.8	7 252.5	85.4
		特殊监管区域进口设备	35	182.5	−77.3			182.5	−77.3
		其他贸易	39	0.0				0.0	
江苏镇江出口加工区	32115	合计		26 766.1	−41.9	6 164.2	−55.8	20 601.8	−35.9
		一般贸易	10						
		来料加工装配贸易	14	3.9		2.3		1.6	
		进料加工贸易	15	5 577.9	17.5	3 421.8	64.5	2 156.1	−19.2
		海关特殊监管区域物流货物	34	21 137.0	−48.8	2 740.1	−76.9	18 396.9	−37.5
		特殊监管区域进口设备	35	47.2	34.7			47.2	34.7
		其他贸易	39						
江苏泰州出口加工区	32125	合计		9 841.3	−69.1	3 417.4	−76.0	6 423.9	−63.6
		一般贸易	10						
		进料加工贸易	15	7 306.7	−64.9	1 792.0	−73.8	5 514.7	−60.6
		海关特殊监管区域物流货物	34	2 062.7	−76.1	1 625.5	−78.1	437.3	−63.8
		特殊监管区域进口设备	35	471.9	−80.6			471.9	−80.6
		其他贸易	39	0.0				0.0	
江苏常熟出口加工区	32145	合计		32 109.7	36.7	5 935.7	−25.1	26 173.9	68.1
		来料加工装配贸易	14	3 311.3	−52.5	2 892.2	−22.8	419.1	−87.0
		进料加工贸易	15	2 995.9	−13.6	2 332.0	1.8	663.9	−43.6
		海关特殊监管区域物流货物	34	25 097.4	105.1	711.4	−62.3	24 386.0	135.6
		特殊监管区域进口设备	35	704.1	−13.2			704.1	−13.2
		其他贸易	39	1.0		0.1		0.9	

续表

地区		贸易方式		进出口合计		出口		进口	
				2016年1月至2016年12月		2016年1月至2016年12月		2016年1月至2016年12月	
中文	代码	中文	代码	美元值（万）	美元值同比（%）	美元值（万）	美元值同比（%）	美元值（万）	美元值同比（%）
江苏吴江出口加工区	32255	合计		230 253.4	202.5	217 982.5	282.6	12 270.9	-35.9
		进料加工贸易	15	54 202.0	86.7	46 527.7	107.7	7 674.3	15.6
		海关特殊监管区域物流货物	34	176 034.4	274.7	171 454.8	395.9	4 579.6	-63.1
		特殊监管区域进口设备	35	16.8	-85.4			16.8	-85.4
		其他贸易	39	0.2		0.0		0.2	
浙江杭州出口加工区	33015	合计		209 004.2	-0.3	124 546.7	-9.3	84 457.5	16.9
		一般贸易	10	53 611.5	35.7	0.1	-98.3	53 611.3	35.8
		来料加工装配贸易	14	2.7		1.4		1.3	
		进料加工贸易	15	131 126.9	-9.8	119 832.3	-9.1	11 294.6	-16.8
		海关特殊监管区域物流货物	34	23 035.2	-0.8	4 708.4	-14.1	18 326.8	3.3
		特殊监管区域进口设备	35	1 222.2	-17.1			1 222.2	-17.1
		其他贸易	39	5.8	5 178.1	4.4		1.4	1 155.6
浙江宁波出口加工区	33025	合计		222 271.8	-28.6	90 072.9	-35.1	132 198.9	-23.4
		一般贸易	10	136.8	25 072.7			136.8	73 919.8
		进料加工贸易	15	169 316.9	-29.1	64 893.4	-39.2	104 423.4	-21.0
		海关特殊监管区域物流货物	34	52 429.1	-27.1	25 179.1	-21.6	27 250.0	-31.4
		特殊监管区域进口设备	35	387.0	-40.4			387.0	-40.4
		其他贸易	39	2.1	638.6	0.3		1.7	516.4
浙江嘉兴出口加工区	33045	合计		18 566.5	21.2	8 489.4	4.5	10 077.1	40.1
		进料加工贸易	15	8 275.7	26.5	6 677.2	9.3	1 598.6	273.0
		海关特殊监管区域物流货物	34	10 051.4	16.9	1 812.2	-10.0	8 239.3	25.2
		特殊监管区域进口设备	35	239.3	31.7			239.3	31.7

续表

地区		贸易方式		进出口合计		出口		进口	
				2016年1月至2016年12月		2016年1月至2016年12月		2016年1月至2016年12月	
中文	代码	中文	代码	美元值（万）	美元值同比（%）	美元值（万）	美元值同比（%）	美元值（万）	美元值同比（%）
		其他贸易	39	0.0		0.0		0.0	
浙江慈溪出口加工区	33205	合计		15 372.8	-12.5	5 325.5	-1.5	10 047.3	-17.4
		一般贸易	10	95.8	1 874.6	3.1		92.7	1 810.7
		进料加工贸易	15	260.3	51.8	226.1	56.2	34.2	28.0
		海关特殊监管区域物流货物	34	15 016.7	-13.6	5 096.3	-3.2	9 920.4	-18.2
安徽合肥出口加工区	34015	合计		356 788.4	-22.1	232 318.7	-11.0	124 469.7	-36.7
		一般贸易	10	0.0				0.0	
		进料加工贸易	15	233 393.1	1.5	210 353.6	-1.4	23 039.5	39.7
		海关特殊监管区域物流货物	34	123 204.7	-45.9	21 965.1	-54.0	101 239.5	-43.8
		特殊监管区域进口设备	35	190.4	75.5			190.4	75.5
		其他贸易	39	0.2				0.2	
安徽芜湖出口加工区	34025	合计		110 366.3	26.5	66 997.9	18.1	43 368.4	42.2
		来料加工装配贸易	14	2 096.5	245.7	1 077.9	1 395.7	1 018.6	90.6
		进料加工贸易	15	44 440.2	24.3	30 765.8	13.2	13 674.4	59.2
		海关特殊监管区域物流货物	34	63 789.3	25.8	35 153.9	19.2	28 635.5	34.9
		特殊监管区域进口设备	35	39.4	-71.9			39.4	-71.9
		其他贸易	39	0.9	141.2	0.3		0.6	56.8
福建福州福清出口加工区	35015	合计		10 467.4	30.8	8 655.1	9.7	1 812.2	1 537.7
		一般贸易	10	1 808.4	418.9	43.2	-85.5	1 765.2	3 425.4
		来料加工装配贸易	14	8 222.1	28.1	8 187.5	28.7	34.5	-35.5
		进料加工贸易	15	314.2	-50.5	308.0	-51.0	6.3	-9.9
		海关特殊监管区域物流货物	34	122.6	-79.6	116.4	-80.7	6.2	
		其他贸易	39						

续表

地区		贸易方式		进出口合计		出口		进口	
				2016 年 1 月至 2016 年 12 月		2016 年 1 月至 2016 年 12 月		2016 年 1 月至 2016 年 12 月	
中文	代码	中文	代码	美元值（万）	美元值同比（%）	美元值（万）	美元值同比（%）	美元值（万）	美元值同比（%）
福建泉州出口加工区	35055	合计		141 693. 7	-31. 9	56 662. 3	-48. 4	85 031. 3	-13. 4
		一般贸易	10	1. 7				1. 7	
		来料加工装配贸易	14	83. 4	-64. 7			83. 4	-63. 9
		进料加工贸易	15	138 469. 1	-28. 1	56 016. 1	-45. 5	82 453. 0	-8. 2
		保税监管场所进出境货物	33						
		海关特殊监管区域物流货物	34	2 916. 4	-77. 3	646. 2	-89. 2	2 270. 2	-66. 7
		特殊监管区域进口设备	35	223. 1	-28. 8			223. 1	-28. 8
江西南昌出口加工区	36015	合计		159 073. 4	-28. 7	80 605. 2	-37. 8	78 468. 1	-16. 0
		进料加工贸易	15	153 056. 7	-14. 1	80 421. 1	-6. 4	72 635. 6	-21. 2
		海关特殊监管区域物流货物	34	2 376. 8	-94. 7	184. 1	-99. 6	2 192. 7	138. 3
		特殊监管区域进口设备	35	3 639. 9	1 217. 2			3 639. 9	1 217. 2
江西九江出口加工区	36045	合计		83 083. 7	-40. 7	46 644. 5	-41. 7	36 439. 2	-39. 4
		进料加工贸易	15	77 112. 2	-25. 9	42 957. 0	-28. 2	34 155. 2	-22. 6
		保税监管场所进出境货物	33	787. 8		44. 1		743. 7	
		海关特殊监管区域物流货物	34	5 183. 5	-85. 6	3 643. 4	-81. 9	1 540. 1	-90. 4
		特殊监管区域进口设备	35	0. 2	-69. 0			0. 2	-69. 0
江西赣州出口加工区	36075	合计		43 608. 1	-14. 9	21 827. 3	-16. 4	21 780. 8	-13. 3
		进料加工贸易	15	43 605. 8	-14. 1	21 827. 3	-14. 9	21 778. 5	-13. 3
		海关特殊监管区域物流货物	34	2. 3	-99. 5			2. 3	
江西井冈山出口加工区	36105	合计		2 707. 2	78. 9	1 083. 6	-18. 3	1 623. 6	765. 5
		进料加工贸易	15	1 153. 9	-18. 4	1 077. 3	-12. 1	76. 6	-59. 2

续表

地区		贸易方式		进出口合计		出口		进口	
				2016 年 1 月至 2016 年 12 月		2016 年 1 月至 2016 年 12 月		2016 年 1 月至 2016 年 12 月	
中文	代码	中文	代码	美元值（万）	美元值同比（%）	美元值（万）	美元值同比（%）	美元值（万）	美元值同比（%）
		海关特殊监管区域物流货物	34	900. 9	800. 3	6. 3	-93. 7	894. 6	
		特殊监管区域进口设备	35	652. 3				652. 3	
山东青岛出口加工区	37025	合计		126 651. 3	11. 9	73 684. 6	12. 9	52 966. 6	10. 7
		一般贸易	10	473. 8	-28. 7	242. 9	-29. 1	230. 9	-28. 3
		来料加工装配贸易	14	11 777. 2	-22. 4	7 163. 6	-27. 2	4 613. 6	-13. 6
		进料加工贸易	15	57 708. 5	13. 5	42 269. 4	10. 5	15 439. 1	22. 8
		保税监管场所进出境货物	33	1 731. 8	440. 8	1 731. 8	674. 8		
		海关特殊监管区域物流货物	34	52 985. 4	18. 1	22 275. 9	34. 0	30 709. 5	8. 8
		特殊监管区域进口设备	35	1 971. 1	52. 0			1 971. 1	52. 0
		其他贸易	39	3. 4	1 899. 5	1. 0		2. 4	1 301. 7
山东烟台出口加工区	37065	合计		1 128 533. 8	-19. 0	601 306. 6	-24. 1	527 227. 2	-12. 3
		一般贸易	10	31. 6	484. 0	31. 6	20 192. 2		
		来料加工装配贸易	14	14 365. 8	-2. 5	8 603. 0	-7. 2	5 762. 8	5. 4
		进料加工贸易	15	626 103. 8	-30. 0	448 217. 5	-29. 0	177 886. 3	-32. 3
		海关特殊监管区域物流货物	34	486 019. 1	0. 4	144 454. 0	-4. 6	341 565. 1	2. 8
		特殊监管区域进口设备	35	2 012. 9	138. 9			2 012. 9	138. 9
		其他贸易	39	0. 5		0. 3		0. 2	
山东威海出口加工区	37105	合计		96 139. 4	-1. 0	48 825. 6	-3. 5	47 313. 7	1. 6
		一般贸易	10						
		来料加工装配贸易	14	43 301. 6	0. 3	24 818. 7	0. 9	18 482. 9	-0. 5
		进料加工贸易	15	42 541. 2	2. 9	18 578. 5	-10. 1	23 962. 6	15. 9
		保税监管场所进出境货物	33	647. 3				647. 3	

续表

地区		贸易方式		进出口合计		出口		进口	
				2016年1月至2016年12月		2016年1月至2016年12月		2016年1月至2016年12月	
中文	代码	中文	代码	美元值（万）	美元值同比（%）	美元值（万）	美元值同比（%）	美元值（万）	美元值同比（%）
		海关特殊监管区域物流货物	34	6 926.4	-6.2	5 427.8	2.6	1 498.6	-28.3
		特殊监管区域进口设备	35	2 721.2	-47.9			2 721.2	-47.9
		其他贸易	39	1.7		0.5		1.2	
河南郑州出口加工区	41015	合计		25 974.9	-20.7	4 060.4	-19.8	21 914.6	-20.8
		一般贸易	10	8.6	169.0	2.1	-35.0	6.5	
		来料加工装配贸易	14	2 107.8	-24.7	1 322.2	-16.5	785.6	-35.4
		进料加工贸易	15	3 159.1	-60.0	2 153.4	-5.6	1 005.7	-82.1
		海关特殊监管区域物流货物	34	16 181.8	2.0	582.6	-51.4	15 599.3	6.4
		特殊监管区域进口设备	35	4 517.5	-26.7			4 517.5	-26.7
		其他贸易	39	0.1		0.1			
湖北武汉出口加工区	42015	合计		1 009.9	-99.7	961.3	-99.4	48.7	-100.0
		进料加工贸易	15	959.3	-99.7	955.3	-99.4	4.0	-100.0
		海关特殊监管区域物流货物	34	43.0	-24.5	6.0	-89.5	37.0	
		特殊监管区域进口设备	35	7.6	-36.3			7.6	-36.3
湖南郴州出口加工区	43115	合计		58 572.4	-49.1	40 869.7	-42.3	17 702.7	-59.9
		来料加工装配贸易	14	6 669.0	-74.1	6 245.1	-63.5	423.9	-95.1
		进料加工贸易	15	50 138.4	-43.1	34 503.8	-35.4	15 634.6	-54.9
		海关特殊监管区域物流货物	34	1 607.7	46.6	120.8	-58.7	1 486.9	84.9
		特殊监管区域进口设备	35	157.4	41.8			157.4	41.8
		其他贸易	39	0.0				0.0	
广东广州出口加工区	44015	合计		55 381.6	-11.1	48 352.9	-18.4	7 028.7	130.3
		进料加工贸易	15	29 764.2	-14.9	22 838.9	-28.7	6 925.4	134.6

续表

地区		贸易方式		进出口合计		出口		进口	
				2016年1月至2016年12月		2016年1月至2016年12月		2016年1月至2016年12月	
中文	代码	中文	代码	美元值（万）	美元值同比（%）	美元值（万）	美元值同比（%）	美元值（万）	美元值同比（%）
		海关特殊监管区域物流货物	34	25 603.8	-6.3	25 514.1	-6.4	89.8	23.7
		特殊监管区域进口设备	35	13.5	-49.3			13.5	-49.3
广东深圳出口加工区	44035	合计		942 874.9	-36.2	515 882.7	-35.5	426 992.2	-37.2
		一般贸易	10						
		进料加工贸易	15	203 129.0	-2.6	164 030.4	-4.2	39 098.6	4.5
		海关特殊监管区域物流货物	34	719 289.9	-42.8	351 852.4	-44.0	367 437.5	-41.6
		特殊监管区域进口设备	35	20 456.0	63.2			20 456.0	63.2
广西北海出口加工区	45055	合计		86 846.3	-24.9	40 129.8	-28.5	46 716.5	-21.4
		来料加工装配贸易	14	7 142.6	16.1	3 449.7	8.3	3 692.9	24.5
		进料加工贸易	15	75 723.7	-29.6	34 795.7	-33.4	40 928.0	-26.0
		海关特殊监管区域物流货物	34	3 636.7	115.0	1 884.4	152.4	1 752.4	85.6
		特殊监管区域进口设备	35	343.2	32.2			343.2	32.2
		其他贸易	39	0.1				0.1	
四川绵阳出口加工区	51075	合计		12 013.6	-29.8	10 992.7	-30.7	1 020.9	-19.2
		来料加工装配贸易	14	171.2	-58.0	171.2	-58.0		
		进料加工贸易	15	11 798.8	-29.3	10 821.5	-29.9	977.3	-21.4
		海关特殊监管区域物流货物	34	6.5	59.2			6.5	82.0
		特殊监管区域进口设备	35	37.2	138.5			37.2	138.5
云南昆明出口加工区	53015	合计		2 416.3	-59.0	449.0	-67.0	1 967.2	-56.6
		一般贸易	10	120.0	41.0			120.0	41.0
		进料加工贸易	15	18.2	-23.3	18.2	-23.3		
		海关特殊监管区域物流货物	34	2 278.2	-16.2	430.9	-67.8	1 847.3	33.6

续表

地区		贸易方式		进出口合计		出口		进口	
				2016 年 1 月至 2016 年 12 月		2016 年 1 月至 2016 年 12 月		2016 年 1 月至 2016 年 12 月	
中文	代码	中文	代码	美元值（万）	美元值同比（%）	美元值（万）	美元值同比（%）	美元值（万）	美元值同比（%）
		特殊监管区域进口设备	35						
陕西西安出口加工区	61015	合计		1 391 094. 1	-7. 3	606 984. 6	-10. 1	784 109. 5	-5. 1
		一般贸易	10	1 591. 2	24. 9	1 455. 1	33. 1	136. 1	-24. 4
		来料加工装配贸易	14	11 162. 2	12. 7	5 550. 5	-6. 8	5 611. 7	42. 3
		进料加工贸易	15	1 265 888. 4	-3. 2	584 012. 2	-4. 0	681 876. 1	-2. 6
		海关特殊监管区域物流货物	34	61 670. 2	-58. 7	15 966. 5	-73. 1	45 703. 6	-49. 1
		特殊监管区域进口设备	35	50 780. 1	56. 1			50 780. 1	56. 1
		其他贸易	39	2. 0	383. 1	0. 1		1. 9	353. 2
新疆乌鲁木齐出口加工区	65015	合计		2 369. 5	-78. 2	2 280. 9	-77. 5	88. 7	-87. 6
		一般贸易	10						
		进料加工贸易	15	1 293. 1	-42. 1	1 204. 5	-29. 1	88. 7	-83. 5
		边境小额贸易	19						
		海关特殊监管区域物流货物	34	1 076. 4	-45. 9	1 076. 4	-40. 4		
中哈霍尔果斯国际边境合作中心中方配套区（一期）	65095	合计		1 442. 1		1 361. 5		80. 6	
		进料加工贸易	15	67. 5				67. 5	
		边境小额贸易	19	1 357. 2		1 357. 2			
		海关特殊监管区域物流货物	34	17. 4		4. 4		13. 1	

2016 年全国出口加工区经济指标统计情况表

指标	单位	合计		
		当年累计	同比（%）	历年累计
增加值	万元	5 515 411	-9.2	46 416 791
经营总收入	万元	60 420 812	5.3	539 905 440
其中：技术服务收入	万元	1 322 890	-1.5	4 995 791
工业总产值	万元	58 183 924	0.5	552 931 925
其中：高新技术产业	万元	17 272 894	27.9	148 086 724
物流企业经营收入	万元	350 229	17.1	1 845 428
企业利润总额	万元	3 379 938	123.8	13 593 486.4
综合能源耗费量	吨标准煤	711 926	-15.9	5 449 089
批准企业数	个	266	2.3	2 027
其中：加工企业	个	35	-5.4	1 073
物流企业	个	164	-15.0	752
批准外资企业数	个	33	-21.4	896
批准投资总额	万美元	160 282	-7.2	3 875 635
其中：外商投资总额	万美元	40 477	-55.1	3 047 845
合同利用外资	万美元	51 523	-10.8	1 673 228
企业实际到位资金	万美元	75 523	-3.2	1 787 698
其中：实际利用外资	万美元	43 950	14.9	1 261 877
固定资产投资额	万元	1 090 221	-4.9	17 334 200
其中：基础设施投资	万元	116 620	-27.2	3 691 423
土地实际已租售面积	平方米	369 605	131.5	30 491 543
房屋竣工建筑面积	平方米	708 254	95.3	19 512 259
其中：已建成厂房面积	平方米	308 189	13.5	17 516 626
已投产运作企业数	个	119	-44.1	1 290
其中：已投产加工企业数	个	51	-26.1	811
已投产物流企业数	个	52	-62.9	438
其中：投资额 1 000 万美元以上	个	16	-30.4	311
税收总额	万元	1 793 704	16.3	9 546 413
其中：海关税收及代征税	万元	1 292 196	8.8	7 010 820
税务部门税收	万元	372 558	6.3	2 395 639
期末从业人员	人	374 540	-1.6	374 540
期末批准面积	平方公里	120.21	0.0	120.21
期末验收封关面积	平方公里	70.702	2.6	70.702

续表

指标	单位	天津出口加工区		
		当年累计	同比（%）	历年累计
增加值	万元	9 000	183.5	14 763
经营总收入	万元	210 084	-26.5	619 912
其中：技术服务收入	万元	0	—	0
工业总产值	万元	225 673	-28.4	39 822 593
其中：高新技术产业	万元	2 861 626	—	2 996 303
物流企业经营收入	万元	472	44.3	2 490
企业利润总额	万元	21 065	—	292 343
综合能源耗费量	吨标准煤	0	-100.0	56 210
批准企业数	个	1	-66.7	29
其中：加工企业	个	0	—	19
物流企业	个	1	-66.7	13
批准外资企业数	个	1	—	8
批准投资总额	万美元	1 182	47.9	22 087
其中：外商投资总额	万美元	739	—	18 162
合同利用外资	万美元	739	—	10 218
企业实际到位资金	万美元	1 182	85.3	11 799
其中：实际利用外资	万美元	739	53.0	10 368
固定资产投资额	万元	7 098	—	94 446
其中：基础设施投资	万元	0	—	12 076
土地实际已租售面积	平方米	0	—	977 100
房屋竣工建筑面积	平方米	0	—	255 879
其中：已建成厂房面积	平方米	0	—	231 979
已投产运作企业数	个	0	-100.0	30
其中：已投产加工企业数	个	0	—	19
已投产物流企业数	个	0	-100.0	11
其中：投资额1 000万美元以上	个	0	—	0
税收总额	万元	130 744	363.3	215 920
其中：海关税收及代征税	万元	107 252	333.4	177 342
税务部门税收	万元	23 492	576.2	38 549
期末从业人员	人	14 549	184.4	14 549
期末批准面积	平方公里	2.54	0.0	2.54
期末验收封关面积	平方公里	1.43	0.0	1.43

续表

指标	单位	河北秦皇岛出口加工区		
		当年累计	同比（%）	历年累计
增加值	万元	4 444	41.1	34 592
经营总收入	万元	14 681	14.4	137 128
其中：技术服务收入	万元	0	—	0
工业总产值	万元	14 613	14.3	136 894
其中：高新技术产业	万元	0	—	0
物流企业经营收入	万元	68	38.8	266
企业利润总额	万元	828	—	1 934
综合能源耗费量	吨标准煤	1 320	21.1	12 223
批准企业数	个	5	0.0	22
其中：加工企业	个	1	—	12
物流企业	个	4	-20.0	10
批准外资企业数	个	0	—	6
批准投资总额	万美元	1 867	-62.1	9 659
其中：外商投资总额	万美元	0	—	992
合同利用外资	万美元	0	—	706
企业实际到位资金	万美元	45	80.0	944
其中：实际利用外资	万美元	0	—	508
固定资产投资额	万元	2 296	143.0	31 223
其中：基础设施投资	万元	2 096	152.5	25 950
土地实际已租售面积	平方米	26 680	344.7	146 632
房屋竣工建筑面积	平方米	0	-100.0	133 366
其中：已建成厂房面积	平方米	0	-100.0	125 998
已投产运作企业数	个	0	—	12
其中：已投产加工企业数	个	0	—	8
已投产物流企业数	个	0	—	4
其中：投资额1 000万美元以上	个	0	—	0
税收总额	万元	1 826	13.5	13 525
其中：海关税收及代征税	万元	1 722	12.7	12 813
税务部门税收	万元	104	28.4	712
期末从业人员	人	952	2.8	952
期末批准面积	平方公里	2.50	0.0	2.50
期末验收封关面积	平方公里	0.67	0.0	0.67

续表

指标	单位	河北廊坊出口加工区		
		当年累计	同比（%）	历年累计
增加值	万元	3 543	-3.3	19 627
经营总收入	万元	28 760	-0.3	138 203
其中：技术服务收入	万元	0	-100.0	3
工业总产值	万元	29 466	24.7	144 423
其中：高新技术产业	万元	23 502	66.6	52 137
物流企业经营收入	万元	0	-100.0	933
企业利润总额	万元	375	-44.9	-448
综合能源耗费量	吨标准煤	986	9.0	6 889
批准企业数	个	0	—	5
其中：加工企业	个	0	—	3
物流企业	个	0	—	2
批准外资企业数	个	0	—	3
批准投资总额	万美元	0	—	1 804
其中：外商投资总额	万美元	0	—	1 479
合同利用外资	万美元	0	—	1 462
企业实际到位资金	万美元	0	—	1 617
其中：实际利用外资	万美元	0	—	1 309
固定资产投资额	万元	0	—	13 332
其中：基础设施投资	万元	0	—	6 420
土地实际已租售面积	平方米	0	—	189 756
房屋竣工建筑面积	平方米	0	—	32 882
其中：已建成厂房面积	平方米	0	—	28 090
已投产运作企业数	个	0	—	5
其中：已投产加工企业数	个	0	—	3
已投产物流企业数	个	0	—	2
其中：投资额1 000万美元以上	个	0	—	0
税收总额	万元	7 295	70.6	30 876
其中：海关税收及代征税	万元	7 295	71.0	30 789
税务部门税收	万元	0	-100.0	84
期末从业人员	人	403	8.6	403
期末批准面积	平方公里	0.50	0.0	0.50
期末验收封关面积	平方公里	0.49	0.0	0.49

续表

指标	单位	内蒙古呼和浩特出口加工区		
		当年累计	同比（%）	历年累计
增加值	万元	3 412	12.5	163 208
经营总收入		12 371	12.8	195 605
其中：技术服务收入		0	—	0
工业总产值		12 435	9.8	486 684
其中：高新技术产业		0	—	32 413
物流企业经营收入		24	-31.4	140
企业利润总额		-135	—	265
综合能源耗费量	吨标准煤	2 065	-50.6	57 007
批准企业数	个	0	-100.0	29
其中：加工企业		0	—	5
物流企业		0	—	3
批准外资企业数		0	—	3
批准投资总额	万美元	0	—	4 554
其中：外商投资总额		0	—	2 132
合同利用外资		0	—	2 080
企业实际到位资金		0	—	1 863
其中：实际利用外资		0	—	1 811
固定资产投资额	万元	3 002	—	98 830
其中：基础设施投资		3 002	—	53 731
土地实际已租售面积	平方米	0	—	138 175
房屋竣工建筑面积		0	—	68 639
其中：已建成厂房面积		0	—	52 787
已投产运作企业数	个	0	—	7
其中：已投产加工企业数		0	—	4
已投产物流企业数		0	—	1
其中：投资额 1 000 万美元以上		0	—	1
税收总额	万元	817	57.7	12 383
其中：海关税收及代征税		511	64.3	10 006
税务部门税收		268	29.5	2 279
期末从业人员	人	527	-11.9	527
期末批准面积	平方公里	2.21	0.0	2.21
期末验收封关面积		1.04	0.0	1.04

续表

指标	单位	辽宁大连出口加工区 A 区		
		当年累计	同比（%）	历年累计
增加值	万元	158 669	-4.8	1 722 054
经营总收入	万元	596 934	-4.1	6 326 034
其中：技术服务收入	万元	0	—	0
工业总产值	万元	564 029	-5.6	6 358 914
其中：高新技术产业	万元	8 807	-5.1	95 702
物流企业经营收入	万元	1 157	-5.3	13 503
企业利润总额	万元	14 060	-15.2	205 721
综合能源耗费量	吨标准煤	10 021	-4.3	106 284
批准企业数	个	0	—	74
其中：加工企业	个	0	—	69
物流企业	个	0	—	5
批准外资企业数	个	0	—	69
批准投资总额	万美元	0	—	62 874
其中：外商投资总额	万美元	0	—	53 681
合同利用外资	万美元	0	—	53 681
企业实际到位资金	万美元	0	—	54 404
其中：实际利用外资	万美元	0	—	47 126
固定资产投资额	万元	2 310	-3.3	1 168 501
其中：基础设施投资	万元	306	-7.6	77 195
土地实际已租售面积	平方米	0	—	1 174 577
房屋竣工建筑面积	平方米	0	—	664 310
其中：已建成厂房面积	平方米	0	—	642 060
已投产运作企业数	个	0	—	67
其中：已投产加工企业数	个	0	—	65
已投产物流企业数	个	0	—	2
其中：投资额 1 000 万美元以上	个	0	—	6
税收总额	万元	8 985	2.1	121 249
其中：海关税收及代征税	万元	5 285	30.1	50 364
税务部门税收	万元	3 340	-29.5	70 525
期末从业人员	人	7 900	-1.3	7 900
期末批准面积	平方公里	1.50	0.0	1.50
期末验收封关面积	平方公里	1.50	0.0	1.50

续表

指标	单位	辽宁大连出口加工区B区		
		当年累计	同比（%）	历年累计
增加值	万元	0	-100.0	1 158 050
经营总收入	万元	4 443 964	2 516.5	7 059 240
其中：技术服务收入	万元	0	—	0
工业总产值	万元	4 444 000	2 516.5	7 059 276
其中：高新技术产业	万元	0	—	0
物流企业经营收入	万元	0	—	0
企业利润总额	万元	1 677 355	2 656.5	2 573 682
综合能源耗费量	吨标准煤	0	-100.0	85 212
批准企业数	个	0	—	1
其中：加工企业	个	0	—	1
物流企业	个	0	—	0
批准外资企业数	个	0	—	1
批准投资总额	万美元	0	—	250 000
其中：外商投资总额	万美元	0	—	250 000
合同利用外资	万美元	0	—	62 500
企业实际到位资金	万美元	0	—	62 500
其中：实际利用外资	万美元	0	—	62 500
固定资产投资额	万元	0	—	1 504 000
其中：基础设施投资	万元	0	—	1 000
土地实际已租售面积	平方米	0	—	600 000
房屋竣工建筑面积	平方米	0	—	160 000
其中：已建成厂房面积	平方米	0	—	160 000
已投产运作企业数	个	1	0.0	3
其中：已投产加工企业数	个	0	—	1
已投产物流企业数	个	0	—	0
其中：投资额1 000万美元以上	个	0	—	0
税收总额	万元	11 671	40.2	122 163
其中：海关税收及代征税	万元	0	—	181
税务部门税收	万元	11 671	40.2	121 982
期末从业人员	人	1 800	5.9	1 800
期末批准面积	平方公里	1.45	0.0	1.45
期末验收封关面积	平方公里	1.18	96.7	1.18

续表

指标	单位	吉林珲春出口加工区		
		当年累计	同比（%）	历年累计
增加值	万元	24 413	-89.1	525 452
经营总收入		87 842	-83.5	2 441 671
其中：技术服务收入		0	—	0
工业总产值		98 000	-83.3	1 810 266
其中：高新技术产业		0	—	672
物流企业经营收入		0	—	0
企业利润总额		9 042	-83.8	178 495
综合能源耗费量	吨标准煤	1 800	-80.0	81 879
批准企业数	个	0	-100.0	148
其中：加工企业		0	—	53
物流企业		0	—	0
批准外资企业数		0	—	17
批准投资总额	万美元	0	—	13 528
其中：外商投资总额		0	—	4 597
合同利用外资		0	—	4 597
企业实际到位资金		0	—	9 830
其中：实际利用外资		0	—	2 784
固定资产投资额	万元	0	—	41 764
其中：基础设施投资		0	—	14 000
土地实际已租售面积	平方米	0	—	6 000
房屋竣工建筑面积		0	—	108 329
其中：已建成厂房面积		0	—	108 329
已投产运作企业数	个	0	-100.0	65
其中：已投产加工企业数		0	—	25
已投产物流企业数		0	—	6
其中：投资额 1 000 万美元以上		0	-100.0	10
税收总额	万元	0	—	490
其中：海关税收及代征税		0	—	4
税务部门税收		0	—	486
期末从业人员	人	0	-100.0	0
期末批准面积	平方公里	2.44	0.0	2.44
期末验收封关面积		1.03	71.7	1.03

续表

指标	单位	上海漕河泾出口加工区		
		当年累计	同比（%）	历年累计
增加值	万元	0	-100.0	1 518 343
经营总收入		2 951 620	8.2	71 926 489
其中：技术服务收入		0	—	0
工业总产值		2 952 930	8.5	72 575 436
其中：高新技术产业		2 861 626	9.5	39 093 116
物流企业经营收入		3 597	-4.4	5 203
企业利润总额		21 065	-3.6	401 680
综合能源耗费量	吨标准煤	50 468	-2.4	582 189
批准企业数	个	20	—	32
其中：加工企业		0	—	16
物流企业		0	—	4
批准外资企业数		0	—	15
批准投资总额	万美元	0	—	69 086
其中：外商投资总额		0	—	69 086
合同利用外资		0	—	25 198
企业实际到位资金		0	—	25 268
其中：实际利用外资		0	—	25 198
固定资产投资额	万元	0	—	370 074
其中：基础设施投资		0	—	236 051
土地实际已租售面积	平方米	0	—	582 133
房屋竣工建筑面积		0	—	581 700
其中：已建成厂房面积		0	—	581 700
已投产运作企业数	个	0	—	12
其中：已投产加工企业数		0	—	12
已投产物流企业数		0	—	0
其中：投资额 1 000 万美元以上		0	—	4
税收总额	万元	130 744	68.3	893 732
其中：海关税收及代征税		10 752	-82.8	629 084
税务部门税收		23 492	53.2	168 148
期末从业人员	人	14 549	-18.3	14 549
期末批准面积	平方公里	3	0.0	3
期末验收封关面积		0.9	0.0	0.9

续表

指标	单位	上海嘉定出口加工区		
		当年累计	同比（%）	历年累计
增加值	万元	21 682	9.4	109 263
经营总收入	万元	100 684	4.7	610 261
其中：技术服务收入	万元	0	—	0
工业总产值	万元	101 577	10.8	603 896
其中：高新技术产业	万元	0	—	0
物流企业经营收入	万元	0	—	0
企业利润总额	万元	7 266	58.4	56 655
综合能源耗费量	吨标准煤	8 644	-56.4	41 044
批准企业数	个	4	—	11
其中：加工企业	个	0	—	2
物流企业	个	3	—	6
批准外资企业数	个	1	—	2
批准投资总额	万美元	560	—	4 560
其中：外商投资总额	万美元	0	—	4 000
合同利用外资	万美元	15	—	4 015
企业实际到位资金	万美元	0	—	2 108
其中：实际利用外资	万美元	0	—	2 108
固定资产投资额	万元	8 499	—	88 861
其中：基础设施投资	万元	0	—	57 540
土地实际已租售面积	平方米	0	—	40 000
房屋竣工建筑面积	平方米	28 301	—	50 591
其中：已建成厂房面积	平方米	28 249	—	50 539
已投产运作企业数	个	4	—	11
其中：已投产加工企业数	个	1	—	2
已投产物流企业数	个	3	—	9
其中：投资额1 000万美元以上	个	0	—	1
税收总额	万元	538	-27.0	4 556
其中：海关税收及代征税	万元	0	—	78
税务部门税收	万元	0	—	1 219
期末从业人员	人	1 950	-8.8	1 950
期末批准面积	平方公里	3.00	0.0	3.00
期末验收封关面积	平方公里	1.00	0.0	1.00

续表

指标	单位	上海闵行出口加工区		
		当年累计	同比（%）	历年累计
增加值	万元	233 068	195.8	754 166
经营总收入	万元	861 451	34.3	7 430 888
其中：技术服务收入	万元	0	—	0
工业总产值	万元	861 451	34.3	7 472 323
其中：高新技术产业	万元	0	—	0
物流企业经营收入	万元	426	0.0	3 133
企业利润总额	万元	63 193	126.1	159 069
综合能源耗费量	吨标准煤	4 487	-38.1	74 803
批准企业数	个	0	—	26
其中：加工企业	个	0	—	16
物流企业	个	0	—	4
批准外资企业数	个	0	—	17
批准投资总额	万美元	0	—	58 652
其中：外商投资总额	万美元	0	—	25 707
合同利用外资	万美元	0	—	13 656
企业实际到位资金	万美元	0	—	16 602
其中：实际利用外资	万美元	0	—	10 446
固定资产投资额	万元	0	—	363 627
其中：基础设施投资	万元	0	—	48 603
土地实际已租售面积	平方米	0	—	849 153
房屋竣工建筑面积	平方米	0	—	463 016
其中：已建成厂房面积	平方米	0	—	433 280
已投产运作企业数	个	38	100.0	76
其中：已投产加工企业数	个	32	100.0	64
已投产物流企业数	个	6	100.0	12
其中：投资额1 000万美元以上	个	0	—	0
税收总额	万元	73 190	94.2	221 834
其中：海关税收及代征税	万元	63 146	94.6	182 028
税务部门税收	万元	9 188	75.0	38 949
期末从业人员	人	4 681	12.8	4 681
期末批准面积	平方公里	3.00	0.0	3.00
期末验收封关面积	平方公里	1.90	0.0	1.90

续表

指标	单位	上海松江出口加工区		
		当年累计	同比（%）	历年累计
增加值	万元	690 817	-18.0	9 659 573
经营总收入		13 755 415	-11.8	220 358 557
其中：技术服务收入		1 247 984	-0.8	4 689 565
工业总产值		13 637 600	-13.5	221 947 286
其中：高新技术产业		0	—	22 906 867
物流企业经营收入		46 629	26.8	301 536
企业利润总额		56 954	31.9	1 840 362
综合能源耗费量	吨标准煤	80 753	-3.3	943 814
批准企业数	个	9	-30.8	133
其中：加工企业		3	200.0	91
物流企业		1	-66.7	24
批准外资企业数		1	—	85
批准投资总额	万美元	1 151	-42.5	256 749
其中：外商投资总额		31	—	245 914
合同利用外资		22	—	109 516
企业实际到位资金		1 442	-27.9	91 488
其中：实际利用外资		322	—	84 327
固定资产投资额	万元	41 533	141.1	1 295 601
其中：基础设施投资		0	—	151 641
土地实际已租售面积	平方米	0	—	2 134 695
房屋竣工建筑面积		0	—	1 067 839
其中：已建成厂房面积		0	—	1 067 839
已投产运作企业数	个	3	-40.0	88
其中：已投产加工企业数		3	200.0	64
已投产物流企业数		0	-100.0	20
其中：投资额 1 000 万美元以上		0	—	38
税收总额	万元	238 314	0.8	2 075 612
其中：海关税收及代征税		166 992	-15.5	1 486 425
税务部门税收		71 322	83.8	589 187
期末从业人员	人	63 761	-3.7	63 761
期末批准面积	平方公里	5.96	0.0	5.96
期末验收封关面积		4.28	0.0	4.28

续表

指标	单位	上海青浦出口加工区		
		当年累计	同比（%）	历年累计
增加值	万元	80 782	4.5	762 894
经营总收入	万元	542 815	7.7	2 469 333
其中：技术服务收入	万元	0	—	0
工业总产值	万元	536 984	9.2	3 805 731
其中：高新技术产业	万元	493 170	9.8	2 226 196
物流企业经营收入	万元	5 831	9.6	25 046
企业利润总额	万元	30 228	21.9	182 279
综合能源耗费量	吨标准煤	27 969	14.7	204 640
批准企业数	个	0	—	31
其中：加工企业	个	0	—	15
物流企业	个	0	—	5
批准外资企业数	个	0	—	25
批准投资总额	万美元	0	—	80 751
其中：外商投资总额	万美元	0	—	80 000
合同利用外资	万美元	0	—	32 767
企业实际到位资金	万美元	0	—	18 924
其中：实际利用外资	万美元	0	—	18 501
固定资产投资额	万元	0	-100.0	254 317
其中：基础设施投资	万元	0	—	66 101
土地实际已租售面积	平方米	0	—	661 683
房屋竣工建筑面积	平方米	0	—	206 970
其中：已建成厂房面积	平方米	0	—	191 664
已投产运作企业数	个	0	—	18
其中：已投产加工企业数	个	0	—	13
已投产物流企业数	个	0	—	5
其中：投资额1 000万美元以上	个	0	—	11
税收总额	万元	48 117	-3.8	320 144
其中：海关税收及代征税	万元	38 833	1.9	251 331
税务部门税收	万元	9 284	-20.2	68 412
期末从业人员	人	3 219	0.2	3 219
期末批准面积	平方公里	3.00	0.0	3.00
期末验收封关面积	平方公里	1.60	0.0	1.60

续表

指标	单位	上海金桥（南区）出口加工区		
		当年累计	同比（%）	历年累计
增加值	万元	0	—	239 785
经营总收入	万元	281 121	-2.4	1 690 025
其中：技术服务收入	万元	0	—	0
工业总产值	万元	230 658	-15.2	1 612 158
其中：高新技术产业	万元	78 211	11.2	1 076 954
物流企业经营收入	万元	20 713	-10.1	114 075
企业利润总额	万元	28 493	-17.2	173 896
综合能源耗费量	吨标准煤	13 868	-39.7	79 361
批准企业数	个	0	—	36
其中：加工企业	个	0	—	33
物流企业	个	0	—	3
批准外资企业数	个	0	—	32
批准投资总额	万美元	0	—	168 171
其中：外商投资总额	万美元	0	—	159 935
合同利用外资	万美元	0	—	60 133
企业实际到位资金	万美元	0	—	61 565
其中：实际利用外资	万美元	0	—	60 133
固定资产投资额	万元	0	—	236 461
其中：基础设施投资	万元	0	—	102 539
土地实际已租售面积	平方米	0	—	488 869
房屋竣工建筑面积	平方米	0	—	225 322
其中：已建成厂房面积	平方米	0	—	225 322
已投产运作企业数	个	0	—	26
其中：已投产加工企业数	个	0	—	25
已投产物流企业数	个	0	—	1
其中：投资额1 000万美元以上	个	0	—	6
税收总额	万元	66 172	-23.8	364 231
其中：海关税收及代征税	万元	35 025	-24.0	154 989
税务部门税收	万元	31 147	-23.5	209 242
期末从业人员	人	2 171	0.0	2 171
期末批准面积	平方公里	2.80	0.0	2.80
期末验收封关面积	平方公里	1.55	0.0	1.55

续表

指标	单位	江苏南京（南区）出口加工区		
		当年累计	同比（%）	历年累计
增加值	万元	0	—	366 352
经营总收入	万元	4 341 942	76.4	13 308 363
其中：技术服务收入	万元	0	—	0
工业总产值	万元	2 025 078	-4.5	10 705 643.48
其中：高新技术产业	万元	0	—	0
物流企业经营收入	万元	4 700	-14.5	17 571
企业利润总额	万元	2 060	—	654.4
综合能源耗费量	吨标准煤	19 868	48.5	64 767
批准企业数	个	1	0.0	42
其中：加工企业	个	0	-100.0	30
物流企业	个	0	—	10
批准外资企业数	个	1	0.0	32
批准投资总额	万美元	3 000	66.7	37 963
其中：外商投资总额	万美元	3 000	66.7	35 921
合同利用外资	万美元	3 000	66.7	25 629
企业实际到位资金	万美元	1 413	1 196.3	14 809
其中：实际利用外资	万美元	1 413	1 196.3	14 735
固定资产投资额	万元	8 000	241.9	41 799
其中：基础设施投资	万元	8 000	241.9	33 173
土地实际已租售面积	平方米	0	-100.0	238 325
房屋竣工建筑面积	平方米	0	—	654 358
其中：已建成厂房面积	平方米	0	—	236 558
已投产运作企业数	个	0	-100.0	12
其中：已投产加工企业数	个	0	-100.0	9
已投产物流企业数	个	0	—	3
其中：投资额1 000万美元以上	个	0	-100.0	5
税收总额	万元	13 714	-59.2	387 242
其中：海关税收及代征税	万元	11 714	-56.2	363 602
税务部门税收	万元	2 000	-71.0	23 611
期末从业人员	人	13 000	-13.3	13 000
期末批准面积	平方公里			
期末验收封关面积	平方公里			

续表

指标	单位	江苏常州出口加工区		
		当年累计	同比（%）	历年累计
增加值	万元	46 054	28.9	253 885
经营总收入		198 184	9.4	1 170 472
其中：技术服务收入		0	—	0
工业总产值		191 888	10.7	1 147 081
其中：高新技术产业		171 844	—	174 697
物流企业经营收入		6 296	-18.1	20 359
企业利润总额		24 067	3.6	96 740
综合能源耗费量	吨标准煤	10 880	1.7	48 380
批准企业数	个	11	120.0	30
其中：加工企业		0	—	13
物流企业		11	175.0	16
批准外资企业数		1	0.0	16
批准投资总额	万美元	800	-27.3	50 620
其中：外商投资总额		800	60.0	42 240
合同利用外资		0	-100.0	24 487
企业实际到位资金		0	-100.0	22 893
其中：实际利用外资		0	-100.0	22 746
固定资产投资额	万元	7 189	-71.3	226 890
其中：基础设施投资		4 780	-49.0	153 528
土地实际已租售面积	平方米	0	—	211 309
房屋竣工建筑面积		0	—	234 471
其中：已建成厂房面积		0	—	234 471
已投产运作企业数	个	0	—	13
其中：已投产加工企业数		0	—	10
已投产物流企业数		0	—	3
其中：投资额1 000万美元以上		0	—	4
税收总额	万元	120 760	-15.6	287 609
其中：海关税收及代征税		112 746	-20.0	252 347
税务部门税收		8 014	259.1	34 959
期末从业人员	人	1 330	0.0	1 330
期末批准面积	平方公里	1.66	0.0	1.66
期末验收封关面积		1.33	0.0	1.33

续表

指标	单位	江苏武进出口加工区		
		当年累计	同比（%）	历年累计
增加值	万元	275 860	66.6	711 310
经营总收入		1 058 102	20.6	3 661 500
其中：技术服务收入		0	—	0
工业总产值		1 352 488	16.5	5 121 540
其中：高新技术产业		1 338 114	16.6	4 659 407
物流企业经营收入		6 875	18.3	29 075
企业利润总额		122 340	151.4	224 527
综合能源耗费量	吨标准煤	15 801	6.5	71 497
批准企业数	个	4	33.3	27
其中：加工企业		2	100.0	12
物流企业		0	-100.0	13
批准外资企业数		2	0.0	10
批准投资总额	万美元	0	-100.0	114 795
其中：外商投资总额		0	-100.0	100 560
合同利用外资		608	-89.3	53 413
企业实际到位资金		600	-84.6	64 256
其中：实际利用外资		600	-84.6	51 105
固定资产投资额	万元	69 673	30.0	434 514
其中：基础设施投资		3 825	47.7	16 656
土地实际已租售面积	平方米	0	—	479 863
房屋竣工建筑面积		0	-100.0	549 388
其中：已建成厂房面积		0	—	464 687
已投产运作企业数	个	0	-100.0	23
其中：已投产加工企业数		0	—	10
已投产物流企业数		0	-100.0	13
其中：投资额1 000万美元以上		0	—	7
税收总额	万元	35 010	16.7	140 262
其中：海关税收及代征税		25 704	18.8	100 949
税务部门税收		9 306	11.4	39 313
期末从业人员	人	35 774	120.0	35 774
期末批准面积	平方公里	1.15	0.0	1.15
期末验收封关面积		1.08	0.0	1.08

续表

指标	单位	江苏吴中出口加工区		
		当年累计	同比（%）	历年累计
增加值	万元	93 050	99.9	307 707
经营总收入	万元	58 206	20.3	2 336 596
其中：技术服务收入	万元	213	—	315
工业总产值	万元	47 351	21.5	2 264 552
其中：高新技术产业	万元	0	—	0
物流企业经营收入	万元	9 247	104.3	39 911
企业利润总额	万元	-1 916	—	-76 236
综合能源耗费量	吨标准煤	8 463	23.4	42 021
批准企业数	个	3	0.0	35
其中：加工企业	个	0	-100.0	8
物流企业	个	3	200.0	26
批准外资企业数	个	0	—	4
批准投资总额	万美元	1 309	101.1	71 323
其中：外商投资总额	万美元	0	—	41 556
合同利用外资	万美元	0	—	32 808
企业实际到位资金	万美元	0	-100.0	23 191
其中：实际利用外资	万美元	0	-100.0	10 418
固定资产投资额	万元	1 694	-59.2	267 663
其中：基础设施投资	万元	0	—	86 903
土地实际已租售面积	平方米	0	—	903 359
房屋竣工建筑面积	平方米	0	—	344 404
其中：已建成厂房面积	平方米	0	—	344 404
已投产运作企业数	个	3	—	24
其中：已投产加工企业数	个	0	—	4
已投产物流企业数	个	3	—	19
其中：投资额1 000万美元以上	个	0	—	4
税收总额	万元	88 079	124.7	259 285
其中：海关税收及代征税	万元	87 227	126.9	251 388
税务部门税收	万元	851	12.4	7 894
期末从业人员	人	1 735	-5.2	1 735
期末批准面积	平方公里	3.00	0.0	3.00
期末验收封关面积	平方公里	1.38	0.0	1.38

续表

指标	单位	江苏连云港出口加工区		
		当年累计	同比（%）	历年累计
增加值	万元	20 890	5.5	148 799
经营总收入	万元	72 850	-12.0	685 393
其中：技术服务收入	万元	362	-4.5	1 012
工业总产值	万元	93 963	5.1	684 416
其中：高新技术产业	万元	370	-29.3	46 473
物流企业经营收入	万元	7 495	10.1	34 024
企业利润总额	万元	-165	—	16 114
综合能源耗费量	吨标准煤	632	-1.7	11 809
批准企业数	个	2	-71.4	32
其中：加工企业	个	0	-100.0	13
物流企业	个	2	-66.7	19
批准外资企业数	个	0	-100.0	16
批准投资总额	万美元	2 723	-69.5	35 644
其中：外商投资总额	万美元	0	-100.0	22 041
合同利用外资	万美元	0	-100.0	11 336
企业实际到位资金	万美元	1 270	18.1	12 875
其中：实际利用外资	万美元	1 270	1 593.3	9 765
固定资产投资额	万元	5 596	-75.7	88 447
其中：基础设施投资	万元	1 350	-73.4	35 350
土地实际已租售面积	平方米	0	—	400 168
房屋竣工建筑面积	平方米	0	—	345 631
其中：已建成厂房面积	平方米	0	—	335 063
已投产运作企业数	个	2	-60.0	28
其中：已投产加工企业数	个	0	-100.0	12
已投产物流企业数	个	2	-50.0	16
其中：投资额1 000万美元以上	个	0	—	6
税收总额	万元	10 055	-25.7	42 312
其中：海关税收及代征税	万元	9 865	-26.2	36 348
税务部门税收	万元	190	14.5	5 959
期末从业人员	人	1 313	-25.1	1 313
期末批准面积	平方公里	2.97	0.0	2.97
期末验收封关面积	平方公里	2.97	0.0	2.97

续表

指标	单位	江苏淮安出口加工区		
		当年累计	同比（%）	历年累计
增加值	万元	716 631	-35.2	5 265 429
经营总收入	万元	6 866 162	-30.1	39 263 411
其中：技术服务收入	万元	0	—	0
工业总产值	万元	7 038 930	-29.1	39 647 053
其中：高新技术产业	万元	0	—	0
物流企业经营收入	万元	1 656	2.0	7 080
企业利润总额	万元	454 382	-11.6	1 443 030
综合能源耗费量	吨标准煤	153 687	20.5	858 650
批准企业数	个	2	100.0	18
其中：加工企业	个	2	100.0	14
物流企业	个	0	—	4
批准外资企业数	个	2	100.0	13
批准投资总额	万美元	3 000	140.0	133 240
其中：外商投资总额	万美元	3 000	140.0	133 040
合同利用外资	万美元	2 100	320.0	63 873
企业实际到位资金	万美元	1 660	-21.4	61 242
其中：实际利用外资	万美元	1 660	-21.4	60 542
固定资产投资额	万元	6 600	-36.3	629 219
其中：基础设施投资	万元	4 600	2.2	358 467
土地实际已租售面积	平方米	4 000	—	184 009
房屋竣工建筑面积	平方米	120 000	—	1 610 000
其中：已建成厂房面积	平方米	80 000	—	1 453 260
已投产运作企业数	个	0	—	15
其中：已投产加工企业数	个	0	—	11
已投产物流企业数	个	0	—	4
其中：投资额1 000万美元以上	个	0	—	6
税收总额	万元	29 077	24.2	150 942
其中：海关税收及代征税	万元	20 335	22.2	100 387
税务部门税收	万元	8 742	29.1	50 230
期末从业人员	人	42 000	-17.6	42 000
期末批准面积	平方公里	4.92	-100.0	4.92
期末验收封关面积	平方公里	2.63	0.0	2.63

续表

指标	单位	江苏扬州出口加工区		
		当年累计	同比（%）	历年累计
增加值	万元	61 289	71.4	507 562
经营总收入	万元	585 591	23.1	2 516 638
其中：技术服务收入	万元	0	—	0
工业总产值	万元	475 580	5.4	3 380 526
其中：高新技术产业	万元	0	—	0
物流企业经营收入	万元	44 338	273.8	149 612
企业利润总额	万元	42 606	18.5	316 799
综合能源耗费量	吨标准煤	990	-21.4	15 268
批准企业数	个	4	33.3	37
其中：加工企业	个	2	0.0	28
物流企业	个	2	100.0	9
批准外资企业数	个	0	-100.0	30
批准投资总额	万美元	1 116	-7.0	175 175
其中：外商投资总额	万美元	0	-100.0	172 078
合同利用外资	万美元	0	-100.0	123 505
企业实际到位资金	万美元	116	-76.8	74 120
其中：实际利用外资	万美元	0	-100.0	73 997
固定资产投资额	万元	3 213	-5.5	437 858
其中：基础设施投资	万元	422	—	149 004
土地实际已租售面积	平方米	0	—	731 817
房屋竣工建筑面积	平方米	0	—	520 987
其中：已建成厂房面积	平方米	0	—	520 987
已投产运作企业数	个	0	-100.0	49
其中：已投产加工企业数	个	0	-100.0	45
已投产物流企业数	个	0	-100.0	4
其中：投资额1 000万美元以上	个	0	-100.0	28
税收总额	万元	23 682	77.1	152 622
其中：海关税收及代征税	万元	16 783	67.4	103 341
税务部门税收	万元	6 899	106.0	49 281
期末从业人员	人	2 225	0.0	2 225
期末批准面积	平方公里	3.00	0.0	3.00
期末验收封关面积	平方公里	1.47	0.0	1.47

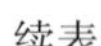
续表

指标	单位	江苏镇江出口加工区		
		当年累计	同比（%）	历年累计
增加值	万元	19 580	3. 5	117 687
经营总收入	万元	97 343	3. 1	427 229
其中：技术服务收入	万元	0	—	0
工业总产值	万元	92 276	3. 3	515 170
其中：高新技术产业	万元	92 276	3. 3	478 853
物流企业经营收入	万元	15 233	3. 5	60 874
企业利润总额	万元	19 262	3. 4	105 140
综合能源耗费量	吨标准煤	2 584	-0. 9	18 279
批准企业数	个	4	-20. 0	25
其中：加工企业	个	0	-100. 0	1
物流企业	个	4	0. 0	16
批准外资企业数	个	0	-100. 0	11
批准投资总额	万美元	8 977	348. 9	81 401
其中：外商投资总额	万美元	0	-100. 0	30 190
合同利用外资	万美元	0	-100. 0	10 581
企业实际到位资金	万美元	6 708	250. 7	17 571
其中：实际利用外资	万美元	5 971	212. 1	14 382
固定资产投资额	万元	2 915	362. 7	87 444
其中：基础设施投资	万元	2 715	331. 0	49 761
土地实际已租售面积	平方米	0	—	546 764
房屋竣工建筑面积	平方米	0	—	146 676
其中：已建成厂房面积	平方米	0	—	146 676
已投产运作企业数	个	0	—	17
其中：已投产加工企业数	个	0	—	2
已投产物流企业数	个	0	—	6
其中：投资额 1 000 万美元以上	个	0	—	7
税收总额	万元	24 390	4. 5	114 184
其中：海关税收及代征税	万元	20 871	4. 3	100 504
税务部门税收	万元	3 519	6. 0	13 680
期末从业人员	人	843	3. 7	843
期末批准面积	平方公里	2. 53	0. 0	2. 53
期末验收封关面积	平方公里	0. 91	0. 0	0. 91

续表

指标	单位	江苏泰州出口加工区		
		当年累计	同比（%）	历年累计
增加值	万元	155 810	124.1	327 108
经营总收入	万元	1 064 675	128.5	2 197 557
其中：技术服务收入	万元	0	—	0
工业总产值	万元	1 048 054	126.1	2 198 889
其中：高新技术产业	万元	773 879	78.8	1 894 024
物流企业经营收入	万元	5 019	-38.4	23 254
企业利润总额	万元	33 033	841.9	45 242
综合能源耗费量	吨标准煤	42 694	180.5	80 333
批准企业数	个	13	116.7	30
其中：加工企业	个	0	—	5
物流企业	个	1	—	4
批准外资企业数	个	0	—	2
批准投资总额	万美元	2 927	17.5	68 786
其中：外商投资总额	万美元	0	-100.0	60 700
合同利用外资	万美元	0	—	22 980
企业实际到位资金	万美元	0	-100.0	23 908
其中：实际利用外资	万美元	0	-100.0	22 980
固定资产投资额	万元	27 009	33.5	454 638
其中：基础设施投资	万元	26 556	258.9	235 940
土地实际已租售面积	平方米	9 513	—	772 372
房屋竣工建筑面积	平方米	379 876	—	801 073
其中：已建成厂房面积	平方米	35 330	—	429 959
已投产运作企业数	个	11	—	17
其中：已投产加工企业数	个	0	—	4
已投产物流企业数	个	1	—	3
其中：投资额1 000万美元以上	个	0	—	2
税收总额	万元	8 382	-1.4	28 973
其中：海关税收及代征税	万元	3 475	-51.9	19 255
税务部门税收	万元	4 907	287.6	9 718
期末从业人员	人	6 048	14.4	6 048
期末批准面积	平方公里	1.76	0.0	1.76
期末验收封关面积	平方公里	1.08	0.0	1.08

续表

指标	单位	江苏常熟出口加工区		
		当年累计	同比（%）	历年累计
增加值	万元	14 729	18.1	93 853
经营总收入		45 377	-6.9	467 728
其中：技术服务收入		0	—	0
工业总产值		38 317	-6.5	445 409
其中：高新技术产业		0	—	0
物流企业经营收入		7 101	-11.4	41 164
企业利润总额		4 237	435.7	13 609
综合能源耗费量	吨标准煤	622	-3.9	4 475
批准企业数	个	0	—	15
其中：加工企业		0	—	10
物流企业		0	—	5
批准外资企业数		0	—	10
批准投资总额	万美元	1 200	—	15 318
其中：外商投资总额		0	—	13 765
合同利用外资		1 200	—	7 271
企业实际到位资金		722	—	6 128
其中：实际利用外资		0	—	5 053
固定资产投资额	万元	2 779	—	56 117
其中：基础设施投资		0	—	28 000
土地实际已租售面积	平方米	0	—	240 811
房屋竣工建筑面积		0	—	137 940
其中：已建成厂房面积		0	—	122 440
已投产运作企业数	个	0	—	15
其中：已投产加工企业数		0	—	10
已投产物流企业数		0	—	5
其中：投资额1 000万美元以上		0	—	5
税收总额	万元	11 325	-33.6	96 432
其中：海关税收及代征税		8 616	-39.8	81 260
税务部门税收		2 709	-1.5	14 885
期末从业人员	人	815	-16.8	815
期末批准面积	平方公里	0.94	0.0	0.94
期末验收封关面积		0.53	0.0	0.53

续表

指标	单位	江苏吴江出口加工区		
		当年累计	同比（%）	历年累计
增加值	万元	27 181	88.9	132 825
经营总收入		632 973	47.9	3 282 780
其中：技术服务收入		0	—	0
工业总产值		637 234	44.6	3 638 139
其中：高新技术产业		0	-100.0	1 511 859
物流企业经营收入		961	-26.5	9 528
企业利润总额		-6 482	—	-61 277
综合能源耗费量	吨标准煤	2 544	-31.4	24 268
批准企业数	个	3	50.0	37
其中：加工企业		2	100.0	30
物流企业		0	—	5
批准外资企业数		2	100.0	32
批准投资总额	万美元	9 210	104.0	106 482
其中：外商投资总额		9 210	104.7	104 827
合同利用外资		3 150	110.0	46 712
企业实际到位资金		0	-100.0	21 658
其中：实际利用外资		0	-100.0	20 059
固定资产投资额	万元	1 475	-62.4	172 684
其中：基础设施投资		0	—	37 054
土地实际已租售面积	平方米	0	—	388 165
房屋竣工建筑面积		0	—	221 124
其中：已建成厂房面积		0	—	219 924
已投产运作企业数	个	0	-100.0	15
其中：已投产加工企业数		0	-100.0	11
已投产物流企业数		0	-100.0	4
其中：投资额1 000万美元以上		0	—	5
税收总额	万元	28 907	42.2	139 724
其中：海关税收及代征税		26 997	39.0	131 879
税务部门税收		1 910	111.3	7 845
期末从业人员	人	738	-68.0	738
期末批准面积	平方公里	1.00	0.0	1.00
期末验收封关面积		1.00	0.0	1.00

续表

指标	单位	浙江杭州出口加工区		
		当年累计	同比（%）	历年累计
增加值	万元	156 715	32.1	1 344 049
经营总收入	万元	964 994	-1.5	15 812 692
其中：技术服务收入	万元	0	—	0
工业总产值	万元	947 202	-1.9	15 718 888
其中：高新技术产业	万元	16 737	12.2	102 487
物流企业经营收入	万元	17 792	19.3	93 805
企业利润总额	万元	36 864	100.0	340 252
综合能源耗费量	吨标准煤	13 194	-2.0	182 154
批准企业数	个	21	-76.7	146
其中：加工企业	个	0	—	25
物流企业	个	21	-76.7	120
批准外资企业数	个	2	-75.0	40
批准投资总额	万美元	5 438	-26.0	73 132
其中：外商投资总额	万美元	3 875	203.4	55 481
合同利用外资	万美元	3 475	172.1	27 181
企业实际到位资金	万美元	937	-29.3	28 568
其中：实际利用外资	万美元	800	37.5	21 101
固定资产投资额	万元	9 397	-53.3	416 456
其中：基础设施投资	万元	0	-100.0	115 118
土地实际已租售面积	平方米	0	—	886 049
房屋竣工建筑面积	平方米	0	—	584 187
其中：已建成厂房面积	平方米	0	—	575 729
已投产运作企业数	个	0	-100.0	125
其中：已投产加工企业数	个	0	—	25
已投产物流企业数	个	0	-100.0	99
其中：投资额1 000万美元以上	个	0	—	12
税收总额	万元	69 918	79.4	560 447
其中：海关税收及代征税	万元	55 580	166.8	397 602
税务部门税收	万元	14 338	-21.0	162 844
期末从业人员	人	7 516	-9.0	7 516
期末批准面积	平方公里	2.92	0.0	2.92
期末验收封关面积	平方公里	2.00	0.0	2.00

续表

指标	单位	浙江宁波出口加工区		
		当年累计	同比（%）	历年累计
增加值	万元	237 689	-20.4	3 545 916
经营总收入	万元	1 985 671	-21.2	36 661 229
其中：技术服务收入	万元	0	—	0
工业总产值	万元	2 081 857	-21.2	37 777 185
其中：高新技术产业	万元	1 811 216	-21.2	33 003 595
物流企业经营收入	万元	63 165	-7.6	348 449
企业利润总额	万元	66 966	-44.6	987 940
综合能源耗费量	吨标准煤	110 063	-38.8	826 814
批准企业数	个	0	—	43
其中：加工企业	个	0	—	35
物流企业	个	0	—	5
批准外资企业数	个	0	—	42
批准投资总额	万美元	0	—	226 422
其中：外商投资总额	万美元	0	—	226 422
合同利用外资	万美元	0	—	98 705
企业实际到位资金	万美元	0	—	55 285
其中：实际利用外资	万美元	0	—	55 285
固定资产投资额	万元	43 647	39.7	1 227 850
其中：基础设施投资	万元	0	—	42 969
土地实际已租售面积	平方米	0	—	661 000
房屋竣工建筑面积	平方米	0	—	1 001 000
其中：已建成厂房面积	平方米	0	—	1 001 000
已投产运作企业数	个	0	—	23
其中：已投产加工企业数	个	0	—	20
已投产物流企业数	个	0	—	3
其中：投资额1 000万美元以上	个	0	—	7
税收总额	万元	4 457	-3.2	58 914
其中：海关税收及代征税	万元	4 457	-3.2	57 714
税务部门税收	万元	0	—	1 200
期末从业人员	人	20 302	-27.6	20 302
期末批准面积	平方公里	3.00	0.0	3.00
期末验收封关面积	平方公里	3.00	0.0	3.00

续表

指标	单位	浙江嘉兴出口加工区		
		当年累计	同比（%）	历年累计
增加值	万元	8 730	16.8	62 954
经营总收入	万元	51 567	8.6	347 384
其中：技术服务收入	万元	0	—	4 617
工业总产值	万元	45 196	-10.1	338 224
其中：高新技术产业	万元	0	—	0
物流企业经营收入	万元	2 390	10.8	7 226
企业利润总额	万元	4 366	306.5	16 434
综合能源耗费量	吨标准煤	1 819	2.5	15 822
批准企业数	个	0	-100.0	26
其中：加工企业	个	0	-100.0	18
物流企业	个	0	-100.0	6
批准外资企业数	个	0	-100.0	14
批准投资总额	万美元	0	-100.0	30 333
其中：外商投资总额	万美元	0	-100.0	21 843
合同利用外资	万美元	0	-100.0	14 426
企业实际到位资金	万美元	116	-87.5	6 940
其中：实际利用外资	万美元	116	-87.5	4 809
固定资产投资额	万元	25 023	19.1	231 007
其中：基础设施投资	万元	23 530	138.4	51 534
土地实际已租售面积	平方米	0	—	501 719
房屋竣工建筑面积	平方米	0	-100.0	161 141
其中：已建成厂房面积	平方米	0	-100.0	161 116
已投产运作企业数	个	0	—	14
其中：已投产加工企业数	个	0	—	12
已投产物流企业数	个	0	—	2
其中：投资额1 000万美元以上	个	0	—	5
税收总额	万元	9 717	-52.5	77 931
其中：海关税收及代征税	万元	9 258	-52.7	71 093
税务部门税收	万元	459	-47.5	6 838
期末从业人员	人	779	-9.0	779
期末批准面积	平方公里	2.98	0.0	2.98
期末验收封关面积	平方公里	1.3	0.0	1.3

续表

指标	单位	浙江慈溪出口加工区		
		当年累计	同比（%）	历年累计
增加值	万元	4 429	0.1	24 248
经营总收入	万元	13 236	0.5	77 833
其中：技术服务收入	万元	0	—	0
工业总产值	万元	9 585	-1.8	65 250
其中：高新技术产业	万元	0	—	0
物流企业经营收入	万元	1 920	0.4	11 025
企业利润总额	万元	663	2.5	2 844
综合能源耗费量	吨标准煤	44	-12.0	382
批准企业数	个	8	100.0	33
其中：加工企业	个	0	—	4
物流企业	个	8	100.0	29
批准外资企业数	个	0	—	8
批准投资总额	万美元	4 700	276.0	43 237
其中：外商投资总额	万美元	0	—	19 138
合同利用外资	万美元	0	—	11 329
企业实际到位资金	万美元	1 050	348.7	10 902
其中：实际利用外资	万美元	0	—	4 047
固定资产投资额	万元	11 480	1.8	119 005
其中：基础设施投资	万元	11 480	1.8	113 097
土地实际已租售面积	平方米	242 745	—	531 161
房屋竣工建筑面积	平方米	0	-100.0	168 102
其中：已建成厂房面积	平方米	0	-100.0	163 002
已投产运作企业数	个	4	33.3	25
其中：已投产加工企业数	个	0	—	3
已投产物流企业数	个	4	33.3	22
其中：投资额1 000万美元以上	个	0	—	1
税收总额	万元	8 132	-34.7	57 296
其中：海关税收及代征税	万元	7 901	-36.0	56 461
税务部门税收	万元	231	89.3	835
期末从业人员	人	110	-14.7	110
期末批准面积	平方公里	2.00	0.0	2.00
期末验收封关面积	平方公里	0.70	0.0	0.70

续表

指标	单位	安徽合肥出口加工区		
		当年累计	同比（%）	历年累计
增加值	万元	0	—	0
经营总收入	万元	4 198 331	-6.6	14 429 327
其中：技术服务收入	万元	0	—	0
工业总产值	万元	4 304 317	-9.0	14 812 217
其中：高新技术产业	万元	0	—	0
物流企业经营收入	万元	10 538	-12.2	37 355
企业利润总额	万元	7 659	-4.7	27 621
综合能源耗费量	吨标准煤	4 542	-5.7	17 763
批准企业数	个	3	—	16
其中：加工企业	个	0	—	4
物流企业	个	3	—	12
批准外资企业数	个	0	—	3
批准投资总额	万美元	0	—	31 784
其中：外商投资总额	万美元	0	—	30 865
合同利用外资	万美元	0	—	27 100
企业实际到位资金	万美元	0	—	27 252
其中：实际利用外资	万美元	0	—	26 850
固定资产投资额	万元	0	—	365 429
其中：基础设施投资	万元	0	—	7 645
土地实际已租售面积	平方米	0	—	318 933
房屋竣工建筑面积	平方米	0	—	312 514
其中：已建成厂房面积	平方米	0	—	197 067
已投产运作企业数	个	0	—	11
其中：已投产加工企业数	个	0	—	3
已投产物流企业数	个	0	—	8
其中：投资额1 000万美元以上	个	0	—	2
税收总额	万元	168 542	-28.0	690 175
其中：海关税收及代征税	万元	156 544	-21.9	636 727
税务部门税收	万元	11 998	-60.8	53 448
期末从业人员	人	7 763	-14.6	7 763
期末批准面积	平方公里	1.42	0.0	1.42
期末验收封关面积	平方公里	1.42	0.0	1.42

续表

指标	单位	安徽芜湖出口加工区		
		当年累计	同比（%）	历年累计
增加值	万元	50 099	18.8	279 743
经营总收入	万元	217 523	10.9	1 629 534
其中：技术服务收入	万元	0	—	0
工业总产值	万元	217 599	10.3	1 640 161
其中：高新技术产业	万元	21 486	39.6	87 912
物流企业经营收入	万元	47	30.6	242
企业利润总额	万元	11 359	21.9	37 420
综合能源耗费量	吨标准煤	5 723	-8.5	79 175
批准企业数	个	4	300.0	31
其中：加工企业	个	1	0.0	18
物流企业	个	3	—	11
批准外资企业数	个	0	—	9
批准投资总额	万美元	6 498	4 147.1	65 255
其中：外商投资总额	万美元	0	—	30 870
合同利用外资	万美元	0	—	30 590
企业实际到位资金	万美元	1 485	870.6	51 624
其中：实际利用外资	万美元	0	—	30 590
固定资产投资额	万元	929	-94.1	288 242
其中：基础设施投资	万元	0	-100.0	156 930
土地实际已租售面积	平方米	0	—	952 398
房屋竣工建筑面积	平方米	0	—	360 646
其中：已建成厂房面积	平方米	0	—	344 846
已投产运作企业数	个	1	—	21
其中：已投产加工企业数	个	1	—	14
已投产物流企业数	个	0	—	7
其中：投资额1 000万美元以上	个	1	—	10
税收总额	万元	61 576	63.8	162 816
其中：海关税收及代征税	万元	59 624	68.0	148 059
税务部门税收	万元	1 952	-0.7	14 621
期末从业人员	人	3 686	-8.8	3 686
期末批准面积	平方公里	2.95	0.0	2.95
期末验收封关面积	平方公里	2.17	0.0	2.17

续表

指标	单位	福建福州出口加工区		
		当年累计	同比（%）	历年累计
增加值	万元	2 318	-18.2	27 348
经营总收入	万元	18 426	-6.6	105 648
其中：技术服务收入	万元	0	—	0
工业总产值	万元	16 969	-12.8	102 175
其中：高新技术产业	万元	0	—	0
物流企业经营收入	万元	1 417	-20.1	8 900
企业利润总额	万元	349	-41.9	3 626
综合能源耗费量	吨标准煤	420	0.7	1 731
批准企业数	个	55	37.5	115
其中：加工企业	个	0	-100.0	12
物流企业	个	55	44.7	103
批准外资企业数	个	10	42.9	22
批准投资总额	万美元	7 590	-74.3	46 871
其中：外商投资总额	万美元	2 650	-24.3	13 130
合同利用外资	万美元	2 390	-8.1	8 820
企业实际到位资金	万美元	490	-7.5	6 841
其中：实际利用外资	万美元	50	400.0	2 827
固定资产投资额	万元	41 470	343.3	150 167
其中：基础设施投资	万元	3 430	15.8	29 894
土地实际已租售面积	平方米	0	-100.0	375 007
房屋竣工建筑面积	平方米	0	—	141 450
其中：已建成厂房面积	平方米	0	—	89 758
已投产运作企业数	个	18	20.0	40
其中：已投产加工企业数	个	1	—	2
已投产物流企业数	个	16	6.7	37
其中：投资额1 000万美元以上	个	3	—	4
税收总额	万元	52 533	-6.3	288 156
其中：海关税收及代征税	万元	51 915	-6.6	282 596
税务部门税收	万元	618	29.6	5 458
期末从业人员	人	485	1.0	485
期末批准面积	平方公里	1.14	0.0	1.14
期末验收封关面积	平方公里	0.44	0.0	0.44

续表

指标	单位	江西南昌出口加工区		
		当年累计	同比（%）	历年累计
增加值	万元	14 658	-56.9	185 291
经营总收入	万元	526 694	-7.4	2 097 454
其中：技术服务收入	万元	0	—	83
工业总产值	万元	533 354	3.6	2 635 608
其中：高新技术产业	万元	31 991	2.0	63 365
物流企业经营收入	万元	85	—	1 753
企业利润总额	万元	-3 410	—	-3 062
综合能源耗费量	吨标准煤	39	30.0	27 436
批准企业数	个	0	-100.0	26
其中：加工企业	个	0	—	11
物流企业	个	0	-100.0	10
批准外资企业数	个	0	-100.0	16
批准投资总额	万美元	0	-100.0	50 000
其中：外商投资总额	万美元	0	-100.0	50 000
合同利用外资	万美元	0	-100.0	30 000
企业实际到位资金	万美元	0	-100.0	27 000
其中：实际利用外资	万美元	0	-100.0	20 862
固定资产投资额	万元	0	-100.0	109 220
其中：基础设施投资	万元	0	—	45 078
土地实际已租售面积	平方米	0	—	272 680
房屋竣工建筑面积	平方米	0	-100.0	214 927
其中：已建成厂房面积	平方米	0	-100.0	214 927
已投产运作企业数	个	13	—	39
其中：已投产加工企业数	个	5	—	21
已投产物流企业数	个	8	—	18
其中：投资额 1 000 万美元以上	个	8	—	24
税收总额	万元	179	54.3	715
其中：海关税收及代征税	万元	140	79.5	479
税务部门税收	万元	39	2.6	182
期末从业人员	人	1 788	-1.3	1 788
期末批准面积	平方公里	1.00	0.0	1.00
期末验收封关面积	平方公里	1.00	0.0	1.00

续表

指标	单位	江西九江出口加工区		
		当年累计	同比（%）	历年累计
增加值	万元	19 130	-14.0	137 005
经营总收入		455 494	-6.4	1 688 207
其中：技术服务收入		0	—	0
工业总产值		469 410	-4.1	2 221 434
其中：高新技术产业		0	—	0
物流企业经营收入		296	-31.3	1 603
企业利润总额		3 125	-45.9	29 951
综合能源耗费量	吨标准煤	4 912	25.9	15 316
批准企业数	个	4	300.0	36
其中：加工企业		3	200.0	30
物流企业		1	—	6
批准外资企业数		2	100.0	22
批准投资总额	万美元	8 093	401.7	81 580
其中：外商投资总额		3 993	147.6	67 930
合同利用外资		9 493	488.5	74 882
企业实际到位资金		0	—	19 926
其中：实际利用外资		0	—	17 915
固定资产投资额	万元	2 231	121.8	121 522
其中：基础设施投资		173	—	20 642
土地实际已租售面积	平方米	86 667	—	927 331
房屋竣工建筑面积		0	—	230 383
其中：已建成厂房面积		0	—	189 516
已投产运作企业数	个	0	—	30
其中：已投产加工企业数		0	—	25
已投产物流企业数		0	—	5
其中：投资额1 000万美元以上		0	—	16
税收总额	万元	5 147	47.7	16 386
其中：海关税收及代征税		4 920	78.0	12 870
税务部门税收		227	-68.5	3 516
期末从业人员	人	1 599	-32.5	1 599
期末批准面积	平方公里	0.99	0.0	0.99
期末验收封关面积		0.99	0.0	0.99

续表

指标	单位	江西赣州出口加工区		
		当年累计	同比（%）	历年累计
增加值	万元	248	-57.8	22 720
经营总收入	万元	925	-54.1	86 583
其中：技术服务收入	万元	0	—	0
工业总产值	万元	884	-54.2	64 084
其中：高新技术产业	万元	0	—	0
物流企业经营收入	万元	72	-56.4	22 609
企业利润总额	万元	0	—	770
综合能源耗费量	吨标准煤	77	-68.3	2 996
批准企业数	个	0	—	10
其中：加工企业	个	0	—	4
物流企业	个	0	—	7
批准外资企业数	个	0	—	1
批准投资总额	万美元	0	—	1 200
其中：外商投资总额	万美元	0	—	1 200
合同利用外资	万美元	0	—	1 200
企业实际到位资金	万美元	0	—	1 200
其中：实际利用外资	万美元	0	—	1 200
固定资产投资额	万元	0	—	39 798
其中：基础设施投资	万元	0	—	10 934
土地实际已租售面积	平方米	0	—	371 200
房屋竣工建筑面积	平方米	0	—	245 700
其中：已建成厂房面积	平方米	0	—	245 700
已投产运作企业数	个	0	—	10
其中：已投产加工企业数	个	0	—	3
已投产物流企业数	个	0	—	7
其中：投资额 1 000 万美元以上	个	0	—	0
税收总额	万元	56	-13.8	8 225
其中：海关税收及代征税	万元	56	-6.7	7 432
税务部门税收	万元	0	-100.0	793
期末从业人员	人	0	-100.0	0
期末批准面积	平方公里	2.93	0.0	2.93
期末验收封关面积	平方公里	0.93	0.0	0.93

续表

指标	单位	山东青岛出口加工区		
		当年累计	同比（%）	历年累计
增加值	万元	103 143	-15.5	1 148 371
经营总收入		442 944	-5.1	4 228 488
其中：技术服务收入		611	-7.0	2 028
工业总产值		492 169	4.5	4 332 722
其中：高新技术产业		122 775	3.6	1 185 226
物流企业经营收入		1 020	17.8	6 087
企业利润总额		82 011	7.5	713 697
综合能源耗费量	吨标准煤	7 902	-7.9	61 120
批准企业数	个	7	75.0	91
其中：加工企业		4	100.0	82
物流企业		3	50.0	9
批准外资企业数		2	-33.3	76
批准投资总额	万美元	11 101	256.9	230 019
其中：外商投资总额		6 807	409.5	176 945
合同利用外资		1 571	50.3	82 562
企业实际到位资金		3 590	316.5	168 099
其中：实际利用外资		2 465	957.9	49 021
固定资产投资额	万元	10 139	-83.2	395 510
其中：基础设施投资		1 900	65.1	71 465
土地实际已租售面积	平方米	0	—	1 455 404
房屋竣工建筑面积		5 000	0.0	501 000
其中：已建成厂房面积		5 000	0.0	459 719
已投产运作企业数	个	7	16.7	70
其中：已投产加工企业数		3	-25.0	62
已投产物流企业数		4	100.0	8
其中：投资额1 000万美元以上		0	-100.0	22
税收总额	万元	45 022	108.1	174 246
其中：海关税收及代征税		26 721	237.6	78 501
税务部门税收		18 301	33.4	93 620
期末从业人员	人	7 700	0.0	7 700
期末批准面积	平方公里	2.80	0.0	2.80
期末验收封关面积		1.70	0.0	1.70

续表

指标	单位	山东青岛西海岸出口加工区		
		当年累计	同比（%）	历年累计
增加值	万元	19 761	26.9	231 189
经营总收入	万元	80 904	12.3	907 221
其中：技术服务收入	万元	1 218	10 050.0	1 305
工业总产值	万元	86 709	5.5	890 367
其中：高新技术产业	万元	24 167	13.6	34 547
物流企业经营收入	万元	9 471	118.3	46 161
企业利润总额	万元	1 093	—	66 887
综合能源耗费量	吨标准煤	5 665	35.0	16 637
批准企业数	个	32	166.7	75
其中：加工企业	个	0	-100.0	20
物流企业	个	18	100.0	38
批准外资企业数	个	2	100.0	21
批准投资总额	万美元	15 593	165.9	100 202
其中：外商投资总额	万美元	3 527	-29.4	75 800
合同利用外资	万美元	3 527	-29.4	63 305
企业实际到位资金	万美元	3 500	91.0	64 589
其中：实际利用外资	万美元	1 808	20.5	44 028
固定资产投资额	万元	5 222	-72.8	179 232
其中：基础设施投资	万元	900	-72.7	52 008
土地实际已租售面积	平方米	0	—	1 816 377
房屋竣工建筑面积	平方米	19 467	12.4	617 614
其中：已建成厂房面积	平方米	4 000	-76.9	586 278
已投产运作企业数	个	3	0.0	18
其中：已投产加工企业数	个	1	—	8
已投产物流企业数	个	1	-66.7	9
其中：投资额1 000万美元以上	个	3	—	11
税收总额	万元	26 656	68.0	140 691
其中：海关税收及代征税	万元	23 377	77.0	121 808
税务部门税收	万元	3 279	23.4	18 883
期末从业人员	人	3 157	34.9	3 157
期末批准面积	平方公里	2.00	0.0	2.00
期末验收封关面积	平方公里	2.00	0.0	2.00

续表

指标	单位	山东潍坊出口加工区		
		当年累计	同比（%）	历年累计
增加值	万元	199 155	87.1	569 790
经营总收入	万元	691 553	115.2	1 953 288
其中：技术服务收入	万元	0	—	0
工业总产值	万元	684 035	113.4	1 924 983
其中：高新技术产业	万元	550 097	106.6	1 670 845
物流企业经营收入	万元	5 289	5.1	21 762
企业利润总额	万元	120 036	293.7	273 963
综合能源耗费量	吨标准煤	7 705	168.9	18 535
批准企业数	个	7	0.0	72
其中：加工企业	个	4	-33.3	59
物流企业	个	2	—	10
批准外资企业数	个	0	-100.0	16
批准投资总额	万美元	18 480	13.2	199 234
其中：外商投资总额	万美元	0	-100.0	32 233
合同利用外资	万美元	4 580	554.3	16 290
企业实际到位资金	万美元	19 836	-15.7	117 837
其中：实际利用外资	万美元	1 000	42.9	3 999
固定资产投资额	万元	167 920	8.3	758 558
其中：基础设施投资	万元	3 400	58.9	34 486
土地实际已租售面积	平方米	0	-100.0	2 454 398
房屋竣工建筑面积	平方米	0	—	1 081 478
其中：已建成厂房面积	平方米	0	—	833 760
已投产运作企业数	个	0	-100.0	32
其中：已投产加工企业数	个	0	-100.0	24
已投产物流企业数	个	0	—	8
其中：投资额1 000万美元以上	个	0	—	4
税收总额	万元	35 133	23.1	173 388
其中：海关税收及代征税	万元	14 179	38.8	84 447
税务部门税收	万元	20 944	14.3	88 929
期末从业人员	人	7 500	0.0	7 500
期末批准面积	平方公里	5.17	0.0	5.17
期末验收封关面积	平方公里	1.70	0.0	1.70

续表

指标	单位	山东威海出口加工区		
		当年累计	同比（%）	历年累计
增加值	万元	56 735	14.6	983 103
经营总收入		245 198	8.4	3 386 827
其中：技术服务收入		0	—	0
工业总产值		246 676	14.6	3 393 351
其中：高新技术产业		72 382	12.2	549 948
物流企业经营收入		2 631	3.8	15 004
企业利润总额		4 930	—	21 520
综合能源耗费量	吨标准煤	2 585	-11.8	37 374
批准企业数	个	3	0.0	89
其中：加工企业		3	—	74
物流企业		0	-100.0	15
批准外资企业数		3	200.0	66
批准投资总额	万美元	1 340	-46.9	86 962
其中：外商投资总额		1 340	-44.2	80 937
合同利用外资		1 340	-42.1	76 153
企业实际到位资金		1 550	-31.0	50 305
其中：实际利用外资		1 533	-31.7	47 438
固定资产投资额	万元	6 263	-81.4	344 162
其中：基础设施投资		350	438.5	193 220
土地实际已租售面积	平方米	0	—	1 127 010
房屋竣工建筑面积		0	—	459 552
其中：已建成厂房面积		0	—	452 860
已投产运作企业数	个	3	200.0	49
其中：已投产加工企业数		3	200.0	44
已投产物流企业数		0	—	6
其中：投资额1 000万美元以上		0	—	11
税收总额	万元	4 486	-1.8	54 703
其中：海关税收及代征税		65	-7.1	3 721
税务部门税收		4 421	-1.7	50 182
期末从业人员	人	7 299	-10.7	7 299
期末批准面积	平方公里	2.60	0.0	2.60
期末验收封关面积		1.34	0.0	1.34

续表

指标	单位	河南郑州出口加工区		
		当年累计	同比（%）	历年累计
增加值	万元	232 521	1.9	460 802
经营总收入	万元	996 981	17.5	4 208 338
其中：技术服务收入	万元	0	—	0
工业总产值	万元	949 039	5.5	4 257 956
其中：高新技术产业	万元	875 121	24.3	1 579 248
物流企业经营收入	万元	1 909	-36.5	4 915
企业利润总额	万元	27 098	6.9	52 450
综合能源耗费量	吨标准煤	22 112	5.0	43 176
批准企业数	个	9	0.0	49
其中：加工企业	个	2	—	26
物流企业	个	5	0.0	31
批准外资企业数	个	0	—	9
批准投资总额	万美元	22 879	95.4	108 621
其中：外商投资总额	万美元	0	—	60 825
合同利用外资	万美元	0	—	29 942
企业实际到位资金	万美元	3 491	219.7	32 020
其中：实际利用外资	万美元	0	—	28 529
固定资产投资额	万元	250 263	103.8	373 050
其中：基础设施投资	万元	7 140	-88.7	70 388
土地实际已租售面积	平方米	0	—	0
房屋竣工建筑面积	平方米	25 000	-65.3	97 000
其中：已建成厂房面积	平方米	25 000	—	589 121
已投产运作企业数	个	2	-50.0	23
其中：已投产加工企业数	个	0	—	12
已投产物流企业数	个	2	-33.3	11
其中：投资额1 000万美元以上	个	0	—	0
税收总额	万元	70 245	20.0	128 773
其中：海关税收及代征税	万元	46 624	194.2	62 472
税务部门税收	万元	23 621	-44.7	66 301
期末从业人员	人	23 598	-14.4	23 598
期末批准面积	平方公里	2.7	0.0	2.7
期末验收封关面积	平方公里	2.662	195.8	2.662

续表

指标	单位	湖北武汉出口加工区		
		当年累计	同比（%）	历年累计
增加值	万元	757	-69.8	42 659
经营总收入		4 294	-99.6	7 947 762
其中：技术服务收入		0	—	0
工业总产值		4 136	-99.6	5 082 284
其中：高新技术产业		662	-81.7	3 271 903
物流企业经营收入		152	-54.1	1 488
企业利润总额		919	-79.4	10 054
综合能源耗费量	吨标准煤	0	-100.0	6 938
批准企业数	个	1	-80.0	16
其中：加工企业		0	—	9
物流企业		1	-80.0	7
批准外资企业数		0	—	6
批准投资总额	万美元	0	-100.0	16 705
其中：外商投资总额		0	—	8 880
合同利用外资		0	—	7 480
企业实际到位资金		0	—	13 070
其中：实际利用外资		0	—	7 070
固定资产投资额	万元	0	—	32 500
其中：基础设施投资		0	—	15 000
土地实际已租售面积	平方米	0	—	142 500
房屋竣工建筑面积		0	—	148 000
其中：已建成厂房面积		0	—	140 000
已投产运作企业数	个	0	-100.0	22
其中：已投产加工企业数		0	-100.0	18
已投产物流企业数		0	-100.0	4
其中：投资额1 000万美元以上		0	—	1
税收总额	万元	10 317	-51.6	329 264
其中：海关税收及代征税		2 671	-67.5	304 631
税务部门税收		7 645	-41.6	23 512
期末从业人员	人	1 203	2.3	1 203
期末批准面积	平方公里	2.70	0.0	2.70
期末验收封关面积		1.30	0.0	1.30

续表

指标	单位	广东广州出口加工区		
		当年累计	同比（%）	历年累计
增加值	万元	66 510	-11.7	631 303
经营总收入		322 105	-10.3	3 439 861
其中：技术服务收入		0	—	0
工业总产值		321 924	-11.7	3 486 267
其中：高新技术产业		0	—	0
物流企业经营收入		0	—	0
企业利润总额		-18 422	—	73 017
综合能源耗费量	吨标准煤	2 165	-18.5	37 036
批准企业数	个	0	—	1
其中：加工企业		0	—	1
物流企业		0	—	0
批准外资企业数		0	—	1
批准投资总额	万美元	0	—	12 500
其中：外商投资总额		0	—	12 500
合同利用外资		0	—	5 400
企业实际到位资金		0	—	5 338
其中：实际利用外资		0	—	5 338
固定资产投资额	万元	0	—	127 232
其中：基础设施投资		0	—	58 800
土地实际已租售面积	平方米	0	—	0
房屋竣工建筑面积		0	—	0
其中：已建成厂房面积		0	—	0
已投产运作企业数	个	0	—	1
其中：已投产加工企业数		0	—	1
已投产物流企业数		0	—	0
其中：投资额1 000万美元以上		0	—	1
税收总额	万元	0	—	0
其中：海关税收及代征税		0	—	0
税务部门税收		0	—	0
期末从业人员	人	841	-7.3	841
期末批准面积	平方公里	3.00	0.0	3.00
期末验收封关面积		0.90	0.0	0.90

续表

指标	单位	广东深圳出口加工区		
		当年累计	同比（%）	历年累计
增加值	万元	320 256	17. 3	3 241 529
经营总收入		1 345 059	16. 4	13 546 038
其中：技术服务收入		0	—	0
工业总产值		1 282 749	10. 1	13 700 786
其中：高新技术产业		78 621	-46. 7	6 203 144
物流企业经营收入		0	—	0
企业利润总额		31 024	-1. 0	871 102
综合能源耗费量	吨标准煤	4 282	84. 3	114 699
批准企业数	个	13	0. 0	140
其中：加工企业		2	-33. 3	14
物流企业		11	10. 0	77
批准外资企业数		0	—	1
批准投资总额	万美元	0	—	115 135
其中：外商投资总额		0	—	114 584
合同利用外资		0	—	47 849
企业实际到位资金		0	—	39 605
其中：实际利用外资		0	—	36 331
固定资产投资额	万元	0	—	180 755
其中：基础设施投资		0	—	84 984
土地实际已租售面积	平方米	0	—	1 333 000
房屋竣工建筑面积		0	—	57 290
其中：已建成厂房面积		0	—	57 290
已投产运作企业数	个	0	—	7
其中：已投产加工企业数		0	—	0
已投产物流企业数		0	—	7
其中：投资额 1 000 万美元以上		0	—	0
税收总额	万元	0	—	114 378
其中：海关税收及代征税		0	—	89 430
税务部门税收		0	—	24 941
期末从业人员	人	16 012	2. 7	16 012
期末批准面积	平方公里	3. 00	0. 0	3. 00
期末验收封关面积		3. 00	0. 0	3. 00

续表

指标	单位	广西北海出口加工区		
		当年累计	同比（%）	历年累计
增加值	万元	191 906	1.7	1 363 339
经营总收入	万元	988 122	4.6	6 411 701
其中：技术服务收入	万元	0	—	75 500
工业总产值	万元	1 001 440	4.6	6 628 220
其中：高新技术产业	万元	0	—	0
物流企业经营收入	万元	2 149	0.3	12 983
企业利润总额	万元	140 261	7.9	916 652
综合能源耗费量	吨标准煤	5 762	-23.0	50 376
批准企业数	个	7	0.0	90
其中：加工企业	个	2	-71.4	73
物流企业	个	0	—	11
批准外资企业数	个	0	-100.0	44
批准投资总额	万美元	19 002	141.8	98 009
其中：外商投资总额	万美元	1 005	-86.7	54 819
合同利用外资	万美元	1 005	-72.3	34 750
企业实际到位资金	万美元	10 564	-2.3	80 979
其中：实际利用外资	万美元	10 564	232.3	43 566
固定资产投资额	万元	43 166	250.2	296 331
其中：基础设施投资	万元	0	-100.0	86 747
土地实际已租售面积	平方米	0	—	828 338
房屋竣工建筑面积	平方米	0	—	744 244
其中：已建成厂房面积	平方米	0	—	744 244
已投产运作企业数	个	0	-100.0	41
其中：已投产加工企业数	个	0	-100.0	34
已投产物流企业数	个	0	—	4
其中：投资额1 000万美元以上	个	0	-100.0	12
税收总额	万元	31 450	-11.3	181 811
其中：海关税收及代征税	万元	15 135	-14.9	95 113
税务部门税收	万元	16 315	-7.0	86 396
期末从业人员	人	18 862	2.0	18 862
期末批准面积	平方公里	1.45	0.0	1.45
期末验收封关面积	平方公里	1.13	0.0	1.13

续表

指标	单位	四川绵阳出口加工区		
		当年累计	同比（%）	历年累计
增加值	万元	33 072	-22.9	214 872
经营总收入	万元	75 697	-23.4	462 534
其中：技术服务收入	万元	0	—	0
工业总产值	万元	76 683	-23.7	679 812
其中：高新技术产业	万元	0	—	0
物流企业经营收入	万元	54	-20.6	442
企业利润总额	万元	2 369	-43.2	26 689
综合能源耗费量	吨标准煤	379	-67.5	9 824
批准企业数	个	0	—	7
其中：加工企业	个	0	—	5
物流企业	个	0	—	2
批准外资企业数	个	0	—	2
批准投资总额	万美元	0	—	3 970
其中：外商投资总额	万美元	0	—	1 194
合同利用外资	万美元	0	—	310
企业实际到位资金	万美元	0	—	656
其中：实际利用外资	万美元	0	—	310
固定资产投资额	万元	1 831	230.5	40 904
其中：基础设施投资	万元	0	—	2 000
土地实际已租售面积	平方米	0	-100.0	21 474
房屋竣工建筑面积	平方米	0	—	105 804
其中：已建成厂房面积	平方米	0	—	98 724
已投产运作企业数	个	0	—	7
其中：已投产加工企业数	个	0	—	5
已投产物流企业数	个	0	—	2
其中：投资额1 000万美元以上	个	0	—	0
税收总额	万元	119	-94.7	6 262
其中：海关税收及代征税	万元	8	-74.2	93
税务部门税收	万元	111	-95.0	6 169
期末从业人员	人	2 943	-38.6	2 943
期末批准面积	平方公里	0.56	0.0	0.56
期末验收封关面积	平方公里	0.15	0.0	0.15

续表

指标	单位	云南昆明出口加工区		
		当年累计	同比（%）	历年累计
增加值	万元	213	10.4	1 197
经营总收入		1 132	77.4	4 772
其中：技术服务收入		0	—	0
工业总产值		71	29.1	2 159
其中：高新技术产业		0	—	0
物流企业经营收入		1 132	83.2	2 607
企业利润总额		43	-17.3	238
综合能源耗费量	吨标准煤	685	4.6	4 207
批准企业数	个	0	—	13
其中：加工企业		0	—	7
物流企业		0	—	5
批准外资企业数		0	—	1
批准投资总额	万美元	0	—	7 739
其中：外商投资总额		0	—	273
合同利用外资		0	—	270
企业实际到位资金		0	—	7 720
其中：实际利用外资		0	—	270
固定资产投资额	万元	0	—	66 353
其中：基础设施投资		0	—	24 690
土地实际已租售面积	平方米	0	—	42 588
房屋竣工建筑面积		0	—	36 835
其中：已建成厂房面积		0	—	25 727
已投产运作企业数	个	0	—	12
其中：已投产加工企业数		0	—	7
已投产物流企业数		0	—	5
其中：投资额1 000万美元以上		0	—	0
税收总额	万元	17	6.3	1 795
其中：海关税收及代征税		0	—	1 701
税务部门税收		17	6.3	94
期末从业人员	人	25	-3.8	25
期末批准面积	平方公里	2.00	0.0	2.00
期末验收封关面积		0.48	0.0	0.48

续表

指标	单位	陕西西安出口加工区 A 区		
		当年累计	同比（%）	历年累计
增加值	万元	457 910	-9.1	2 963 340
经营总收入		2 274 147	7.4	12 873 492
其中：技术服务收入		3 200	60.0	8 254
工业总产值		2 113 035	9.4	11 408 386
其中：高新技术产业		838 287	8.9	4 542 760
物流企业经营收入		29 543	-2.3	262 197
企业利润总额		6 562	-9.0	76 537
综合能源耗费量	吨标准煤	9 803	8.2	54 555
批准企业数	个	2	0.0	72
其中：加工企业		2	—	60
物流企业		0	-100.0	12
批准外资企业数		1	—	22
批准投资总额	万美元	546	727.3	94 652
其中：外商投资总额		500	—	16 949
合同利用外资		500	—	13 549
企业实际到位资金		146	121.2	73 892
其中：实际利用外资		100	—	13 110
固定资产投资额	万元	126 316	-51.0	1 597 355
其中：基础设施投资		4 050	429.4	188 069
土地实际已租售面积	平方米	0	—	764 126
房屋竣工建筑面积		0	—	456 162
其中：已建成厂房面积		0	—	425 282
已投产运作企业数	个	0	-100.0	57
其中：已投产加工企业数		0	—	45
已投产物流企业数		0	-100.0	12
其中：投资额 1 000 万美元以上		0	—	9
税收总额	万元	43 829	166.8	197 509
其中：海关税收及代征税		13 594	4.3	144 807
税务部门税收		3 235	-4.3	25 682
期末从业人员	人	3 592	-0.9	3 592
期末批准面积	平方公里	1.46	0.0	1.46
期末验收封关面积		0.75	-48.6	0.75

续表

指标	单位	陕西西安出口加工区 B 区		
		当年累计	同比（%）	历年累计
增加值	万元	407 115	-0.8	2 897 381
经营总收入		3 423 341	0.5	18 047 720
其中：技术服务收入		19 968	-9.1	49 763
工业总产值		3 402 592	0.8	17 849 083
其中：高新技术产业		3 402 592	0.8	17 849 083
物流企业经营收入		1 124	-11.8	20 701
企业利润总额		176 203	283.3	300 245
综合能源耗费量	吨标准煤	5 982	-2.3	61 665
批准企业数	个	0	—	40
其中：加工企业		0	—	10
物流企业		0	—	21
批准外资企业数		0	—	11
批准投资总额	万美元	0	—	139 662
其中：外商投资总额		0	—	131 450
合同利用外资		0	—	103 100
企业实际到位资金		0	—	107 056
其中：实际利用外资		0	—	102 850
固定资产投资额	万元	1 235	-98.7	591 662
其中：基础设施投资		0	—	3 382
土地实际已租售面积	平方米	0	—	366 047
房屋竣工建筑面积		0	—	343 000
其中：已建成厂房面积		0	—	243 000
已投产运作企业数	个	1	-50.0	14
其中：已投产加工企业数		1	-50.0	7
已投产物流企业数		0	—	6
其中：投资额 1 000 万美元以上		1	-50.0	8
税收总额	万元	9 879	94.3	72 698
其中：海关税收及代征税		0	—	23 828
税务部门税收		9 879	112.6	48 433
期末从业人员	人	4 373	9.0	4 373
期末批准面积	平方公里	1.34	0.0	1.34
期末验收封关面积		0.79	12.9	0.79

续表

指标	单位	新疆乌鲁木齐出口加工区		
		当年累计	同比（%）	历年累计
增加值	万元	2 036	-20.3	16 181
经营总收入	万元	12 800	-21.0	90 406
其中：技术服务收入	万元	0	-100.0	1 873
工业总产值	万元	11 203	-13.9	106 040
其中：高新技术产业	万元	4 670	-18.0	51 309
物流企业经营收入	万元	0	—	2
企业利润总额	万元	620	246.4	1 829
综合能源耗费量	吨标准煤	845	-31.1	10 347
批准企业数	个	0	—	9
其中：加工企业	个	0	—	7
物流企业	个	0	—	2
批准外资企业数	个	0	—	1
批准投资总额	万美元	0	—	11 316
其中：外商投资总额	万美元	0	—	600
合同利用外资	万美元	0	—	300
企业实际到位资金	万美元	0	—	1 159
其中：实际利用外资	万美元	0	—	236
固定资产投资额	万元	0	—	22 954
其中：基础设施投资	万元	0	—	3 329
土地实际已租售面积	平方米	0	—	229 310
房屋竣工建筑面积	平方米	0	—	64 332
其中：已建成厂房面积	平方米	0	—	54 881
已投产运作企业数	个	0	—	5
其中：已投产加工企业数	个	0	—	4
已投产物流企业数	个	0	—	1
其中：投资额1 000万美元以上	个	0	—	0
税收总额	万元	213	131.5	678
其中：海关税收及代征税	万元	0	—	0
税务部门税收	万元	183	105.6	609
期末从业人员	人	242	5.7	242
期末批准面积	平方公里	3.00	0.0	3.00
期末验收封关面积	平方公里	0.40	0.0	0.40

续表

指标	单位	湖南郴州出口加工区		
		当年累计	同比（%）	历年累计
增加值	万元	199 970	-8.9	1 030 444
经营总收入	万元	1 110 595	1.4	4 755 925
其中：技术服务收入	万元	47 334	8.6	122 560
工业总产值	万元	999 873	-7.5	4 641 152
其中：高新技术产业	万元	240 041	-31.2	2 086 335
物流企业经营收入	万元	132	-8.3	708
企业利润总额	万元	27 063	26.9	120 334
综合能源耗费量	吨标准煤	18 116	-82.7	180 816
批准企业数	个	0	—	14
其中：加工企业	个	0	—	11
物流企业	个	0	—	1
批准外资企业数	个	0	—	0
批准投资总额	万美元	0	—	18 239
其中：外商投资总额	万美元	0	—	18 239
合同利用外资	万美元	0	—	18 239
企业实际到位资金	万美元	0	—	15 093
其中：实际利用外资	万美元	0	—	15 093
固定资产投资额	万元	0	—	218 678
其中：基础设施投资	万元	0	—	84 495
土地实际已租售面积	平方米	0	—	300 000
房屋竣工建筑面积	平方米	0	—	440 000
其中：已建成厂房面积	平方米	0	—	0
已投产运作企业数	个	0	—	14
其中：已投产加工企业数	个	0	—	11
已投产物流企业数	个	0	—	1
其中：投资额1 000万美元以上	个	0	—	0
税收总额	万元	5 114	12.5	15 393
其中：海关税收及代征税	万元	1 497	-67.1	11 776
税务部门税收	万元	0	-100.0	305
期末从业人员	人	7 020	-1.4	7 020
期末批准面积	平方公里	3.00	0.0	3.00
期末验收封关面积	平方公里	1.40	0.0	1.40

续表

指标	单位	福建泉州出口加工区		
		当年累计	同比（%）	历年累计
增加值	万元	0	—	7 321
经营总收入		786 518	47.6	2 828 376
其中：技术服务收入		2 000	-86.8	38 913
工业总产值		757 492	16.3	6 489 464
其中：高新技术产业		0	—	0
物流企业经营收入		0	—	9 102
企业利润总额		5 991	21.4	265 193
综合能源耗费量	吨标准煤	700	-26.2	8 058
批准企业数	个	0	-100.0	19
其中：加工企业		0	-100.0	16
物流企业		0	—	0
批准外资企业数		0	—	5
批准投资总额	万美元	0	-100.0	42 267
其中：外商投资总额		0	—	8 012
合同利用外资		0	-100.0	7 207
企业实际到位资金		802	-59.9	44 837
其中：实际利用外资		731	—	6 851
固定资产投资额	万元	22 547	52.0	177 658
其中：基础设施投资		950	48.4	79 724
土地实际已租售面积	平方米	0	—	546 123
房屋竣工建筑面积		0	—	1 203 202
其中：已建成厂房面积		0	—	1 129 977
已投产运作企业数	个	0	-100.0	12
其中：已投产加工企业数		0	-100.0	10
已投产物流企业数		0	—	0
其中：投资额1 000万美元以上		0	—	5
税收总额	万元	5 188	3.7	58 891
其中：海关税收及代征税		3 155	2.5	46 401
税务部门税收		2 033	34.3	9 372
期末从业人员	人	0	-100.0	0
期末批准面积	平方公里	3.00	0.0	3.00
期末验收封关面积		3.00	0.0	3.00

续表

指标	单位	浙江嘉兴出口加工区B区		
		当年累计	同比（%）	历年累计
增加值	万元	94 601	-54.3	638 520
经营总收入	万元	369 550	-9.0	1 545 220
其中：技术服务收入	万元	0	—	0
工业总产值	万元	479 286	-4.2	1 831 919
其中：高新技术产业	万元	479 286	-4.2	1 831 919
物流企业经营收入	万元	10 215	4 564.4	11 013
企业利润总额	万元	30 944	-72.3	357 557
综合能源耗费量	吨标准煤	17 059	-2.5	81 652
批准企业数	个	5	—	7
其中：加工企业	个	0	—	1
物流企业	个	2	—	3
批准外资企业数	个	0	—	1
批准投资总额	万美元	0	-100.0	77 600
其中：外商投资总额	万美元	0	-100.0	77 600
合同利用外资	万美元	12 808	-1.0	51 242
企业实际到位资金	万美元	12 808	-1.0	51 242
其中：实际利用外资	万美元	12 808	-1.0	49 304
固定资产投资额	万元	120 261	58.1	478 564
其中：基础设施投资	万元	1 665	-68.3	37 112
土地实际已租售面积	平方米	0	—	330 135
房屋竣工建筑面积	平方米	130 610	—	408 130
其中：已建成厂房面积	平方米	130 610	—	333 415
已投产运作企业数	个	5	—	7
其中：已投产加工企业数	个	0	—	1
已投产物流企业数	个	2	—	3
其中：投资额1 000万美元以上	个	0	—	1
税收总额	万元	24 302	-19.6	108 324
其中：海关税收及代征税	万元	16 300	71.6	48 999
税务部门税收	万元	8 002	-61.4	59 325
期末从业人员	人	5 065	-10.0	5 065
期末批准面积	平方公里	1.65	0.0	1.65
期末验收封关面积	平方公里	0.68	0.0	0.68

2016年全国出口加工区进口额前30位国家和地区排名表

序号	国家和地区		2016年	
	中文	代码	进口额（万美元）	同比（%）
合计			3 928 257.1	-18.5
1	中国台湾	143	1 200 714.6	-14.3
2	中华人民共和国	142	541 108.7	-24.6
3	韩国	133	454 032.8	-13.5
4	日本	116	390 357.0	5.7
5	美国	502	237 766.6	-45.0
6	马来西亚	122	226 884.7	-18.2
7	泰国	136	133 591.8	11.6
8	菲律宾	129	122 986.1	-3.2
9	南非	244	103 576.7	-1.0
10	新加坡	132	83 754.9	-13.6
11	德国	304	69 697.0	-37.2
12	荷兰	309	34 817.5	450.2
13	法国	305	33 294.5	5.4
14	越南	141	24 228.1	10.9
15	加拿大	501	18 251.3	4.5
16	英国	303	18 110.1	21.3
17	印度尼西亚	112	17 781.0	2.1
18	意大利	307	17 605.2	40.5
19	澳大利亚	601	14 986.1	-20.7
20	朝鲜	109	12 989.4	-38.0
21	伊朗	113	11 121.6	32.0
22	瑞士	331	10 290.9	47.1
23	中国香港	110	10 008.0	-67.3
24	墨西哥	429	9 107.3	-63.6
25	巴西	410	8 675.1	-52.8
26	秘鲁	434	8 659.3	-56.2
27	印度	111	8 458.0	-38.6
28	俄罗斯联邦	344	7 623.6	135.2
29	奥地利	315	6 838.8	-15.3
30	白俄罗斯	340	6 563.7	56.9

2016 年全国出口加工区出口额前 30 位国家和地区排名表

序号	国家和地区		2016 年	
	中文	代码	出口额（万美元）	同比（%）
合计			5 876 666. 1	-20. 3
1	美国	502	1 704 427. 9	-13. 9
2	中国香港	110	1 221 536. 7	-35. 3
3	日本	116	484 679. 8	-7. 0
4	荷兰	309	370 441. 3	-13. 5
5	新加坡	132	270 943. 6	-10. 9
6	中国台湾	143	195 174. 6	-42. 5
7	韩国	133	179 345. 5	0. 8
8	英国	303	161 430. 3	-14. 8
9	德国	304	130 390. 9	-29. 6
10	墨西哥	429	123 572. 7	1. 1
11	澳大利亚	601	96 498. 2	-21. 1
12	捷克	352	89 549. 9	-18. 7
13	印度	111	72 516. 8	-23. 8
14	意大利	307	69 609. 3	-13. 2
15	马来西亚	122	60 117. 9	7. 9
16	法国	305	58 742. 2	-15. 0
17	阿联酋	138	58 257. 1	-28. 4
18	加拿大	501	54 067. 5	-4. 7
19	巴西	410	38 170. 2	-4. 7
20	泰国	136	34 729. 1	-6. 8
21	爱尔兰	306	31 455. 6	-9. 9
22	俄罗斯联邦	344	30 353. 6	20. 9
23	波兰	327	30 327. 5	-10. 7
24	印度尼西亚	112	25 145. 2	3. 1
25	越南	141	22 280. 9	-2. 2
26	土耳其	137	22 187. 9	-21. 4
27	西班牙	312	20 803. 2	-1. 5
28	沙特阿拉伯	131	20 773. 5	-32. 6
29	匈牙利	321	14 337. 1	18. 5
30	比利时	301	12 076. 3	-10. 8

2016 年全国出口加工区主要进口商品分类统计表（22 大类）

商品类别	2016 年	
	进口额（万美元）	同比（%）
合计	3 928 257.1	-18.5
第十六类　机器、机械器具、电气设备及其零件；录音机及放声机、电视图像、声音的录制和重放设备及其零件、附件	2 768 575.1	-18.4
第十八类　光学、照相、电影、计量、检验、医疗或外科用仪器及设备、精密仪器及设备；钟表；乐器；上述物品的零件、附件	484 281.5	-11.8
第十四类　天然或养殖珍珠、宝石或半宝石、贵金属、包贵金属及其制品；仿首饰；硬币	119 424.1	-55.5
第六类　化学工业及其相关工业的产品	117 301.8	28.1
第十五类　贱金属及其制品	94 630.3	-3.0
第七类　塑料及其制品；橡胶及其制品	74 597.7	-13.2
第二十类　杂项制品	55 314.7	-20.5
第四类　食品；饮料、酒及醋；烟草及制品	52 849.6	42.6
第十一类　纺织原料及纺织制品	40 182.1	-33.9
第五类　矿产品	40 077.3	-54.3
第十七类　车辆、航空器、船舶及运输设备	18 946.8	2.0
第一类　活动物；动物产品	17 795.7	13.8
第十三类　石料、石膏、水泥、石棉、云母及类似材料的制品；陶瓷产品；玻璃及其制品	12 864.0	-11.0
第十类　木浆等；废纸；纸、纸板及其制品	10 065.2	-15.5
第八类　生皮、皮革、毛皮及其制品；鞍具及挽具；旅行用品、手提包及类似品；动物肠线（蚕胶丝除外）制品	9 778.8	0.8
第九类　木及木制品；木炭；软木及软木制品；稻草、秸秆、针茅或其他编结材料制品；篮筐及柳条编结品	4 083.5	58.8
第二类　植物产品	3 920.9	-32.9
第三类　动、植物油、脂及其分解产品；精制的食用油脂；动、植物蜡	2 012.9	40.2
第十二类　鞋、帽、伞、杖、鞭及其零件；已加工的羽毛及其制品；人造花；人发制品	1 483.1	348.0
第二十一类　艺术品、收藏品及古物	58.1	2 132.7
第二十二类　特殊交易品及未分类商品	13.9	13 986.4
第十九类　武器、弹药及其零件、附件		

2016 年全国出口加工区主要出口商品分类统计表（22 大类）

商品类别	2016 年	
	出口额（万美元）	同比（%）
合计	5 876 666.1	-20.3
第十六类　机器、机械器具、电气设备及其零件；录音机及放声机、电视图像、声音的录制和重放设备及其零件、附件	4 687 005.0	-20.7
第二十类　杂项制品	460 119.9	22.0
第十八类　光学、照相、电影、计量、检验、医疗或外科用仪器及设备、精密仪器及设备；钟表；乐器；上述物品的零件、附件	308 063.1	-10.0
第十四类　天然或养殖珍珠、宝石或半宝石、贵金属、包贵金属及其制品；仿首饰；硬币	98 528.4	-67.4
第十七类　车辆、航空器、船舶及运输设备	87 057.8	-20.6
第十一类　纺织原料及纺织制品	48 564.3	-35.3
第十五类　贱金属及其制品	46 870.7	-32.5
第六类　化学工业及其相关工业的产品	46 093.6	-26.9
第七类　塑料及其制品；橡胶及其制品	27 716.2	-5.6
第四类　食品；饮料、酒及醋；烟草及制品	10 824.2	-19.9
第二类　植物产品	9 388.9	-43.2
第九类　木及木制品；木炭；软木及软木制品；稻草、秸秆、针茅或其他编结材料制品；篮筐及柳条编结品	9 179.6	-2.0
第十三类　石料、石膏、水泥、石棉、云母及类似材料的制品；陶瓷产品；玻璃及其制品	8 829.3	-35.7
第一类　活动物；动物产品	7 114.0	2.1
第十类　木浆等；废纸；纸、纸板及其制品	6 153.7	-23.3
第八类　生皮、皮革、毛皮及其制品；鞍具及挽具；旅行用品、手提包及类似品；动物肠线（蚕胶丝除外）制品	6 014.7	-54.4
第五类　矿产品	5 483.5	1.1
第十二类　鞋、帽、伞、杖、鞭及其零件；已加工的羽毛及其制品；人造花；人发制品	3 560.9	-37.7
第三类　动、植物油、脂及其分解产品；精制的食用油脂；动、植物蜡	63.2	29.9
第二十二类　特殊交易品及未分类商品	29.1	
第十九类　武器、弹药及其零件、附件	4.0	-37.8
第二十一类　艺术品、收藏品及古物	1.8	-85.5

天津出口加工区统计数据表

（1）2016 年天津出口加工区主要经济指标完成情况表

指标名称	单位	2016 年	比上年增长（%）
增加值	万元	9 000	183.5
工业总产值	万元	225 673	-28.4
其中：高新技术产业	万元	0	—
电子信息产业	万元	0	—
工业产品销售额	万元		
企业利润总额	万元	-2 874	—
物流企业营业收入	万元	472	44.3
综合能源耗费量	吨标准煤	0	—
当年批准企业数	个	3	—
其中：外资企业	个	2	—
仓储物流企业	个	0	-100.0
当年批准投资总额	万美元	1 182	47.9
其中：外资项目投资额	万美元	739	—
增资额	万美元		
当年合同利用外资	万美元	739	—
其中：增资额	万美元		
当年企业实际到位资金	万美元	1 182	85.0
其中：实际利用外资	万美元	739	53.0
固定资产投资额	万元	7 098	—
其中：基础设施投资	万元	0	—
开发公司投资	万元		
期末施工房屋面积	平方米	0	—
其中：期末在建厂房面积	平方米	0	—
房屋竣工面积	平方米	0	—
其中：已建成厂房面积	平方米	0	—
已建成仓库面积	平方米	0	—
土地实际已租售面积	平方米	0	—
历年已投产物流企业	个	12	
历年已投产工业企业	个	17	
其中：投资额 1 000 万美元（含）以上	个		
税收总额	万元	16 161	-42.7
其中：海关部门税收及代征税	万元	16 155	-34.7
工商税收	万元	6	-99.8
期末从业人员	人	5 116	0.0
其中：期末外资企业从业人员	人		
期末出口加工区批准面积	平方公里	2.54	0.0
期末出口加工区验收封关面积	平方公里	1.43	0.0

(2)-1 截至2016年天津出口加工区历年招商引资情况表

指标	单位	历年累计
批准企业	个	29
其中：外资企业		8
投资总额	（万美元）	22 087
其中：外商投资总额		18 162
合同外资额		10 218
实际利用外资		10 368

(2)-2 截至2016年天津出口加工区历年主要外商投资情况表

按项目数排列			按项目数排列		
序号	国别（地区）	项目数（个）	序号	国别（地区）	项目数（个）
1	其他	4	3	美国	1
2	中国港澳台地区	3			

(3) 2016年天津出口加工区出口加工企业工业产值排名表

单位：万元

序号	企业名称	序号	企业名称
1	美克国际家私加工（天津）有限公司	4	天津协承昌新材料科技有限公司
2	恒杰电力设备（天津）有限公司	5	天津中塑包装制品有限公司
3	瑞森橱柜（天津）有限公司		

(4) 2016年天津出口加工区物流企业营业收入排名表

单位：万元

序号	企业名称	序号	企业名称
1	天津驰尔通物流有限公司	6	中天汇优（天津）国际物流有限公司
2	天津恒鼎物流有限公司	7	天津金佰达物流有限公司
3	天津大田储运有限公司	8	天津大田运输服务有限公司
4	天津通冶科技发展有限公司	9	天津开发区顺成物流有限公司
5	天津振合生物工程有限公司	10	天津青源物联网有限公司

河北廊坊出口加工区统计数据表

（1）2016 年河北廊坊出口加工区主要经济指标完成情况表

指标名称	单位	2016 年	比上年增长（%）
增加值	万元	3 543	-3.3
工业总产值	万元	29 466	24.7
其中：高新技术产业	万元	23 502	66.6
电子信息产业	万元	—	—
工业产品销售额	万元	28 397	8.4
企业利润总额	万元	375	-44.9
物流企业营业收入	万元	0	-100.0
综合能源耗费量	吨标准煤	986	9.0
当年批准企业数	个	1	100.0
其中：外资企业	个	1	100.0
仓储物流企业	个	—	—
当年批准投资总额	万美元	12 000	—
其中：外资项目投资额	万美元	12 000	—
增资额	万美元	—	—
当年合同利用外资	万美元	12 000	—
其中：增资额	万美元	—	—
当年企业实际到位资金	万美元	1 900	—
其中：实际利用外资	万美元	1 900	—
固定资产投资额	万元	13 000	—
其中：基础设施投资	万元	13 000	—
开发公司投资	万元	—	—
期末施工房屋面积	平方米	171 141	—
其中：期末在建厂房面积	平方米	171 141	—
房屋竣工面积	平方米	—	—
其中：已建成厂房面积	平方米	—	—
已建成仓库面积	平方米	—	—
土地实际已租售面积	平方米	—	—
历年已投产物流企业	个	3	—
历年已投产工业企业	个	2	—
其中：投资额 1 000 万美元（含）以上	个	0	—
税收总额	万元	7 295	70.6
其中：海关部门税收及代征税	万元	7 295	71.0
工商税收	万元	0	-100.0
期末从业人员	人	403	8.6
其中：期末外资企业从业人员	人	399	8.7
期末出口加工区批准面积	平方公里	0.50	0.0
期末出口加工区验收封关面积	平方公里	0.49	0.0

(2)-1　截至2016年河北廊坊出口加工区历年招商引资情况表

指标	单位	历年累计
批准企业	个	5
其中：外资企业		3
投资总额	(万美元)	13 070
其中：外商投资总额		12 828
合同外资额		12 739
实际利用外资		2 733

(2)-2　截至2016年河北廊坊出口加工区历年主要外商投资情况表

按项目数排列			按投资额排列		
序号	国别（地区）	项目数（个）	序号	国别（地区）	投资额（万美元）
1	中国香港	2	1	中国香港	12 128
2	美国	1	2	美国	700

(3) 2016年河北廊坊出口加工区出口加工企业工业产值排名表

单位：万元

序号	企业名称	工业总产值	序号	企业名称	工业总产值
1	廊坊安科光电有限公司	23 409	2	廊坊圣利亚马钢活动房屋有限公司	6 723

(4) 2016年河北廊坊出口加工区物流企业营业收入排名表

单位：万元

序号	企业名称	营业收入	序号	企业名称	营业收入
1	廊坊大田物流有限公司	39	2	廊坊空港物流有限公司	—

上海漕河泾出口加工区统计数据表

（1）2016 年上海漕河泾出口加工区主要经济指标完成情况表

指标名称	单位	2016 年	比上年增长（%）
增加值	万元	224 924	8.3
工业总产值	万元	2 952 930 （294 906）	8.5
其中：高新技术产业	万元	2 861 626	9.5
电子信息产业	万元	2 861 706	8.9
工业产品销售额	万元	2 935 726	7.7
企业利润总额	万元	21 065	-3.6
物流企业营业收入	万元	3 597	-4.4
综合能源耗费量	吨标准煤	52 371	1.3
税收总额	万元	130 744	68.4
其中：海关部门税收及代征税	万元	107 252	72.1
工商税收	万元	23 492	53.2
期末从业人员	人	14 549	-18.3
其中：期末外资企业从业人员	人	14 373	-18.6
期末出口加工区批准面积	平方公里		
期末出口加工区验收封关面积	平方公里		

（2）-1　截至 2016 年上海漕河泾出口加工区历年招商引资情况表

指标	单位	历年累计
批准企业	个	32
其中：外资企业		15
投资总额	（万美元）	69 086
其中：外商投资总额		69 086
合同外资额		25 198
实际利用外资		25 198

（2）-2 截至2016年上海漕河泾出口加工区历年主要外商投资情况表

按项目数排列			按投资额排列		
序号	国别（地区）	项目数（个）	序号	国别（地区）	投资额（万美元）
1	开曼群岛	5	1	开曼群岛	63 114
2	中国香港	3	2	毛里求斯	4 050
3	英属维尔京群岛	2	3	中国香港	1 420
4	毛里求斯	1	4	英属维尔京群岛	184
5	美国	1	5	美国	120

（3）2016年上海漕河泾出口加工区出口加工企业工业产值排名表

单位：万元

序号	企业名称	工业总产值	序号	企业名称	工业总产值
1	英业达科技有限公司	1 181 261	7	上海上泽电源电器有限公司	12 277
2	英华达（上海）科技有限公司	1 177 029	8	安凯精密金属零件工业（上海）有限公司	3 022
3	英顺达科技有限公司	388 089	9	固耐宝齿科（上海）有限公司	1 478
4	英源达科技有限公司	94 127	10	上海建中安帕克包装用品有限公司	437
5	柯惠医疗器材制造（上海）有限公司	73 944	11	麦迪实信息软件（上海）有限公司	81
6	诺得卡（上海）微电子有限公司	21 119	12	瑞佑环保技术（上海）有限公司	66

（4）2016年上海漕河泾出口加工区物流企业营业收入排名表

单位：万元

序号	企业名称	营业收入	序号	企业名称	营业收入
1	上海义缘物流有限公司	2 120	2	上海及时通物流有限公司	1 477

江苏连云港出口加工区统计数据表

（1）2016年江苏连云港出口加工区主要经济指标完成情况表

指标名称	单位	2016年	比上年增长（%）
增加值	万元	20 890	5.5
经营总收入	万元	72 850	-12.0
其中：技术服务收入	万元	362	-4.5
工业总产值	万元	93 963	5.1
其中：高新技术产业	万元	370	-29.3
物流企业经营收入	万元	7 495	10.1
企业利润总额	万元	-165	—
综合能源耗费量	吨标准煤	632	-1.7
批准企业数	个	2	-71.4
其中：加工企业	个	0	-100.0
物流企业	个	2	-66.7
批准外资企业数	个	0	-100.0
批准投资总额	万美元	2 723	-69.5
其中：外商投资额	万美元	0	-100.0
合同利用外资	万美元	0	-100.0
企业实际到位资金	万美元	1 270	18.1
其中：实际利用外资	万美元	1 270	1 593.3
固定资产投资额	万元	5 596	-75.7
其中：基础设施投资	万元	1 350	-73.4
土地实际已租售面积	平方米	0	—
房屋竣工建筑面积	平方米	0	—
其中：已建成厂房面积	平方米	0	—
已投产运作企业数	个	2	-60.0
其中：已投产加工企业数	个	0	-100.0
已投产物流企业数	个	2	-50.0
其中：投资额1 000万美元以上	个	0	—
税收总额	万元	10 055	-25.7
其中：海关部门税收及代征税	万元	9 865	-26.2
工商税收	万元	190	14.5
期末从业人员	人	1 313	-25.1
期末出口加工区批准面积	平方公里	2.97	0.0
期末出口加工区验收封关面积	平方公里	2.97	0.0

（2）-1 截至2016年江苏连云港出口加工区历年招商引资情况表

指标	单位	历年累计
批准企业	个	32
其中：外资企业		16
投资总额	（万美元）	35 644
其中：外商投资总额		22 041
合同外资额		11 336
实际利用外资		9 765

（2）-2 截至2016年江苏连云港出口加工区历年主要外商投资情况表

按项目数排列			按投资额排列		
序号	国别（地区）	项目数（个）	序号	国别（地区）	投资额（万美元）
1	美国	5	1	美国	6 569
2	中国香港	2	2	韩国	5 400
3	加拿大	2	3	日本	1 230
4	韩国	1	4	中国香港	1 100
5	日本	1	5	加拿大	800

（3）2016年江苏连云港出口加工区出口加工企业工业产值排名表

单位：万元

序号	企业名称	工业总产值	序号	企业名称	工业总产值
1	连云港艾业无纺布制品有限公司	46 398	5	连云港兴旺纺织有限公司	1 254
2	重山风力设备（连云港）有限公司	37 886	6	杰亮电子科技（连云港）有限公司	499
3	连云港中奥铝业有限公司	5 025	7	连云港伍江电器技术服务有限公司	249
4	连云港柏科医用制品有限公司	1 652			

（4）2016年江苏连云港出口加工区物流企业经营收入排名表

单位：万元

序号	企业名称	营业收入	序号	企业名称	营业收入
1	连云港中外运储运有限公司	4 116	3	连云港汉华保税仓储有限公司	510
2	江苏锦达保税仓储服务有限公司	2 599	4	新世嘉（连云港）保税仓储有限公司	270

江苏常熟出口加工区统计数据表

（1）2016年江苏常熟出口加工区主要经济指标完成情况表

指标名称	单位	2016年	比上年增长（%）
增加值	万元	14 729	18.1
工业总产值	万元	45 377	-6.9
其中：高新技术产业	万元		
电子信息产业	万元		
工业产品销售额	万元	38 317	-6.5
企业利润总额	万元	4 237	435.7
物流企业营业收入	万元	7 010	-11.4
综合能源耗费量	吨标准煤	622	-3.9
当年批准企业数	个	0	0.0
其中：外资企业	个	0	0.0
仓储物流企业	个	0	0.0
当年批准投资总额	万美元	1 200	—
其中：外资项目投资额	万美元	1 200	—
增资额	万美元	0 722	—
当年合同利用外资	万美元	1 200	—
其中：增资额	万美元	1 200	—
当年企业实际到位资金	万美元	722	—
其中：实际利用外资	万美元	722	—
固定资产投资额	万元	2 779	—
其中：基础设施投资	万元	0	—
开发公司投资	万元	0	—
期末施工房屋面积	平方米	0	—
其中：期末在建厂房面积	平方米	0	—
房屋竣工面积	平方米	0	—
其中：已建成厂房面积	平方米	0	—
已建成仓库面积	平方米	0	—
土地实际已租售面积	平方米	0	—
历年已投产物流企业	个	5	—
历年已投产工业企业	个	10	—
其中：投资额1 000万美元（含）以上	个	5	—
税收总额	万元	11 325	-33.6
其中：海关部门税收及代征税	万元	8 616	-39.8
工商税收	万元	2 709	-1.5
期末从业人员	人	815	-16.6
其中：期末外资企业从业人员	人	750	-21.1
期末出口加工区批准面积	平方公里	0.94	0.0
期末出口加工区验收封关面积	平方公里	0.53	0.0

(2)-1　截至2016年江苏常熟出口加工区历年招商引资情况表

指标	单位	历年累计
批准企业	个	15
其中：外资企业		10
投资总额	（万美元）	15 318
其中：外商投资总额		14 965
合同外资额		7 271
实际利用外资		5 775

(2)-2　截至2016年江苏常熟出口加工区历年主要外商投资情况表

按项目数排列			按投资额排列		
序号	国别（地区）	项目数（个）	序号	国别（地区）	投资额（万美元）
1	美国	6	1	美国	6 977
2	新加坡	1	2	新加坡	3 120
3	中国台湾	1	3	中国台湾	2 980
4	印度	1	4	印度	1 500
5	韩国	1	5	韩国	420

(3) 2016年江苏常熟出口加工区出口加工企业工业产值排名表

单位：万元

序号	企业名称	序号	企业名称
1	众达机械（常熟）工程有限公司	6	泰富益农用机械设备（常熟）有限公司
2	世伟洛克（中国）流体系统科技有限公司	7	卡彭特特种金属（常熟）有限公司
3	欧地管道系统（苏州）有限公司	8	迪爱奇希电子（常熟）有限公司
4	常熟美信达科技能源设备有限公司	9	常熟安卓塑业有限公司
5	常熟拓凯日用品有限公司		

(4) 2016年江苏常熟出口加工区物流企业营业收入排名表

单位：万元

序号	企业名称	序号	企业名称
1	常熟外轮代理有限公司	3	苏州时创仓储物流有限公司
2	常熟华顺物流有限公司	4	苏州瀛池物流有限公司

浙江慈溪出口加工区统计数据表

(1) 2016 年浙江慈溪出口加工区主要经济指标完成情况表

指标名称	单位	2016 年	比上年增长 (%)
增加值	万元	4429	0.1
经营总收入	万元	13236	0.5
其中：技术服务收入	万元	0	—
工业总产值	万元	9585	-1.8
其中：高新技术产业	万元	0	—
物流企业经营收入	万元	1920	0.4
企业利润总额	万元	663	2.5
综合能源耗费量（季报）	吨标准煤	44	-12.0
批准企业数	个	8	100.0
其中：加工企业	个	0	—
物流企业	个	8	100.0
批准外资企业数	个	0	—
批准投资总额	万美元	4700	276.0
其中：外商投资总额	万美元	0	—
合同利用外资	万美元	0	—
企业实际到位资金	万美元	1050	348.7
其中：实际利用外资	万美元	0	—
固定资产投资额	万元	11480	1.8
其中：基础设施投资	万元	11480	1.8
土地实际已租售面积	平方米	242745	—
房屋竣工建筑面积	平方米	0	-100.0
其中：已建成厂房面积	平方米	0	-100.0
已投产运作企业数	个	4	33.3
其中：已投产加工企业数	个	0	—
已投产物流企业数	个	4	33.3
其中：投资额 1000 万美元以上	个	0	—
税收总额	万元	8132	-34.7
其中：海关税收及代征税	万元	7901	-36.0
税务部门税收	万元	231	89.3
期末从业人员	人	110	-14.7
期末批准面积	平方公里	2	0.0
期末验收封关面积	平方公里	0.7	0.0

（2）2016 年浙江慈溪出口加工区出口加工企业工业产值排名表

单位：万元

序号	企业名称	工业总产值	序号	企业名称	工业总产值
1	宁波艾迪特设备科技有限公司	1 732			

（3）2016 年浙江慈溪出口加工区物流企业营业收入排名表

序号	企业名称	序号	企业名称
1	宁波杭州湾新区强泰金属材料有限公司	6	宁波永宏户外休闲用品有限公司
2	宁波奕辉电子科技有限公司	7	宁波智展物流有限公司
3	宁波纬一长毛绒有限公司	8	宁波祥邦物流有限公司
4	宁波田字格电子信息有限公司	9	宁波万迅物流有限公司
5	宁波杭州湾新区泛欧光电有限公司		

江西九江出口加工区统计数据表

（1）2016 年江西九江出口加工区主要经济指标完成情况表

指标名称	单位	2016 年	比上年增长（%）
增加值	万元	19 130	-14.0
工业总产值	万元	469 410	-4.1
其中：高新技术产业	万元	0	
电子信息产业	万元	442 584	
工业产品销售额	万元	455 494	-31.3
企业利润总额	万元	3 125	-45.9
物流企业营业收入	万元	296	-50.0
综合能源耗费量	吨标准煤	4 912	25.9
当年批准企业数	个	4	300.0
其中：外资企业	个	2	100.0
仓储物流企业	个	1	
当年批准投资总额	万美元	8 083	401.7
其中：外资项目投资额	万美元	3 993	147.6
增资额	万美元		
当年合同利用外资	万美元	9 493	488.5
其中：增资额	万美元		
当年企业实际到位资金	万美元	0	
其中：实际利用外资	万美元	0	
固定资产投资额	万元	2 231	121.8
其中：基础设施投资	万元	173	
开发公司投资	万元		
期末施工房屋面积	平方米	0	
其中：期末在建厂房面积	平方米	0	
房屋竣工面积	平方米	0	
其中：已建成厂房面积	平方米	0	
已建成仓库面积	平方米	0	
土地实际已租售面积	平方米	86 667	
历年已投产物流企业	个	5	
历年已投产工业企业	个	25	
其中：投资额 1 000 万美元（含）以上	个	16	
税收总额	万元	5 147	47.7
其中：海关部门税收及代征税	万元	4 920	78.0
工商税收	万元	227	-68.5
期末从业人员	人	1 599	-32.5
其中：期末外资企业从业人员	人	370	
期末出口加工区批准面积	平方公里	0.99	0.0
期末出口加工区验收封关面积	平方公里	0.99	0.0

（2）-1 截至2016年江西九江出口加工区历年招商引资情况表

指标	单位	历年累计
批准企业	个	36
其中：外资企业		22
投资总额	（万美元）	81 580
其中：外商投资总额		67 930
合同外资额		74 882
实际利用外资		17 915

（2）-2 截至2016年江西九江出口加工区历年主要外商投资情况表

按项目数排列			按投资额排列	
序号	国别（地区）	项目数（个）	序号	国别（地区）
1	中国台湾	9	1	中国台湾
2	中国香港	7	2	中国香港
3	美国	2	3	美国
4	波兰	1	4	沙特阿拉伯
5	沙特阿拉伯	1	5	波兰

（3）2016年江西九江出口加工区出口加工企业工业产值排名表

单位：万元

序号	企业名称	序号	企业名称
1	九江铨讯电子有限公司	3	九江欧雅仕钟表有限公司
2	九江恒讯电子有限公司	4	九江中浩纺织有限公司

（4）2016年江西九江出口加工区物流企业营业收入排名表

单位：万元

序号	企业名称	序号	企业名称
1	江西思必得海铁联运有限公司	3	德科（九江）企业服务有限公司
2	九江中兴物流有限公司		

山东青岛出口加工区统计数据表

（1）2016年山东青岛出口加工区主要经济指标完成情况表

指标名称	单位	2016年	比上年增长（%）
增加值	万元	103 143	-15.5
工业总产值	万元	492 169	4.5
其中：高新技术产业	万元	122 775	3.6
工业产品销售额	万元	442 944	-5.1
企业利润总额	万元	82 011	7.5
物流企业营业收入	万元	1 020	17.8
综合能源耗费量	吨标准煤	7 902	-7.9
当年批准企业数	个	7	75.0
其中：外资企业	个	2	-33.3
仓储物流企业	个	3	50.0
当年批准投资总额	万美元	11 101	256.9
其中：外资项目投资额	万美元	6 807	409.5
增资额	万美元	—	—
当年合同利用外资	万美元	1 571	50.3
其中：增资额	万美元	—	—
当年企业实际到位资金	万美元	3 590	316.5
其中：实际利用外资	万美元	2 465	957.9
固定资产投资额	万元	10 139	-83.2
其中：基础设施投资	万元	1 900	65.1
开发公司投资	万元	0	0.0
期末施工房屋面积	平方米	0	—
其中：期末在建厂房面积	平方米	0	—
房屋竣工面积	平方米	5 000	0.0
其中：已建成厂房面积	平方米	5 000	0.0
已建成仓库面积	平方米	0	0.0
土地实际已租售面积	平方米	0	—
历年已投产物流企业	个	8	—
历年已投产工业企业	个	62	—
其中：投资额1 000万美元（含）以上	个	22	—
税收总额	万元	45 022	108.1
其中：海关部门税收及代征税	万元	26 721	237.6
工商税收	万元	18 301	33.4
期末从业人员	人	7 700	0.0
其中：期末外资企业从业人员	人	7 380	0.0
期末出口加工区批准面积	平方公里	2.80	0.0
期末出口加工区验收封关面积	平方公里	1.70	0.0

(2)-1　截至2016年山东青岛出口加工区历年招商引资情况表

指标	单位	历年累计
批准企业	个	91
其中：外资企业		76
投资总额	（万美元）	230 019
其中：外商投资总额		176 945
合同外资额		82 562
实际利用外资		168 099

(2)-2　截至2016年山东青岛出口加工区历年主要外商投资情况表

按项目数排列			按投资额排列		
序号	国别（地区）	项目数（个）	序号	国别（地区）	投资额（万美元）
1	中国香港	25	1	中国香港	33 510
2	日本	15	2	日本	29 549
3	韩国	11	3	德国	8 445
4	英国	5	4	韩国	8 395
5	加拿大	3	5	新加坡	6 100

(3) 2016年山东青岛出口加工区出口加工企业工业产值排名表

单位：万元

序号	企业名称	工业总产值	序号	企业名称	工业总产值
1	安德烈斯蒂尔动力工具（青岛）有限公司	130 878	9	青岛开拓隆海制冷配件有限公司	14 002
2	泰科电子（青岛）有限公司	71 653	10	天添爱（青岛）商务科技有限公司	13 384
3	星电高科技（青岛）有限公司	38 896	11	高丽精线合金（青岛）有限公司	10 736
4	洋马发动机（山东）有限公司	32 943	12	青岛天湾电机有限公司	10 702
5	马斯奇奥（青岛）农机制造有限公司	21 739	13	青岛尖能办公用品有限公司	9 293
6	青岛福轮科技有限公司	20 848	14	青岛恩利旺精密工业有限公司	5 057
7	迈高营养品（青岛）有限公司	19 700	15	青岛天银织物科技有限公司	4 133
8	青岛奥技科光学有限公司	18 613	16	青岛北电能源有限公司	3 305

(4) 2016年山东青岛出口加工区物流企业营业收入排名表

单位：万元

序号	企业名称	序号	企业名称
1	青岛德尔达国际物流有限公司	3	青岛普特物流有限公司
2	诺得益轮胎（青岛）有限公司	4	青岛展鹏物流发展有限公司

山东威海出口加工区统计数据表

（1）2016 年山东威海出口加工区主要经济指标完成情况表

指标名称	单位	2016 年	比上年增长（%）
增加值	万元	56 735	14.6
工业总产值	万元	246 676	14.6
其中：高新技术产业	万元	72 382	12.2
电子信息产业	万元	187 414	25.1
工业产品销售额	万元	245 198	8.4
企业利润总额	万元	4 930	—
物流企业营业收入	万元	2 631	3.8
综合能源耗费量	吨标准煤	2 585	-11.8
当年批准企业数	个	3	200.0
其中：外资企业	个	3	200.0
仓储物流企业	个	0	-100.0
当年批准投资总额	万美元	1 340	-46.9
其中：外资项目投资额	万美元		
增资额	万美元		
当年合同利用外资	万美元	1 340	
其中：增资额	万美元		
当年企业实际到位资金	万美元	1 550	-31.0
其中：实际利用外资	万美元	1 533	-31.7
固定资产投资额	万元	6 263	-81.4
其中：基础设施投资	万元	350	438.5
开发公司投资	万元	5 913	-82.4
期末施工房屋面积	平方米	0	
其中：期末在建厂房面积	平方米	0	
房屋竣工面积	平方米	0	
其中：已建成厂房面积	平方米	0	
已建成仓库面积	平方米	0	
土地实际已租售面积	平方米	0	
历年已投产物流企业	个	6	
历年已投产工业企业	个		
其中：投资额 1 000 万美元（含）以上	个	11	
税收总额	万元	4 486	-1.8
其中：海关部门税收及代征税	万元	65	-7.1
工商税收	万元	4 421	-1.7
期末从业人员	人	7 299	-10.7
其中：期末外资企业从业人员	人	7 199	-10.8
期末出口加工区批准面积	平方公里	2.6	0.0
期末出口加工区验收封关面积	平方公里	1.34	0.0

（2）截至2016年山东威海出口加工区历年招商引资情况表

指标	单位	历年累计
批准企业	个	89
其中：外资企业		66
投资总额	（万美元）	86 962
其中：外商投资总额		80 937
合同外资额		76 153
实际利用外资		50 305

（3）2016年山东威海出口加工区出口加工企业工业产值排名表

单位：万元

序号	企业名称	工业总产值	序号	企业名称	工业总产值
1	日月光半导体	72 382	11	广濑电机	3 800
2	世一电子	60 560	12	精诚特种纤维	3 352
3	仁昌电子	34 000	13	液化空气	2 933
4	世比亚食品	13 563	14	高亚泰电子	2 170
5	新韩精工	11 859	15	颐和成人用品	2 154
6	侑昵机电	9 512	16	新元电器	2 128
7	东源食品	8 285	17	兴宝纺织	1 646
8	一熙电子	4 724	18	东夏电子	1 099
9	久映汽车	4 615	19	海纳电子	658
10	元晟电子	4 061	20	众凯电子	658

（4）2016年山东威海出口加工区物流企业营业收入排名表

单位：万元

序号	企业名称	营业收入	序号	企业名称	营业收入
1	精诚物流	865	4	凯顺国际货运代理	232
2	中外运保税仓储	821	5	天皓国际物流	212
3	泛亚物流	345	6	世丰仓储物流	156

山东青岛西海岸出口加工区统计数据表

（1）2016 年山东青岛西海岸出口加工区主要经济指标完成情况表

指标名称	单位	2016 年	比上年增长（%）
增加值	万元	19 761	26.9
工业总产值	万元	86 709	5.5
其中：高新技术产业	万元	24 167	13.6
电子信息产业	万元	37 168	16.2
工业产品销售额	万元	71 433	5.5
企业利润总额	万元	1 093	—
物流企业营业收入	万元	9 471	118.3
综合能源耗费量	吨标准煤	5 665	35.0
当年批准企业数	个	32	166.7
其中：外资企业	个	2	100.0
仓储物流企业	个	18	100.0
当年批准投资总额	万美元	15 593	165.9
其中：外资项目投资额	万美元	3 527	-29.4
增资额	万美元	0	0.0
当年合同利用外资	万美元	3 527	-29.4
其中：增资额	万美元	0	0.0
当年企业实际到位资金	万美元	3 500	91.0
其中：实际利用外资	万美元	1 808	20.5
固定资产投资额	万元	5 222	-72.8
其中：基础设施投资	万元	900	-72.7
开发公司投资	万元	0	0.0
期末施工房屋面积	平方米	100 140	—
其中：期末在建厂房面积	平方米	38 785	—
房屋竣工面积	平方米	19 467	12.4
其中：已建成厂房面积	平方米	4 000	-76.9
已建成仓库面积	平方米	15 467	—
土地实际已租售面积	平方米	0	0.0
历年已投产物流企业	个	9	—
历年已投产工业企业	个	8	—
其中：投资额 1 000 万美元（含）以上	个	11	—
税收总额	万元	26 656	68.0
其中：海关部门税收及代征税	万元	23 377	77.0
工商税收	万元	3 279	23.4
期末从业人员	人	3 157	34.9
其中：期末外资企业从业人员	人	2 548	41.4
期末出口加工区批准面积	平方公里	2	—
期末出口加工区验收封关面积	平方公里	2	—

(2)-1　截至2016年山东青岛西海岸出口加工区历年招商引资情况表

指标	单位	历年累计
批准企业	个	75
其中：外资企业		21
投资总额	（万美元）	100 202
其中：外商投资总额		75 800
合同外资额		63 305
实际利用外资		44 028

(2)-2　截至2016年山东青岛西海岸出口加工区历年主要外商投资情况表

按项目数排列			按投资额排列		
序号	国别（地区）	项目数（个）	序号	国别（地区）	投资额（万美元）
1	中国香港	7	1	中国香港	25 759
2	美国	3	2	日本	12 500
3	日本	2	3	中国台湾	8 487
4	中国台湾	2	4	俄罗斯	7 692
5	俄罗斯	1	5	美国	4 835

(3) 2016年山东青岛西海岸出口加工区出口加工企业工业产值排名表

单位：万元

序号	企业名称	序号	企业名称
1	青岛三美电子有限公司	5	青岛宏鑫达纺织科技有限公司
2	青岛圣美尔纤维科技有限公司	6	青岛北海石油装备技术有限公司
3	青岛美家圣达高科技材料有限公司	7	青岛禹纺海联科技有限公司
4	中俄直升机技术（青岛）有限公司	8	青岛启光新能源发电有限公司

(4) 2016年山东青岛西海岸出口加工区物流企业营业收入排名表

单位：万元

序号	企业名称	序号	企业名称
1	青岛裕龙橡胶交易中心有限公司	5	青岛安泽国际物流有限公司
2	青岛中韩国际物流有限公司	6	青岛世纪海岸国际物流有限公司
3	青岛绿辰经营管理服务有限公司	7	青岛安达精益供应链有限公司
4	青岛新怡坤物流有限公司		

河南郑州出口加工区统计数据表

（1）2016年河南郑州出口加工区主要经济指标完成情况表

指标名称	单位	2016年	比上年增长（%）
增加值	万元	232 521	1.9
工业总产值	万元	949 039	5.5
其中：高新技术产业	万元	875 121	24.3
电子信息产业	万元	884 398	7.6
工业产品销售额	万元	995 072	18.7
企业利润总额	万元	27 098	6.9
物流企业营业收入	万元	1 909	-36.5
综合能源耗费量	吨标准煤	22 112	5.0
当年批准企业数	个	9	0.0
其中：外资企业	个	0	—
仓储物流企业	个	5	0.0
当年批准投资总额	万美元	22 879	95.4
其中：外资项目投资额	万美元	0	—
增资额	万美元	0	—
当年合同利用外资	万美元	0	—
其中：增资额	万美元	0	—
当年企业实际到位资金	万美元	3 491	219.7
其中：实际利用外资	万美元	0	—
固定资产投资额	万元	250 263	103.8
其中：基础设施投资	万元	7 140	-88.7
开发公司投资	万元	0	—
期末施工房屋面积	平方米	0	-100.0
其中：期末在建厂房面积	平方米	0	-100.0
房屋竣工面积	平方米	25 000	-65.3
其中：已建成厂房面积	平方米	25 000	—
已建成仓库面积	平方米	0	-100.0
土地实际已租售面积	平方米	0	—
历年已投产物流企业	个	11	22.2
历年已投产工业企业	个	12	0.0
其中：投资额1 000万美元（含）以上	个	5	0.0
税收总额	万元	70 245	20.0
其中：海关部门税收及代征税	万元	46 624	194.2
工商税收	万元	23 621	-44.7
期末从业人员	人	23 598	-14.4
其中：期末外资企业从业人员	人	21 120	-12.6
期末出口加工区批准面积	平方公里	2.7	0.0
期末出口加工区验收封关面积	平方公里	2.662	195.8

(2)-1　截至2016年河南郑州出口加工区历年招商引资情况表

指标	单位	历年累计
批准企业	个	49
其中：外资企业		9
投资总额	（万美元）	108 621
其中：外商投资总额		60 825
合同外资额		29 942
实际利用外资		28 529

(2)-2　截至2016年河南郑州出口加工区历年主要外商投资情况表

按项目数排列			按投资额排列		
序号	国别（地区）	项目数（个）	序号	国别（地区）	投资额（万美元）
1	中国香港	5	1	中国香港	59 623
2	中国台湾	2	2	美国	600
3	美国	1	3	英属维尔京群岛	538
4	英属维尔京群岛	1	4	中国台湾	166

（3）2016年河南郑州出口加工区出口加工企业工业产值排名表

单位：万元

序号	企业名称	序号	企业名称
1	富泰华精密电子（郑州）有限公司	7	华晶精密制造有限公司
2	锜昌科技（郑州）有限公司	8	河南省豫星华晶微钻有限公司
3	郑州官田电子科技有限公司	9	河南瑞蓝斯机械零配件有限公司
4	郑州朝歌纺纱有限公司	10	郑州硕达钻石有限公司
5	郑州建泰精密科技有限公司	11	台钻科技（郑州）有限公司
6	河南科隆实业有限公司	12	郑州梦祥银工艺制品进出口有限公司

（4）2016年河南郑州出口加工区物流企业营业收入排名表

单位：万元

序号	企业名称	序号	企业名称
1	瞻航保税物流服务（郑州）有限公司	6	郑州领域保税仓储有限公司
2	郑州思博雅保税仓储服务有限公司	7	郑州仁杰仓储服务有限公司
3	河南中部保税物流中心有限公司	8	郑州天皓保税仓储服务有限公司
4	郑州润嘉食品有限公司	9	郑州悦海保税物流服务有限公司
5	郑州海星仓储服务有限公司		

广东广州出口加工区统计数据表

（1）2016 年广东广州出口加工区主要经济指标完成情况表

指标名称	单位	2016 年	比上年增长（%）
增加值	万元	66 510	-11.7
工业总产值	万元	321 924	-11.7
其中：高新技术产业	万元	—	—
电子信息产业	万元	—	—
工业产品销售额	万元	321 924	-10.3
企业利润总额	万元	-18 422	—
物流企业营业收入	万元	—	—
综合能源耗费量	吨标准煤	2 165	-18.5
当年批准企业数	个	—	—
其中：外资企业	个	—	—
仓储物流企业	个	—	—
当年批准投资总额	万美元	—	—
其中：外资项目投资额	万美元	—	—
增资额	万美元	—	—
当年合同利用外资	万美元	—	—
其中：增资额	万美元	—	—
当年企业实际到位资金	万美元	—	—
其中：实际利用外资	万美元	—	—
固定资产投资额	万元	—	—
其中：基础设施投资	万元	—	—
开发公司投资	万元	—	—
期末施工房屋面积	平方米	—	—
其中：期末在建厂房面积	平方米	—	—
房屋竣工面积	平方米	—	—
其中：已建成厂房面积	平方米	—	—
已建成仓库面积	平方米	—	—
土地实际已租售面积	平方米	—	—
历年已投产物流企业	个	—	—
历年已投产工业企业	个	—	—
其中：投资额 1 000 万美元（含）以上	个	—	—
税收总额	万元	—	—
其中：海关部门税收及代征税	万元	—	—
工商税收	万元	—	—
期末从业人员	人	841	-7.3
其中：期末外资企业从业人员	人	841	-7.3
期末出口加工区批准面积	平方公里	3.0	0.0
期末出口加工区验收封关面积	平方公里	0.9	0.0

(2)-1 截至2016年广东广州出口加工区历年招商引资情况表

指标	单位	历年累计
批准企业	个	1
其中：外资企业		1
投资总额	（万美元）	12 500
其中：外商投资总额		12 500
合同外资额		5 400
实际利用外资		5 400

(2)-2 截至2016年广东广州出口加工区历年主要外商投资情况表

按项目数排列			按投资额排列		
序号	国别（地区）	项目数（个）	序号	国别（地区）	投资额（万美元）
1	日本	1	1	日本	5 400

(3) 2016年广东广州出口加工区出口加工企业工业产值排名表

单位：万元

序号	企业名称	工业总产值
1	本田汽车（中国）有限公司	

四川绵阳出口加工区统计数据表

（1）2016 年四川绵阳出口加工区主要经济指标完成情况表

指标名称	单位	本年累计	同比（%）
增加值	万元	33 072	-22.9
经营总收入	万元	75 697	-23.4
其中：技术服务收入	万元	0	—
工业总产值	万元	76 683	-23.7
其中：高新技术产业	万元	0	—
物流企业经营收入	万元	54	-20.6
企业利润总额	万元	2 369	-43.2
综合能源耗费量	吨标准煤	379	-67.5
批准企业数	个	0	—
其中：加工企业	个	0	—
物流企业	个	0	—
批准外资企业数	个	0	—
批准投资总额	万美元	0	—
其中：外商投资额	万美元	0	—
合同利用外资	万美元	0	—
企业实际到位资金	万美元	0	—
其中：实际利用外资	万美元	0	—
固定资产投资额	万元	1 831	230.5
其中：基础设施投资	万元	0	—
土地实际已租售面积	平方米	0	0.0
房屋竣工建筑面积	平方米	0	—
其中：已建成厂房面积	平方米	0	—
已投产运作企业数	个	0	—
其中：已投产加工企业数	个	0	0.0
已投产物流企业数	个	0	—
其中：投资额 1 000 万美元以上	个	0	—
税收总额	万元	119	-94.7
其中：海关部门税收及代征税	万元	8	-74.0
工商税收	万元	111	-95.0
期末从业人员	人	2 943	-38.6
期末出口加工区批准面积	平方公里	0.56	0.0
期末出口加工区验收封关面积	平方公里	0.15	0.0

(2)-1 截至2016年四川绵阳出口加工区历年招商引资情况表

指标	单位	历年累计
批准企业	个	7
其中：外资企业		2
投资总额	（万美元）	3 970
其中：外商投资总额		1 194
合同外资额		656
实际利用外资		656

(2)-2 截至2016年四川绵阳出口加工区历年主要外商投资情况表

按项目数排列			按投资额排列		
序号	国别（地区）	项目数（个）	序号	国别（地区）	投资额（万美元）
1	美国	1	1	美国	210
2	中国台湾	1	2	中国台湾	100

(3) 2016年四川绵阳出口加工区出口加工企业工业产值排名表

单位：万元

序号	企业名称	序号	企业名称
1	绵阳普思电子有限公司	4	绵阳景旺电子有限公司
2	虹锐电工有限责任公司	5	四川柯西澳光电科技有限公司
3	绵阳连康电子有限公司		

(4) 2016年四川绵阳出口加工区物流企业营业收入排名表

单位：万元

序号	企业名称	序号	企业名称
1	绵阳出口加工区华泰物流有限公司	2	中外运空运发展股份有限公司绵阳分公司

陕西西安出口加工区 A 区统计数据表

（1）2016 年陕西西安出口加工区 A 区主要经济指标完成情况表

指标名称	单位	2016 年	比上年增长（%）
增加值	万元	457 910	-9.1
工业总产值	万元	2 113 035	9.4
其中：高新技术产业	万元	838 287	8.9
电子信息产业	万元	—	—
工业产品销售额	万元	2 274 147	7.4
企业利润总额	万元	6 562	-9.0
物流企业营业收入	万元	29 543	-2.3
综合能源耗费量	吨标准煤	9 803	8.2
当年批准企业数	个	2	0
其中：外资企业	个	1	—
仓储物流企业	个	0	-100.0
当年批准投资总额	万美元	546	727.3
其中：外资项目投资额	万美元	500	—
增资额	万美元	0	—
当年合同利用外资	万美元	500	—
其中：增资额	万美元	0	—
当年企业实际到位资金	万美元	146	121.2
其中：实际利用外资	万美元	100	—
固定资产投资额	万元	126 316	-51.0
其中：基础设施投资	万元	4 050	429.4
开发公司投资	万元	—	—
期末施工房屋面积	平方米	0	—
其中：期末在建厂房面积	平方米	0	—
房屋竣工面积	平方米	0	—
其中：已建成厂房面积	平方米	0	—
已建成仓库面积	平方米	0	—
土地实际已租售面积	平方米	0	—
历年已投产物流企业	个	12	
历年已投产工业企业	个	45	
其中：投资额 1 000 万美元（含）以上	个	9	
税收总额	万元	43 829	166.8
其中：海关部门税收及代征税	万元	13 594	4.3
工商税收	万元	3 235	-4.3
期末从业人员	人	3 592	-0.9
其中：期末外资企业从业人员	人	—	—
期末出口加工区批准面积	平方公里	1.46	0.0
期末出口加工区验收封关面积	平方公里	0.75	0.0

(2)-1 截至2016年陕西西安口加工区A区招商引资情况表

指标	单位	历年累计
批准企业	个	72
其中：外资企业		22
投资总额	（万美元）	94 652
其中：外商投资总额		16 949
合同外资额		13 549
实际利用外资		13 110

(2)-2 截至2016年陕西西安口加工区A区历年主要外商投资情况表

按项目数排列			按投资额排列		
序号	国别（地区）	项目数（个）	序号	国别（地区）	投资额（万美元）
1	中国香港	6	1	英国	5 301
2	美国	5	2	中国香港	4 955
3	新加坡	3	3	意大利	2 255
4	英国	2	4	法国	1 860
5	中国台湾	2	5	日本	1 530

(3) 2016年陕西西安口加工区A区出口加工企业工业产值排名表

单位：万元

序号	企业名称	序号	企业名称
1	西安普瑞新特能源有限公司	11	西安赛威短舱有限公司
2	西安富鑫珠宝有限公司	12	西安海博云天网络技术有限公司
3	西安西航集团莱特航空制造技术有限公司	13	西安西罗涡轮制造有限公司
4	西安庆安航空机械制造有限公司	14	西安金耘特殊金属有限公司
5	西安商泰机械制造有限公司	15	西安阿美瑞肯生物工程有限公司
6	西安祺创太阳能科技有限公司	16	时硕科技（西安）有限公司
7	西安天祺光电技术有限公司	17	西安华欧精密机械有限责任公司
8	西安沃迈特航材有限公司	18	蒂森克虏伯航空材料（西安）有限公司
9	米斯尔钻石加工（西安）有限公司	19	西安西飞国际科技发展有限公司
10	西安龙辉钻石加工有限公司	20	西安益仁机械制造有限公司

(4) 2016年陕西西安口加工区A区物流企业营业收入排名表

单位：万元

序号	企业名称	序号	企业名称
1	西安盈和展宏物流有限公司	6	西安普润斯国际货运有限公司
2	西安昊通供应链服务有限公司	7	西安碧瑞祥物流有限公司
3	西安秦嘉物流供应链有限公司	8	西安陆海恒利物流服务有限公司
4	西安凯迪克航材物流有限公司	9	易通国际物流（西安）有限公司
5	陕西云通国际物流有限公司	10	陕西易通国际货运有限公司

保税港区（综合保税区）

2016 年全国保税港区下分贸易方式进出口贸易额统计表

地区	贸易方式		进出口合计		出口		进口	
			2016 年 1 月至 2016 年 12 月		2016 年 1 月至 2016 年 12 月		2016 年 1 月至 2016 年 12 月	
	中文	代码	美元值（万）	美元值同比（%）	美元值（万）	美元值同比（%）	美元值（万）	美元值同比（%）
保税港区合计			6 075 082.2	-1.8	2 535 335.7	-3.7	3 539 746.5	-0.5
天津东疆保税港区	合计		1 309 237.1	6.3	148 348.2	26.2	1 160 888.9	4.1
	一般贸易	10	206 097.2	65.2	101 173.4	57.2	104 923.8	73.7
	其他捐赠物资	12	6.8				6.8	
	来料加工装配贸易	14						
	进料加工贸易	15	1 838.9	37.4	1 540.7	166.7	298.2	-60.8
	保税监管场所进出境货物	33	1 007.4	-48.3	1.0	-92.3	1 006.4	-48.0
	海关特殊监管区域物流货物	34	1 100 243.1	-0.3	45 626.6	-13.0	1 054 616.5	0.3
	特殊监管区域进口设备	35	0.8	-98.5			0.8	-98.5
	其他贸易	39	42.9	32.7	6.4	26.6	36.5	33.9
大连大窑湾保税港区	合计		450 483.5	48.6	90 596.7	-15.8	359 886.9	83.9
	一般贸易	10	805.0	-35.4	678.7	-13.5	126.4	-72.6
	来料加工装配贸易	14	102.9	3 695.2	102.9	3 695.2		
	进料加工贸易	15	995.8	-14.9	995.8	-14.9		
	加工贸易进口设备	20	0.4				0.4	
	保税监管场所进出境货物	33	27 292.1	3 425.2			27 292.1	4 358.0
	海关特殊监管区域物流货物	34	421 250.4	40.4	88 813.0	-15.8	332 437.4	70.9
	特殊监管区域进口设备	35	25.0	-72.9			25.0	-72.9
	其他贸易	39	11.8	-54.2	6.3	-71.0	5.6	32.3
洋山保税港区	合计		1 156 295.6	-1.4	482 856.9	16.8	673 438.7	-11.2

续表

地区	贸易方式		进出口合计		出口		进口	
			2016 年 1 月至 2016 年 12 月		2016 年 1 月至 2016 年 12 月		2016 年 1 月至 2016 年 12 月	
	中文	代码	美元值（万）	美元值同比（%）	美元值（万）	美元值同比（%）	美元值（万）	美元值同比（%）
	一般贸易	10	155 406.3	-7.0	37 257.3	52.3	118 149.0	-17.2
	进料加工贸易	15	1 515.4	104.0	1 481.0	121.1	34.4	-52.8
	保税监管场所进出境货物	33	2 422.3	-54.4	751.1	-36.8	1 671.1	-59.5
	海关特殊监管区域物流货物	34	996 043.0	-0.3	443 354.2	14.5	552 688.7	-9.6
	特殊监管区域进口设备	35	223.6	17.8			223.6	17.8
	其他贸易	39	685.1	1 546.8	13.2	-24.9	671.9	2 701.7
张家港保税港区	合计		146 911.4	-58.5	16 448.3	-36.4	130 463.1	-60.3
	一般贸易	10	137.1	-67.6	36.0	9 165.2	101.2	-76.0
	保税监管场所进出境货物	33	2 407.2	-16.6	2 407.2	-10.1		
	海关特殊监管区域物流货物	34	144 364.7	-58.8	14 005.2	-39.5	130 359.5	-60.2
	特殊监管区域进口设备	35	2.1	-97.1			2.1	-97.1
	其他贸易	39	0.3	-35.1			0.3	-35.1
宁波梅山保税港区	合计		33 584.3	17.8	19 300.4	-4.1	14 283.9	70.3
	一般贸易	10	6 800.6	92.4	20.2	790.0	6 780.4	92.0
	进料加工贸易	15	22.0				22.0	
	保税监管场所进出境货物	33	783.5	580.1			783.5	580.1
	海关特殊监管区域物流货物	34	25 882.9	15.2	19 280.2	-4.2	6 602.7	180.4
	特殊监管区域进口设备	35	95.2	-96.0			95.2	-96.0
	其他贸易	39	0.0	-69.4			0.0	-69.4
厦门海沧保税港区	合计		174 479.6	14.8	136 181.7	21.7	38 297.9	-4.4
	一般贸易	10	18 430.9	197.0	12 256.9	313.4	6 174.0	90.5
	来料加工装配贸易	14	6 827.0	-31.0	3 536.7	-43.3	3 290.3	-9.9
	进料加工贸易	15	69 662.5	6.3	56 898.2	12.6	12 764.3	-15.0
	外商投资企业作为投资进口的设备、物品	25	88.0				88.0	
	保税监管场所进出境货物	33	12 084.8		12 084.8			
	海关特殊监管区域物流货物	34	66 812.6	-3.4	51 322.7	-1.7	15 489.9	-8.9
	特殊监管区域进口设备	35	451.9	-60.7			451.9	-60.7
	其他贸易	39	121.9	1 432.9	82.4		39.4	395.8

续表

地区	贸易方式		进出口合计		出口		进口	
			2016年1月至2016年12月		2016年1月至2016年12月		2016年1月至2016年12月	
	中文	代码	美元值（万）	美元值同比（%）	美元值（万）	美元值同比（%）	美元值（万）	美元值同比（%）
青岛前湾保税港区	合计		152 159.6	18.2	54 373.0	13.7	97 786.6	20.8
	一般贸易	10	272.7	-24.0	60.1	-45.2	212.6	-14.6
	保税监管场所进出境货物	33	26 490.5	67.0	1 765.6	31.5	24 724.9	70.2
	海关特殊监管区域物流货物	34	125 295.1	11.4	52 547.2	13.3	72 747.8	10.1
	特殊监管区域进口设备	35	93.2	-8.2			93.2	-8.2
	其他贸易	39	8.1		0.0		8.0	
深圳前海湾保税港区	合计		523 842.6	-16.0	317 767.3	-15.0	206 075.3	-17.6
	一般贸易	10	30 944.3	128.3	7 037.1	68.2	23 907.2	155.2
	海关特殊监管区域物流货物	34	458 729.0	-24.8	276 614.2	-25.1	182 114.7	-24.3
	特殊监管区域进口设备	35	53.4	23.1			53.4	23.1
	其他贸易	39	34 116.0		34 116.0			
广州南沙保税港区	合计		723 176.9	18.6	498 617.0	-0.2	224 559.9	103.8
	一般贸易	10	150 613.1	407.6	60 551.5	92 592.3	90 061.6	204.2
	进料加工贸易	15	12 343.2	-1.7	7 096.9	-6.5	5 246.3	5.5
	保税监管场所进出境货物	33	107.1	-33.3			107.1	-33.3
	海关特殊监管区域物流货物	34	259 012.0	25.0	129 888.1	-1.4	129 123.9	71.2
	特殊监管区域进口设备	35	21.0	-34.0			21.0	-34.0
	其他贸易	39	301 080.5	-16.4	301 080.5	-16.4		
广西钦州保税港区	合计		255 599.5	-23.8	107 005.8	-27.9	148 593.7	-20.6
	一般贸易	10	1 871.4	9.6	100.0	-14.7	1 771.4	11.4
	来料加工装配贸易	14	240 566.3	-16.7	102 314.1	-23.7	138 252.2	-10.6
	进料加工贸易	15	9 029.3	1 245.8	4 050.3	52 902.0	4 979.1	650.7
	海关特殊监管区域物流货物	34	4 123.6	-90.7	541.4	-96.2	3 582.1	-88.2
	特殊监管区域进口设备	35	1.4	-51.2			1.4	-51.2
	其他贸易	39	7.6	1 297.8			7.6	1 297.8
海南洋浦保税港区	合计		2 418.6	-79.0			2 418.6	-78.8
	一般贸易	10	587.2	-90.3			587.2	-90.3
	保税监管场所进出境货物	33	864.3	98.1			864.3	98.1

续表

地区	贸易方式		进出口合计		出口		进口	
			2016年1月至2016年12月		2016年1月至2016年12月		2016年1月至2016年12月	
	中文	代码	美元值（万）	美元值同比（%）	美元值（万）	美元值同比（%）	美元值（万）	美元值同比（%）
	海关特殊监管区域物流货物	34	964.4	-80.6			964.4	-80.3
	特殊监管区域进口设备	35						
	其他贸易	39	2.7				2.7	
重庆两路寸滩保税港区（水港）	合计		138 201.6	286.3	64 774.8	344.3	73 426.8	246.4
	一般贸易	10	28 811.3	747.5	21 597.3	31 936.4	7 214.0	116.5
	进料加工贸易	15	4 817.2		2 383.1		2 434.0	
	保税监管场所进出境货物	33	79 994.3	3 858.4	34 668.0	78 245.8	45 326.3	2 193.1
	海关特殊监管区域物流货物	34	24 577.2	-19.0	6 125.6	-57.7	18 451.6	16.2
	其他贸易	39	1.6	-75.3	0.7		0.9	-86.1
重庆两路寸滩保税港区（空港）	合计		951 200.7	-19.5	596 981.0	-20.1	354 219.7	-18.4
	一般贸易	10	2 822.2	15.3	116.1		2 706.1	10.5
	进料加工贸易	15	565 213.3	-22.2	539 899.7	-23.4	25 313.7	16.8
	海关特殊监管区域物流货物	34	382 970.2	-15.3	56 964.4	33.8	326 005.8	-20.4
	特殊监管区域进口设备	35	194.0	2.1			194.0	2.1
	其他贸易	39	0.9		0.8		0.1	
福州保税港区	合计		57 491.1	206.8	2 084.6	-41.4	55 406.5	264.9
	一般贸易	10	45 901.9	627.7	283.2	9.8	45 618.7	654.0
	来料加工装配贸易	14						
	进料加工贸易	15	2 173.1	-27.8	1 233.3	-41.5	939.8	4.1
	海关特殊监管区域物流货物	34	9 416.1	4.8	568.1	-31.9	8 848.0	8.6

2016 年全国保税港区经济指标统计情况表

指标	单位	合计		
		当年累计	同比（%）	历年累计
增加值	万元	4 106 137	6.2	13 013 812
经营总收入	万元	51 763 090	2.3	262 110 513
其中：技术服务收入	万元	0	-100.0	393 253
工业总产值	万元	10 793 291	-26.6	109 171 430
其中：高新技术产业	万元	712 000	3.7	3 407 477
物流企业经营收入	万元	11 969 023	1.0	69 455 983
企业利润总额	万元	289 730	37.2	2 604 421
综合能源耗费量	吨标准煤	39 756	-9.5	395 321
批准企业数	个	3 290	-53.9	17 401
其中：加工企业	个	6	-91.7	198
物流企业	个	200	-60.4	3 052
批准外资企业数	个	578	-4.9	1 906
批准投资总额	万美元	4 010 533	6.1	13 907 815
其中：外商投资总额	万美元	2 367 474	19.8	6 261 123
合同利用外资	万美元	1 772 397	18.6	3 883 603
企业实际到位资金	万美元	119 603	-24.6	2 510 522
其中：实际利用外资	万美元	117 927	-8.9	951 674
固定资产投资额	万元	664 846	-20.2	10 942 835
其中：基础设施投资	万元	280 762	-16.4	4 457 017
土地实际已租售面积	平方米	738 022	1 745.1	29 985 401
房屋竣工建筑面积	平方米	26 500	—	7 012 557
其中：已建成厂房面积	平方米	25 300	—	5 246 731
已投产运作企业数	个	1 956	79.6	6 445
其中：已投产加工企业数	个	1	-50.0	114
已投产物流企业数	个	13	-58.1	1 032
其中：投资额 1 000 万美元以上	个	1	—	160
税收总额	万元	4 740 015	30.7	19 579 446
其中：海关税收及代征税	万元	1 663 542	-13.5	11 199 468
税务部门税收	万元	2 882 092	69.7	8 409 424
期末从业人员	人	160 946	-3.6	160 946
期末批准面积	平方公里	94.25	0.0	94.25
期末验收封关面积	平方公里	62.34	0.0	62.34

续表

指标	单位	天津东疆保税港区		
		当年累计	同比（%）	历年累计
增加值	万元	0	—	0
经营总收入		0	—	0
其中：技术服务收入		0	—	0
工业总产值		0	—	0
其中：高新技术产业		0	—	0
物流企业经营收入		0	—	0
企业利润总额		0	—	0
综合能源耗费量	吨标准煤	0	—	0
批准企业数	个	2 047	-46.3	9 101
其中：加工企业		1	—	26
物流企业		107	-72.3	1 096
批准外资企业数		538	33.8	1 202
批准投资总额	万美元	3 652 282	20.4	9 024 637
其中：外商投资总额		2 209 046	48.0	4 528 201
合同利用外资		1 656 177	33.3	3 181 876
企业实际到位资金		39 117	-38.3	1 178 229
其中：实际利用外资		38 401	-26.1	201 755
固定资产投资额	万元	26 626	-57.0	2 177 791
其中：基础设施投资		0	-100.0	693 129
土地实际已租售面积	平方米	726 500	—	5 526 500
房屋竣工建筑面积		26 500	—	804 089
其中：已建成厂房面积		25 300	—	754 889
已投产运作企业数	个	1 900	90.0	4 600
其中：已投产加工企业数		0	—	2
已投产物流企业数		0	—	0
其中：投资额1 000万美元以上		0	—	0
税收总额	万元	911 811	60.9	2 254 274
其中：海关税收及代征税		0	—	0
税务部门税收		911 811	60.9	2 254 274
期末从业人员	人	20 000	5.0	20 000
期末批准面积	平方公里	10.00	0.0	10.00
期末验收封关面积		10.00	0.0	10.00

续表

指标	单位	大连大窑湾保税港区		
		当年累计	同比（%）	历年累计
增加值	万元	147 300	-4.0	1 286 397
经营总收入		489 581	-3.2	3 309 266
其中：技术服务收入		0	—	0
工业总产值		2 215	-3.4	14 343
其中：高新技术产业		0	—	0
物流企业经营收入		95 390	-4.4	808 984
企业利润总额		12 903	-6.1	102 598
综合能源耗费量	吨标准煤	13 420	-2.1	112 554
批准企业数	个	0	—	119
其中：加工企业		0	—	2
物流企业		0	—	87
批准外资企业数		0	—	49
批准投资总额	万美元	0	—	156 125
其中：外商投资总额		0	—	133 296
合同利用外资		0	—	133 296
企业实际到位资金		0	—	153 711
其中：实际利用外资		0	—	113 476
固定资产投资额	万元	16 541	-5.6	639 401
其中：基础设施投资		1 122	-3.9	55 540
土地实际已租售面积	平方米	0	—	2 623 790
房屋竣工建筑面积		0	—	1 010 438
其中：已建成厂房面积		0	—	1 009 088
已投产运作企业数	个	0	—	80
其中：已投产加工企业数		0	—	2
已投产物流企业数		0	—	77
其中：投资额1 000万美元以上		0	—	16
税收总额	万元	212 967	24.4	960 039
其中：海关税收及代征税		203 332	26.6	856 539
税务部门税收		9 635	-9.0	103 498
期末从业人员	人	2 800	-3.4	2 800
期末批准面积	平方公里	6.88	0.0	6.88
期末验收封关面积		3.06	0.0	3.06

续表

指标	单位	洋山保税港区		
		当年累计	同比（%）	历年累计
增加值	万元	2 770 000	7.0	2 383 000
经营总收入		27 898 800	7.8	112 671 600
其中：技术服务收入		0	—	0
工业总产值		0	—	0
其中：高新技术产业		0	—	0
物流企业经营收入		9 635 200	-1.0	55 470 400
企业利润总额		0	—	100
综合能源耗费量	吨标准煤	0	—	0
批准企业数	个	135	-45.8	1 957
其中：加工企业		0	—	0
物流企业		24	-36.8	917
批准外资企业数		32	-51.5	306
批准投资总额	万美元	236 410	-54.5	2 238 500
其中：外商投资总额		157 961	-58.9	975 936
合同利用外资		115 672	-34.6	115 672
企业实际到位资金		79 255	5.7	79 255
其中：实际利用外资		79 255	5.7	386 976
固定资产投资额	万元	29 500	30.0	2 521 200
其中：基础设施投资		0	—	115 900
土地实际已租售面积	平方米	0	—	4 936 700
房屋竣工建筑面积		0	—	920 000
其中：已建成厂房面积		0	—	800 000
已投产运作企业数	个	0	—	480
其中：已投产加工企业数		0	—	0
已投产物流企业数		0	—	360
其中：投资额 1 000 万美元以上		0	—	45
税收总额	万元	2 378 280	31.4	12 249 531
其中：海关税收及代征税		739 100	-25.1	8 605 100
税务部门税收		1 638 800	98.9	3 872 800
期末从业人员	人	43 500	0.2	43 500
期末批准面积	平方公里	14.16	0.0	14.16
期末验收封关面积		14.16	0.0	14.16

续表

指标	单位	张家港保税港区		
		当年累计	同比（%）	历年累计
增加值	万元	53 853	-11.0	416 600
经营总收入	万元	1 101 750	-9.0	8 365 603
其中：技术服务收入	万元	0	—	0
工业总产值	万元	0	—	0
其中：高新技术产业	万元	0	-100.0	45 477
物流企业经营收入	万元	1 101 750	-9.0	8 365 603
企业利润总额	万元	0	—	0
综合能源耗费量	吨标准煤	0	—	0
批准企业数	个	386	4.6	3 385
其中：加工企业	个	0	—	0
物流企业	个	3	—	118
批准外资企业数	个	6	100.0	100
批准投资总额	万美元	37 096	10.5	297 500
其中：外商投资总额	万美元	417	-52.9	89 646
合同利用外资	万美元	417	-52.9	67 296
企业实际到位资金	万美元	0	-100.0	86 344
其中：实际利用外资	万美元	0	-100.0	25 759
固定资产投资额	万元	0	—	0
其中：基础设施投资	万元	0	—	0
土地实际已租售面积	平方米	0	—	1 185 236
房屋竣工建筑面积	平方米	0	—	833 700
其中：已建成厂房面积	平方米	0	—	334 200
已投产运作企业数	个	0	—	80
其中：已投产加工企业数	个	0	—	0
已投产物流企业数	个	0	—	61
其中：投资额1 000万美元以上	个	0	—	0
税收总额	万元	495 647	-7.4	1 030 866
其中：海关税收及代征税	万元	486 517	-6.4	1 006 265
税务部门税收	万元	9 130	-41.0	24 501
期末从业人员	人	8 678	15.6	8 678
期末批准面积	平方公里	4.10	0.0	4.10
期末验收封关面积	平方公里	1.53	0.0	1.53

续表

指标	单位	宁波梅山保税港区		
		当年累计	同比（%）	历年累计
增加值	万元	0	—	1 065 206
经营总收入		1 891 069	26.4	7 362 442
其中：技术服务收入		0	—	0
工业总产值		0	—	0
其中：高新技术产业		0	—	0
物流企业经营收入		304 666	291.6	1 066 458
企业利润总额		0	—	0
综合能源耗费量	吨标准煤	0	—	0
批准企业数	个	4	-86.7	309
其中：加工企业		0	—	0
物流企业		0	-100.0	139
批准外资企业数		0	-100.0	35
批准投资总额	万美元	2 698	-35.0	550 370
其中：外商投资总额		0	-100.0	54 459
合同利用外资		0	—	25 836
企业实际到位资金		198	-95.2	498 828
其中：实际利用外资		0	-100.0	25 344
固定资产投资额	万元	208 869	3.1	1 934 428
其中：基础设施投资		203 894	0.6	1 929 452
土地实际已租售面积	平方米	0	—	1 794 064
房屋竣工建筑面积		0	—	404 605
其中：已建成厂房面积		0	—	210 986
已投产运作企业数	个	4	-86.7	309
其中：已投产加工企业数		0	—	0
已投产物流企业数		0	-100.0	139
其中：投资额1 000万美元以上		1	—	57
税收总额	万元	62 223	32.2	494 031
其中：海关税收及代征税		0	—	0
税务部门税收		62 223	32.2	494 031
期末从业人员	人	1 507	7.5	1 507
期末批准面积	平方公里	7.70	0.0	7.70
期末验收封关面积		2.50	0.0	2.50

续表

指标	单位	厦门海沧保税港区		
		当年累计	同比（%）	历年累计
增加值	万元	182 432	31.4	1 223 709
经营总收入	万元	603 584	10.2	3 055 343
其中：技术服务收入	万元	0	—	0
工业总产值	万元	506 385	22.0	4 852 949
其中：高新技术产业	万元	0	—	0
物流企业经营收入	万元	140 667	-0.5	764 560
企业利润总额	万元	62 407	40.6	457 553
综合能源耗费量	吨标准煤	8 668	-21.0	99 695
批准企业数	个	0	-100.0	84
其中：加工企业	个	0	-100.0	45
物流企业	个	0	-100.0	37
批准外资企业数	个	0	-100.0	48
批准投资总额	万美元	0	-100.0	102 543
其中：外商投资总额	万美元	0	-100.0	83 393
合同利用外资	万美元	0	-100.0	47 640
企业实际到位资金	万美元	0	—	40 355
其中：实际利用外资	万美元	0	—	39 094
固定资产投资额	万元	56 642	40.3	401 629
其中：基础设施投资	万元	52 427	29.9	323 922
土地实际已租售面积	平方米	0	—	816 490
房屋竣工建筑面积	平方米	0	—	813 408
其中：已建成厂房面积	平方米	0	—	795 870
已投产运作企业数	个	0	—	66
其中：已投产加工企业数	个	0	—	33
已投产物流企业数	个	0	—	33
其中：投资额 1 000 万美元以上	个	0	—	8
税收总额	万元	21 251	79.3	80 822
其中：海关税收及代征税	万元	60	17.6	466
税务部门税收	万元	21 190	79.6	80 355
期末从业人员	人	11 615	-0.1	11 615
期末批准面积	平方公里	9.51	-100.0	9.51
期末验收封关面积	平方公里	5.52	-100.0	5.52

续表

指标	单位	广州南沙保税港区		
		当年累计	同比（%）	历年累计
增加值	万元	134 393	7.8	728 643
经营总收入		341 287	2.1	1 758 754
其中：技术服务收入		0	—	0
工业总产值		64 485	-21.6	380 538
其中：高新技术产业		0	—	0
物流企业经营收入		261 730	10.5	1 424 750
企业利润总额		44 355	19.2	197 245
综合能源耗费量	吨标准煤	719	-10.0	5 245
批准企业数	个	0	—	282
其中：加工企业		0	—	5
物流企业		0	—	271
批准外资企业数		0	—	10
批准投资总额	万美元	0	—	279 758
其中：外商投资总额		0	—	126 715
合同利用外资		0	—	96 235
企业实际到位资金		0	—	149 325
其中：实际利用外资		0	—	38 652
固定资产投资额	万元	8 829	-77.2	250 650
其中：基础设施投资		8 785	-22.1	110 217
土地实际已租售面积	平方米	0	—	3 741 433
房屋竣工建筑面积		0	—	736 689
其中：已建成厂房面积		0	—	736 689
已投产运作企业数	个	0	—	270
其中：已投产加工企业数		0	—	3
已投产物流企业数		0	—	261
其中：投资额1 000万美元以上		0	—	19
税收总额	万元	13 375	4.1	81 587
其中：海关税收及代征税		0	—	0
税务部门税收		13 375	4.1	81 587
期末从业人员	人	2 380	-40.3	2 380
期末批准面积	平方公里	7.06	0.0	7.06
期末验收封关面积		3.70	0.0	3.70

续表

指标	单位	烟台保税港区		
		当年累计	同比（%）	历年累计
增加值	万元	438 457	0. 0	4 508 077
经营总收入		4 572 545	1. 8	64 654 655
其中：技术服务收入		0	—	0
工业总产值		4 598 627	1. 3	65 492 467
其中：高新技术产业		712 000	11. 1	3 362 000
物流企业经营收入		45 804	15. 7	178 836
企业利润总额		-20 001	—	1 327 618
综合能源耗费量	吨标准煤	16 949	-8. 1	173 651
批准企业数	个	10	-28. 6	187
其中：加工企业		2	100. 0	77
物流企业		8	-38. 5	98
批准外资企业数		0	-100. 0	87
批准投资总额	万美元	767	-71. 3	120 898
其中：外商投资总额		0	-100. 0	98 791
合同利用外资		131	-80. 1	59 603
企业实际到位资金		1 033	-66. 7	68 625
其中：实际利用外资		271	-81. 0	43 740
固定资产投资额	万元	8 392	4. 2	447 555
其中：基础设施投资		4 719	255. 1	84 025
土地实际已租售面积	平方米	0	—	3 500 500
房屋竣工建筑面积		0	—	1 142 118
其中：已建成厂房面积		0	—	465 054
已投产运作企业数	个	1	-83. 3	113
其中：已投产加工企业数		1	-50. 0	70
已投产物流企业数		0	-100. 0	43
其中：投资额 1 000 万美元以上		0	—	5
税收总额	万元	308 323	150. 1	771 302
其中：海关税收及代征税		91 463	-10. 1	321 754
税务部门税收		22 860	6. 3	255 498
期末从业人员	人	47 856	-11. 8	47 856
期末批准面积	平方公里	7. 26	0. 0	7. 26
期末验收封关面积		4. 86	0. 0	4. 86

续表

指标	单位	重庆两路寸滩保税港区		
		当年累计	同比（%）	历年累计
增加值	万元	0	—	0
经营总收入		6 731 953	-13.6	31 067 954
其中：技术服务收入		0	-100.0	393 253
工业总产值		5 617 961	-41.9	38 350 156
其中：高新技术产业		0	—	0
物流企业经营收入		381 261	24.5	1 302 550
企业利润总额		0	—	0
综合能源耗费量	吨标准煤	0	—	0
批准企业数	个	563	104.0	1 485
其中：加工企业		1	-66.7	28
物流企业		48	71.4	205
批准外资企业数		2	0.0	39
批准投资总额	万美元	67 287	-13.9	858 396
其中：外商投资总额		50	—	144 644
合同利用外资		0	-100.0	151 517
企业实际到位资金		0	—	146 298
其中：实际利用外资		0	—	73 450
固定资产投资额	万元	265 600	-24.1	649 100
其中：基础设施投资		0	—	0
土地实际已租售面积	平方米	0	—	0
房屋竣工建筑面积		0	—	0
其中：已建成厂房面积		0	—	0
已投产运作企业数	个	49	4.3	369
其中：已投产加工企业数		0	—	0
已投产物流企业数		12	-25.0	30
其中：投资额1 000万美元以上		0	—	0
税收总额	万元	109 929	16.6	972 286
其中：海关税收及代征税		0	—	0
税务部门税收		109 929	17.8	971 286
期末从业人员	人	21 136	-1.5	21 136
期末批准面积	平方公里	8.37	0.0	8.37
期末验收封关面积		8.37	0.0	8.37

续表

指标	单位	广西钦州保税港区		
		当年累计	同比（%）	历年累计
增加值	万元	0	—	0
经营总收入		0	—	0
其中：技术服务收入		0	—	0
工业总产值		3 618	-19.9	8 136
其中：高新技术产业		0	—	0
物流企业经营收入		0	—	0
企业利润总额		0	—	0
综合能源耗费量	吨标准煤	0	—	0
批准企业数	个	127	41.1	404
其中：加工企业		1	-50.0	11
物流企业		10	0.0	78
批准外资企业数		0	-100.0	25
批准投资总额	万美元	10 578	-62.5	98 264
其中：外商投资总额		0	-100.0	22 268
合同利用外资		0	—	0
企业实际到位资金		0	-100.0	12 128
其中：实际利用外资		0	—	0
固定资产投资额	万元	33 385	-58.2	1 817 306
其中：基础设施投资		9 815	-85.8	1 107 124
土地实际已租售面积	平方米	0	-100.0	4 384 441
房屋竣工建筑面积		0	—	172 103
其中：已建成厂房面积		0	—	31 470
已投产运作企业数	个	0	-100.0	43
其中：已投产加工企业数		0	—	2
已投产物流企业数		0	-100.0	23
其中：投资额1 000万美元以上		0	—	3
税收总额	万元	149 354	-6.8	367 068
其中：海关税收及代征税		142 300	-3.0	324 971
税务部门税收		7 054	-28.3	38 327
期末从业人员	人	788	1.4	788
期末批准面积	平方公里	10.00	0.0	10.00
期末验收封关面积		6.34	0.0	6.34

续表

指标	单位	海南洋浦保税港区		
		当年累计	同比（%）	历年累计
增加值	万元	379 702	5.3	1 402 180
经营总收入		8 132 521	-2.7	29 864 896
其中：技术服务收入		0	—	0
工业总产值		0	—	72 841
其中：高新技术产业		0	—	0
物流企业经营收入		2 555	1.8	73 842
企业利润总额		190 066	45.7	519 307
综合能源耗费量	吨标准煤	0	—	4 176
批准企业数	个	18	-5.3	88
其中：加工企业		1	—	4
物流企业		0	-100.0	6
批准外资企业数		0	—	5
批准投资总额	万美元	3 415	37.4	180 824
其中：外商投资总额		0	—	3 774
合同利用外资		0	—	4 632
企业实际到位资金		0	-100.0	97 424
其中：实际利用外资		0	—	3 428
固定资产投资额	万元	10 462	-4.3	103 775
其中：基础设施投资		0	—	37 708
土地实际已租售面积	平方米	11 522	—	1 476 247
房屋竣工建筑面积		0	—	175 407
其中：已建成厂房面积		0	—	108 485
已投产运作企业数	个	2	—	35
其中：已投产加工企业数		0	—	2
已投产物流企业数		1	—	5
其中：投资额 1 000 万美元以上		0	—	7
税收总额	万元	76 855	-18.1	317 640
其中：海关税收及代征税		770	-90.7	84 373
税务部门税收		76 085	-11.1	233 267
期末从业人员	人	686	1.6	686
期末批准面积	平方公里	9.21	0.0	9.21
期末验收封关面积		2.30	0.0	2.30

2016 年全国保税港区进口额前 30 位国家和地区排名表

序号	国家和地区		2016 年	
	中文	代码	进口额（万美元）	同比（%）
保税港区合计			3 539 746.5	-0.5
1	美国	502	796 776.6	23.6
2	智利	412	222 150.2	-8.7
3	日本	116	216 103.6	-25.0
4	德国	304	203 704.0	79.7
5	韩国	133	192 302.5	-6.8
6	法国	305	188 498.0	-2.1
7	中国台湾	143	143 598.0	-46.1
8	马来西亚	122	125 230.6	-18.3
9	越南	141	118 921.3	130.4
10	巴西	410	114 698.1	109.6
11	俄罗斯联邦	344	114 225.9	-16.2
12	阿联酋	138	96 809.0	33.1
13	中华人民共和国	142	92 314.1	-31.7
14	沙特阿拉伯	131	86 816.6	-46.1
15	澳大利亚	601	82 208.0	43.6
16	加拿大	501	77 063.6	-7.6
17	新西兰	609	67 543.9	34.8
18	菲律宾	129	58 433.3	22.2
19	阿曼	126	57 451.2	80.0
20	英国	303	41 629.3	-35.5
21	泰国	136	35 621.7	13.7
22	秘鲁	434	31 620.0	-10.1
23	新加坡	132	28 001.7	-26.5
24	意大利	307	24 361.2	-30.0
25	荷兰	309	21 402.3	23.0
26	南非	244	19 928.2	6.3
27	西班牙	312	19 341.0	61.1
28	比利时	301	18 875.0	20.3
29	印度尼西亚	112	18 337.9	16.1
30	印度	111	18 030.7	6.6

2016 年全国保税港区出口额前 30 位国家和地区排名表

序号	国家和地区		2016 年	
	中文	代码	出口额（万美元）	同比（%）
保税港区合计			2 535 335.7	-3.7
1	美国	502	389 229.0	-10.7
2	中国香港	110	349 962.2	2.4
3	日本	116	162 520.9	-6.3
4	新加坡	132	110 933.7	-9.9
5	德国	304	98 198.6	-24.7
6	澳大利亚	601	94 979.3	20.1
7	越南	141	93 178.1	-10.7
8	印度	111	89 997.5	-13.3
9	马来西亚	122	80 303.6	-11.1
10	泰国	136	73 728.3	40.6
11	荷兰	309	72 753.8	-9.4
12	韩国	133	67 355.7	28.4
13	印度尼西亚	112	60 928.8	30.8
14	菲律宾	129	48 623.9	-6.2
15	中国台湾	143	47 844.2	2.5
16	英国	303	44 892.8	-19.7
17	法国	305	44 471.3	-7.6
18	阿联酋	138	40 361.9	-10.5
19	俄罗斯联邦	344	30 057.5	-6.8
20	尼日利亚	236	26 340.3	-12.9
21	加拿大	501	24 069.6	47.3
22	墨西哥	429	22 015.3	-19.1
23	意大利	307	21 171.0	-29.5
24	孟加拉国	103	19 504.5	26.2
25	南非	244	18 979.8	49.7
26	西班牙	312	18 649.6	-3.9
27	土耳其	137	18 146.1	0.0
28	智利	412	16 618.9	-1.4
29	斯里兰卡	134	16 551.5	19.0
30	沙特阿拉伯	131	16 519.3	-35.3

2016年全国保税港区主要进口商品分类统计表（22大类）

商品类别	2016年	
	进口额（万美元）	同比（%）
保税港区合计	3 539 746.5	-0.5
第十七类　车辆、航空器、船舶及运输设备	1 158 070.1	16.4
第十六类　机器、机械器具、电气设备及其零件；录音机及放声机、电视图像、声音的录制和重放设备及其零件、附件	588 095.3	-7.9
第十五类　贱金属及其制品	488 335.3	-17.5
第五类　矿产品	281 250.4	12.9
第一类　活动物；动物产品	254 988.2	34.0
第六类　化学工业及其相关工业的产品	199 214.1	-49.7
第十八类　光学、照相、电影、计量、检验、医疗或外科用仪器及设备、精密仪器及设备；钟表；乐器；上述物品的零件、附件	147 146.9	-9.2
第四类　食品；饮料、酒及醋；烟草及制品	119 673.4	62.3
第七类　塑料及其制品；橡胶及其制品	116 823.8	27.0
第二类　植物产品	72 310.7	50.9
第十类　木浆等；废纸；纸、纸板及其制品	30 910.8	-16.3
第十一类　纺织原料及纺织制品	25 252.9	1.1
第二十类　杂项制品	21 885.9	20.6
第三类　动、植物油、脂及其分解产品；精制的食用油脂；动、植物蜡	10 293.9	-15.1
第九类　木及木制品；木炭；软木及软木制品；稻草、秸秆、针茅或其他编结材料制品；篮筐及柳条编结品	8 984.0	72.6
第十二类　鞋、帽、伞、杖、鞭及其零件；已加工的羽毛及其制品；人造花；人发制品	5 471.9	-4.2
第十三类　石料、石膏、水泥、石棉、云母及类似材料的制品；陶瓷产品；玻璃及其制品	5 423.2	4.4
第八类　生皮、皮革、毛皮及其制品；鞍具及挽具；旅行用品、手提包及类似品；动物肠线（蚕胶丝除外）制品	4 303.2	-32.3
第十四类　天然或养殖珍珠、宝石或半宝石、贵金属、包贵金属及其制品；仿首饰；硬币	1 258.0	-71.9
第二十二类　特殊交易品及未分类商品	39.3	30.2
第二十一类　艺术品、收藏品及古物	15.4	-59.5

2016 年全国保税港区主要出口商品分类统计表（22 大类）

商品类别	2016 年	
	出口额（万美元）	同比（%）
保税港区合计	2 535 335. 7	-3. 7
第十六类　机器、机械器具、电气设备及其零件；录音机及放声机、电视图像、声音的录制和重放设备及其零件、附件	1 164 700. 3	-14. 5
第十五类　贱金属及其制品	238 212. 8	14. 4
第五类　矿产品	189 629. 3	22. 6
第十一类　纺织原料及纺织制品	178 381. 7	-13. 1
第二十类　杂项制品	164 466. 5	14. 2
第十八类　光学、照相、电影、计量、检验、医疗或外科用仪器及设备、精密仪器及设备；钟表；乐器；上述物品的零件、附件	117 371. 7	-19. 5
第十七类　车辆、航空器、船舶及运输设备	107 606. 2	51. 9
第七类　塑料及其制品；橡胶及其制品	100 070. 4	1. 3
第六类　化学工业及其相关工业的产品	66 728. 8	-16. 2
第四类　食品；饮料、酒及醋；烟草及制品	48 309. 2	77. 8
第八类　生皮、皮革、毛皮及其制品；鞍具及挽具；旅行用品、手提包及类似品；动物肠线（蚕胶丝除外）制品	38 495. 4	-16. 8
第十二类　鞋、帽、伞、杖、鞭及其零件；已加工的羽毛及其制品；人造花；人发制品	37 949. 7	-2. 0
第十三类　石料、石膏、水泥、石棉、云母及类似材料的制品；陶瓷产品；玻璃及其制品	27 932. 4	37. 2
第二类　植物产品	23 818. 1	732. 8
第十类　木浆等；废纸；纸、纸板及其制品	14 440. 1	41. 2
第一类　活动物；动物产品	6 637. 9	21. 4
第九类　木及木制品；木炭；软木及软木制品；稻草、秸秆、针茅或其他编结材料制品；篮筐及柳条编结品	5 967. 4	51. 7
第十四类　天然或养殖珍珠、宝石或半宝石、贵金属、包贵金属及其制品；仿首饰；硬币	2 555. 2	-31. 3
第三类　动、植物油、脂及其分解产品；精制的食用油脂；动、植物蜡	1 452. 2	-36. 2
第二十二类　特殊交易品及未分类商品	536. 0	136. 8
第二十一类　艺术品、收藏品及古物	74. 5	-7. 5

洋山保税港区统计数据表

（1）2016年洋山保税港区主要经济指标完成情况表

指标名称	单位	2016年	比上年增长（%）
经营总收入	万元	27 898 800	7.8
物流企业营业收入	万元	9 635 200	-1.0
当年批准企业数	个	135	-45.8
其中：加工企业	个	0	
仓储物流企业	个	24	-36.8
当年批准外资企业数	个	32	-51.5
当年批准投资总额	万美元	236 410	-54.5
其中：外商投资总额	万美元	157 961	-58.9
当年合同利用外资	万美元	115 672	-34.6
港区货物吞吐量	万吨	14 299	3.8
港区集装箱吞吐量	万标准箱	1 562	1.4
税务部门税收	万元	1 638 800	98.9
固定资产投资额	万元	29 500	30.0
期末从业人员	人	43 500	0.2
期末批准面积	平方公里	14.16	0.0
期末验收封关面积	平方公里	14.16	0.0

（2）截至2016年洋山保税港区历年招商引资情况表

指标	单位	历年累计
批准企业	个	1 957
其中：外资企业		306
投资总额	（万美元）	2 238 500
其中：外商投资总额		975 936
合同外资额		115 672

2016 年全国综合保税区各区进出口贸易额统计表

地区	进出口额合计		出口额		进口额	
	2016 年		2016 年		2016 年	
	美元值（万）	美元值同比（%）	美元值（万）	美元值同比（%）	美元值（万）	美元值同比（%）
综合保税区合计	22 887 359.9	-6.4	13 750 165.0	-5.0	9 137 194.9	-8.4
北京天竺综合保税区	506 008.9	1.3	48 813.1	-7.3	457 195.7	2.3
天津滨海新区综合保税区	227 328.8	-1.2	13 204.7	-28.9	214 124.2	1.2
石家庄综合保税区	806.2		4.8		801.4	
曹妃甸综合保税区	19 606.3	-18.9	17 185.7	-27.8	2 420.5	529.9
太原武宿综合保税区	448.3	-85.5	49.6	-97.7	398.7	-56.9
沈阳综合保税区	19 480.5	5.3	7 901.5	-28.8	11 579.1	56.4
长春兴隆综合保税区	18 028.3	369.4	11 957.9	5 233.7	6 070.4	67.9
绥芬河综合保税区	17 389.5	3.5	7 810.1	104.1	9 579.4	-26.2
上海浦东机场综合保税区	636 486.7	1.3	275 097.8	2.3	361 388.9	0.6
南京综合保税区	430 654.6	-14.2	275 460.9	-20.8	155 193.7	0.6
无锡高新区综合保税区	1 266 559.1	13.2	700 717.4	14.4	565 841.7	11.7
常州综合保税区	2.2				2.2	
苏州工业园区综合保税区	2 035 655.1	-9.5	1 452 483.9	-7.8	583 171.3	-13.5
苏州高新综保区	1 409 072.3	-32.1	953 172.8	-25.6	455 899.6	-42.6
南通综合保税区	28 936.6	-37.4	13 209.5	-44.3	15 727.1	-30.1
淮安综合保税区	44 256.8	-59.6	24 371.4	-53.6	19 885.4	-65.1
盐城综合保税区	29 267.6	-66.3	9 882.0	-84.8	19 385.6	-10.8
泰州综合保税区	3 174.6		897.2		2 277.4	
昆山综合保税区	4 071 095.8	-23.3	2 740 643.3	-21.9	1 330 452.6	-25.9
吴江综合保税区	119 035.8		114 436.9		4 598.9	
太仓港综合保税区	25 900.7	121.2	7 947.5	400.9	17 953.2	77.4
舟山港综合保税区	19 621.0	1 248.0	8 257.7	2 446.6	11 363.4	904.4
合肥综合保税区	4 185.7	259.3	229.6	-11.1	3 956.1	336.3
济南综合保税区	13 666.8	-3.0	5 980.3	10.1	7 686.5	-11.3

续表

地区	进出口额合计		出口额		进口额	
	2016年		2016年		2016年	
	美元值（万）	美元值同比（%）	美元值（万）	美元值同比（%）	美元值（万）	美元值同比（%）
东营综合保税区	0.0				0.0	
潍坊综合保税区	113 898.6	24.4	81 456.9	50.9	32 441.8	-13.7
临沂综合保税区	2 090.0		645.0		1 445.0	
新郑综合保税区	4 769 682.0	-4.0	2 727 160.0	1.8	2 042 522.0	-10.7
武汉东湖综合保税区	309 007.6	-9.5	234 867.7	10.7	74 139.9	-42.7
湘潭综合保税区	55 767.2	8.8	53 396.8	121.8	2 370.4	-91.3
衡阳综合保税区	2 275.6	-97.4	1 607.6	-96.4	667.9	-98.5
岳阳城陵矶综合保税区	77 300.7		74 344.8		2 955.9	
广州白云机场综合保税区	194 965.4	-0.2	88 783.6	-8.9	106 181.8	8.5
深圳盐田综合保税区（一期）	287 606.5		209 405.7		78 200.8	
广西凭祥综合保税区	262 564.8	10.5	78 371.1	67.8	184 193.7	-3.6
海口综合保税区	24 562.6	-14.8	782.4	5 727.8	23 780.2	-17.5
重庆西永综合保税区	2 264 777.3	-3.8	1 586 220.2	-7.8	678 557.1	7.0
成都高新综合保税区	2 606 053.4	17.9	1 302 501.7	1.8	1 303 551.7	40.0
贵阳综合保税区	38 101.0	-64.4	19 985.7	-57.6	18 115.2	-69.8
贵安综合保税区	5 214.1		1 319.3		3 894.8	
云南红河综合保税区	72 303.0	89.1	34 737.4	107.7	37 565.6	74.6
西安综合保税区	13 843.6	-2.7	1 243.5	-69.8	12 600.1	24.7
西安高新综合保税区	627 111.0	11.0	423 853.3	86.4	203 257.7	-39.8
兰州新区综合保税区	70 293.5	854.7	34 040.4	533.4	36 253.1	1 722.6
银川综合保税区	113 148.1	-39.4	101 857.9	-34.8	11 290.2	-63.1
阿拉山口综合保税区	30 012.0	200.9	3 801.2	932.1	26 210.8	172.9
喀什综合保税区	113.7	61.1	67.4	-3.5	46.3	5 893.9

2016 年全国综合保税区经济指标统计情况表

指标	单位	合计		
		当年累计	同比（%）	历年累计
增加值	万元	10 843 931	6.9	63 378 517
经营总收入	万元	94 580 700	15.5	522 561 205
其中：技术服务收入	万元	1 570 850	201.5	2 951 023
工业总产值	万元	82 634 664	9.3	527 412 923
其中：高新技术产业	万元	17 330 954	-4.8	72 759 410
物流企业经营收入	万元	2 023 811	17.0	14 086 383
企业利润总额	万元	2 471 422	7.9	13 268 962
综合能源耗费量	吨标准煤	662 922	-7.8	4 927 265
批准企业数	个	2 506	213.6	6 680
其中：加工企业	个	28	47.4	472
物流企业	个	167	57.5	668
批准外资企业数	个	52	-63.4	877
批准投资总额	万美元	1 164 347	6.0	4 896 196
其中：外商投资总额	万美元	982 824	8.6	3 956 153
合同利用外资	万美元	351 926	-44.6	1 799 001
企业实际到位资金	万美元	139 148	-39.8	1 782 908
其中：实际利用外资	万美元	102 399	-26.9	1 408 755
固定资产投资额	万元	3 226 506	9.7	29 609 536
其中：基础设施投资	万元	156 358	-57.7	1 341 011
土地实际已租售面积	平方米	533 944	-23.6	23 769 358
房屋竣工建筑面积	平方米	198 331	-72.7	14 507 555
其中：已建成厂房面积	平方米	118 521	-75.2	12 410 701
已投产运作企业数	个	544	29.5	2 193
其中：已投产加工企业数	个	22	-65.1	402
已投产物流企业数	个	58	52.6	325
其中：投资额 1 000 万美元以上	个	21	162.5	211
税收总额	万元	4 387 755	-9.8	14 542 911
其中：海关税收及代征税	万元	2 526 671	-39.0	9 642 130
税务部门税收	万元	754 044	7.7	3 789 212
期末从业人员	人	610 496	-5.1	610 496
期末批准面积	平方公里	71.81	0.0	71.81
期末验收封关面积	平方公里	47.32	5.0	47.32

续表

指标	单位	北京天竺综合保税区		
		当年累计	同比（%）	历年累计
增加值	万元	619 817	26.4	3 144 869
经营总收入		1 994 000	12.3	9 406 720
其中：技术服务收入		23 585	-44.1	83 861
工业总产值		212 783	14.0	1 586 241
其中：高新技术产业		148 306	1 459.8	157 814
物流企业经营收入		502 889	-9.9	4 989 195
企业利润总额		270 000	24.3	1 009 036
综合能源耗费量	吨标准煤	18 299	-75.1	231 682
批准企业数	个	34	-56.4	303
其中：加工企业		1	—	43
物流企业		1	-83.3	61
批准外资企业数		0	-100.0	61
批准投资总额	万美元	7 045	-91.3	343 644
其中：外商投资总额		0	-100.0	83 935
合同利用外资		0	—	74 560
企业实际到位资金		9 823	—	124 045
其中：实际利用外资		9 823	—	57 143
固定资产投资额	万元	43 691	-64.8	768 547
其中：基础设施投资		5 657	597.5	55 998
土地实际已租售面积	平方米	0	—	3 237 569
房屋竣工建筑面积		0	-100.0	923 000
其中：已建成厂房面积		0	—	0
已投产运作企业数	个	0	-100.0	71
其中：已投产加工企业数		0	—	18
已投产物流企业数		0	—	27
其中：投资额1 000万美元以上		0	—	9
税收总额	万元	196 042	-74.1	1 953 104
其中：海关税收及代征税		39 853	-94.3	1 456 443
税务部门税收		156 189	163.7	496 661
期末从业人员	人	23 343	-2.7	23 343
期末批准面积	平方公里	5.94	0.0	5.94
期末验收封关面积		3.17	0.0	3.17

续表

指标	单位	天津滨海新区综合保税区		
		当年累计	同比（%）	历年累计
增加值	万元	887 440	15.8	3 218 235
经营总收入		4 082 637	25.3	13 747 669
其中：技术服务收入		0	—	136 463
工业总产值		3 816 946	19.0	13 460 374
其中：高新技术产业		3 816 946	19.0	13 460 374
物流企业经营收入		147 601	16.9	364 821
企业利润总额		388 823	0.5	1 155 324
综合能源耗费量	吨标准煤	0	—	0
批准企业数	个	0	—	494
其中：加工企业		0	—	0
物流企业		0	—	0
批准外资企业数		0	—	0
批准投资总额	万美元	0	—	0
其中：外商投资总额		0	—	0
合同利用外资		0	—	0
企业实际到位资金		0	—	0
其中：实际利用外资		0	—	0
固定资产投资额	万元	0	—	1 630 228
其中：基础设施投资		0	—	0
土地实际已租售面积	平方米	0	—	0
房屋竣工建筑面积		0	—	0
其中：已建成厂房面积		0	—	0
已投产运作企业数	个	0	-100.0	735
其中：已投产加工企业数		0	—	0
已投产物流企业数		0	—	0
其中：投资额1 000万美元以上		0	—	0
税收总额	万元	26 409	-49.2	181 766
其中：海关税收及代征税		9 498	-74.9	94 740
税务部门税收		16 910	18.9	87 025
期末从业人员	人	1 340	0.0	1 340
期末批准面积	平方公里	1.96	0.0	1.96
期末验收封关面积		1.96	0.0	1.96

续表

指标	单位	上海浦东机场综合保税区		
		当年累计	同比（%）	历年累计
增加值	万元	76 000	47.0	0
经营总收入	万元	942 300	82.8	942 300
其中：技术服务收入	万元	0	—	0
工业总产值	万元	0	—	0
其中：高新技术产业	万元	0	—	0
物流企业经营收入	万元	397 200	23.9	1 468 300
企业利润总额	万元	0	—	0
综合能源耗费量	吨标准煤	0	—	0
批准企业数	个	95	-74.9	1 117
其中：加工企业	个	0	—	0
物流企业	个	9	28.6	107
批准外资企业数	个	20	-83.5	251
批准投资总额	万美元	272 133	-66.4	1 013 277
其中：外商投资总额	万美元	268 169	-65.6	889 542
合同利用外资	万美元	99 636	-81.3	309 317
企业实际到位资金	万美元	18 270	-81.5	320 140
其中：实际利用外资	万美元	18 270	-63.4	234 840
固定资产投资额	万元	17 400	770.0	493 400
其中：基础设施投资	万元	0	—	0
土地实际已租售面积	平方米	0	—	386 800
房屋竣工建筑面积	平方米	0	—	380 000
其中：已建成厂房面积	平方米	0	—	380 000
已投产运作企业数	个	0	—	56
其中：已投产加工企业数	个	0	—	0
已投产物流企业数	个	0	—	14
其中：投资额1 000万美元以上	个	0	—	13
税收总额	万元	325 793	45.7	692 129
其中：海关税收及代征税	万元	183 000	30.6	397 218
税务部门税收	万元	142 793	70.9	311 417
期末从业人员	人	2 879	34.8	2 879
期末批准面积	平方公里	3.59	0.0	3.59
期末验收封关面积	平方公里	3.59	0.0	3.59

续表

指标	单位	苏州工业园综合保税区		
		当年累计	同比（%）	历年累计
增加值	万元	0	—	0
经营总收入		3 585 519	-12.3	21 778 433
其中：技术服务收入		0	—	0
工业总产值		3 547 181	11.4	18 194 375
其中：高新技术产业		0	—	0
物流企业经营收入		141 494	1.2	749 156
企业利润总额		234 872	-7.7	1 115 983
综合能源耗费量	吨标准煤	0	-100.0	43 363
批准企业数	个	31	6.9	324
其中：加工企业		3	200.0	122
物流企业		4	-20.0	54
批准外资企业数		3	-25.0	174
批准投资总额	万美元	4 001	-69.2	395 142
其中：外商投资总额		1 293	-84.4	370 465
合同利用外资		687	-83.6	138 617
企业实际到位资金		3 492	-63.8	155 391
其中：实际利用外资		948	-80.0	130 671
固定资产投资额	万元	44 935	11.1	314 669
其中：基础设施投资		1 198	57.2	3 270
土地实际已租售面积	平方米	0	—	3 671 599
房屋竣工建筑面积		0	—	1 825 180
其中：已建成厂房面积		0	—	1 432 980
已投产运作企业数	个	0	-100.0	170
其中：已投产加工企业数		0	—	70
已投产物流企业数		0	—	34
其中：投资额1 000万美元以上		0	—	44
税收总额	万元	368 080	33.2	1 187 490
其中：海关税收及代征税		368 080	43.9	1 010 754
税务部门税收		0	—	156 278
期末从业人员	人	33 150	-13.0	33 150
期末批准面积	平方公里	5.28	0.0	5.28
期末验收封关面积		4.86	0.0	4.86

续表

指标	单位	苏州高新区综合保税区		
		当年累计	同比（%）	历年累计
增加值	万元	471 017	18.4	2 584 880
经营总收入	万元	5 736 286	16.0	24 246 228
其中：技术服务收入	万元	248 898	374.7	345 195
工业总产值	万元	6 092 000	1.0	35 469 402
其中：高新技术产业	万元	5 787 395	2.5	16 088 830
物流企业经营收入	万元	242 120	512.6	476 122
企业利润总额	万元	106 192	64.8	318 228
综合能源耗费量	吨标准煤	80 369	5.3	657 101
批准企业数	个	3	—	96
其中：加工企业	个	1	—	74
物流企业	个	1	—	19
批准外资企业数	个	1	—	75
批准投资总额	万美元	1 529	—	300 153
其中：外商投资总额	万美元	30	—	252 680
合同利用外资	万美元	1 529	—	129 931
企业实际到位资金	万美元	445	—	102 335
其中：实际利用外资	万美元	445	—	102 160
固定资产投资额	万元	134 300	3.0	1 887 968
其中：基础设施投资	万元	263	—	134 012
土地实际已租售面积	平方米	0	—	1 477 814
房屋竣工建筑面积	平方米	0	—	1 858 361
其中：已建成厂房面积	平方米	0	—	1 838 515
已投产运作企业数	个	2	—	62
其中：已投产加工企业数	个	1	—	50
已投产物流企业数	个	1	—	12
其中：投资额 1 000 万美元以上	个	0	—	34
税收总额	万元	363 175	151.5	706 584
其中：海关税收及代征税	万元	140 476	6.0	381 098
税务部门税收	万元	15 699	32.2	118 486
期末从业人员	人	37 870	-21.4	37 870
期末批准面积	平方公里	3.51	0.0	3.51
期末验收封关面积	平方公里	3.51	0.0	3.51

续表

指标	单位	昆山综合保税区		
		当年累计	同比（%）	历年累计
增加值	万元	1 271 499	2.9	10 644 223
经营总收入		24 061 314	12.5	234 671 925
其中：技术服务收入		842 947	207.2	1 437 354
工业总产值		23 391 782	10.2	233 113 456
其中：高新技术产业		134 433	-95.7	7 959 487
物流企业经营收入		81 164	21.6	627 855
企业利润总额		330 836	13.1	3 042 344
综合能源耗费量	吨标准煤	97 758	-1.5	926 704
批准企业数	个	7	40.0	146
其中：加工企业		4	—	84
物流企业		2	-50.0	49
批准外资企业数		1	-50.0	88
批准投资总额	万美元	22 833	1 496.7	338 304
其中：外商投资总额		22 261	1 844.2	316 797
合同利用外资		10 080	1 571.6	140 258
企业实际到位资金		933	-81.3	143 818
其中：实际利用外资		361	-92.3	124 883
固定资产投资额	万元	46 573	-51.9	2 239 992
其中：基础设施投资		1 185	-1.3	76 575
土地实际已租售面积	平方米	51 723	-39.2	3 526 853
房屋竣工建筑面积		21 989	-87.3	3 264 208
其中：已建成厂房面积		21 989	-87.3	3 264 208
已投产运作企业数	个	3	-50.0	135
其中：已投产加工企业数		0	—	84
已投产物流企业数		3	-25.0	45
其中：投资额 1 000 万美元以上		0	—	41
税收总额	万元	106 289	16.8	860 810
其中：海关税收及代征税		0	—	0
税务部门税收		106 289	16.8	860 810
期末从业人员	人	124 472	-15.2	124 472
期末批准面积	平方公里	5.86	0.0	5.86
期末验收封关面积		5.86	0.0	5.86

续表

指标	单位	成都高新区综合保税区		
		当年累计	同比（%）	历年累计
增加值	万元	2 894 689	2.0	17 505 213
经营总收入		9 892 977	7.0	52 009 883
其中：技术服务收入		156 425	3.0	482 244
工业总产值		13 099 615	12.1	83 151 244
其中：高新技术产业		3 740 421	27.9	9 799 731
物流企业经营收入		10 657	-18.2	143 031
企业利润总额		378 319	24.3	1 805 335
综合能源耗费量	吨标准煤	99 469	-20.7	809 174
批准企业数	个	0	—	40
其中：加工企业		0	—	22
物流企业		0	—	18
批准外资企业数		0	—	25
批准投资总额	万美元	0	—	222 232
其中：外商投资总额		0	—	213 255
合同利用外资		0	—	89 576
企业实际到位资金		0	—	96 876
其中：实际利用外资		0	—	89 576
固定资产投资额	万元	213 691	116.2	6 271 432
其中：基础设施投资		0	—	95 651
土地实际已租售面积	平方米	0	—	3 816 276
房屋竣工建筑面积		0	—	1 759 308
其中：已建成厂房面积		0	—	1 279 003
已投产运作企业数	个	0	—	39
其中：已投产加工企业数		0	—	22
已投产物流企业数		0	—	17
其中：投资额1 000万美元以上		0	—	15
税收总额	万元	75 992	-18.3	606 035
其中：海关税收及代征税		2 491	-29.6	178 876
税务部门税收		73 501	-17.9	427 159
期末从业人员	人	66 328	-7.0	66 328
期末批准面积	平方公里	4.68	0.0	4.68
期末验收封关面积		4.68	0.0	4.68

续表

指标	单位	广西凭祥综合保税区		
		当年累计	同比（%）	历年累计
增加值	万元	15 530	127.8	34 788
经营总收入		591 632	45.1	1 447 379
其中：技术服务收入		0	—	5 500
工业总产值		42 194	-42.4	131 300
其中：高新技术产业		0	—	0
物流企业经营收入		14 593	539.8	22 175
企业利润总额		9 280	50.8	22 053
综合能源耗费量	吨标准煤	0	—	0
批准企业数	个	60	71.4	213
其中：加工企业		7	133.3	13
物流企业		24	84.6	63
批准外资企业数		1	—	1
批准投资总额	万美元	20 639	164.4	41 929
其中：外商投资总额		455	—	455
合同利用外资		151	—	151
企业实际到位资金		4 326	43.3	16 174
其中：实际利用外资		151	—	151
固定资产投资额	万元	20 001	93.6	97 597
其中：基础设施投资		7 321	3.3	43 879
土地实际已租售面积	平方米	30 328	—	550 126
房屋竣工建筑面积		27 743	—	157 105
其中：已建成厂房面积		27 743	—	83 051
已投产运作企业数	个	17	-26.1	122
其中：已投产加工企业数		3	0.0	9
已投产物流企业数		9	-30.8	43
其中：投资额1 000万美元以上		1	—	1
税收总额	万元	44 560	-12.0	197 132
其中：海关税收及代征税		42 939	-13.2	191 101
税务部门税收		1 621	45.5	5 414
期末从业人员	人	1 132	110.4	1 132
期末批准面积	平方公里	8.50	0.0	8.50
期末验收封关面积		1.01	0.0	1.01

续表

指标	单位	海口综合保税区		
		当年累计	同比（%）	历年累计
增加值	万元	26 810	390.3	41 884
经营总收入		5 688 895	-1.7	17 377 953
其中：技术服务收入		298 995	—	298 995
工业总产值		447	-96.6	36 182
其中：高新技术产业		0	-100.0	18 153
物流企业经营收入		44 576	-88.1	4 389 168
企业利润总额		39 313	—	37 802
综合能源耗费量	吨标准煤	0	—	0
批准企业数	个	36	-28.0	912
其中：加工企业		0	-100.0	1
物流企业		33	-32.7	111
批准外资企业数		0	—	95
批准投资总额	万美元	43 004	684.6	136 657
其中：外商投资总额		0	—	45 183
合同利用外资		0	—	28 493
企业实际到位资金		303	—	29 332
其中：实际利用外资		0	—	29 029
固定资产投资额	万元	31 413	-89.2	374 168
其中：基础设施投资		31 313	-2.8	110 366
土地实际已租售面积	平方米	0	-100.0	602 268
房屋竣工建筑面积		87 165	-0.2	412 757
其中：已建成厂房面积		11 520	-86.8	337 112
已投产运作企业数	个	0	—	2
其中：已投产加工企业数		0	—	2
已投产物流企业数		0	—	0
其中：投资额1 000万美元以上		0	—	0
税收总额	万元	17 746	65.8	54 442
其中：海关税收及代征税		34	-98.9	9 986
税务部门税收		17 712	133.7	44 456
期末从业人员	人	4 086	2 039.3	4 086
期末批准面积	平方公里	1.93	0.0	1.93
期末验收封关面积		1.93	0.0	1.93

续表

指标	单位	郑州新郑综合保税区		
		当年累计	同比（%）	历年累计
增加值	万元	3 262 593	3.6	14 880 384
经营总收入		26 724 775	3.6	104 942 580
其中：技术服务收入		0	—	150 252
工业总产值		26 594 870	2.0	105 588 687
其中：高新技术产业		0	—	0
物流企业经营收入		28 783	15.4	49 140
企业利润总额		359 940	-22.4	2 280 870
综合能源耗费量	吨标准煤	117 597	-1.9	383 190
批准企业数	个	5	-54.5	41
其中：加工企业		1	-66.7	2
物流企业		4	-50.0	14
批准外资企业数		2	-33.3	4
批准投资总额	万美元	595 500	5 443.7	755 743
其中：外商投资总额		595 500	15 679.0	748 829
合同利用外资		170 949	238.5	400 180
企业实际到位资金		53 366	5.7	260 371
其中：实际利用外资		53 366	5.7	282 597
固定资产投资额	万元	1 469 560	111.8	4 241 600
其中：基础设施投资		0	—	180 672
土地实际已租售面积	平方米	0	—	2 473 062
房屋竣工建筑面积		0	—	2 000 000
其中：已建成厂房面积		0	—	2 000 000
已投产运作企业数	个	0	—	41
其中：已投产加工企业数		0	—	5
已投产物流企业数		0	—	36
其中：投资额 1 000 万美元以上		0	—	1
税收总额	万元	2 528 380	-7.9	6 402 173
其中：海关税收及代征税		1 530 808	-41.5	4 981 378
税务部门税收		97 572	-26.1	520 795
期末从业人员	人	269 500	-1.6	269 500
期末批准面积	平方公里	5.07	0.0	5.07
期末验收封关面积		5.07	80.6	5.07

续表

指标	单位	无锡高新区综合保税区		
		当年累计	同比（%）	历年累计
增加值	万元	1 250 245	9.7	10 947 257
经营总收入	万元	5 492 950	51.9	34 058 818
其中：技术服务收入	万元	0	—	0
工业总产值	万元	5 420 980	52.6	34 630 288
其中：高新技术产业	万元	3 679 964	14.3	25 184 525
物流企业经营收入	万元	45 746	-0.7	248 729
企业利润总额	万元	333 552	12.7	2 379 256
综合能源耗费量	吨标准煤	246 126	11.4	1 854 806
批准企业数	个	3	-25.0	55
其中：加工企业	个	1	-75.0	38
物流企业	个	2	—	15
批准外资企业数	个	1	-66.7	37
批准投资总额	万美元	11 400	-83.2	863 930
其中：外商投资总额	万美元	9 000	-86.7	842 379
合同利用外资	万美元	14 510	-56.7	381 792
企业实际到位资金	万美元	11 410	-42.0	350 514
其中：实际利用外资	万美元	9 010	-54.0	316 811
固定资产投资额	万元	653 469	-16.7	9 613 808
其中：基础设施投资	万元	20 453	-19.0	185 958
土地实际已租售面积	平方米	0	—	1 380 560
房屋竣工建筑面积	平方米	37 000	-44.3	1 115 290
其中：已建成厂房面积	平方米	37 000	-44.3	1 115 290
已投产运作企业数	个	4	33.3	45
其中：已投产加工企业数	个	1	-66.7	26
已投产物流企业数	个	3	—	14
其中：投资额1 000万美元以上	个	1	—	17
税收总额	万元	221 381	-37.3	1 359 697
其中：海关税收及代征税	万元	128 181	-14.8	660 750
税务部门税收	万元	93 200	-54.0	698 947
期末从业人员	人	35 800	5.1	35 800
期末批准面积	平方公里	3.50	0.0	3.50
期末验收封关面积	平方公里	2.39	0.0	2.39

续表

指标	单位	南通综合保税区		
		当年累计	同比（%）	历年累计
增加值	万元	24 792	15.0	153 235
经营总收入		1 022 746	27.6	2 307 171
其中：技术服务收入		0	—	11 122
工业总产值		125 803	13.4	669 024
其中：高新技术产业		14 110	41.2	38 811
物流企业经营收入		8 439	35.7	23 766
企业利润总额		7 082	184.4	20 677
综合能源耗费量	吨标准煤	2 593	8.5	16 862
批准企业数	个	79	12.9	211
其中：加工企业		3	-25.0	29
物流企业		2	0.0	16
批准外资企业数		5	-28.6	29
批准投资总额	万美元	87 899	34.6	237 397
其中：外商投资总额		37 312	37.6	110 014
合同利用外资		13 645	25.2	42 539
企业实际到位资金		17 640	-45.5	82 217
其中：实际利用外资		7 351	-26.3	29 368
固定资产投资额	万元	18 098	-41.8	182 335
其中：基础设施投资		260	—	40 960
土地实际已租售面积	平方米	319 378	—	1 026 666
房屋竣工建筑面积		24 434	-78.6	384 942
其中：已建成厂房面积		20 269	-80.0	319 757
已投产运作企业数	个	73	87.2	143
其中：已投产加工企业数		2	—	10
已投产物流企业数		2	0.0	16
其中：投资额1 000万美元以上		7	16.7	18
税收总额	万元	27 207	-20.5	119 956
其中：海关税收及代征税		23 643	-27.3	110 120
税务部门税收		3 564	109.0	9 836
期末从业人员	人	1 947	76.7	1 947
期末批准面积	平方公里	5.29	0.0	5.29
期末验收封关面积		1.77	0.0	1.77

续表

指标	单位	绥芬河综合保税区		
		当年累计	同比（%）	历年累计
增加值	万元	4 384	22.2	9 794
经营总收入	万元	5 069	-21.1	12 170
其中：技术服务收入	万元	0	-100.0	37
工业总产值	万元	107 604	32.8	192 807
其中：高新技术产业	万元	0	—	0
物流企业经营收入	万元	208	-62.8	2 377
企业利润总额	万元	512	-38.2	1 544
综合能源耗费量	吨标准煤	447	-63.8	2 233
批准企业数	个	66	-32.7	531
其中：加工企业	个	1	-66.7	14
物流企业	个	2	0.0	23
批准外资企业数	个	2	100.0	9
批准投资总额	万美元	20 006	-15.9	79 521
其中：外商投资总额	万美元	60	-48.7	185
合同利用外资	万美元	60	1 900.0	63
企业实际到位资金	万美元	11 803	42.0	20 113
其中：实际利用外资	万美元	0	-100.0	20
固定资产投资额	万元	16 377	25.2	33 366
其中：基础设施投资	万元	7 338	246.1	9 486
土地实际已租售面积	平方米	62 515	—	128 167
房屋竣工建筑面积	平方米	0	—	0
其中：已建成厂房面积	平方米	0	—	0
已投产运作企业数	个	19	-71.2	107
其中：已投产加工企业数	个	13	-76.8	87
已投产物流企业数	个	2	-77.8	14
其中：投资额1 000万美元以上	个	3	50.0	8
税收总额	万元	3 592	-53.2	20 516
其中：海关税收及代征税	万元	1 650	-34.6	5 484
税务部门税收	万元	1 918	-62.7	15 048
期末从业人员	人	200	400.0	200
期末批准面积	平方公里	1.80	0.0	1.80
期末验收封关面积	平方公里	1.80	0.0	1.80

续表

指标	单位	济南综合保税区		
		当年累计	同比（%）	历年累计
增加值	万元	35 781	9.8	208 331
经营总收入	万元	240 292	5.7	1 085 099
其中：技术服务收入	万元	0	—	0
工业总产值	万元	182 459	-14.5	1 189 543
其中：高新技术产业	万元	9 379	-41.0	51 685
物流企业经营收入	万元	6 649	156.6	173 287
企业利润总额	万元	11 342	12.5	77 951
综合能源耗费量	吨标准煤	264	3.5	2 150
批准企业数	个	24	4.3	116
其中：加工企业	个	3	—	27
物流企业	个	14	—	35
批准外资企业数	个	1	—	12
批准投资总额	万美元	18 065	—	96 322
其中：外商投资总额	万美元	18 065	—	43 955
合同利用外资	万美元	10 000	—	30 245
企业实际到位资金	万美元	4 440	—	74 888
其中：实际利用外资	万美元	0	—	8 180
固定资产投资额	万元	386 329	36.6	1 329 757
其中：基础设施投资	万元	0	—	22 814
土地实际已租售面积	平方米	0	—	1 140 930
房屋竣工建筑面积	平方米	0	—	348 035
其中：已建成厂房面积	平方米	0	—	310 995
已投产运作企业数	个	8	100.0	33
其中：已投产加工企业数	个	2	100.0	19
已投产物流企业数	个	5	—	10
其中：投资额1 000万美元以上	个	3	—	4
税收总额	万元	23 417	2.2	141 385
其中：海关税收及代征税	万元	23 279	2.2	131 443
税务部门税收	万元	138	0.0	9 942
期末从业人员	人	1 290	0.4	1 290
期末批准面积	平方公里	5.22	0.0	5.22
期末验收封关面积	平方公里	2.02	0.0	2.02

续表

指标	单位	南京综合保税区（龙潭片区）		
		当年累计	同比（%）	历年累计
增加值	万元	3 334	59.5	5 424
经营总收入	万元	10 791	42.6	18 360
其中：技术服务收入	万元	0	—	0
工业总产值	万元	0	—	0
其中：高新技术产业	万元	0	—	0
物流企业经营收入	万元	10 680	41.1	18 249
企业利润总额	万元	1 359	89.3	2 559
综合能源耗费量	吨标准煤	0	—	0
批准企业数	个	8	-55.6	26
其中：加工企业	个	0	—	0
物流企业	个	0	-100.0	14
批准外资企业数	个	0	—	1
批准投资总额	万美元	508	-95.6	12 160
其中：外商投资总额	万美元	0	-100.0	7 800
合同利用外资	万美元	0	-100.0	2 600
企业实际到位资金	万美元	355	-90.7	4 152
其中：实际利用外资	万美元	132	-80.0	784
固定资产投资额	万元	1 160	-99.7	342 668
其中：基础设施投资	万元	260	-99.9	300 260
土地实际已租售面积	平方米	0	-100.0	280 668
房屋竣工建筑面积	平方米	0	-100.0	79 369
其中：已建成厂房面积	平方米	0	-100.0	49 790
已投产运作企业数	个	1	-92.9	15
其中：已投产加工企业数	个	0	—	0
已投产物流企业数	个	1	-90.0	11
其中：投资额1 000万美元以上	个	0	—	0
税收总额	万元	32 145	4 853.0	32 145
其中：海关税收及代征税	万元	31 346	—	31 346
税务部门税收	万元	759	16.9	759
期末从业人员	人	218	1.9	218
期末批准面积	平方公里	3.83	0.0	3.83
期末验收封关面积	平方公里	1.15	0.0	1.15

续表

指标	单位	舟山港综合保税区		
		当年累计	同比（%）	历年累计
增加值	万元	0	—	0
经营总收入		4 508 517	—	4 508 517
其中：技术服务收入		0	—	0
工业总产值		0	—	0
其中：高新技术产业		0	—	0
物流企业经营收入		341 012	—	341 012
企业利润总额		0	—	0
综合能源耗费量	吨标准煤	0	—	0
批准企业数	个	2 055	—	2 055
其中：加工企业		3	—	3
物流企业		69	—	69
批准外资企业数		15	—	15
批准投资总额	万美元	59 785	—	59 785
其中：外商投资总额		30 679	—	30 679
合同利用外资		30 679	—	30 679
企业实际到位资金		2 542	—	2 542
其中：实际利用外资		2 542	—	2 542
固定资产投资额	万元	129 509	—	129 509
其中：基础设施投资		81 110	—	81 110
土地实际已租售面积	平方米	70 000	—	70 000
房屋竣工建筑面积		0	—	0
其中：已建成厂房面积		0	—	0
已投产运作企业数	个	417	—	417
其中：已投产加工企业数		0	—	0
已投产物流企业数		32	—	32
其中：投资额1 000万美元以上		6	—	6
税收总额	万元	27 547	—	27 547
其中：海关税收及代征税		1 393	—	1 393
税务部门税收		26 179	—	26 179
期末从业人员	人	6 941	—	6 941
期末批准面积	平方公里	5.85	—	5.85
期末验收封关面积		2.55	—	2.55

2016 年全国综合保税区进口额前 30 位国家和地区排名表

序号	国家和地区		2016 年	
	中文	代码	进口额（万美元）	同比（%）
综合保税区合计			9 137 194.9	-8.4
1	中国台湾	143	1 567 819.3	8.9
2	中华人民共和国	142	1 555 754.3	-18.5
3	韩国	133	1 416 988.3	-19.6
4	美国	502	953 204.1	-21.1
5	日本	116	707 693.3	-1.7
6	马来西亚	122	472 419.3	-12.2
7	越南	141	343 283.9	15.5
8	德国	304	322 687.0	-13.6
9	泰国	136	322 548.9	15.7
10	菲律宾	129	233 998.0	-1.5
11	法国	305	230 479.5	18.3
12	新加坡	132	163 205.3	-29.1
13	爱尔兰	306	158 734.2	380.1
14	墨西哥	429	121 501.9	27.5
15	意大利	307	79 748.3	23.5
16	以色列	115	67 511.5	50.2
17	瑞士	331	51 479.6	-28.3
18	英国	303	41 422.3	-37.1
19	俄罗斯联邦	344	29 217.6	2.8
20	澳大利亚	601	25 402.9	120.3
21	瑞典	330	24 014.6	41.8
22	奥地利	315	22 770.7	-4.6
23	荷兰	309	20 991.1	-68.9
24	印度	111	19 758.7	66.8
25	南非	244	19 719.4	231.4
26	中国香港	110	17 674.8	-81.8
27	比利时	301	15 148.3	-23.3
28	哈萨克斯坦	145	14 818.6	335.6
29	印度尼西亚	112	12 312.8	-28.7
30	加拿大	501	11 518.9	-24.0

2016 年全国综合保税区出口额前 30 位国家和地区排名表

序号	国家和地区		2016 年	
	中文	代码	出口额（万美元）	同比（%）
综合保税区合计			13 750 165.0	-5.0
1	美国	502	4 454 857.6	-6.1
2	中国香港	110	1 677 601.0	-32.2
3	荷兰	309	1 183 592.2	29.6
4	日本	116	792 537.5	8.8
5	德国	304	720 281.8	22.3
6	韩国	133	707 817.7	7.0
7	英国	303	434 853.7	34.7
8	中国台湾	143	348 018.7	-49.7
9	新加坡	132	298 412.2	-12.8
10	加拿大	501	245 152.5	1.8
11	印度	111	236 357.6	4.5
12	澳大利亚	601	233 471.5	-11.4
13	墨西哥	429	203 682.5	9.0
14	越南	141	193 119.6	55.1
15	阿联酋	138	188 696.8	-7.1
16	捷克	352	171 333.5	19.8
17	马来西亚	122	165 935.6	-22.6
18	泰国	136	115 429.3	-3.9
19	巴西	410	113 107.6	0.9
20	俄罗斯联邦	344	111 791.8	73.5
21	意大利	307	102 253.1	19.5
22	卢森堡	308	93 791.4	-37.3
23	土耳其	137	90 118.5	63.9
24	法国	305	78 804.1	-4.8
25	希腊	310	55 730.8	8.5
26	印度尼西亚	112	55 693.7	17.3
27	沙特阿拉伯	131	52 067.5	77.5
28	南非	244	50 096.2	-12.9
29	菲律宾	129	49 659.4	68.9
30	波兰	327	47 177.1	-4.0

2016 年全国综合保税区主要进口商品分类统计表（22 大类）

商品类别	2016 年	
	进口额（万美元）	同比（%）
综合保税区合计	9 137 194. 9	-8. 4
第十六类　机器、机械器具、电气设备及其零件；录音机及放声机、电视图像、声音的录制和重放设备及其零件、附件	7 427 962. 0	-7. 8
第六类　化学工业及其相关工业的产品	541 148. 3	5. 0
第十八类　光学、照相、电影、计量、检验、医疗或外科用仪器及设备、精密仪器及设备；钟表；乐器；上述物品的零件、附件	400 871. 3	-30. 7
第十七类　车辆、航空器、船舶及运输设备	309 244. 3	-7. 5
第十五类　贱金属及其制品	124 913. 4	22. 8
第七类　塑料及其制品；橡胶及其制品	83 483. 1	-3. 2
第十一类　纺织原料及纺织制品	56 342. 8	11. 9
第十三类　石料、石膏、水泥、石棉、云母及类似材料的制品；陶瓷产品；玻璃及其制品	38 480. 5	90. 6
第四类　食品；饮料、酒及醋；烟草及制品	33 867. 3	12. 0
第十四类　天然或养殖珍珠、宝石或半宝石、贵金属、包贵金属及其制品；仿首饰；硬币	33 845. 6	-72. 1
第二十类　杂项制品	23 981. 6	14. 9
第五类　矿产品	16 286. 5	136. 0
第九类　木及木制品；木炭；软木及软木制品；稻草、秸秆、针茅或其他编结材料制品；篮筐及柳条编结品	9 688. 8	-6. 7
第十类　木浆等；废纸；纸、纸板及其制品	8 436. 8	-20. 8
第一类　活动物；动物产品	6 725. 2	83. 2
第二类　植物产品	5 777. 0	-5. 0
第十二类　鞋、帽、伞、杖、鞭及其零件；已加工的羽毛及其制品；人造花；人发制品	5 736. 4	145. 6
第二十一类　艺术品、收藏品及古物	5 232. 4	71. 5
第八类　生皮、皮革、毛皮及其制品；鞍具及挽具；旅行用品、手提包及类似品；动物肠线（蚕胶丝除外）制品	4 037. 4	-45. 9
第三类　动、植物油、脂及其分解产品；精制的食用油脂；动、植物蜡	976. 2	128. 6
第二十二类　特殊交易品及未分类商品	157. 8	
第十九类　武器、弹药及其零件、附件	0. 0	

2016 年全国综合保税区主要出口商品分类统计表（22 大类）

商品类别	2016 年	
	出口额（万美元）	同比（%）
综合保税区合计	13 750 165.0	-5.0
第十六类 机器、机械器具、电气设备及其零件；录音机及放声机、电视图像、声音的录制和重放设备及其零件、附件	12 616 946.9	-6.0
第二十类 杂项制品	349 945.0	127.0
第十八类 光学、照相、电影、计量、检验、医疗或外科用仪器及设备、精密仪器及设备；钟表；乐器；上述物品的零件、附件	259 138.2	-33.6
第十五类 贱金属及其制品	103 429.3	5.0
第十一类 纺织原料及纺织制品	103 198.9	1.1
第十七类 车辆、航空器、船舶及运输设备	64 530.1	3.5
第十三类 石料、石膏、水泥、石棉、云母及类似材料的制品；陶瓷产品；玻璃及其制品	58 614.5	193.2
第七类 塑料及其制品；橡胶及其制品	50 691.6	61.4
第十二类 鞋、帽、伞、杖、鞭及其零件；已加工的羽毛及其制品；人造花；人发制品	32 075.0	105.2
第六类 化学工业及其相关工业的产品	30 113.3	-5.9
第十四类 天然或养殖珍珠、宝石或半宝石、贵金属、包贵金属及其制品；仿首饰；硬币	22 797.7	-80.2
第八类 生皮、皮革、毛皮及其制品；鞍具及挽具；旅行用品、手提包及类似品；动物肠线（蚕胶丝除外）制品	22 346.2	117.5
第十类 木浆等；废纸；纸、纸板及其制品	17 035.2	152.6
第二十一类 艺术品、收藏品及古物	5 473.5	0.9
第二类 植物产品	4 404.3	448.9
第九类 木及木制品；木炭；软木及软木制品；稻草、秸秆、针茅或其他编结材料制品；篮筐及柳条编结品	3 804.0	118.3
第四类 食品；饮料、酒及醋；烟草及制品	3 032.4	-3.3
第五类 矿产品	2 131.6	2.3
第三类 动、植物油、脂及其分解产品；精制的食用油脂；动、植物蜡	368.0	289.7
第一类 活动物；动物产品	44.5	-32.2
第二十二类 特殊交易品及未分类商品	38.3	
第十九类 武器、弹药及其零件、附件	6.8	103.8

苏州高新技术产业开发区综合保税区统计数据表

（1）2016年苏州高新技术产业开发区综合保税区主要经济指标完成情况表

指标名称	单位	2016年	比上年增长（%）
增加值	万元	471 017	18.4
工业总产值	万元	6 092 000	1.0
企业利润总额	万元	106 192	64.8
物流企业营业收入	万元	242 120	512.6
综合能源耗费量	吨标准煤	80 369	5.3
当年批准企业数	个	3	—
其中：加工企业	个	1	—
仓储物流企业	个	1	—
当年批准外资企业数	个	1	—
其中：加工企业	个	1	—
仓储物流企业	个	0	—
当年批准投资总额	万美元	1 529	—
其中：外商投资总额	万美元	30	—
增资额	万美元	0	—
当年合同利用外资	万美元	1 529	—
其中：增资额	万美元	0	—
当年实际到位资金	万美元	445	—
其中：实际利用外资	万美元	445	—
历年已投产运作企业数	个	62	—
其中：已投产加工企业数	个	50	—
已投产物流企业数	个	12	—
其中：投资额1 000万美元以上	个	34	—
土地实际已租售面积	平方米	0	—
房屋竣工面积	平方米	0	—
其中：已建成厂房面积	平方米	0	—
已建成仓库面积	平方米	0	—
港区货物吞吐量（限保税港区）	万吨	—	—
港区集装箱吞吐量（限保税港区）	万标准箱	—	—
税务部门税收	万元	15 699	32.2
固定资产投资额	万元	134 300	3.0
其中：基础设施投资	万元	263	—
期末从业人员	人	37 870	-21.4
其中：期末外资企业从业人员	人	36 770	-22.4
期末批准面积	平方公里	3.51	0.0
期末验收封关面积	平方公里	3.51	0.0

(2)-1 截至2016年苏州高新技术产业开发区综合保税区历年招商引资情况表

指标	单位	历年累计
批准企业	个	96
其中：外资企业		75
投资总额	（万美元）	300 153
其中：外商投资总额		252 680
合同外资额		129 931
实际利用外资		102 160

(2)-2 截至2016年苏州高新技术产业开发区综合保税区历年主要外商投资情况表

按项目数排列			按投资额排列		
序号	国别（地区）	项目数（个）	序号	国别（地区）	投资额（万美元）
1	中国台湾	16	1	中国台湾	120 433
2	美国	9	2	英属维尔京群岛	71 941
3	萨摩亚	6	3	萨摩亚	26 490
4	韩国	6	4	中国香港	15 698
5	英属维尔京群岛	5	5	瑞士	5 395

(3) 2016年苏州高新技术产业开发区综合保税区物流企业营业收入排名表

单位：万元

序号	企业名称	序号	企业名称
1	苏州高新区伟天国际物流有限公司	6	苏州新宁物流有限公司
2	苏州综保通运国际货运代理有限公司	7	苏州祥迎国际物流有限公司
3	苏州宇庆仓储有限公司	8	苏州宏恒鑫物流有限公司
4	苏州综保物流有限公司	9	苏州华伟仓储物流管理有限公司
5	苏州大田仓储有限公司	10	苏州恒捷国际物流有限公司

(4) 2016年苏州高新技术产业开发区综合保税区工业企业工业产值排名表

单位：万元

序号	企业名称	序号	企业名称
1	名硕电脑（苏州）有限公司	6	加贺沢山电子（苏州）有限公司
2	凯硕电脑（苏州）有限公司	7	苏州源成铝制品制造有限公司
3	百硕电脑（苏州）有限公司	8	倍雅电子护理制品（苏州）有限公司
4	美视伊汽车镜控（苏州）有限公司	9	美克司电子机械（苏州）有限公司
5	东江塑胶制品（苏州）有限公司	10	飞迅世通科技（苏州）有限公司

上海浦东机场综合保税区统计数据表

（1）2016年上海浦东机场综合保税区主要经济指标完成情况表

指标名称	单位	2016年	比上年增长（%）
营业总收入	万元	942 300	82.8
物流企业营业收入	万元	397 200	23.9
当年批准企业数	个	95	-74.9
其中：加工企业	个	0	-
物流企业	个	9	28.6
当年批准外资企业数	个	20	-83.5
当年批准投资总额	万美元	272 133	-66.4
其中：外商投资总额	万美元	268 169	-65.6
当年合同利用外资	万美元	99 636	-81.3
税务部门税收	万元	142 793	70.9
固定资产投资额	万元	17 400	770.0
期末从业人员	人	2 879	34.8
期末批准面积	平方公里	3.59	0.0
期末验收封关面积	平方公里	3.59	0.0

（2）截至2016年上海浦东机场综合保税区历年招商引资情况表

指标	单位	历年累计
批准企业	个	1 117
其中：外资企业		251
投资总额	（万美元）	1 013 277
其中：外商投资总额		889 542
合同外资额		309 317

郑州新郑综合保税区统计数据表

（1）2016年郑州新郑综合保税区主要经济指标完成情况表

指标名称	单位	2016年	比上年增长（%）
增加值	万元	3 262 593	3.6
工业总产值	万元	26 594 870	2.0
企业利润总额	万元	359 940	-22.4
物流企业营业收入	万元	28 783	15.4
综合能源耗费量（规模以上）	吨标准煤	117 597	-1.9
当年批准企业数	个	5	-54.5
其中：加工企业	个	1	-66.7
仓储物流企业	个	4	-50.0
当年批准外资企业数	个	2	-33.3
其中：加工企业	个	1	—
仓储物流企业	个	1	—
当年批准投资总额	万美元	595 500	54.4倍
其中：外商投资总额	万美元	595 500	156.8倍
增资额	万美元	151 385	—
当年合同利用外资	万美元	170 949	2.4倍
其中：增资额	万美元	151 385	107.1倍
当年实际到位资金	万美元	—	—
其中：实际利用外资	万美元	53 366	5.7
历年已投产运作企业数	个	41	—
其中：已投产加工企业数	个	5	—
已投产物流企业数	个	36	—
税务部门税收	万元	97 572	-26.1
固定资产投资额	万元	1 469 560	1.1倍
期末从业人员	人	269 500	-1.6
其中：期末外资企业从业人员	人	269 500	-1.6
期末批准面积	平方公里	5.073	—
期末验收封关面积	平方公里	5.073	80.6

(2)-1 截至2016年郑州新郑综合保税区历年招商引资情况表

指标	单位	历年累计
批准企业	个	41
其中：外资企业		4
投资总额	（万美元）	755 743
其中：外商投资总额		748 829
合同外资额		400 180
实际利用外资		282 597

(2)-2 截至2016年郑州新郑综合保税区历年主要外商投资情况表

按项目数排列			按投资额排列		
序号	国别（地区）	项目数（个）	序号	国别（地区）	投资额（万美元）
1	中国台湾	2	1	中国台湾	595 500
2	中国香港	1	2	中国香港	156

(3) 2016年郑州新郑综合保税区物流企业营业收入排名表

单位：万元

序号	企业名称	序号	企业名称
1	郑州准时达物流有限公司	2	郑州畅联国际物流有限公司

(4) 2016年郑州新郑综合保税区工业企业工业产值排名表

单位：万元

序号	企业名称	序号	企业名称
1	鸿富锦精密电子（郑州）有限公司	3	郑州天和通信科技股份有限公司
2	河南裕展精密科技有限公司		

淮安综合保税区统计数据表

（1）2016 年淮安综合保税区主要经济指标完成情况表

指标名称	单位	2016 年	比上年增长（%）
增加值	万元	716 631	-35.2
工业总产值	万元	7 038 930	-29.2
企业利润总额	万元	454 382	-11.6
物流企业营业收入	万元	1 656	2.0
综合能源耗费量	吨标准煤	153 687	20.5
当年批准企业数	个	2	100.0
其中：加工企业	个	2	100.0
仓储物流企业	个	0	0.0
当年批准外资企业数	个	2	100.0
其中：加工企业	个	2	100.0
仓储物流企业	个	0	0.0
当年批准投资总额	万美元	3 000	140.0
其中：外商投资总额	万美元	3 000	140.0
增资额	万美元	3 000	140.0
当年合同利用外资	万美元	2 100	320.0
其中：增资额	万美元	2 100	320.0
当年实际到位资金	万美元	1 660	-21.4
其中：实际利用外资	万美元	1 660	-21.4
历年已投产运作企业数	个	15	0.0
其中：已投产加工企业数	个	11	0.0
已投产物流企业数	个	4	0.0
其中：投资额 1 000 万美元以上	个	6	0.0
土地实际已租售面积	平方米	4 000	0.0
房屋竣工面积	平方米	120 000	0.0
其中：已建成厂房面积	平方米	80 000	0.0
已建成仓库面积	平方米	40 000	0.0
港区货物吞吐量（限保税港区）	万吨	—	—
港区集装箱吞吐量（限保税港区）	万标准箱	—	—
税务部门税收	万元	8 742	29.1
固定资产投资额	万元	6 600	-36.3
其中：基础设施投资	万元	4 600	2.2
期末从业人员	人	42 000	17.6
其中：期末外资企业从业人员	人	42 000	-17.6
期末批准面积	平方公里	4.92	0.0
期末验收封关面积	平方公里	2.63	0.0

（2）-1 截至2016年淮安综合保税区历年招商引资情况表

指标	单位	历年累计
批准企业	个	18
其中：外资企业		13
投资总额	（万美元）	133 240
其中：外商投资总额		133 040
合同外资额		63 873
实际利用外资		60 542

（2）-2 截至2016年淮安综合保税区历年主要外商投资情况表

按项目数排列			按投资额排列		
序号	国别（地区）	项目数（个）	序号	国别（地区）	投资额（万美元）
1	萨摩亚	6	1	萨摩亚	60 828
2	中国香港	5	2	中国香港	60 780
3	澳大利亚	1	3	澳大利亚	3 000
4	文莱	1	4	文莱	2 980

（3）2016年淮安综合保税区物流企业营业收入排名表

单位：万元

序号	企业名称	营业收入	序号	企业名称	营业收入
1	淮安飞力供应链管理有限公司	974	3	淮安天隽供应链管理有限公司	111
2	伊安物流（淮安）有限公司	466	4	淮安弘运达供应链管理有限公司	105

（4）2016年淮安综合保税区工业企业工业产值排名表

单位：万元

序号	企业名称	工业总产值	序号	企业名称	工业总产值
1	富誉电子科技（淮安）有限公司	6 702 852	4	宏恒胜电子科技（淮安）有限公司	66 638
2	庆鼎科技（淮安）有限公司	176 311	5	淮安宏盛点科技有限公司	3 478
3	淮安新国纺织有限公司	89 651			

海口综合保税区统计数据表

（1）2016 年海口综合保税区主要经济指标完成情况表

指标名称	单位	2016 年	比上年增长（%）
增加值	万元	26 810	390.3
经营总收入	万元	5 688 895	-1.7
其中：技术服务收入	万元	298 995	—
工业总产值	万元	447	-96.6
其中：高新技术产业	万元	0	-100.0
物流企业经营收入	万元	44 576	-88.1
企业利润总额	万元	39 313	—
综合能源耗费量	吨标准煤	0	—
批准企业数	个	36	-28.0
其中：加工企业	个	0	-100.0
物流企业	个	33	-32.7
批准外资企业数	个	0	—
批准投资额	万美元	43 004	684.6
其中：外商投资总额	万美元	0	—
合同利用外资	万美元	0	—
企业实际到位资金	万美元	303	—
其中：实际利用外资	万美元	0	—
固定资产投资额	万元	31 413	-89.2
其中：基础设施投资	万元	31 313	-2.8
土地实际已租售面积	平方米	0	-100.0
房屋竣工面积	平方米	87 165	-0.2
其中：已建成厂房面积	平方米	11 520	-86.8
已投产运作企业数	个	0	—
其中：已投产加工企业数	个	0	—
已投产物流企业数	个	0	—
其中：投资额 1 000 万美元以上	个	0	—
税收总额	万元	17 746	65.8
其中：海关税收及代征税	万元	34	-98.9
税务部门税收	万元	17 712	133.7
期末从业人员	人	4 086	2 039.3
期末批准面积	平方公里	1.93	0.0
期末验收封关面积	平方公里	1.93	0.0

(2)-1 截至2016年海口综合保税区历年招商引资情况表

指标	单位	历年累计
批准企业	个	912（含迁出和历年吊销数）
其中：外资企业		95（含迁出和历年吊销数）
投资总额	（万美元）	136 657（含迁出和历年吊销数）
其中：外商投资总额		45 183（含迁出和历年吊销数）
合同外资额		28 493（含迁出和历年吊销数）
实际利用外资		29 029（含迁出和历年吊销数）

(2)-2 截至2016年海口综合保税区历年主要外商投资情况表

按项目数排列			按投资额排列		
序号	国别（地区）	项目数（个）	序号	国别（地区）	投资额（万美元）
1	中国香港	6	1	美国	5 187
2	英国	2	2	中国香港	2 196
3	美国	2	3	中国台湾	859
4	萨摩亚	1	4	萨摩亚	936
5	中国台湾	2	5	英国	519

(3) 2016年海口综合保税区出口加工企业工业产值排名表

单位：万元

序号	企业名称	工业总产值	序号	企业名称	工业总产值
1	一汽海马汽车有限公司	444 095	16	海南澳美华制药有限公司	18 252
2	海南金盘电气有限公司	187 661	17	海南明芳机械有限公司	16 463
3	海口奇力制药股份有限公司	111 198	18	全兴工业（海南）有限公司	13 577
4	海南碧凯药业有限公司	55 229	19	海南锦瑞制药有限公司	11 127
5	康宁（海南）光通信有限公司	54 345	20	海南惠普森医药生物技术有限公司	10 607
6	海南中和药业有限公司	52 568	21	海南瑞利工业有限公司	10 394
7	一汽海马动力有限公司	46 479	22	海南威昌汽车配件有限公司	8 363
8	海南葫芦娃制药有限公司	40 386	23	广州宏原汽车配件有限公海南分公司	8 136
9	海南养生堂药业有限公司	31 981	24	海南新世通制药有限公司	7 852
10	海南亚洲制药股份有限公司	30 002	25	海南宇傲汽车配件有限公司	7 714
11	海南灵康制药有限公司	28 272	26	海口全盛汽车配件有限公司	4 995
12	浙江万向系统有限公司海南分公司	27 781	27	海南林恒制药有限公司	4 762
13	海南钧达汽车饰件有限公司	23 962	28	海南联顺金属工业有限公司	3 984
14	海南中化联合制药工业股份有限公司	18 738	29	海南拍拍看信息技术有限公司	3 712
15	海南全星制药有限公司	18 712	30	海南瑞应鑫汽车配件有限公司	3 627

（4）2016年海口综合保税区贸易企业商品销售额排名表

单位：万元

序号	企业名称	商品销售额	序号	企业名称	商品销售额
1	海口国能商业有限公司	4 985 323	10	海口渤海一号租赁有限公司	2 576
2	海南华信国际石油有限公司	456 596	11	海口渤海三号租赁有限公司	2 576
3	海航航空技术有限公司	232 727	12	海口保税区钱力贸易有限公司	1 796
4	大新华飞机维修服务有限公司	32 390	13	国际商品直营	1 027
5	德富贸易	15 782	14	海口优传酒业有限公司	293
6	海口渤海四号租赁有限公司	11 590	15	海南聚亿源贸易有限公司	177
7	海南灵镜医疗净化工程有限公司	9 961	16	海南广冷安装工程有限公司	174
8	海口渤海五号租赁有限公司	8 993	17	海口福山天然气利用发展有限公司	168
9	海南广铝幕墙装饰有限公司	6 992	18	海南广冷机电设备有限公司	96

（5）2016年海口综合保税区物流企业营业收入排名表

单位：万元

序号	企业名称	营业收入	序号	企业名称	营业收入
1	海南大印保税物流有限公司	11 790	3	海口欣洋物流配送服务有限公司	224
2	海口时安物流有限公司	991	4	长春市达成储运有限公司海南分公司	56

常州综合保税区统计数据表

（1）2016年常州综合保税区主要经济指标完成情况表

指标名称	单位	2016年	比上年增长（%）
增加值	万元	46 054	28.9
工业总产值	万元	191 888	10.7
企业利润总额	万元	24 067	3.6
物流企业营业收入	万元	6 296	-18.1
综合能源耗费量	吨标准煤	10 880	1.7
当年批准企业数	个	11	120.0
其中：加工企业	个		
仓储物流企业	个	11	175.0
当年批准外资企业数	个		
其中：加工企业	个		
仓储物流企业	个		
当年批准投资总额	万美元	800	27.3
其中：外商投资总额	万美元		
增资额	万美元	200	-66.7
当年合同利用外资	万美元		-100.0
当年实际到位资金	万美元		-100.0
其中：实际利用外资	万美元		-100.0
历年已投产运作企业数	个	13	
其中：已投产加工企业数	个	10	
已投产物流企业数	个	3	
其中：投资额1 000万美元以上	个	4	
土地实际已租售面积	平方米	211 309	
房屋竣工面积	平方米	192 978	
其中：已建成厂房面积	平方米	163 000	
已建成仓库面积	平方米	29 978	
税务部门税收	万元	8 014	259.1
固定资产投资额	万元	7 189	-71.3
其中：基础设施投资	万元	4 780	-49.0
期末从业人员	人	1 330	0.0
其中：期末外资企业从业人员	人	1 092	0.0
期末批准面积	平方公里	1.66	0.0
期末验收封关面积	平方公里	1.33	0.0

(2)-1 截至2016年常州综合保税区历年招商引资情况表

指标	单位	历年累计
批准企业	个	30
其中：外资企业		16
投资总额	（万美元）	50 620
其中：外商投资总额		42 240
合同外资额		24 487
实际利用外资		22 746

(2)-2 截至2016年常州综合保税区历年主要外商投资情况表

按项目数排列			按投资额排列		
序号	国别（地区）	项目数（个）	序号	国别（地区）	投资额（万美元）
1	中国香港	5	1	美国	211 873
2	美国	4	2	中国香港	8 200
3	英国	1	3	英国	4 500
4	中国台湾	1	4	中国台湾	1 000
5	土耳其	1	5	土耳其	760

(3) 2016年常州综合保税区物流企业营业收入排名表

单位：万元

序号	企业名称	序号	企业名称
1	常州综合保税区投资开发有限公司	6	江苏万红国际货运代理有限公司
2	常州嘉迅物流有限公司	7	常州恒沛国际货运代理有限公司
3	常州安捷兰国际物流有限公司	8	江苏远洋新世纪货运代理有限公司常州分公司
4	江苏海航国际物流有限公司	9	港中旅华贸国际物流股份有限公司常州分公司
5	江苏众诚国际物流有限公司	10	江苏万红国际货运代理有限公司

(4) 2016年常州综合保税区工业企业工业产值排名表

单位：万元

序号	企业名称	序号	企业名称
1	常州巴奥米特医疗器械有限公司	5	常州泰义精工有限公司
2	常州高博能源材料有限公司	6	德耐柯（常州）能源设备有限公司
3	雅柯斯发电机（中国）有限公司	7	派纳维斯工具（常州）有限公司
4	常州庄信万丰电池材料（常州）有限公司	8	福地亚（常州）采矿设备有限公司

芜湖综合保税区统计数据表

（1）2016年芜湖综合保税区主要经济指标完成情况表

指标名称	单位	2016年	比上年增长（%）
增加值	万元	50 099	18.8
工业总产值	万元	217 599	10.3
企业利润总额	万元	11 359	21.9
物流企业营业收入	万元	47	30.6
综合能源耗费量	吨标准煤	5 723	-8.5
当年批准企业数	个	4	300.0
其中：加工企业	个	1	0.0
仓储物流企业	个	3	—
当年批准外资企业数	个	0	—
其中：加工企业	个	0	—
仓储物流企业	个	0	—
当年批准投资总额	万美元	6 498	4 147.1
其中：外商投资总额	万美元	0	—
增资额	万美元	0	—
当年合同利用外资	万美元	0	—
其中：增资额	万美元	0	—
当年实际到位资金	万美元	1 485	870.6
其中：实际利用外资	万美元	0	—
历年已投产运作企业数	个	21	—
其中：已投产加工企业数	个	14	—
已投产物流企业数	个	7	—
其中：投资额1 000万美元以上	个	10	—
土地实际已租售面积	平方米	0	—
房屋竣工面积	平方米	0	—
其中：已建成厂房面积	平方米	0	—
已建成仓库面积	平方米	0	—
税务部门税收	万元	1 952	-0.7
固定资产投资额	万元	929	-94.1
其中：基础设施投资	万元	0	-100.0
期末从业人员	人	3 686	-8.8
其中：期末外资企业从业人员	人	3 483	-4.6
期末批准面积	平方公里	2.95	—
期末验收封关面积	平方公里	2.17	—

(2)-1 截至2016年芜湖综合保税区历年招商引资情况表

指标	单位	历年累计
批准企业	个	31
其中：外资企业		9
投资总额	（万美元）	65 255
其中：外商投资总额		30 870
合同外资额		30 590
实际利用外资		30 590

(2)-2 截至2016年芜湖综合保税区历年主要外商投资情况表

按项目数排列			按投资额排列		
序号	国别（地区）	项目数（个）	序号	国别（地区）	投资额（万美元）
1	中国香港	4	1	中国香港	27 113
2	美国	2	2	美国	1 444
3	中国台湾	2	3	新加坡	1 250
4	新加坡	1	4	中国台湾	685

(3) 2016年芜湖综合保税区物流企业营业收入排名表

单位：万元

序号	企业名称	序号	企业名称
1	芜湖信威物流有限公司	5	芜湖凯文国际物流有限公司
2	芜湖嘉鑫国际物流有限公司	6	芜湖久方物流有限公司
3	芜湖捷瑞出口加工区物流有限公司	7	芜湖中外运出口加工区物流有限公司
4	芜湖海德出口加工区物流有限公司		

(4) 2016年芜湖综合保税区工业企业工业产值排名表

单位：万元

序号	企业名称	序号	企业名称
1	中达电子（芜湖）有限公司	6	芜湖安华玻璃有限公司
2	芜湖中鼎实业有限公司	7	芜湖华烨工业用布有限公司
3	芜湖前源眼镜有限公司	8	固镒电子（芜湖）有限公司
4	合保电气（芜湖）有限公司	9	芜湖大雁生物技术有限公司
5	安徽昌永得机械有限公司		

武进综合保税区统计数据表

（1）2016 年武进综合保税区主要经济指标完成情况表

指标名称	单位	2016 年	比上年增长（%）
增加值	万元	275 860	66.6
工业总产值	万元	1 352 488	16.5
企业利润总额	万元	122 340	151.4
物流企业营业收入	万元	6 875	18.3
综合能源耗费量	吨标准煤	15 801	6.5
当年批准企业数	个	4	33.3
其中：加工企业	个	2	100.0
仓储物流企业	个	0	-100.0
当年批准外资企业数	个	2	0.0
其中：加工企业	个	0	-100.0
仓储物流企业	个	0	-100.0
当年批准投资总额	万美元	784	-68.6
其中：外商投资总额	万美元	608	-75.8
增资额	万美元	0	—
当年合同利用外资	万美元	608	-89.3
其中：增资额	万美元	0	—
当年实际到位资金	万美元	600	-84.6
其中：实际利用外资	万美元	600	-84.6
历年已投产运作企业数	个	27	17.4
其中：已投产加工企业数	个	12	20.0
已投产物流企业数	个	13	0.0
其中：投资额 1 000 万美元以上	个	7	0.0
土地实际已租售面积	平方米	0	—
房屋竣工面积	平方米	447 183	—
其中：已建成厂房面积	平方米	319 570	—
已建成仓库面积	平方米	78 262	—
港区货物吞吐量（限保税港区）	万吨	0	—
港区集装箱吞吐量（限保税港区）	万标准箱	0	—
税务部门税收	万元	9 306	11.4
固定资产投资额	万元	69 673	30.1
其中：基础设施投资	万元	3 825	47.7
期末从业人员	人	35 774	119.9
其中：期末外资企业从业人员	人	35 691	123.5
期末批准面积	平方公里	1.15	—
期末验收封关面积	平方公里	1.08	—

(2)-1 截至2016年武进综合保税区历年招商引资情况表

指标	单位	历年累计
批准企业	个	227
其中：外资企业		10
投资总额	（万美元）	115 579
其中：外商投资总额		101 166
合同外资额		53 413
实际利用外资		51 105

(2)-2 截至2016年武进综合保税区历年主要外商投资情况表

按项目数排列			按投资额排列		
序号	国别（地区）	项目数（个）	序号	国别（地区）	投资额（万美元）
1	中国台湾	4	1	中国台湾	74 160
2	中国香港	4	2	中国香港	24 013
3	德国	1	3	德国	534
4	瑞典	1	4	瑞典	76

(3) 2016年武进综合保税区物流企业营业收入排名表

单位：万元

序号	企业名称	营业收入	序号	企业名称	营业收入
1	常州飞力达现代物流有限公司	3 311	4	常州中外运有限公司	76
2	常州亨通海晨物流有限公司	2 286	5	常州市武进恒通国际物流有限公司	36
3	上海立扬国际货运代理有限公司常州分公司	106			

(4) 2016年武进综合保税区工业企业工业产值排名表

单位：万元

序号	企业名称	工业总产值	序号	企业名称	工业总产值
1	光宝科技（常州）有限公司	696 976	4	晶品光电（常州）有限公司	93 352
2	瑞声光学科技（常州）有限公司	257 243	5	常州道达纺织科技有限公司	12 494
3	光宝光电（常州）有限公司	100 006	6	常州能盛线缆材料有限公司	601

镇江综合保税区统计数据表

（1）2016 年镇江综合保税区主要经济指标完成情况表

指标名称	单位	2016 年	比上年增长（%）
增加值	万元	19 580	3.5
工业总产值	万元	92 276	3.3
企业利润总额	万元	19 262	3.4
物流企业营业收入	万元	15 233	3.5
综合能源耗费量	吨标准煤	2 584	-0.9
当年批准企业数	个	4	-20.0
其中：加工企业	个	0	-100.0
仓储物流企业	个	4	0.0
当年批准外资企业数	个	0	-100.0
其中：加工企业	个	0	-100.0
仓储物流企业	个	4	0.0
当年批准投资总额	万美元	8 977	348.0
其中：外商投资总额	万美元	0	-100.0
增资额	万美元	—	—
当年合同利用外资	万美元	0	-100.0
其中：增资额	万美元	—	
当年实际到位资金	万美元	6 708	250.0
其中：实际利用外资	万美元	5 971	212.0
历年已投产运作企业数	个	17	—
其中：已投产加工企业数	个	2	—
已投产物流企业数	个	6	—
其中：投资额 1 000 万美元以上	个	7	—
土地实际已租售面积	平方米	0	—
房屋竣工面积	平方米	0	—
其中：已建成厂房面积	平方米	0	—
已建成仓库面积	平方米	0	—
港区货物吞吐量（限保税港区）	万吨	—	—
港区集装箱吞吐量（限保税港区）	万标准箱	—	—
税务部门税收	万元	3 320	551.0
固定资产投资额	万元	2 915	362.0
其中：基础设施投资	万元	2 715	330.0
期末从业人员	人	843	3.7
其中：期末外资企业从业人员	人	760	—
期末批准面积	平方公里	2.53	—
期末验收封关面积	平方公里	0.91	—

(2)-1　截至2016年镇江综合保税区历年招商引资情况表

指标	单位	历年累计
批准企业	个	17
其中：外资企业		11
投资总额	(万美元)	81 401
其中：外商投资总额		30 190
合同外资额		10 581
实际利用外资		14 382

(2)-2　截至2016年镇江综合保税区历年主要外商投资情况表

按项目数排列			按投资额排列		
序号	国别（地区）	项目数（个）	序号	国别（地区）	投资额（万美元）
1	中国香港	7	1	中国香港	16 162
2	中国台湾	3	2	瑞典	9 393
3	瑞典	1	3	中国台湾	2 385
4	英国	1	4	英国	1 830
5	美国	1	5	美国	420

(3) 2016年镇江综合保税区物流企业营业收入排名表

单位：万元

序号	企业名称	序号	企业名称
1	镇江瑞翔国际物流有限公司	4	江苏汇鸿冷链物流有限公司
2	镇江远港物流有限公司	5	镇江中沙保税物流有限公司
3	镇江出口加工区港城国际贸易有限责任公司		

(4) 2016年镇江综合保税区工业企业工业产值排名表

单位：万元

序号	企业名称	序号	企业名称
1	山特维克材料科技（中国）有限公司	3	镇江吉福装饰有限公司
2	先进光电科技（镇江）有限公司		

工作与研究篇

中国保税区出口加工区协会
2016年度工作总结暨2017年度工作计划

中国保税区出口加工区协会秘书处

（2016年12月26日）

一、2016年度协会工作情况总结

2016年，中国保税区出口加工区协会根据党的“十八大”和十八届三中全会关于深化改革决定的有关精神，按照国务院加快海关特殊监管区域（以下简称特殊区域）整合优化的实施方案，积极贯彻海关总署党组对特殊区域整合发展的工作要求制订了工作计划。协会秘书处认真执行协会二届五次常务理事会的决议精神落实上述工作计划，围绕促进特殊区域提质增效的中心任务开展调研咨询、交流协调和宣传培训等业务工作，较好地完成了年度工作任务，现将有关情况总结报告如下：

（一）做好促进特殊区域整合优化的政策宣传推广工作，服务深化改革中心任务

围绕深入贯彻《国务院办公厅关于印发加快海关特殊监管区域整合优化方案的通知》（国办发〔2015〕66号）文件精神的要求，继续主动研判特殊区域的创新发展趋势，根据调研中了解的热点和难点问题开展好促进改革创新的政策宣讲宣传和交流促进工作。

1. 组织会员单位听取专题政策解读，深入了解和准确把握特殊区或整合优化的政策和目标。协会二届五次常务理事会召开时，邀请海关总署加贸司副司长李志辉就关于如何贯彻落实国办发（2015）66号文件精神作了专题报告，帮助会员单位理清工作思路、明确改革方向，消除政策误区、明确创新重点，有200多人与会听取了报告。

2. 借助媒体和社会力量为广大会员单位深化改革、推进创新搭建了解最新动态的平台。先后协助中国海关出版社、中国检验检疫协会、新华网等单位举办了4次关于特殊区域整合优化、业态创新和环境优化的宣讲交流论坛。会同有关海关、国检、外管和自贸试验区专家进行政策解读和创新成果宣讲，累计有近千人参加了上述活动。

（二）做好会员间创新试点实践经验的交流和推广工作，帮助会员单位明确改革创新重点

根据会员单位的需求开展好针对性强、实践意义大的创新示范交流活动，服务会员单位把握和借鉴特殊区域政策调整和改革创新的方向与做法。

1. 2016年4月14日，在郑州新郑综合保税区举办了“全国特殊区域创新发展情况交流会”，组织苏州工业园区、杭州出口加工区等7个会员单位就贸易多元化试点、跨境电子商务业态，以及网内网外联动发展等专题进行交流，近200名会员单位的代表现场观摩了新郑综合保税区的口岸联动、跨境电子商务和进口商品展示展销等创新业务现场。

2. 2016年12月7~8日，在凭祥综合保

税区举办了第二次“内陆沿边特殊区域创新发展情况交流会”，组织凭祥、阿拉山口、霍尔果斯，以及潍坊、两路寸滩等 21 个会员单位与会交流区港联动、口岸发展，特别是“一般纳税人资格试点”“单一窗口”建设，外贸综合服务企业等的创新发展情况，来自全国 21 个省份的会员单位的近百名代表与会听取交流并现场观摩，反映极为强烈，示范效果很好。

（三）围绕国家重大战略做好宣讲宣传，尽力帮助会员单位触入和服务“一带一路”建设

根据把特殊区域建设成为开放经济重要物流平台或节点的要求，积极组织和开展好相关政策和知识的宣讲活动。

1. 在新疆奎屯举办了“特殊区域与‘一带一路’政策宣讲会”。邀请国家发展改革委学术委员会秘书长张燕生等专家学者与会演讲，当地政府部门、有关企业和协会会员单位的代表 200 多人参加了会议。

2. 在福建泉州举办了“特殊区域与‘自贸试验区’发展宣讲会”，邀请了商务部国际贸易经济研究院副院长李光辉等专家学者与会演讲，当地政府部门、有关企业和协会会员单位的代表 200 多人参加会议听取宣讲解读。

（四）继续围绕发展中热点问题深入调研，根据需要为会员单位提供贴近实际的服务

为广大会员单位了解政策、掌握动向，深化改革、推进创新，以及交流合作、共谋发展的实际需要提供力所能及的具体帮助。

1. 为会员单位相互间对口交流活动做好联系联络的协调和服务工作。主动帮助内蒙古、吉林、辽宁、浙江、山东、江西、陕西、广东和河南等地方的会员单位之间的交流互访工作做好牵线搭桥及联系协调工作，助力友好合作。

2. 为会员单位业务创新和改革发展中遇到的难点问题做好针对性咨询服务。根据会员单位在实践中对政策理解、业态创新、产业升级和复制推广等方面的需要，有针对性地深入现场开展交流培训，或者书面解读，给予务实性的帮助。

（五）不断提升专项业务工作素质，做好统计网站简报和统计分析等日常工作

注重协会秘书处常态性业务工作的质量提升，把工作重心转移到服务会员单位推进整合优化。

1. 提升统计质量，服务于发展决策工作。继续开展统计分析和做好统计质量的抽检，防假挤虚。特别是针对在统计分析中发现的问题，通过各种渠道向有关方面和业务管理部门进行如实反映。在表彰先进、做好交流的同时，坚持按照以会代训的方式提升业务水平，做好统计数据利用的培训，全年参训人员近 200 人次。

2. 继续做好年鉴和统计月报编辑出版工作。认真组织会员单位做好协会年鉴的供稿工作，协调中国海关出版社和有关方面做好年鉴的编辑和按时出版发行工作。继续争取到上海自贸试验区管委会特别是综合保税区管理局方面的支持，做好特殊区域经济运行情况统计和统计月报表的编制发行工作。

3. 继续做好简报工作和提升网站质量工作。全年共编发工作简报 12 期 6500 多份，刊发了介绍会员单位创新发展经验的材料 40 余篇。同时，对网站信息数量、资料质量，以及上传的及时性、有效性也提出新要求，全年共审核 29 家会员单位发表的 766 篇各类文章。

（六）认真落实中办、国办文件精神，认真推动协会改革

1. 学习文件，严格执行各项规定。全年共 3 次组织各级海关在协会兼职的司局级以上退休人员学习中央和有关部门关于协会、

商会与政府部门脱钩的文件和规定。

2. 加强协会的组织建设，做好会员发展工作。继续按照国家级优秀社团组织的标准完善协会的规章制度，探索新的工作方式和服务方式。加强会籍管理和做好会费收缴工作，全年新发展会员单位5个，累计会员单位已有166个。

二、2017年度协会工作计划安排

2017年，是继续贯彻党的十八届三中、四中、五中和六中全会精神，落实中央经济工作会议部署的任务，继续推进国办发〔2015〕66号文件、国发〔2016〕27号文件相关工作在特殊区域的落实，通过功能政策整合、投资环境优化、释放改革红利、打造自贸试验区核心功能区和“一带一路”物流节点的重要一年，也是协会完成脱钩改革任务的关键之年，要坚持改革创新这个主题，继续做好服务协会会员单位和深化协会自身改革的各项工作，主要有以下几方面：

（一）开展深化政策业务改革专题调研，服务顶层设计和改革

1. 开展特殊区域整合优化提质增效路径的研究。继续针对保税区以外的特殊区域对提质增效问题的高度关注，组织有关会员单位开展“特殊区域在整合优化中做好提质增效工作的路径研究”工作，为会员单位科学决策提供智力支持。

2. 开展好各项试点的跟踪服务和协调整合工作。服务行业重大改革任务的调研，做好各类深化政策、业务改革经验总结，适时组织相关会员单位交流两个“一般纳税人资格试点”情况，协力推进试点工作深入推进。

（二）组织针对性、实用性强的专题交流，服务好各类创新驱动

1. 在适当的时间举办特殊区域创新发展情况交流会。根据复制推广自贸试验区创新成果的进展情况，适时召开“全国特殊区域创新发展情况交流会”，交流“一般纳税人资格试点”“货物分类监管”“单一窗口”等创新示范的经验、做法和成果。

2. 继续举办内陆沿边特殊区域创新发展情况交流会。围绕构建“一带一路”物流节点，促进内陆沿边开发开放的中心工作，继续搭建好“内陆沿边特殊区域创新发展情况交流会”等具体服务平台。

3. 组织有特色的专题专业研讨交流活动。根据会员单位特色产业和特殊任务的需要，组织好内陆自贸区特殊功能区、临空产业区建设等专业性强的研讨交流活动。

（三）开展好专题政策咨询，服务创新和示范，推进先行先试

1. 继续组织社会力量为有需求的会员单位的决策提供专题服务；继续根据会员单位的需求，组织社会力量为相关会员单位开展政策业务培训、专项决策论证等定制性服务。

2. 继续组织各方面专家为有需求的会员单位提供专项业务咨询；继续根据会员单位要求，协调组织有关专家学者为会员单位提质增效、升级转型等决策提供论证咨询。

（四）继续做好协会日常工作和专业培训工作，服务会员发展

从加强协会工作网络建设、提高专项业务和宣传工作的实际需要出发，做好统计员、联络员和通讯员的培训与表彰活动。

1. 继续做好预测预警分析，服务宏观决策。围绕特殊区域整合优化、功能升级和业务新常态的实际需要，开展好定期的预测预警分析，为各级各方面决策提供参考。

2. 继续做好专项统计分析，服务微观决策。根据会员单位借鉴、参考、对比等各类微观决策和业务发展的实际需要，做好招商引资工作，以及各类进出口业务数据专项分析。

3. 继续做好专业技能培训，服务会员发展需要。在继续做好统计员、通讯员和联络员专业技能培训的基础上，适时举办特殊区域招商引资与业态创新的专题培训班。

（五）加强协会法人结构治理、完成协会脱钩转型的相关工作

1. 贯彻社团组织改革要求，完成协会脱钩转型主要工作。

（1）做好法人的更换工作，争取顺利完成协会年检。

（2）做好换届的组织准备，争取适时召开会员大会。

（3）结合改革要求探讨协会社会化办会的方法和路径。

2. 继续加强秘书处的管理，做好服务和转型的各项业务。

（1）加强财务管理和会籍管理，认真执行政策和规范。

（2）继续做好统计和简报工作，认真服务各方的需求。

（3）强化廉洁自律和内部规范，认真落实纪律和规章。

深入交流助推创新示范 座谈对话倾听改革诉求
——财政部、国家税务总局主管部门的同志出席会议释疑解惑

中国保税区出口加工区协会秘书处

（2017年9月12日）

根据会员单位的迫切要求，中国保税区出口加工区协会秘书处于2017年9月7日至8日在太原武宿综合保税区举办了“全国海关特殊监管区域创新试点与建设发展情况交流会”。来自东部沿海、中西部和东北地区的21个省、市、自治区的32家出口加工区、保税港区、综合保税区，以及与这些海关特殊监管区域（以下简称特殊区域）业务相关联的当地国税、海关、口岸和驻区企业代表近90人参加了交流座谈活动。

财政部关税司王洪林处长，国家税务总局货物和劳务税司陈东辉处长应邀出席了会议，并与代表们进行了认真热烈、富有成效的面对面交流，参会代表反映良好。

开展“国际贸易多元化试点”“区内企业增值税一般纳税人资格试点”“跨境电子商务综试区试点”的重庆两路寸滩保税港区，苏州工业园、昆山综合保税区和浙江杭州出口加工区的代表作了大会交流发言；深圳盐田、郑州新郑、郑州经开综合保税区，上海松江出口加工区的代表作了试点业务的书面交流发言；无锡高新、成都高新、长春兴隆、阿拉山口和凭祥等综合保税区书面交流了上半年的建设发展情况。

太原武宿综合保税区上级单位领导，山西转型综合改革示范区党工委副书记、管委会副主任尤天拴同志出席会议并介绍了太原武宿综合保税区的有关情况。

中国保税区出口加工区协会蒲少伟副秘书长受张皖生副会长兼秘书长的委托主持会议并通报了全国特殊区域上半年的建设发展情况。

参加会议的32家特殊区域2017年上半年的进出口约占全国特殊区域（除保税区外）同期进出口总额的50%以上、加工贸易进出口总额的60%左右，有较普遍的代表性。

一、交流座谈会的主要目的和概况

会议的主要目的是深入交流在特殊区域内开展的“三项创新试点”的进展情况，以更加科学地服务创新试点深入推进和宏观决策。

2014年以来，围绕适应国际国内两个市场联动，充分利用国际国内两种资源促进发展的实际需要，由国家相关部门主导在部分特殊区域内开展的以“国际贸易多元化”“区内企业增值税一般纳税人资格”“跨境电子商务”为主要内容的改革创新试点，是深入贯彻党的十八届三中全会决定精神，推进“加快海关特殊监管区域整合优化”的重大举措，事关综合保税区等5类特殊区域可持

续健康发展的大局；是构建开放经济新体制，推进自由贸易试验区建设和探索在有条件的地方设立自由贸易园（港）区的重要基础工作。因此，中国保税区出口加工区协会继 2017 年 3 月在广东深圳举办的特殊区域创新试点情况交流座谈会，2016 年 12 月在广西凭祥举办的特殊区域建设发展情况交流会的基础上举办了本次交流活动。

二、各项试点工作的进展情况和初步成效

交流座谈情况表明，国际贸易多元化试点启动两年多和区内企业增值税一般纳税人资格试点启动半年多来，在国家相关部委的指导和支持下，试点单位所在地参与各方投入了大量的人力、财力、物力和精力协调推进试点，已经取得了积极成果或实质性的进展，基本情况如下：

（一）关于贸易多元化试点的基本情况

参与试点的苏州工业园综合保税区和重庆两路寸滩保税港区的交流情况表明，该项试点工作有以下基本特点：

一是各方重视。所在地的地方政府、管委会、企业的积极性高，海关和财税等相关部门的认识比较统一、动作协调，启动较快（重庆两路寸滩保税港区驻区海关、国税局的负责人出席了本次交流会）。

二是管理、服务到位。管委会、海关、国税等相关方面在短期内完成了试点所需的硬件设施建设和政策宣传工作，基本做到风险可控、服务到位。

三是启动顺利。各地对试点企业的选择较为慎重，也能够及时主动地协调海关、财税等部门排解疑难问题，试点运行较为平稳有序。

四是成效明显。由于参与各方的共同努力，国际贸易多元化试点已经取得一批可复制、可推广的经验和阶段性成果。

——重庆两路寸滩保税港区的贸易功能区截至 2017 年上半年完成新入驻企业 935 家，其中贸易类企业 330 家，物流类企业 67 家，金融类企业 15 家，跨境电子商务类企业 91 家，其他服务类企业 432 家，极大地改变了区内企业结构和业态类型，提升了发展动力，辐射带动作用显著，社会经济效益明显。目前，总部转口贸易、商品展示交易、整车进口、融资租赁和专业市场 5 类业态已经初具规模。如 2017 年上半年，入驻的 8 家总部贸易企业实现一般贸易进出口额 85 亿元，同比增长 1.56 倍。

——苏州工业园国际商务区（含综合保税区）国际贸易多元化自 2015 年 4 月启动试点运行以来，已经批准 421 家企业入驻（含综合保税区 331 家）。2016 年，完成进出口总额 1 405.03 亿元（含综合保税区 1 342.37 亿元，占比为 95.5%），受理报关单证 95.21 万份，实现监管货值 841.32 亿美元，监管货运量 289.77 万吨，海关入库税额为 36.81 亿元，离岸、境内及跨境转口贸易结算业务完成结算额 23.25 亿美元。实际运行效果兼顾了国家、地方和企业三者利益，为地方和综合保税区的可持续发展增加了动力。2017 年上半年，苏州工业园国际商务区（含综合保税区）完成进出口总额 656.63 亿元（含综合保税区 633.02 亿元，占比为 96.4%），受理报关单证 41.47 万份，实现监管货值 438.41 亿美元，监管货运量 116.71 万吨，海关入库税额为 18.97 亿元，离岸、境内及跨境转口贸易结算业务完成结算额 17.24 亿美元。试点运行效益和溢出效益更加明显。

（二）区内企业增值税一般纳税人资格试点情况

根据国家税务总局、财政部、海关总署《关于开展赋予海关特殊监管区域企业一般纳税人资格试点的公告》精神，昆山、苏

州、松江、盐田、郑州和西永等7个特殊区域已经于2016年11月1日起分别启动了试点工作，现正在全力推进中。

1. 试点单位的总体情况和诉求。除重庆西永综合保税区外的6个参加交流的试点特殊区域的总体情况是组织认真、宣传到位，协调有力、推进较快。由于“区情不一，需求不一”，目前仍然是“进度不一，效果不一”。

试点单位和参会的基层国税、海关代表普遍希望主导试点工作的相关部委进一步“加强协调、重视联动，深入调研、扩大试点，完善政策、助推发展”。

参加交流的会员单位普遍认为，试点是顺应“市场国际化，业务多元化”的开放型实体企业运行规律，按照“统筹两种资源，连接两个市场”的目标推进保税区以外的5类特殊区域深化改革的重大举措，试点的政策举措关系到盘活存量，更涉及吸引增量，是放大区域各类资源效益的大事，必须既要珍惜，也要试好，尽快总结出可复制、可推广的经验，惠及未能参加试点的广大特殊区域企业。

2. 试点的推进情况和已经取得的初步成果。自2016年11月1日试点启动以来，昆山等主要试点单位的进展情况如下：

——昆山综合保税区截至2017年8月底共有14家企业获准试点备案，其中正式运行的企业12家。截至7月底，海关统计的非保税账册进区货值28.83亿元，非保税账册出区货值17.50亿元；保税账册进口货值6.29亿美元，保税账册出口货值8.45亿元。国税局统计的增值税发票开票金额为6.39亿元，税额为1.0628亿元。目前，该区域正围绕确定的试点目标，针对试点中遇到的“政策尚不够完善和配套”等问题，力所能及地通过“深入政策研读，细化宣传引导，完善自身配套，积极反映诉求”等措施，努力争取进一步扩大试点企业范围。

——苏州工业园综合保税区是全国特殊区域唯一开展上述两项试点的区域，在三部委试点公告发布后立即采取了“加强组织领导，明确实施责任，做好政策宣讲”等项措施做好启动试点的各项推进工作。截至2017年6月底，共有11家企业获准试点备案注册，其中生产型企业6家，贸易型企业6家。海关统计的非保税账册进区货值为18.94亿元；保税账册进口额为0.4241亿美元，保税账册出口额为3.77亿美元。国税局统计的增值税发票开票金额为25.58亿元，税额为0.6 603亿元。目前，该区域正在采取措施深入试点政策宣传，扩大试点企业规模，促进两项试点的政策业务叠加。同时，积极反映诉求，争取上级机关及时解决试点中反映出来的不配套、不融洽、不适应问题。

——郑州经开综合保税区（原河南郑州出口加工区）目前共有3家企业获准试点备案注册（其中生产型企业2家，物流企业1家），因海关系统开发调试滞后，正式试点运行企业为2家。截至7月31日，累计非保税账册入区货值0.435 6亿元，增值税应税销售收入为0.569 3亿元，税额为0.096 8亿元。

——深圳盐田综合保税区是7个试点单位中唯一由保税区和保税物流园（深圳沙头角保税区、深圳盐田港保税区和深圳盐田港保税物流园区）整合形成的特殊区域。同时，也是企业类型最复杂、试点需求最旺盛的试点区域之一。由于历史和现实的各种因素的综合影响，该区域相关的参与各方虽然采取了各种积极措施，取得一定的进展，但总体进展工作仍然较慢。

三、试点单位在交流中提出的主要诉求

在试点交流材料中，特别是与国家财政

部关税司、国家税务总局货物与劳务税司两位处长的对话交流中，参加会议的管委会、国税、海关和企业的代表集中提出了以下几方面诉求：

一是吁请国家相关部委进一步加强对试点工作的组织指导和协调配合，采取积极措施促进试点工作深入开展。建议在总结前期试点情况的基础上，尽快选择批准一批有需求的特殊区域扩大试点范围。

二是吁请国家相关部委进一步加强对试点政策的解读培训、调整完善，保证试点工作在规范有序、保障有力的环境下推进。参加试点交流的与会代表对两位处长在会议交流中关于政策出台背景和政策内容的解读感受颇深，普遍“点赞”。

三是希望协会秘书处继续为会员单位做好服务和沟通协调工作。要一如既往地搭建好广大会员单位与参与特殊区域政策制定和业务管理的国家相关部委的对话交流、反映诉求的平台，更加努力地为国家部委科学决策和会员单位健康发展做好“双向服务”。

关于自由贸易试验区与自由贸易区的区别

中国保税区出口工区协会副会长　张皖生

(2017年8月12日)

一、名称很相似

2013年9月，中国（上海）自由贸易试验区成立。从名称上看，“自由贸易试验区”与“自由贸易区”有些相似，都有“自由贸易”的字样，于是把它们看为同类事物的观点较为普遍。也有人认为，它们有所不同，但说不出来在什么地方不太一样。政策的顶层设计要建立在正确认识的基础上，如果没有对客观事物正确的把握，就会在操作上产生困惑。在实际工作中自由贸易试验区与自由贸易区到底如何区分，一直是个问题，把这个问题弄清楚了，会更有利于推进自由贸易试验区的工作。

二、“关境”是区分的关键

“关境”的定义是一个国家或地区的《海关法》实施的范围。在国际法中，独立的关境，即是一个“独立的经济体”，“独立的经济体”即可以是一个世界贸易组织成员。比如，欧盟28个国家实行统一的关境，中国香港是独立的关境。由此可见，关境与国境是不同的。在中国，关境比国境小；在欧盟，关境比国境大。世界上绝大多数国家的关境与国境是一样的。

“关境”是贸易壁垒的大本营，国际贸易在通过各个关境时，都要缴纳关税并接受贸易管制，世界经济在不断地削减贸易壁垒中向前发展。比如1947年成立的《关税及贸易总协定》（GATT），即是一种基于世界经济贸易便利化的削减贸易壁垒的国际公约，关税减让成为主旋律。1994年成立的世界贸易组织，是在GATT基础上成立的更加全面的世界贸易便利化体系，但仍存在一定的贸易壁垒。这是因为世界贸易组织各成员的经济发展水平不同，贸易保护仍需要在一定的程度上存在。

三、自由贸易区是“关境”的产物

在有些关系良好的国家之间，由于在世界贸易组织的框架下仍不能充分发展两国之间的贸易，因此，就会产生在关境之间进一步削减贸易壁垒的愿望，双方通过对削减贸易壁垒的具体方案充分讨论和磋商，在基本满足各自利益的基础上，建立自由贸易区，使双方关境之间的贸易往来比以往更加自由，大大降低影响贸易发展的贸易壁垒。在自由贸易区的环境下，双边（或多边）的国际贸易可得以充分的发展。最近，日本与欧盟建立了自由贸易区，即日本关境与欧盟关境之间签署自由贸易区协定，实现了贸易的便利化。美国总统特朗普上任后，多次要与德国总理默克尔谈建立美国与德国的自由贸易区，默克尔说，她多次向特朗普解释过，不能与德国谈，要与欧盟谈，因为德国不能代表关境。

四、自由贸易试验区不是“关境”的产物

中国（上海）自由贸易试验区，以及后来建立的广东、福建、天津等自由贸易试验区，都是经国家审批建立的，它们不是关境与关境之间的产物，它们也不能与其他的“关境”签署任何自由贸易区协定，所以它们不具有自由贸易区的性质，那么它们的作用是什么呢？

中国设立自由贸易试验区，是为了建立国际化、法制化的营商环境，为我国进一步扩大改革开放而进行政策创新的试验。试验区试验的内容分为两个方面：

一是“规定动作”。所有的试验区都要进行“负面清单”、贸易便利化、金融改革、事中事后监管这 4 项内容的试验。目前，国际上已有 77 个国家对外商投资采用“负面清单”管理模式，这有利于提高效率，而我国对外商投资的管理，长期以来是按国家有关外商投资法律进行审批，周期长、效率低。在试验区试验“负面清单”管理模式，有利于探索新模式，以简化手续、转变政府职能，提高办事效率，建立国际化、法制化的营商环境。同时，试验区还要进行金融、贸易便利化和事中事后监管的改革与探索，并已取得成果。

二是“自选动作”。各地的试验区还要按照国家总体战略，结合当地情况进行一些改革试验，如广东试验区要探索与港澳的合作，福建试验区要探索对台合作，天津试验区要在京津冀协同发展中进行探索，等等。另外，试验区还有一些发展与本地特点相关的经济运行模式的探索工作。从这个意义讲，各地的试验区又是各地改革开放不断创新的一个试验区。

由此可见，自由贸易试验区与自由贸易区虽都具有发展经济的功能，但前者是在国家法规下运行的，后者是在国际法下运行的。它们作用的领域不同，在政策把握和实际操作中也是不同的。